Rolf Italiaander

Akzente eines Lebens

Mit einem Nachwort von
Peter Jokostra

Carl Schünemann Verlag
Bremen

Bildvorlagen für den Kunstdruckteil stellten freundlicherweise zur Verfügung:
Rolf Italiaander (18); Studio Maywald, Paris (3); Per Rom, Oslo (2);
Heinz Haushofer, Hartschimmelhof (2); De Bezige Bij, Amsterdam (1);
Rosemarie Clausen, Hamburg (1); Constantin Cramer von Laue, Bonn (1);
dpa, Hamburg (1); S. Enkelmann, München (1); S. Fischer Verlag, Frankfurt
am Main (1); Tore Hamsun, Oslo (1); Frau von Hassell, Ebenhausen (1);
Leonore Mau, Hamburg (1); The Press Association Ltd., London (1);
Ingeborg Sello, Hamburg (1). Der Verlag dankt für die freundliche Mitarbeit.

Gewidmet
den Blacks in Southampton und Manchester,
Beamte, Höflinge, fromme Anglikaner, Seepiraten
(darunter meine englischen Urgroßeltern) –

den Italiaanders in Amsterdam,
Kaufleute, Wissenschaftler, fromme Juden,
aus Spanien und Italien eingewandert
(darunter die niederländische Familie meines adoptierten Großvaters) –

den Töpfers und Grunds aus Thüringen und Schlesien,
Handwerker, Künstler, evangelische Pastoren, Bauern
(darunter meine deutschen Großeltern).
Sie alle machten mich und sind auch Ursache meines Wirkens,
also selbst dieses Buches.

Inhalt

Warum ich dieses Buch veröffentliche 9

Hans Henny Jahnn, der barocke Einzelgänger 11

Willy Haas, mein Freund, der Erzliterat 29

Hans-Hasso von Veltheim, Herr auf Ostrau 38

Jack Londons Frau, Charmian London 55

John Galsworthy, der noble Bürger 65

T. E. Lawrence als Motorradfahrer in London 70

Albrecht Haushofer – zwischen Hoffnung und Pessimismus 75

Ulrich von Hassell, Diplomat und Widerständler 99

Pius XII., Gespräch im Krieg im Vatikan 116

F. T. Marinetti, der erste Futurist 122

Gerhart Hauptmann – Dresdner Tagebuch 129

Albert H. Rausch alias Henry Benrath 149

Winston Churchill: »No comment« 161

Sven Hedin oder ein mühsamer Dialog 166

Knut Hamsun kurz vor seinem Tode 174

Nelly Sachs, Dichterin des Judentums 183

Die Gauguins: Unruhige Künstlerleben 192

Frans Masereel, ein sozialistischer Holzschneider 206

Henri Matisse, der milde Fauve in Nizza 212

Marc Chagall oder die Neuentdeckung der Poesie 217

Pablo Picasso, das Genie privat 223

John Cowper Powys, der Universalist in Wales 235

Simon Vestdijk, der »Teufelskünstler« der Niederlande 248

Melle, auf den Spuren von Hieronymus Bosch 254

James Ensor, kurz vor seinem Tode 261

Michel de Ghelderode – oder die Restitution des Teufels 266

Madame Rostand und Madame Colette, zwei geliebte
Damen aus Paris 274

Jean Cocteau, der universale Zauberer 280

Jean Genet und die »Blumen des Bösen« 288

Klaus Mann – zu lange unterschätzt 302

Gustaf Gründgens: Auf der Schaukel 307

Helene Ritscher, die Witwe von Edwin Scharff 313

Jamine Roy, der Maler aus Bengalen 323

Boris Pasternaks Witwe, ein Besuch in Peredjel'kino 328

Dag Hammarskjöld, der einsame Wolf 335

Langston Hughes, ein Kreuzfahrer für die Menschenrechte
der Neger 344

James Baldwin, Pastorensohn aus New York-Harlem 351

Jesús Reyes Ferreira, der fromme Exzentriker 357

Tibor Déry, der die schönste Liebesgeschichte schrieb 362

Giuseppe Ungaretti, vier mal zwanzig 369

Dore Hoyer, eine konsequente Tänzerin 378

Bendik Riis – der Picasso der Naiven? 383

Halikarnas Balikçisi, oder die Tragödie eines türkischen
Schriftstellers 394

Nachwort von Peter Jokostra 401

Anmerkungen und Quellenangaben 406

Personen-Register 419

Warum ich dieses Buch veröffentliche

Es ist eine unvergleichliche Freude, schöpferische Prozesse miterleben zu dürfen – und sei es aus geziemendem Abstand: wie ein Prosawerk entsteht, eine Statue oder eine Komposition. Entsprechend ist der Umgang mit schöpferischen Persönlichkeiten beglückend, wenn vielleicht auch manchmal problematisch. Nun, daß Begabung oder gar Genialität ein gelegentlich schwer zu tragendes Kreuz sein können, ist kein Geheimnis.

Sicherlich gibt es Menschen, die es kaum interessiert, wie Intellektuelle oder Künstler leben und schaffen – ja, deren Existenz läßt sie gleichgültig. Obwohl ich selbst nicht zwischen Büchern und Kunstwerken geboren und großgeworden bin, hat alles Schöpferische seit meiner Kindheit eine erhebliche Anziehungskraft auf mich ausgeübt. Und mein Feld ist weit. Es bereitet mir Vergnügen, einem Fliesenleger zuzusehen, wie Fliese an Fliese gereiht wird und so nach und nach ein Mosaik entsteht. Welche Freude, neben einem Bildhauer stehen zu dürfen und zu beobachten, wie er aus einem Stein einen menschlichen Körper meißelt; neben einem Orgelbauer, der Pfeifen gleicher Bauart zu Registern vereint; neben einem Teppichknüpfer, der Faden für Faden einführt, damit das Kunstwerk ein farblich harmonisch eingestimmtes Gewebe werde.

Einem Schriftsteller oder einem Komponisten ist kaum über die Schulter zu sehen. Ihn würde das stören – womit ich gewiß nicht behaupten will, daß etwa Bildhauer oder Orgelbauer nicht für Störungen anfällig sind. Die Prozesse Schreiben oder Komponieren vollziehen sich jedenfalls etwas anders. Wie eigentlich? Oft wissen es die Autoren selbst nicht. Mancher hat zugegeben: »Dieses Gedicht war auf einmal da ... Es hat sich selber geschrieben.« Oder: »Die Melodie war plötzlich in mir ... Ich brauchte nur die Noten niederzuschreiben.«

Bewunderung von Kunstwerken und Verehrung für schöpferische Menschen führten mich von früh an immer wieder zu ihnen. Man fragt einen Kunstfreund gern, wofür er sich mehr interessiere: für Dramen oder für Aquarelle oder für ...? Ob nicht Spezialisierung notwendig sei? Ich selbst wüßte mich kaum zu entscheiden. Es gibt im Schöpferischen nichts, was mich nicht fesseln kann: alles in der Kunst wie alles im Leben, jede

Kunst- und Geschichtsepoche, jede Kultur, jede Zivilisation nimmt meine Anteilnahme in Anspruch. Ich bin noch immer in diese Welt verliebt – wenn auch heute häufig verzweifelter über sie als früher. Aber ist das nicht auch ein Beweis der Zuneigung?

Ich war von jeher neugierig. Der Reichtum der schöpferischen Erscheinungen um uns ist ohne Grenzen. Und wenn wir uns den vielfältigen Wundern mehr öffnen würden, wären wir alle zusammen gewiß glücklicher, würden wir uns vielleicht weniger hassen oder zumindest weniger gleichgültig sein. Freude an der Kunst und am Geist, Fragelust, Neugier, Dazugehörigkeitsgefühl führen mich immer wieder mit Intellektuellen und Künstlern zusammen, und ich wurde durch sie unendlich reich.

Um von dem, was mich geistig und seelisch weitergebracht, reicher und glücklicher gemacht hat, anderen abzugeben, fasse ich in diesem Buch einige Begegnungen mit interessanten Zeitgenossen zusammen, die mehr oder weniger wichtige Akzente in meine Lebensgeschichte gesetzt haben. Vielleicht haben meine Leser die gleiche Freude an diesen Freundschaften und Bekanntschaften, an diesen Zusammenkünften und Gesprächen, an diesem Gedankenwechsel wie der Autor, als er erlebte, was er hier aus der Welt einiger Meister verschiedenartiger Metiers erzählt. »Das einzige, was uns die Meister lehren können, ist Selbstverwirklichung«, hat Henry de Montherlant in seinen ›Tagebüchern 1930–1944‹ notiert. Aber ist das nicht schon sehr viel?

Und noch eine persönliche Bitte: Der Leser sollte nicht übersehen, daß der Verfasser bereits andere Bücher vorgelegt hat und daß also diese hier zusammengefaßten Erinnerungen nur einige – sonst leider etwas vernachlässigte – Gebiete seines Lebens und Wirkens behandeln. Es entfallen hier also zum Beispiel Erinnerungen an Albert Schweitzer, an Martin Luther King jr. und an so manchen Politiker und Staatsmann in Europa, Afrika und Asien, die des Autors Aktivitäten sicherlich auch nicht wenig beeinflußt und damit gleichfalls Akzente gesetzt haben.

Dieses Buch hat keine literar- oder kunsthistorischen Ambitionen. Buntgemischt sind Aufsätze, Reden, Nachrufe, Tagebuchblätter. Wissenswerte Hinweise oder Quellenangaben sind im Anhang vermerkt. Falls es nicht aus den Beiträgen selber hervorgeht, habe ich am Schluß vermerkt, wann sie geschrieben worden sind. Ihre Spontaneität hätten sie gewiß verloren, wenn ich sie »aktualisiert« oder gar in Stil und Form aufeinander abgestimmt hätte.

R. I.

Hans Henny Jahnn, der barocke Einzelgänger

»Es ist, wie es ist. Und es ist fürchterlich.«
H. H. J.

Im Alter von fünfzehn Jahren bekam ich Hans Henny Jahnns
›Perrudja‹ zum erstenmal in die Hand. Dieses expressionistische
Epos lieh mir ein merkwürdiger Mann. Er stammte aus einer
großbürgerlichen deutschen Familie, lebte aber meistens in Argentinien, wo er ein berühmter und erfolgreicher Schafzüchter war.
Sein häusliches Ambiente in Europa war von verfeinerter Kultur
gekennzeichnet, jenseits des Atlantiks lebte Joaquine primitiv
und naiv mit seinen Herden. Eigentlich typisch, daß mich ein solcher Mann zu Jahnn führte!

Anfangs konnte ich mit ›Perrudja‹ nichts anfangen. Dann plötzlich überwältigte mich das unvergleichliche Werk, und ich legte
jene Klassiker vorläufig beiseite, welche die Lehrer empfahlen. In
tiefster Seele wurde ich von Jahnns packenden Schilderungen angesprochen. Unklare Herzensregungen und wirre Gedanken wurden mir durch Jahnn mit einem Male verständlich. ›Perrudja‹ half
mir, über die Jünglingsjahre schneller hinwegzukommen, zu rei-
fen, mich selber zu finden. Seine unbeirrte, unkonventionelle, anti-
konformistische Haltung in allen geistigen, seelischen und damit
auch in erotischen, ja, sexuellen Fragen war erfreulich unliterarisch und suchte ihresgleichen in der Geisteswelt der zwanziger
Jahre. Jahnn war da etwas mit Gide zu vergleichen.

Bei Gsellius in Berlin konnte ich ein paar Jahre später durch
meinen Freund Prof. Dr. phil. Hans Rose, der von den Nazis
von der Jenaer Universität verjagt worden war und nun als Buch-
handlungsgehilfe seinen Lebensunterhalt verdiente, ›Perrudja‹ erwerben. (Nebenbei: Rose, der ›Neu-Grieche‹, wurde bei der
Besetzung Berlins durch die Russen von einem jungen Sowjet-
soldaten, dem er Platon interpretieren wollte, erdolcht. Schicksal eines Homophilen . . .)

Im Krieg habe ich ›Perrudja‹ immer und immer wieder gelesen.
Freunde schenkten mir einen schmalen Autokoffer, den sie nicht
mehr benötigten, weil das Auto beschlagnahmt worden war. Da
hinein packte ich – Napoleon war mein Vorbild – die mir wich-

tigsten hundert Bücher, die ich möglichst aus dem sich anbahnenden Chaos retten wollte. ›Perrudja‹ war selbstredend dabei. Später wurde der ›Koffer der hundert Bücher‹ in einem Berliner Keller verschüttet, er platzte, landete im Grundwasser, und die Bücher verdarben. Nur wenige konnte ich bergen. ›Perrudja‹ hatte sich in eine weiche, klebrige Masse verwandelt: ein mir beklagenswerter Verlust, zumal das Buch viele persönliche Randbemerkungen enthielt. Als ich mich von dem zerstörten Buch endgültig trennen mußte, war ich tagelang traurig.

Nach dem Krieg nach Hamburg verschlagen, wurde ich eines Tages zu einer Schriftstellertagung eingeladen und unterhielt mich da en passant mit einem seltsamen Mann, der sich aus den Durchschnittserscheinungen um ihn herum heraushob. Erster Eindruck allerdings: Er roch stark nach billigem Alkohol, nach ›Fusel‹, was mich etwas irritierte. Trotzdem beeindruckte mich sein zerfurchtes, eigenartiges Gesicht und sein schiefer, schaufelnder, großer Mund. Der sonderbare Mann trug einen unmodernen Stresemannanzug. Seine Worte unter Alkoholeinfluß waren wirr, pathetisch, hektisch – und dennoch imponierend. Ich fragte jemanden nebenbei, wer er sei. Als ich hörte, daß es Hans Henny Jahnn war, wollte ich es zunächst nicht glauben. Von ihm hatte ich eine völlig andere Vorstellung gehabt. Welche – das ist schwer zu sagen. Vielleicht stellte ich ihn mir stiller, würdiger, abgeklärter vor, vielleicht in einen Anzug aus selbstverarbeiteter Schafwolle gekleidet. Wieder einmal lernte ich, daß Dichter anders sind, als man nach ihren Büchern glauben möchte. Wohl beinahe alle Dichter führen – wie Gottfried Benn es formuliert hat – ein ›Doppelleben‹.

Ich traf Hans Henny Jahnn dann noch häufiger und beobachtete ihn vorläufig meist kritisch und mehr aus der Distanz. Ich bezweifelte noch immer, daß dieser Mann ›Perrudja‹ geschrieben hatte. Der Dichter meiner Vorstellung war er jedenfalls nicht. Ein Wunsch- und Traumbild wollte ich nicht zerstören lassen. Ich tröstete mich damit, daß seit dem Schreiben seines ›Perrudja‹ immerhin über dreißig Jahre vergangen waren.

Damals wohnte Peter Martin Lampel, der Autor des Dramas ›Revolte im Erziehungshaus‹, in unserem Haus in der Heilwigstraße in Hamburg. Wir hatten ihm hier, nach seiner Heimkehr aus Amerika, eine Wohnung besorgt. Eines Nachmittags kam er mit Jahnn zu mir herunter. Wir führten zu dritt ein Gespräch über allgemeine kulturelle Themen.

Als Lampel gegangen war, bekannte ich Jahnn, was er mir in jungen Jahren bedeutet hatte. Vielleicht schwärmte ich – wie man das häufig tut, wenn man sich an Jugendeindrücke erinnert. Er war gerührt und verwandelte sich nun zusehends: Plötzlich wurde er zum Dichter des ›Perrudja‹. Jetzt ging ein wunderbarer und faszinierender Zauber von ihm aus. Nun verehrte ich ihn wie in den romantischen Gymnasiasten- und Studentenjahren. Aus dieser Verehrung wurde fast spontan herzliche Zuneigung, ja Freundschaft.

Unsere Freundschaft währte zwölf Jahre. Immer war sie labil, unausgeglichen, dramatisch, ja gelegentlich durch Mißverständnisse getrübt. Jahnn hatte Tage, da er einem Gott uralter Zeit glich. Dann strahlte er nicht allein eine Herzensgüte aus, die den Jüngeren auf die Knie zwang, dann war er auch von geistiger Größe, die ehrfurchtgebietend war. An solchen Tagen konnte man von ihm auf jeglichem Gebiet lernen: Er war erstaunlich. Dann aber kamen Tage, da er abscheulich war im urtümlichen Sinne dieses Wortes: Er war nun engherzig, neidisch, eifersüchtig, eitel, anarchistisch, ja selbst kindisch-naiv.

Ich mußte – wie wohl so viele andere auch – erfahren: Es war ungemein schwer, mit Hans Henny Jahnn befreundet zu sein. Man konnte ihn nur lieben oder radikal ablehnen – er hat beides immer wieder erfahren. Die ihn liebten, litten manchmal sehr unter ihm, und ich weiß es nicht nur von mir selber, sondern habe auch von anderen erfahren, daß sie seinetwegen großes Leid erlebt haben. Man konnte von ihm sogar bitter enttäuscht werden. Man konnte sich aber auch auf ihn verlassen wie auf wenige. Er war ein Außenseiter, und sein Charakter wie sein Temperament hatten mehr Facetten als die anderer Menschen. Er war ein ›Fluß ohne Ufer‹, wie nach ›Perrudja‹ sein zweites großes Epos heißt. Dieser Titel könnte über seinem eigenen Leben stehen.

Wir hatten die ersten Gespräche über die Notwendigkeit der Gründung einer Künstlergemeinschaft in Hamburg, die nicht allein Schriftsteller, sondern auch Komponisten und bildende Künstler umfassen sollte. In mein Bibliothekszimmer luden wir von 1948 an immer wieder markante schöpferische Persönlichkeiten Hamburgs ein und diskutierten mit ihnen. Schließlich gründeten wir beide die ›Freie Akademie der Künste in Hamburg‹. Solange Jahnn Präsident war, hatte ich als Mitglied der Klasse Literatur auch den undankbaren Posten des Ständigen Sekretärs inne. Als er sich mit Rücktrittsabsichten trug, bat er mich, weiterhin dem Präsidium anzugehören, um zur Wahrung der Kontinuität beizutragen. Ich entsprach seinem Willen, auch nach seinem Tode.

Schwierigkeiten entstanden zu Jahnns Lebzeiten manchmal dadurch, daß er die Aufgaben seines Amtes mit denen seines Berufes als Schriftsteller und Musikverleger verwechselte. Präsident und Ständiger Sekretär konnten bei einer Behörde eine Absprache treffen, welche die Akademie betraf, aber schließlich wurde daraus eine Angelegenheit ausschließlich für den Privatmann oder Verleger Hans Henny Jahnn. Darum wurde die Akademie gelegentlich im Scherz eine ›Jahnn-Akademie‹ genannt. Wir bekamen Streit, wenn ich versuchte, dies in seinem eigenen Interesse zu vermeiden. Falls er einsah, daß er einen falschen Weg eingeschlagen hatte, gab er meist nach und beschämte den anderen durch seine Entschuldigungen. Um Verzeihung bitten können wohl nur große Menschen. Fraglos versuchte Hans Henny Jahnn immer, gut zu sein. Es ehrte ihn wiederum, daß er dadurch manchmal zwischen die Fronten geriet.

Erst nach seinem Tode wurde bekannt, daß er »einer der bestsubventionierten Dichter Deutschlands« war. Jahnn schien immer sehr arm, sprach selber häufig von seiner Armut und konnte mit Charme und Witz und ohne alle Skrupel seine Freunde anpumpen. Dabei ist sicher viel Geld durch seine Finger gegangen. Er war keineswegs verschwenderisch für sich selbst, aber er gab mehr Geld für seine Ideale aus als er hatte.

Als Musikverleger leistete er sich Extravaganzen, die, wie er selber sagte, »sich eigentlich nur Millionäre leisten können«. Auch daraus resultierten mannigfaltige Konflikte. Daß er gelegentlich selber daran schuld war, knapp bei Kasse zu sein, war ihm nur mühsam beizubringen.

Er betrachtete sich gern als ›verkanntes Genie‹. Typisch, daß er sich mehr mit Lessing und Klopstock auseinandersetzte als mit Goethe, den er in unzufriedenen Zeiten als ›dichtenden

Spießer‹ bezeichnete. Ich neckte ihn einmal und sagte: »Goethe ist ein Fluß *mit* Ufer.« Er antwortete mir: »Genies sind uferlos, und ich habe schon oft Goethes Größe angezweifelt.« Es war niederdrückend, Jahnn in einer Verfassung zu sehen, die solche ungerechten Urteile hervorbrachte.

Seine Überspitzungen, ja, seine gelegentliche Maßlosigkeit erschwerten den Umgang mit ihm und verwehrten anderen den Zugang zu seinem Werk. Thomas Mann sagte mir aus Anlaß seines Hamburg-Besuches auf einem Abend in der Wohnung des Verlegers Christian Wegner: »Wenn Jahnn einen Roman von vierhundert statt von tausend Seiten schreiben würde oder ein Stück, das drei Stunden und nicht sechs Stunden dauert, dann wäre er vielleicht der unbestritten größte aller heutigen Schriftsteller. So indessen sprengt er alle Rahmen und darf sich nicht wundern, wenn er platterdings hier und da Schwierigkeiten, ja Widerstand ausgesetzt ist.«

In einer harmonischen Stunde berichtete ich Hans Henny von dieser Äußerung. »Entschuldige mal, ich weiß das alles«, antwortete er. »Aber wer könnte sich verleugnen? Kann es vielleicht Thomas Mann?« – Jahnn verspottete oft die, die mehr Erfolg hatten als er selber. Dabei war er so glücklich, wenn er Erfolg hatte – und sei es, daß ›Das Holzschiff‹ in einer kleinen Zeitung als Fortsetzungsroman abgedruckt wurde.

In seinen letzten Lebensjahren schien es oft, als wüßte er keinen Ausweg mehr aus verschiedenen Schwierigkeiten. In manchen Engpaß hatte er sich selber dank seines Temperaments und Charakters hineinmanövriert. Wir haben ihm immer wieder geholfen, weil wir ihn letztlich so, wie er war, liebten. Man mußte ihn liebhaben. Er war eine unverwechselbare Erscheinung. Häufig litt er unter sich selber. Trotz seines großen Freundeskreises und trotz zahlreicher Bewunderer und Verehrer war er oft einsam. In solchen Zeiten war er wie ein Kind im großen Wald, das sich vor allem fürchtet.

Er fürchtete sich oft. Einmal überraschte uns bei einem Spaziergang durch die alte Weserstadt Minden – es war bei der ersten Kogge-Tagung – Regen. Wir hatten keinen Schirm, weit und breit war kein schützendes Dach. Japsend hielt er mir eine Brandrede über den radioaktiven Niederschlag, dem wir beide ohne alle Zweifel bald zum Opfer fallen würden. Er sprach so intensiv davon, daß ich das Gefühl hatte, mich bereits während der Nacht durch den Regen in Atome aufzulösen. Als ich mich im Hotelzimmer niederlegte, glaubte ich, mein Ende sei nahe. So stark war seine Suggestivkraft.

Auf einer Frankreichreise erkrankte er, und er schrieb mir darüber: »Unter kosmischen oder atomaren Einflüssen (amerikanischen oder russischen Ursprungs) haben an der vorderen Herzwand drei Arterien ihren Dienst in der Form versagt, daß sie sich schlossen, wodurch ein kleinerer Teil des vorderen Herzmuskels zum Absterben gebracht wurde. Das Absterben dieses Muskels, oder sagen wir seine Auflösung, ging in Souillac vor sich und dauerte drei Tage, die subjektiv für mich unvorstellbare Schmerzen und Krisen mit sich brachten und objektiv mir Freund Hein vorstellten, der mir die Hand ziemlich herzhaft gedrückt hat. Meine Ärzte haben mir vor einigen Tagen erklärt, daß unter tausend Menschen nicht einer diesen Angriff überstanden haben würde. Und daß ich, teils völlig niedergeschlagen, die Reise von Paris nach Hamburg auch noch überstand, könnte getrost in die Geschichte der Medizin eingehen. Nun, man hat mich von Anfang an ziemlich unter die Wirkung von Narkotika gesetzt, und ich bekomme auch jetzt noch täglich Morphium, damit ich in Ruhe dahindämmere, so daß ich mir über alle Erinnerungsbilder aus den letzen Wochen nicht ganz klar bin . . .«

›Atomaren Einflüssen‹ auf den Menschen galten in seinen letzten Lebensjahren häufig seine Sorgen. Im ›Kampf gegen den Atomtod‹ verband er sich sogar mit Albert Schweitzer, gegen den er vorher heftig polemisiert hatte.

Einmal spazierten wir in Berlin in lauer Sommernacht spät nachts durch den Tiergarten zum Brandenburger Tor. Ich hatte mein Hotel im Westen, er wohnte im ›Hotel Adlon‹, also im Ostteil der alten Reichshauptstadt. Er pries in breiter Rede die Vorzüge des östlichen Systems. Man konnte glauben, im Osten sei alles wie im Paradies.

Mit der Wache am Brandenburger Tor hatte er gleich nach unserer Verabschiedung eine Auseinandersetzung, die ich von ferne beobachtete. Als er weitergehen durfte, drehte er sich plötzlich um und rief zu mir herüber, der ich gerade eine Zigarre anzündete, so daß er mich wohl dadurch genau erkannte: »Vergiß, was ich dir gesagt habe, es ist doch alles anders!« Wieder einmal hatte er mich sehr verwirrt, und ich wußte nicht, was ich von ihm halten sollte.

Vor ein paar Jahren hatten wir uns für einen bestimmten Tag verabredet. Er erschien mit ziemlicher Verspätung. »Entschuldige mal«, sagte er (»Entschuldige mal!« war die Redewendung, mit der er meistens eine Diskussion begann), »aber ich komme gerade aus Moskau, wo ich ein Mozartmanuskript zu suchen hatte.« Damals war es noch unpopulär, nach der Hauptstadt der Sowjetunion zu reisen, und seine kühne Fahrt löste also wiederum viel Ärger in der Öffentlichkeit aus. Er erzählte mir von Moskau und Leningrad und seinen Begegnungen mit dem Dichter Scholochow und anderen Prominenten.

Am ausführlichsten berichtete er über ein Konzert, das er in Leningrad erlebt hatte. Nach dem Konzert hatte er versucht, über einen Dolmetscher mit den Jungen vom Chor zu sprechen. »Es ist eine Jugend ohne Jugend«, sagte er bitter. Auch hatte ihn geärgert, daß die jungen Sowjetmenschen kahlgeschorene Schädel hatten. Er sprach über die Bedeutung der Haare als eines Ausdrucks der Persönlichkeit, als eines Schmuckes des Menschen und versuchte, daraus ein Urteil über den Kommunismus abzuleiten.

Seine Eindrücke von der Sowjetunion faßte er mit drei Worten zusammen: »Vergänglich und vergeblich!« Als wir, die wir dem Osten gegenüber wahrlich skeptischer waren als er, ihm bei späteren Auseinandersetzungen über den Osten sagten, so leicht dürfe man es sich nicht machen, war er beleidigt und nannte uns Häretiker. Aber hauptsächlich weil die Jungen vom Leningrader Chor kahle Schädel hatten und nicht der Auffassung Hans Hennys entsprachen, konnte man doch wirklich nicht das sowjetische Experiment ›vergänglich und vergeblich‹ nennen. Er hätte sich wohl gern politisch betätigt und litt darunter, daß man seine politischen Ansichten nicht ernst nahm. Auch politisch schien er mir uferlos.

Einmal machten wir gemeinsam eine Reise zum Starnberger See. Dort war ein Treffen west- und ostdeutscher Schriftsteller angesetzt. Ich weiß nicht mehr, wer die Anregung dazu gegeben hatte. Ich selber hatte mich bei Walter von Molo, Ernst Penzoldt und Ina Seidel erkundigt, ob es sich nicht etwa um eine pure Propagandaaktion des Ostens handle. Sie verneinten, und so fuhr ich auch. Jahnn, der damals wieder im Kampf mit westdeutschen Behörden lag, war etwas verstimmt, daß ich mich zuerst ›rückversichert‹ hatte, aber ich machte ihm deutlich, daß ich für billige Propagandaunternehmungen nicht zu haben sei.

Es war bald nach der Währungsreform. Wir hatten beide wenig Geld und fuhren in einem unbequemen Holzabteil in schier endloser Reise von Hamburg nach München und dann weiter nach Starnberg. Aus Oberbayern kam eine Anzahl prominenter Autoren, auch Verleger und Journalisten. Aus Mitteldeutschland erschienen Stephan Hermlin, Bodo Uhse, Willi Bredel und Peter Huchel. Bert Brecht und Johannes R. Becher hatten zugesagt, erschienen jedoch nicht, was die erste Verstimmung bei uns allen auslöste. Vor allem über Brechts Ausbleiben war Jahnn verärgert. Dieser wäre ihm der wichtigste Gesprächspartner gewesen. Zu einer Reihe guter Gespräche kam es dennoch. Besonders lebhaft diskutierte Jahnn mit Willi Bredel, der früher Werftarbeiter bei Blohm & Voss gewesen war und daher Jahnn seit langem kannte.

Eines Abends saßen wir in einer Hotelhalle und stellten resigniert fest, daß »letzten Endes natürlich doch wieder nichts aus den Gesprächen herausgekommen war«. Die Debatte wurde dramatisch. Jahnn erregte sich, und verärgert gingen wir schließlich allesamt auseinander.

Am nächsten Morgen saßen wir in derselben Halle und warteten auf den Beginn der Schlußsitzung. Während wir uns über eine eventuelle Schlußresolution unterhielten, drangen aus dem Nebenraum Stimmen zu uns. Jahnn stutzte, ich auch. Ich glaubte, Jahnn zu hören; er glaubte, mich zu hören. Standen wir noch unter Alkoholeinfluß – oder war das eine Realität? Gleichzeitig erhoben wir uns und öffneten die Tür zu dem Raum, aus dem die Stimmen drangen. Hier war ein Bandaufnahmegerät aufgestellt. Ein Tonband lief ab, und wir stellten fest, daß unser Gespräch vom Vorabend ›mitgeschnitten‹ worden war. Meine Überraschung konnte ich nicht zum Ausdruck bringen. Sie lähmte mich.

Jahnn dagegen griff schreiend in das Bandgerät, riß die Spule heraus, zerriß das Tonband und brüllte die Techniker an, so daß allerlei andere Mitglieder des Treffens herbeieilten. Wir hatten gewußt, daß Radioreporter da waren, glaubten indes-

Fortsetzung „Zum Geleit" (letzter Abschnitt)

Die Plakette 1958 der Freien Akademie der Künste in Hamburg wurde dem Architekten und Städtebauer Prof. Dr. e.h. Hans Scharoun verliehen. Für das Jahr 1959 wurde die Ehrung dem Dichter Peter Huchel zuerkannt. — Wilhelm Lehmann wurde mit dem Friedrich Schiller-Gedächtnispreis des Landes Württemberg — Baden ausgezeichnet.

Anläßlich des 65. Geburtstages Peter Martin Lampels veröffentlichte die Akademie sein Schauspiel „Drei Söhne". Alfred Mahlau beging seinen 65. Geburtstag damit, daß er eine ungemein eindrucksvolle Ausstellung von Arbeiten seiner Schüler zeigte. Es wurden hierbei eine Anzahl von photographischen Aufnahmen angefertigt, die in einer Auswahl bei einem späteren Zeitpunkt veröffentlicht werden sollen. — Paul Schurek wird am 2.1.1960 sein 70. Lebensjahr vollenden; Prof. I.I. Oud erreicht das gleiche Alter am 19.2.1960. Heinrich Strohmayer hat seinen 65. Geburtstag am 6.1.1960. — H.H.J. am 17.12.1959. Das 60. Jahr erreicht Martin Beheim-Schwarzbach am 17.4.1960.

Die geringen finanziellen Mittel der Akademie erlaubten es nicht, die Veröffentlichung über den hamburgischen Maler Heinrich Stegemann im Jahre 1959 zu verwirklichen. Nach wie vor leidet unsere Akademie unter kaum begreiflichen Behinderungen, die nur noch vergleichbar sind mit den Einschränkungen und Unterbewertungen, die die Preußische Akademie

Hans Henny Jahnn: Handschriftenprobe

sen, sie seien vom ›Bayerischen Rundfunk‹. Nun aber stellte sich heraus, daß sie aus Ost-Berlin kamen und nicht nur aufgenommen hatten, was sie ›mitschneiden‹ durften, sondern auch private Gespräche. Ob es mit Wissen der Ost-Berliner Schriftsteller geschehen war, konnten wir nicht feststellen. Immerhin verurteilten die Ost-Berliner das Vorgehen und stauchten nun ihrerseits die Reporter zusammen, gaben also Jahnn recht. Die Reporter verließen das Hotel mit den Worten: »Verrückte Schriftsteller!«

Ermattet von der Erregung, begaben wir uns zur Schlußsitzung. Jahnn, der noch Entscheidendes hätte tun können, sagte kein Wort mehr, verweigerte die Beteiligung an Resolutionen und meinte nur: »Die deutschen Intellektuellen zerstören sich schließlich selber.«

Während wir dann wieder in der Holzklasse nach Hamburg zurückfuhren, hielt er mir einen Stunden dauernden Monolog über mangelnde Zivilcourage der Intellektuellen, über schlechtes Niveau, über geistige Verräterei in allen Lagern, und daß es überhaupt keinen Sinn mehr habe, zu schreiben oder überhaupt zu glauben, daß man durch den Geist etwas ausrichten könne. Als wir auf dem Hamburger Hauptbahnhof voneinander Abschied nahmen, schien er mir ein alter, gebrochener Mann. Er hatte sich von den Ost-West-Gesprächen sehr viel versprochen. Die Verständigung zwischen den beiden Teilen Deutschlands war ihm ein Herzensbedürfnis. Er litt physisch darunter, daß er so wenig dazu beitragen konnte.

In vornehmer Gesellschaft vermochte er sich sehr vornehm zu geben. Er konnte die Allüren eines Hamburger Senators traditioneller Schule haben. Es war rührend, ihn in seinem alten braunen Mercedes zu sehen, der von seiner Tochter Signe gefahren wurde. Er saß im Fond des Wagens wie ein Patrizier, war ganz Würde und Amt.

Wenn wir indessen gemeinsam mit Freunden in St. Pauli Seemannslokale besuchten, dann war er der Sohn eines Schiffbauers, als der er geboren wurde. Er konnte mit dem Volke reden, mit ihm lachen. Liebte dann auch einen derben Witz, konnte sich köstlich amüsieren über drastische Aussprüche. Hatte er irgendwo einen schönen Menschen gesehen, wollte er ihn seinen Freunden zeigen. Wir zogen einmal eine ganze Nacht vergeblich umher, um einen jungen Negermatrosen zu suchen, der wunderbar singen konnte. Ich hatte ihm klarzumachen versucht, daß der Afrikaner sicher längst mit seinem Schiff weitergefahren sei. Das wollte ihm nicht in den Kopf. Der Negermatrose war für ihn eine Romanfigur, über die er Macht zu haben glaubte – dabei hätte er wissen sollen, daß sich selbst Romanfiguren von ihrem Schöpfer unabhängig machen und eigene Wege gehen.

Unsere Akademie veranstaltete einmal ein großes Essen mit Damen und Herren des Hamburger Kulturlebens in der ›Insel‹. Wegen der Tischordnung trafen wir uns lange vorher in der Bar dieses Künstlerclubs. Wieder trug er seinen Stresemannanzug, er war von großer Heiterkeit und Anmut. Seine Frau Ellinor* war dabei und mein Freund Hans Spegg.

Plötzlich lud Hans Henny uns alle drei – es war noch früh am Abend – zu einem Glas Sekt ein. Wir staunten. Da erhob er sein Glas und sagte: »Ich habe euch eine Neuigkeit mitzuteilen. Ich komme gerade von Senator Biermann-Ratjen. Ihr trinkt dieses Glas Sekt mit dem jüngsten Lessing-Preis-Träger. Der Kultursenator hat mir heute verraten, daß ich dieses Jahr den Preis erhalte.« Es war vielleicht einer der glücklichsten Tage seines Lebens. Er sollte eine Anerkennung erhalten, auf die er großen Wert legte. Nie sah ich ihn so ausgeglichen, natürlich und anmutig, selten war sein Gesicht so harmonisch und schön wie an diesem Abend.

Nach dem offiziellen Teil des Festessens hielten wir uns in kleinem Kreise in der oberen Bar der ›Insel‹ auf, um mitternachts Hansens Geburtstag zu feiern. Gräfin Sigrid Richthofen, die ehemalige Opernsängerin, schob in einem Überschwang von Fröhlichkeit das Barpiano in die Mitte des Raumes und spielte temperamentvoll italienische Volkslieder und Opernarien und sang dazu. Plötzlich ging Hans Henny zu ihr und sang mit. Sie erhob sich begeistert von ihrem Klaviersessel, legte ihren Arm um seine Schulter und sang ein Duett mit ihm. Ich muß mich korrigieren: Er sang nicht, er zwitscherte, flötete, piepte, trällerte irgendwelche Töne. Aber das tat er so über alle Maßen charmant und liebenswert, dabei strahlten seine Augen so viel überirdisches Glück aus, daß wir alle ergriffen waren. »Er hat jetzt etwas von diesen gottbegnadeten weisen Narren Shake-

---

* Während der Drucklegung dieses Buches starb Ellinor Jahnn am 2. Mai 1970 im Alter von 77 Jahren und wurde neben ihrem Mann auf dem Nienstedtener Friedhof beigesetzt.

speares«, flüsterte mir Hans Erich Nossack zu. Auch von einem in die Welt verliebten Faun hatte er etwas. Wer diese Stunde erlebte, wird sie nie vergessen.

In der von mir ins Leben gerufenen Lesebühne an Ida Ehres ›Hamburger Kammerspielen‹ – der ersten dieser Art, die später erfreulicherweise viel und allerorten kopiert wurde –, setzte ich Jahnns ›Lübecker Totentanz‹ an, obwohl mancher davor warnte. Befragte Regisseure lehnten eine Spielleitung ab. Sie schienen Ärger zu befürchten. Schließlich übernahm ich selber die Regie. Ich ließ Pulte bauen, hinter denen die Sprecher saßen. Sie hatten, wie es heute bei internationalen Konferenzen üblich ist, Schilder vor sich, auf denen stand, welche Rolle ein jeder sprach.

Ich bat Walter Frank, die Rolle des feisten Todes zu sprechen. Hilfsbereit übernahm der große Schauspieler sofort die Aufgabe, obwohl er gerade in jenen Wochen viel andere Bühnenarbeit hatte. Bei mir in der Bibliothek übten wir. Walter Frank interpretierte die Rolle mit einzigartiger Besessenheit. Zwischendurch sagte er immer wieder: »Welch wunderbare Sprache, welch großer Geist! Diese Texte muß man oft lesen und hören, um sie in ihrer unendlichen Schönheit begreifen zu können.«

Diese erste öffentliche Lesung von Jahnns ›Totentanz‹ mit verteilten Rollen und mit der Musik seines Pflegesohnes (und späteren Schwiegersohnes) Yngve Trede, den er förderte, wo er es nur vermochte, wurde zu einem großen Erfolg. Leider konnte Jahnn die Aufführung nicht erleben, da er in Altona im Krankenhaus lag.

Wenige Tage später kamen Hamburger Gymnasiasten zu mir und fragten, ob ich das Stück mit ihnen aus Anlaß einer Festveranstaltung in der Harburger ›Friedrich-Ebert-Halle‹ inszenieren wolle. Ich war erstaunt. Würden denn Schüler diese Dichtung begreifen? Und würde ich in der Lage sein, in der riesigen Halle eine Inszenierung zustande zu bringen, die von über tausend Menschen breiter Volkskreise begriffen wurde? Ich diskutierte mit Hans Henny Jahnn darüber an seinem Krankenbett. »Versuch es, bitte!« entschied er. »Wenn die Schüler selber es wollen, dann wird es auch gelingen.«

Wochenlang mußte ich täglich nach Harburg fahren, um den Jahnnschen ›Totentanz‹ dort einzustudieren. Ich bediente mich nicht allein der großen Bühne, sondern ließ die Schauspieler kürzere Szenen im Parkett spielen, ließ sie durch die Ränge oder durch das Parkett auftreten. Viel von dem, was ich in Berlin bei Max Reinhardt und Erwin Piscator einst als Theaterschüler gelernt hatte, konnte ich nun endlich einmal realisieren. Es war für mich ergreifend zu erleben, mit welcher Hingabe diese Laienspieler probten. Manches dunkle Wort, das sie zu sagen hatten, begriffen sie ebensowenig wie ich. Aber die Dichtung in ihrer Gesamtheit tat es ihnen an – so wie es mir seinerzeit ›Perrudja‹ angetan hatte. Und dem ausverkauften Haus erging es bei der Premiere ebenso.

Jenen Brief, den mir Hans Henny nach der Aufführung schrieb, bewahre ich als eine besonders liebe Erinnerung. Es heißt darin u. a.: »In der Zwischenzeit haben mir viele Menschen von der Aufführung erzählt, auch viele musikalische Menschen, und eigentlich alle, ohne Ausnahme, haben mir berichtet, daß das Werk und die Musik einen gewaltigen Eindruck auf sie gemacht hätten. Ich selbst habe die Musik nicht gehört, sondern nur gelesen, habe mir aber von Hentschel berichten lassen, daß sie im Klanglichen genauso gewirkt habe, wie die gelesene Partitur. Es sei freilich eine arge Verschiebung des Schwergewichts dadurch eingetreten, daß die musikalische Nummer Attitidu gestrichen werden mußte, weil die Musiker keine Gelegenheit hatten, dies Stück zusammen zu üben. Wir, ich meine damit Du und ich, hatten verabredet, daß die Musiker selbstverständlich zur Generalprobe Dir beistehen sollten. Es ist wohl ebenso selbstverständlich, daß sie ihre zum Teil virtuosen Leistungen auch für sich hätten proben müssen. Daß Yngve, der immerhin erst siebzehn Jahre alt ist, sich darüber geärgert hat, ist selbstverständlich. Es wäre unnatürlich, wenn das nicht der Fall gewesen wäre. Nun, die gespielten Musiknummern wurden dennoch bei der Aufführung so gut wie mustergültig gespielt, so daß die anfänglichen Befürchtungen Yngves völlig zerstreut wurden. Das Ergebnis: ein voller Erfolg für alle Beteiligten; für den Schriftsteller; für den Komponisten; für den Regisseur. Die Zeitungen haben ziemlich ausnahmslos nur Lobendes geschrieben.«

In meinem Hause konnte ich Jahnn mit ausländischen Freunden bekanntmachen. Mit Paul René Gauguin, dem Enkel des großen Malers, führte er, teils in dänischer Sprache, heftige Diskussionen über die Flucht des Großvaters vor der europäischen Zivilisation nach Tahiti. Jahnn bekannte, daß es stets sein Ziel gewesen sei, wie Gauguin Europa für immer zu verlassen. Die

Südsee würde ihn wohl reizen, aber er sei doch mehr ein Mensch des Nordens. Er sprach mit Gauguin auch darüber, ob es nicht besser wäre, wenn er, der Enkel, unter einem Pseudonym arbeite. So trüge er die Last eines Weltruhmes. Dies sei besonders gravierend, da Paul René eingestandenermaßen zum Werk des Großvaters kein rechtes inneres Verhältnis habe. Künstlerpsychologie interessierte Hans Henny Jahnn sehr. Suchte er durch andere Schicksale über sich selber Klarheit zu gewinnen?

Einmal bat ich Hamburger Freunde eines Sonntagnachmittags zu einem Zusammensein mit dem französischen Dichter Jean Genet. Es erschienen außer Hans Henny Jahnn noch Hans Erich Nossack und Oberstaatsanwalt Ernst Buchholz, auch deren Damen, sowie der Verleger Heinz Ledig-Rowohlt und der holländische Konsul Charles Heybrock. Es war die erste Auslandsfahrt, die Genet, der ›poète maudit‹, mit einem regulären Paß und mit einer regulär erworbenen Fahrkarte unternahm. Nach einem Leben in Gefängnissen, in Not und Elend reiste er erstmals, wie jeder Bürger das normalerweise tut, und lebte auch in Hamburg in einem bürgerlichen Hotel am Hauptbahnhof. Jean Genet war an der Kaffeetafel etwas unbehaglich zumute. Er fügte sich trotzdem den Umständen und ertrug die – mit seinem Maßstab gemessen – ›bürgerliche Versammlung‹ mit Gelassenheit. Zufällig ergab es sich, daß er in einem bequemen Sessel saß und Oberstaatsanwalt Buchholz auf einem nicht so bequemen Stuhl. Genet erhob sich plötzlich und sagte, er konstatiere diese Tatsache mit Wohlbehagen. Sein ganzes bisheriges Leben lang habe er immer unbehaglich gesessen und die Staatsanwälte dagegen in Fauteuils. Ernst Buchholz war in höchstem Grade amüsiert über die Bemerkung. Jahnn versprach, die Szene in sein nächstes Drama aufzunehmen.

Das Gespräch kam schließlich auf die Diebstähle, deretwegen Genet wiederholt abgeurteilt worden war und im Gefängnis gesessen hatte. Die geladenen Damen wollten Genet etwas Gutes sagen und überboten sich darin, zuzugeben, daß auch sie manches Mal schon gestohlen hätten: in der Schule, im Internat, in Mutters Vorratskammer. Ängstlich um ihren Ruf besorgt und beinahe im Chorus fügten sie aber hinzu: »Es handelte sich natürlich immer nur um lächerliche Kleinigkeiten.« Jean Genet hatte kostbare Bücher gestohlen, die er liebte oder die er brauchte, und, wie er sagte, »weil die Verleger sowieso die Schriftsteller immer bestehlen«. Da klatschte Hans Henny Jahnn lebhaft Beifall. Er schlug sich nun so leidenschaftlich auf die Seite des französischen Dichters, daß man befürchten mußte, er würde am nächsten Tage Genet nacheifern.

Jahnn und Genet zogen sich zu einem Gespräch zurück und entdeckten mancherlei Gemeinsames in ihrer Auffassung über die Welt und die Kunst. Genet erzählte mir später wiederholt, daß Hans Henny Jahnn zu den ganz wenigen Schriftstellern gehöre, die einen unauslöschlichen Eindruck auf ihn gemacht hätten. Jahnn dagegen bezeugte für das Schicksal dieses eigenartigen Genies weiterhin große Teilnahme.

Die Akademie beschloß, zu seinem sechzigsten Geburtstag eine Monographie herauszubringen. Hans Henny Jahnn bat mich, die Herausgeberschaft zu übernehmen, da ich das Buch vorgeschlagen hatte. Ich schrieb an viele Persönlichkeiten, von denen ich annehmen durfte, daß sie gern etwas über Jahnn oder eines seiner Werke schreiben würden. Ich korrespondierte mit Ludwig Benninghoff, Bertolt Brecht, Alfred Döblin, Gustaf Gründgens, Werner Helwig, Peter Huchel, Herbert Ihering, Pascual Jordan, Ernst Kreuder, Rudolf Maack, Thomas Mann, Hans Erich Nossack, Günther Ramin, Frank Thiess, Fritz Weisenfels, Hans Wolffheim und anderen über die Beiträge. Ich konnte auch Walter Muschg für Dankesworte an Hans Henny Jahnn gewinnen und bin glücklich, daß sich wohl daraus schließlich wieder bessere Beziehungen zwischen Jahnn und dem Baseler Literarhistoriker entwickelt haben, so daß dieser später seinen großartigen Essay über Jahnn schreiben konnte.

Aber die Korrespondenz, die nötig war, um dieses kleine Buch zu schaffen, zeigte doch auch, wie problematisch es für manchen Prominenten war, über Jahnn etwas auszusagen. Sie fürchteten den Unbequemen. Ach, Zivilcourage und Treue – wie selten nur bringen Intellektuelle und Künstler beides für ihre Kollegen oder Kameraden auf. Jahnn wußte es und resignierte auch deswegen manchmal – oder er wurde cholerisch.

Fünf Jahre später schlug ich ein List-Taschenbuch vor, einen Auswahlband aus seinem Werk, der dann unter dem Titel ›Aufzeichnungen eines Einzelgängers‹ erschien. Über den Titel habe ich wochenlang mit Jahnn beraten. Immer wieder habe ich ihn gefragt, um nämlich einen prägnanten Titel zu bekommen, als was er sich wohl selber fühle. Schließlich fiel dann von ihm das Wort Einzelgänger. Als er sich dafür entschieden hatte, kam wieder einmal große Traurigkeit über ihn. Er wußte genau, daß er ein Einzelgänger war, aber er wollte eigentlich gar keiner sein. Ich erwähnte es bereits: Er wollte so gern etwas schreiben, was viele ansprach. Sein Karma gestattete es nicht. Zweifelsohne war er darüber traurig, und er litt darunter.

Hans Henny Jahnn hat Zeit seines Lebens unsagbar viel gelitten. Er wollte viele innige Kontakte. Manchen erhielt er. Andere blieben ihm verwehrt. Dadurch war er oft isoliert. Er trug eine schwere Dornenkrone auf seinem Haupt, und auch um sein Herz war ein dorniger Reif. Häufig hat er gesagt und geschrieben: »Es ist, wie es ist. Und es ist fürchterlich.« Diese Sätze könnten als ein Leitmotiv über seinem Leben stehen. Wer denn vermag die ihm vorgezeichnete Bahn zu verlassen?

Das letzte Mal waltete Hans Henny Jahnn als Präsident der Akademie seines Amtes während eines Empfanges im französischen Generalkonsulat am Harvestehuder Weg. Generalkonsul Fernand-Laurent hatte das Präsidium eingeladen, Zeuge eines kleinen ›Staatsaktes‹ zu sein. Ich hatte mein fünfundzwanzigjähriges Jubiläum als Afrikareisender in Timbuktu in dem Hause verlebt, in dem der deutsche Forschungsreisende Heinrich Barth gewohnt hatte. Damals hatte ich beschlossen, ihm in Timbuktu eine Gedenktafel zu stiften; denn Barth war in Timbuktu praktisch vergessen, während seine Vorgänger, denen es mißglückt war, die längst erwarteten Berichte zu geben, von ihren Nationen geehrt worden waren.

Die Metallplatten hatten die Buderus'schen Eisenwerke für mich angefertigt, und ich überreichte sie dem französischen Generalkonsul, damit er sie in die Obhut Frankreichs und der Französischen Gemeinschaft nähme. Ich hielt eine kurze Ansprache über Barth und seine Bedeutung als Afrikaforscher und daß es vielleicht ungewöhnlich sei, daß ein Einzelgänger wie ich und nicht eine Institution diese Gedenkplatte stifte. Aber wo Institutionen versagen, käme es immer auf die kleine Zahl an.

Diesen Gedanken griff Hans Henny Jahnn auf, als er sich an den französischen Gastgeber und an die Versammlung wandte. Er, der so gern alles Konventionelle kritisierte, fühlte sich heute spürbar wohl in dieser Diplomaten-Atmosphäre und hielt eine seiner nobelsten improvisierten Ansprachen. Er sprach mit gedämpfter Stimme, auf seinem Gesicht lagen Ruhe und Würde.

Ausnahmsweise attackierte er niemanden, sondern traf nur in edelmütiger Weise Feststellungen, die ihm niemand übelnehmen konnte.

Vielleicht war er damals schon krank – er soll einen Schlaganfall erlitten haben, von dem aber nur wenige wußten – und befand sich im Zustand einer gewissen Resignation. Es sei durchaus kennzeichnend für unsere Zeit, meinte er, daß ein einzelner einem einzelnen ein Erinnerungsmal stifte. Die Institutionen versagten, richteten sich nach der Masse, hätten keine Zeit für den einzelnen, besonders dann, wenn sie nicht Modeerscheinungen seien. Heinrich Barth sei vergessen, also ehre man ihn nicht, obwohl er doch einer der größten Pioniere der Afrikaforschung gewesen sei. Wenn er – Jahnn – begeistert sei, daß ein Freund von ihm für Barth eintrete, dann deshalb, weil er sehr von dem Gedanken eingenommen sei, daß einzelne Zeitgenossen die Erinnerung an die Großen der Vergangenheit wachhielten. Um so mehr allerdings sie es dem französischen Generalkonsul zu danken, daß er diese Einladung gebe und das Protektorat über die Verleihung übernehme. Diese Geste wisse er, Jahnn, nicht nur als Präsident der Akademie, sondern auch als Individuum ungemein zu schätzen, und sie verbände ihn aufs neue mit der französischen Kultur. Die Franzosen waren von der feinsinnigen Rede Jahnns vielleicht noch mehr beeindruckt als wir, seine alten Freunde, auch wenn wir zugeben mußten, daß er sich an diesem Tage wieder einmal von seiner besten Seite gezeigt hatte.

Ehe er das letzte Mal ins Krankenhaus gebracht wurde, sprachen wir noch zusammen über vielerlei: über den Atomkrieg, den er so fürchtete, über seine Pläne, über die Akademie, über sein privates Leben. Er stöhnte wieder einmal über Schulden und darüber, daß er da und dort angefeindet wurde. Seltsamerweise sprachen wir kurz vor seinem Tode auch über sein Testament. Ob er wohl sein nahes Ende fühlte? Aber er wußte nicht, wie er Ordnung in seine Angelegenheiten bringen sollte. Es schien mir häufig, als wüßte er überhaupt keinen Ausweg aus seinem vorgezeichneten Sein und wollte doch anders sein und leben als er war und seine Erdentage verbrachte.

Als ich dann eines Sonntagnachmittags – es war am 29. November 1959 – mittags angerufen wurde, er sei verschieden, schien es mir, als müsse mein eignes Herz versagen.

Ich scheute mich zuerst, ihn auf dem Totenbett nochmals zu

sehen. Aber dann überwand ich mich und fuhr mit zum Hirsch-park-Haus, wo ihn Frau Ellinor, Tochter Signe und Pflegesohn Yngve in einem Zimmer aufgebahrt hatten. Neben ihm standen ein Flügel, ein Radiogerät, Bücher, Blumen, einige Kerzen flak-kerten. Lange stand ich neben ihm und streichelte seine schon kalten Hände.

Ich bin glücklich, daß ich ihn nochmals sehen konnte, ehe er in einer eichenen Kiste, wie er sie in ›Perrudja‹ beschrieben hatte, eingesargt und neben seinem Jugendfreund Gottfried Harms in Nienstedten begraben wurde. Nie sah ich ihn so schön wie auf dem Totenbett! Zerrissenheit, Qual, Angst, Furcht und Hysterie waren aus seinen Zügen gewichen. Das waren eben alles äußere Dinge, die sein Gesicht manchmal geradezu deformierten. Auf seinem Totenbett war er so, wie er wirklich war. Ja, er sah jetzt wunderbar aus, unverwechselbar, schön, edel und erhaben. Um seinen Mund lag sogar ein zartes, liebenswertes Lächeln, als hätte er vor dem Einschlafen eben noch gesagt: »Entschuldige mal, ich brauche nun aber wirklich Ruhe!«

Jetzt sah ich plötzlich den Dichter des ›Perrudja‹, wie ich ihn mir in meiner Jugend vorgestellt hatte: einen Menschen, der nicht allein von einem großen Herzen, sondern auch von einem großen Geist geprägt war. Sein letztes Antlitz war sein ewiges Antlitz. Und ich wußte erneut und trotz der vielen Schwierig-keiten mit ihm: Es war eine Auszeichnung, diesem ungewöhn-lichen Genius begegnet zu sein, ja, mit ihm befreundet gewesen zu sein, mit ihm dann und wann arbeiten zu dürfen. Als eine der genialsten und farbigsten Erscheinungen der deutschen Geistes-geschichte dieses Jahrhunderts wird er in die Geschichte einge-hen: Hans Henny Jahnn alias Perrudja – Pan-Parzival heute.

(1960)

Willy Haas, mein Freund, der Erzliterat
Eine Rede

»Berlin war das Glück meines Lebens.«
W. H.

Lieber Willy! Schon mehrfach mußte ich an Geburtstagen von dir sprechen. Meine erste Rede auf dich begann folgendermaßen: »Ich bewundere Sie, weil Sie so klug sind und sich eine so wunderbare Bibliothek zusammengeschrieben haben.« Der Rest meines Toasts ging in Gelächter unter, und du sagtest, mehr wäre über dich auch gar nicht festzustellen. Das war in Berlin aus Anlaß deines 40. Geburtstages, also vor fünfunddreißig Jahren. Ich selbst war damals achtzehn Jahre alt. Heute hätte ich gewiß mehr zu deinen Gunsten vorzutragen. Allerdings hast du dir eine Laudatio verbeten. Aber du hast dir von deinem »mißratenen, wohlgeratenen, gesegneten Sohn«, wie du gern spottest, Erinnerungen an die gemeinsame Berliner Zeit gewünscht.

Aus Anlaß deines fünfundsiebzigsten Geburtstages ist bisher schon mancherlei über den jungen Willy Haas in Prag erzählt worden. Außerdem wurde deine jetzige Tätigkeit in Hamburg gewürdigt. Aber nur wenige erinnern sich an das, was du seinerzeit in Berlin geleistet und welche Rolle du damals gespielt hast. Vielleicht sind meine subjektiven Erinnerungen dazu angetan, das Bild, das man hier in Hamburg an der Elbe von Willy Haas und ›Caliban‹ hat, zu ergänzen.

Es war im Jahre 1929, als ich als sechzehnjähriger Student und Leser der ›Literarischen Welt‹ in dieser ein Inserat fand, in dem es hieß, ein – übrigens nicht genannter – Schriftsteller suche einen Bibliothekar, der gegen Kost und Logis eine Bibliothek ordnen und katalogisieren sollte. Ich schrieb auf die Chiffreanzeige und kam auf diese Weise zu Willy Haas nach Falkensee, einem Dörfchen in Osthavelland, in halbstündiger Bahnfahrt von Berlin aus zu erreichen. Zweiundvierzig meist junge Leute hatten sich gemeldet, aber du beantwortetest nur meinen Brief. Ich fragte dich später, warum. Du sagtest, diese Mischung von Literaturbegeisterung und Selbstbewußtsein eines Knaben habe dir Spaß gemacht. Ich wäre schon damals ›mißraten‹ gewesen.

Willys Haus lag am Rande des Dorfes. Gegenüber dem Garten befand sich ein Kartoffelfeld. Da war ich nun bei einem viel diskutierten, prominenten Autor und Zeitschriftenherausgeber. Was aber erlebte ich, wenn wir spazieren gingen? Auf den Kartoffelacker verweisend, sagte Willy beispielsweise: »Die Stachelbeeren wollen dieses Jahr überhaupt nicht wachsen.« Ich könnte noch andere Beispiele dafür anfügen, daß du schon damals im praktischen Leben mit allerlei abstrusen Überraschungen aufgewartet hast. Dabei warst du – ausgerechnet du! – doch so stolz darauf, ein Bauernenkel zu sein.

Wir alle wissen, daß Willy Haas ein großer Musikliebhaber ist und sicherlich glücklich wäre, wenn er singen könnte. Erfreulicherweise hat er seine Bemühungen, zu singen, mittlerweile aufgegeben. Schon als Vierzigjähriger sang er so falsch wie niemand auf Erden. Die schrecklichsten Stunden in seinem Haus waren immer jene zwei, drei Stunden am Morgen, die Willy im Badezimmer zuzubringen pflegte. Wie auch andere, liebte er es, im Badezimmer zu singen, ziemlich tonstark sogar. Wir, die Mitbewohner seines Hauses, versuchten uns dann immer im Garten zu beschäftigen, weil wir die Mißtöne nicht ertragen konnten. Im Badezimmer gab es eine kleine Handbibliothek, von der Willy gern Gebrauch machte. Er behauptet, Carl Zuckmayer habe sogar im Badezimmer gedichtet. Weil wir Schlimmstes befürchteten, richteten wir uns schließlich im Garten ein ›Plumpsklo‹ ein. Willy Haas kannte schon als sehr junger Mann die bedeutendsten Gemäldesammlungen der Welt, ohne sie selbst besucht zu haben. Seine Begeisterung für die bildende Kunst steht also der für Musik nicht nach. Wir waren überaus froh, daß er sich nicht auch noch als Maler und Graphiker versuchte.

Willys damalige Frau war die inzwischen verstorbene Hanna Haas, geborene Waldeck. Liebe, verehrte Herta, du wirst menschliches Verständnis haben, wenn ich dieser Frau hier gedenke. Hanna Haas war eine ungewöhnliche Persönlichkeit. In ihrer Jugend war sie linksradikal. Ein Höhepunkt ihres Lebens war der Matrosenaufstand in Bremen gewesen, den sie mitgefochten hatte. Als Dank dafür machten die Matrosen sie zum ›Finanzsenator‹ der recht kurzlebigen Bremer Räterepublik. Auch war sie Sekretärin bei dem sowjetischen Politiker Karl Radek gewesen, der 1923, laut Brockhaus, »in Deutschland die Revolution zu schüren suchte«. Hanna Haas war eine couragierte Frau mit einer grenzenlosen Begeisterung für die Literatur, für alles Geistige schlechthin. So hatte sie auch den Weg zu dem Erz-literaten Willy Haas gefunden. Schon am Morgen beim Kaffee-tisch bewegten sich unsere Gespräche vielfach auf allerhöchster Ebene. Wir sprachen über Maupassant, Gide, Bang, Tolstoi, Kafka, Kierkegaard. Aber dazwischen gab es dann geistige Atempausen. Während Willy einen meisterlichen Essay über die Scholastiker oder eine Theaterkritik schrieb, entspannte sich Hanna, indem sie ein entzückendes Kinderbuch verfaßte: ›Schnauzi – eine Katzengeschichte‹. Alle paar Tage las sie daraus vor. Der begeistertste Zuhörer war übrigens Willys einziger Sohn, der heute als Ingenieur in Prag lebt, Georg-Michael, den wir Bibi nannten (in Anlehnung an eine Dramenfigur Heinrich Manns). Ich war also als Willy Haas' Bibliothekar engagiert, wurde jedoch bald darüber hinaus sein Privatsekretär und der Hauslehrer von Bibi, der ein kluges und kokettes Kind war – fast möchte ich sagen: wie der Papa! Von 1929 bis 1933 war ich immer wieder in Falkensee und rutschte langsam in die Rolle eines Pflegesohnes. Im Frühjahr 1933 mußte ich als ›major do-mus‹ Willys Bibliothek nach Prag versenden. Er hat davon in seinen Lebenserinnerungen erzählt.

Mein damaliges Reich war, wie berichtet, vor allem Willys Bibliothek. Seit meiner Tätigkeit sind nun Jahrzehnte vergan-gen, und ich kann mir Vergleiche erlauben. Ich darf feststellen, daß es im seinerzeitigen Berlin kaum eine zweite private Biblio-thek gegeben hat, die nicht allein quantitativ, sondern auch qua-litativ so bedeutend und exklusiv war. Ursprünglich war die Bibliothek nur in Willys Arbeitszimmer plaziert, schließlich schwoll sie dermaßen an, daß sie drei Zimmer füllte, ins Trep-penhaus quoll, über die Treppe in den ersten Stock und schließ-lich sogar ins Bügelzimmer. All diese Bücher, Kunstmappen, Broschüren, Autographen gingen mehrmals durch meine Hände; denn ich mußte sie katalogisieren und ordnen. Ein Zimmer war allein von gewidmeten Büchern oder signierten und numerierten Exemplaren angefüllt. In einer verschließbaren Vitrine brachten wir die Sammlung der Erotika unter. Wer Willy Haas näher kennt, kann sich ausmalen, daß es hier fast alles gab, was seiner-zeit überhaupt auf dem Büchermarkt zu bekommen war, und zwar in kostbarsten Ausgaben.

Bei der Ordnung der Bibliothek stellte ich wiederholt fest, daß von einigen Büchern mehrere Exemplare vorhanden wa-ren. Wenn ich sie aus der Bibliothek ziehen, für dich verkaufen oder eintauschen wollte, pflegtest du zu sagen: »Von gewissen Büchern kann man nicht genügend Exemplare haben.« Ich weiß von dir, liebe Herta, daß auch in der heutigen Bibliothek von Willy eine Reihe Bücher doppelt, ja, dreifach vorhanden ist. Ich möchte wünschen, daß du, Herta, heute nicht jene Sorgen hast, die wir manchmal in unserem Falkenseer Haushalt hatten. Unser Willy, dieser Büchernarr par excellence, gab manchmal sogar das Haushaltsgeld für Bücher aus, und wir mußten beim Kaufmann anschreiben lassen. Aber, Willy, solche Narreteien gehören nun einmal zu einem Schriftsteller deines Formates, zu einem Bibliophilen, zu einem Literaturfanatiker, zu einem Manne, dessen Welt die literarische Welt ist.

Welche hervorragende Stellung Willy Haas im Berliner Geistesleben der zwanziger Jahre innehatte, erfuhr ich, der ›Bibliothekarsknabe‹, auch als Telefonist des Hauses Haas. Wenn man heutzutage Willy anruft, knurrt er häufig. Er verabscheut das Telefonieren, er verabscheute es schon als jüngerer Mann. Ob André Gide oder John Galsworthy nach Berlin kamen, Hugo von Hofmannsthal, Franz Werfel oder Alma Mahler-Werfel, Thomas oder Heinrich Mann, sie alle meldeten sich in Falkensee, wollten Willy Haas sehen oder eine Auskunft von ihm erhalten. Die damalige literarische Welt – ich spreche hier nicht von der Zeitschrift, sondern meine das Wort in seiner ursprünglichen Bedeutung – sah in Haas einen Oberhirten der gesamten deutschen Literatur. Er war tatsächlich, um Hermann Kesten zu zitieren, »eine der Koryphäen der Weimarer Republik, auf verschiedenen Feldern«. Man verlangte von ihm, daß er wußte, ob ein bestimmter Verleger noch zahlungskräftig, irgendein Kritiker beeinflußbar oder wo diese oder jene Stelle bei Hofmannsthal oder Kafka zu finden sei.

Was mich schon damals für dich so einnahm, Willy, und wofür dir heute öffentlich aus vollem Herzen gedankt werden soll, ist, daß du immer wieder für alle, die sich an dich gewendet haben, Zeit gehabt hast. Nicht genügend zu würdigen ist die Tatsache, daß du immer für junge Leute und ihre Sorgen da warst. Manchmal irrtest du dich. Du hast dich auch in den letzten Jahren sicherlich manchmal geirrt, und daß du einen jungen Dramatiker, der am Hamburger Schauspielhaus uraufgeführt wurde, geradezu brutal vernichtet hast, hat uns alle geschmerzt. Indessen, bei einem Temperament wie dem deinigen kann das sicherlich nicht ausbleiben. Insgesamt warst du auch in deiner

Meinem lieben Roef
as ever
Willy H.

Wilhelm M. Busch: Willy Haas alias Caliban
(Federzeichnung)

Berliner Zeit der Repräsentant jenes Liberalismus, der vor
allem den neuen Generationen helfen will. Du hast heute noch
oft etwas von einem schwärmenden Jüngling, und auch deshalb
fühlst du dich den Heranwachsenden zugetan.

Du hast es allerdings jungen Leuten schon damals häufig
schwer gemacht. Du liebtest es, ihnen Aufgaben zu stellen. Ich
selbst wurde einmal Opfer eines deiner verrückten Einfälle. Es
war im Goethe-Jahr 1932 in der Buchhandelsstadt Leipzig. Du
gabst mir den Auftrag, mich als Zeitungsverkäufer zu maskie-
ren und mich am verkehrsreichen Augustusplatz, vor dem Museum, als Zeitungsverkäufer in einen Zeitungskiosk zu setzen.
Den für diese Zwecke gemieteten Kiosk mußte ich mit einer großen Goethe-Büste und mit Reclam-Ausgaben von Goethes Werken schmücken. Ich sollte versuchen, mit jeder Zeitung oder Zeitschrift eine billige Goethe-Ausgabe zu verkaufen. Worum ging es
dir? Das gute und zugleich billige Buch zu propagieren. Du

33

liebst bibliophile Ausgaben, sahst aber als einer der ersten voraus, was sich nun in den letzten Jahren in der ganzen Welt erfüllte, nämlich den Triumph des Taschenbuches, das schließlich dein alter Freund Ernst Rowohlt als erster in Deutschland populär gemacht hat. So warst du also schon in deiner Berliner Zeit nicht nur ein Kritiker und Essayist, sondern du warst gleichzeitig im französischen Sinne ein Moralist und ein Protagonist moderner Erwachsenenbildung.

Ich glaube, diese Seite deines Wirkens kann überhaupt nicht genügend hervorgehoben werden. Sie äußert sich heute in deiner Caliban-Kolumne, die wir jeden Montagmorgen auf den Frühstückstisch gelegt bekommen. Seit vielen Jahren nun hast du Hunderte von Caliban-Betrachtungen veröffentlicht. Trotzdem werden wir es nicht leid, dir immer wieder zuzuhören, um zu erfahren, was du nun als älterer Herr, sozusagen als Summe deiner Lebenserfahrungen, uns mitzuteilen hast.

Was dich schon in jenen Berliner Jahren von anderen unterschied, war deine unerhörte Aufgeschlossenheit für alle geistigen Strömungen. Du warst nie einseitig. Man hat die von dir gegründete ›Literarische Welt‹, bei der dir ›Väterchen Rowohlt‹ eine wichtige Starthilfe gab, besonders auch in jüngster Zeit immer wieder als eine der lebendigsten geistigen Zeitschriften bezeichnet, die je in Deutschland erschienen sind, und dir deshalb den Beinamen ›Klassiker der zwanziger Jahre‹ gegeben. Die ›Literarische Welt‹, ausschließlich dein geistiges Werk, wurde von rechts bis links gelesen, weil ihre Mitarbeiter von der extremsten Rechten bis zur extremsten Linken reichten. Man begegnete in ihren Spalten neben allen führenden Lyrikern und Romanciers, Essayisten und Kritikern immer wieder neuen Namen, literarischen Entdeckungen von dir, von denen sich mancher mittlerweile durchgesetzt hat; ich nenne hier stellvertretend für viele Martin Beheim-Schwarzbach und Peter Huchel.

Zum Faszinierendsten der Berliner ›Literarischen Welt‹ gehörten immer wieder jene Rundfragen, die du seinerzeit als einer der ersten populär gemacht hast. Von Bernard Shaw und Ernst Toller über den Jesuitenpater Muckermann bis zu Ernst Jünger hast du alle zur Mitarbeit eingeladen. Besonders erinnere ich mich an eine Rundfrage über Beethoven. Du ließest nicht bewährte Beethoven-Experten Gedenkartikel schreiben, sondern moderne Komponisten wie Kurt Weill und Ernst Krenek, wie Leoš Janáček und Maurice Ravel, die alles andere als Beethoven-Enthusiasten waren, aber gerade deshalb wertvolle Diskussionsbeiträge lieferten.

Geliebter Willy, ich will heute, da wir deinen fünfundsiebzigsten Geburtstag feiern, noch eindringlicher als vor zehn Jahren sagen: Du hast immer ›dem lebendigen Geiste‹ gedient, wie jene schöne Inschrift lautet, die Gundolf der Heidelberger Universität gewidmet hat, die 1933 vom Tor jener Universität weggekratzt und leider bis heute nicht wieder angebracht worden ist. Das literarische Leben Deutschlands hat viele bedeutende Köpfe in den letzten Jahrzehnten aufzuweisen gehabt. Indessen, wenige versuchten wie du, den gesamten geistigen Kosmos zu beschreiben, zu analysieren, zu kritisieren und auch zu feiern, und zwar, wie es schon vor drei Jahrzehnten Walter Benjamin festgestellt hat, »in einer universal-historischen Konstruktion, die auf die Belletristik und Chronistik des 17. Jahrhunderts zurückgeht«, und deshalb lieben wir dich, bewundern wir dich und sind wir dir dankbar, jeder auf seine Art – und obwohl dies und das in deinem Werk uns vielleicht gelegentlich fremd berührt oder sogar unverständlich ist.

Mehrere Etappen umfaßt dein langes, reiches Leben. Du begannst in Prag und warst schon damals der eifrige Mittler für einen Kreis genialer junger Menschen. Zeugnis dafür sind die ›Herderblätter‹, die du 1911 in Prag herausgegeben hast und die ich im Rahmen der Schriftenreihe der ›Freien Akademie der Künste in Hamburg‹ neu edieren durfte. Dann kamst du nach Berlin, wurdest dort Kritiker, einer der ersten literarischen Drehbuchautoren und schließlich Baumeister und Meister der ›Literarischen Welt‹. Wer heute den inzwischen erschienenen Auswahlband der ›Literarischen Welt‹ zur Hand nimmt, wird daran erinnert, wie konzentriert hier Geist und Zeitgeist der interessierten Öffentlichkeit dargeboten worden sind. Du hast bekannt: »Sein ganzes Leben im Auszug – in einem nicht näher errechenbaren Auszug – einsetzen zu können gegen irgendein kleines Detail dieser Welt: das, und nichts anderes, heißt ›denken‹.« In deinen Memoiren aber heißt es auch: »Berlin war das Glück meines Lebens.«

Dann mußtest du deine Wahlheimat Deutschland verlassen und nach Prag zurückkehren. Einer neuen Zeitschrift, ›Welt im Wort‹, gabst du dein Ingenium. Daß sie bald scheiterte, lag wahrhaftig nicht an dir und deinen Prager Mitarbeitern, sondern daran, daß dir nun die deutsche Leserschaft fehlte. In jener

Zeit schriebst du vier weltliche Erbauungsreden. Als ich dich im vergangenen Winter fragte, womit wir dir zu deinem fünfundsiebzigsten Geburtstag eine besondere Freude bereiten könnten, batest du mich, in Prag nach Exemplaren jener Zeitschrift zu suchen, vor allem nach den Heften mit deinen Erbauungsreden. Sie wurden inzwischen aufgefunden, und ich darf nun heute bekanntgeben, daß die Akademie es sich zur Ehre rechnet, dir auf deinen Gabentisch die von mir gesammelten ›Weltlichen Erbauungsreden‹ in Buchform zu legen. Das Buch wird heißen ›Über die Fremdlinge‹. Die darin enthaltenen ›Aspekte einer neuen Moral‹ werden erneut die Aufmerksamkeit auf deinen souveränen Humanismus lenken, durchleuchtet von Glauben und unsentimentaler Menschenliebe.

Eine weitere in sich abgeschlossene Epoche deines Lebens war Indien. Ein Buch von dir über Indien liegt nicht vor. Aber wer deine Schriften aus der Zeit vor deiner indischen Emigration kennt und sie vergleicht mit jenen nach deinem von Hitler erzwungenen asiatischen Aufenthalt, der weiß, wie sehr sich dein Weltbild durch dieses Ursprungsland großer Religionen und Philosophien abermals erweitert hat.

Und nun lebst du unter uns hier in Hamburg. Wir werden durch deine kritische und beschreibende Tätigkeit wie schon früher von dir durch das literarische Leben unserer Zeit geleitet und haben dir immer wieder zu danken für eine Fülle von Entdeckungen und Analysen. Und der mißratene Sohn darf nach diesem privaten Bericht fragen, ob es eigentlich schon allen aufgefallen ist, daß du auch insofern ein Unikum bist, als du zu den bestangezogenen Herren Hamburgs gehörst. Archetypen deiner Gattung gaben sich früher häufig gern als Bohémien – nonchalant, vielleicht sogar verwahrlost. Du bist der Gentleman unter den Erzliteraten. Weil auch dieses Land und diese Stadt leider immer ärmer werden an Gentlemen, wollen wir dir auch für dieses Exemplum et Spectaculum danken – auch wenn es vielleicht, wie einst die Büchereinkäufe in Berlin, wieder manchmal zu Lasten deiner Frau geht, die bisweilen Befürchtungen wegen des Haushaltsgeldes hegt. Aber ist es nicht logisch, daß mißratene Söhne nicht ganz tadellose Väter haben?

Schon häufig habe ich dich gefragt, Willy, ob du eigentlich mit deinem Leben zufrieden bist. Du hast daran erinnert, daß du in deiner Karriere wiederholt behindert worden bist. Du hättest dreimal ganz von vorn anfangen müssen. Vielleicht hättest du es sonst weitergebracht. Du hättest viele Konzessionen machen müssen, um dich über Wasser zu halten. Beispielsweise hättest du Wiener Operettenfilme schreiben müssen. Es zeichnet dich aus, zeugt von deiner Ratio wie von deiner Güte und Demut, daß du auch das nicht bedauerst. Obwohl du mit so vielen bedeutenden Dichtern groß geworden bist, wolltest du selber niemals ein Dichter werden. Du schriebst mir: »Vor dieser Einbildung hat mich das Zusammenleben mit wirklichen Genies in meiner Jugend beschützt, und das war gut so.« Du schriebst mir auch: »Wenn ich mein Leben überblicke, so bin ich durchaus zufrieden. Ich wollte natürlich sehr viel berühmter, reicher und genialer werden – von der Schönheit gar nicht zu reden. Aber darum handelt es sich nicht. Ich glaube, ich habe meine Linie gut gehalten.« Dies, lieber Willy, wollen wir dir gern und begeistert bestätigen ...

(1966)

Hans-Hasso von Veltheim, Herr auf Ostrau

> *»Das Apokalyptische unserer Welt äußert*
> *sich darin, daß dem Einbruch der Unter-*
> *welt in die Welt des Menschen von diesem*
> *nur noch mit Kräften, die er seiner Über-*
> *welt entnehmen muß, begegnet werden*
> *kann.«*
> H. H. v. V.

Im Frühsommer 1937 fiel in der Unterhaltung mit einem Studienfreund an der Leipziger Universität, Constantin Cramer von Laue, der Name einer bemerkenswerten Persönlichkeit seiner Zeit, der des Barons Dr. Hans-Hasso von Veltheim, mit dem Constantin schon seit zehn Jahren befreundet war. Als Berufsbezeichnung stand im Berliner Telefonbuch ›Privatgelehrter‹, ein vor Jahrzehnten nicht unbekanntes, seitdem aber völlig ausgestorbenes Kennzeichen menschlicher Tätigkeit. Auf den Namen dieses hochbegabten und unwahrscheinlich vielseitigen Menschen war ich schon oft gestoßen in Kreisen der Politik, des kulturellen Lebens, der großen Gesellschaft und in der Umgebung zahlloser geistig bedeutender Sonderlinge, von denen es damals viele gab. Diesen seltsamen Mann wollte ich gern kennenlernen, und Constantin vermittelte mir eine Einladung. Aus dieser ersten Begegnung ergab sich eine fast zwanzigjährige Freundschaft.

Wir fuhren mit meinem Motorradgespann von Leipzig über Halle an der Saale nach Ostrau, einem unscheinbaren Dorf, wie es deren unzählige gibt, das aber auffiel durch ein die kleinen Häuser hoch überragendes Dach eines Schlosses und die Wipfel eines alten großen Parkes. Veltheim hatte das Schloß 1927 geerbt und es zu einem Mittelpunkt nicht nur des deutschen, sondern auch des internationalen Kulturlebens gemacht.

Als wir durch das Tor gefahren waren und in den Schloßhof rollten, sahen wir Handwerker, die sich mit Restaurierungsarbeiten an der Fassade des großen Schlosses beschäftigten. Cramer sagte mir, daß jener Herr, der sich da auf dem Baugerüst in einem eifrigen Disput mit den Handwerkern befand, Veltheim sei. So lernte ich ihn gleich in voller Aktion kennen. Er empfing uns mit größter Herzlichkeit und zeigte mir zunächst sein umfangreiches Anwesen: Das 1713 gebaute Barockschloß (nach einem Entwurf des Franzosen Louis Remy de la Fosse, der Hofarchitekt in Hannover war) und den Park, den landwirtschaftlichen Betrieb, den er verpachtet hatte, und seine Windspielmeute, auf die er besonders stolz war. Er behauptete, die Tiere stammten unmittelbar von den Lieblingshunden Friedrichs II. von Preußen ab. Veltheim hatte das Schloß von Grund auf mit Sachverstand und Liebe renoviert. Im Gegensatz zu früher waren nun alle Zimmer bewohnbar. Sie hatten Länder- oder Personennamen, und entsprechend waren die Zimmer eingerichtet. Veltheim, der selbst einmal mehrere Jahre in München Antiquitätenhandel betrieben hatte, kaufte jahrelang Möbel in Deutschland und im Ausland, um das geräumige Schloß einzurichten. Neben ausgesprochen schönen antiken Stücken befand sich auch weniger Wertvolles darunter, aber er war ein geschickter Innenarchitekt, und so störte es kaum, daß einiges vom Mobiliar nicht von erster Qualität war. Auf jeden Fall fühlte man sich bei ihm äußerst wohl, und er konnte einer der umsichtigsten Gastgeber sein – wenn auch die Haushaltung nie üppig, sondern eher spartanisch war; besonders alkoholische Getränke gab es nur in geringstem Maß.

Veltheim war ein problematischer Mann. Selbst einer seiner besten Freunde, der Kunsthistoriker Udo von Alvensleben, schrieb trotz der großen Wertschätzung, die er für ihn hegte, er sei ›zeitlebens... eine umstrittene Figur‹ geblieben. Veltheim konnte von bestrickender Liebenswürdigkeit sein, um kurz danach in einen peinlichen Erregungszustand zu verfallen, den man lieber nicht miterlebt haben wollte. Nach harmonischer Ausgeglichenheit war er oft plötzlich launisch, hypochondrisch und cholerisch; er litt selbst unter dieser Veranlagung und bedauerte oft, ihrer nicht besser Herr werden zu können. Diese Eigenschaften hatten zur Folge, daß wir auch in der Zeit unserer Freundschaft, die von 1937 bis zu seinem Tode im August 1956 andauerte, zeitweise keinen Kontakt miteinander hatten. Aber so ist es wohl fast allen ergangen, die mit Veltheim befreundet oder bekannt waren. Ich bewundere ihn dennoch sehr, verdanke ihm für mein Leben und Wirken unendlich viel, wenn ich auch gelegentlich geradezu schmerzvoll an die Kränkungen zurückdenke, die ich, wie andere, häufig zu ertragen hatte.

Bald nach dem Kriege besuchte er mich in Hamburg; Veltheim war nun ein armer Flüchtling und litt noch schwerer als je zuvor unter seinem grausamen Asthma, das seine Ursache in für Europäer ungeeigneten Yoga-Übungen gehabt haben soll. In dem Haus, in dem ich wohnte, lebten u. a. englische Offiziere; sie hatten hier auch eine Messe und nannten das Haus ›Lancaster House‹. Mit uns am Teetisch saß die Sängerin Florence Thiess. Obwohl also eine Dame dabei war, kam es zu einem seiner berüchtigten Zornesausbrüche. Er, der sein Leben lang Bewunderung und Sympathie für die beiden angelsächsischen Völker gehabt hatte, begann auf unqualifizierteste und entwürdigende Weise auf die englische und amerikanische Besatzungsarmee zu schimpfen. Ursache war, daß die Alliierten die mitteldeutschen Gebiete den Sowjets überlassen hatten und er dadurch all seinen Besitz verloren hatte. Dabei war er doch früher dafür gewesen, daß die Deutschen lange leiden müßten, weil sie den ihm verhaßten Hitler hatten groß werden lassen. Er war ein heftiger Gegner des Nationalsozialismus. Auf Grund einer Denunziation war er jedoch von einem der damaligen Ortsgewaltigen erpreßt worden, in den ›Förderkreis der SS‹ einzutreten, um sich seine Freiheit zu erkaufen. Später hat er sehr darunter gelitten, nicht die Kraft des Märtyrers gehabt zu haben. Sein Freundeskreis konnte es kaum verstehen, daß er, der sich keine Zurückhaltung in seinem Haß auf Hitler auferlegte, das Dritte Reich ungeschoren überlebt hat. Er war ein gespaltener Mensch, wie unendlich viele Deutsche, und nach seiner Flucht trat das noch mehr denn je zutage.

Ich möchte hier eine Erinnerung an ein Wochenende in Ostrau während des Krieges einschalten. Die Unterhaltung drehte sich wieder einmal um Attentate auf die Führungsspitze der Nazis und ihre möglichen Folgen. Mein Vater war als Geisel von der Gestapo festgesetzt gewesen, nun saß sein Bruder Fritz; reihum kamen die Brüder dran. Wir waren wieder in mehrere Willkür-Verfahren verstrickt. Ich plante eine Flucht aus dem besetzten Europa und hatte den Einfall, draußen eine bestimmte Fliegereinheit vorzuschlagen und ihr selber natürlich beizutreten; diese Einheit sollte nämlich in der japanischen Kamikazepraktik ausgebildet werden. Mein Plan war, daß sich etwa einige Dutzend Piloten mit ihren Flugzeugen und einer schweren Bombenlast auf die Reichskanzlei, auf andere Ministerien in Berlin und auf das Führerhauptquartier stürzen und diese Bauten samt ihren Insassen in die Luft sprengen sollten. Junge Leute aus Nationen, deren Länder von Hitlers Streitkräften besetzt waren (auch Juden), sollten an diesen Selbstopfer-Flügen teilnehmen; denn wenn die Führungsspitze ausgerottet war, so dachte ich, würde das sicherlich zu einem Zusammenbruch des Naziregimes und zu einem Volksaufstand in Deutschland und im besetzten Europa führen. Wir waren eine Runde von etwa zwölf Personen verschiedenen Alters, verschiedener Herkunft. Alle waren mehr oder weniger meiner Ansicht, nur Veltheim nicht. Seine Argumentation lief darauf hinaus, daß nach solchen Anschlägen das Regime nur noch fürchterlicher toben würde. Nicht das deutsche Volk könne sich von Tyrannen befreien, sondern nur die Streitkräfte Churchills, Roosevelts und Stalins gemeinsam (womit er recht behalten sollte, wie der weitere Kriegsverlauf zeigte). Als ich mich nach diesem Wochenende am Sonntagabend, vor meiner Rückreise nach Berlin, bei ihm verabschieden wollte, ließ er sich verleugnen. Aber schon vierzehn Tage später lud er mich wieder nach Ostrau ein und erklärte, er könne mich durchaus verstehen. So schwankte Veltheim häufig von einem Extrem zum anderen.

In den Jahren vor dem Kriege unternahm er eine große Asienreise und schickte in hektographierter Form ausführliche Reiseberichte an einen Kreis von mehreren hundert Menschen. Die Berichte bildeten später die Grundlage zur Abfassung der ›Tagebücher aus Asien‹; sie haben einen hohen dokumentarischen Wert. In diesen hektographischen Berichten befinden sich gelegentlich positive Bemerkungen zum Nationalsozialismus. Gewiß glaubte Veltheim nicht das, was er da schrieb. Er mußte jedoch solche zustimmenden Äußerungen einstreuen, um nicht der Zensur zum Opfer zu fallen und um anderswo Ansichten äußern zu können, die den Herrschenden nicht genehm waren. So mußte Veltheim ein Doppelgesicht zeigen, wie ungezählte andere.

An eine liebenswerte Episode erinnere ich mich gleichfalls. Einmal gab er kurz vor dem Kriege ein großes Bankett. Das Fest fand zu Ehren eines berühmten indischen Arztes statt, der aus Calcutta mit seiner ganzen Familie als Gast nach Ostrau gekommen war. Veltheim trug mir auf, mich der Töchter und der Söhne Dr. Chopras anzunehmen. An der langen Tafel sollten Diplomaten, Offiziere, Ärzte, Künstler und deutscher Hochadel sitzen. Ich fühlte mich überfordert und sagte ab. Veltheim aber bestand auf meinem Kommen, er brauche mich unbedingt der jungen Gäste wegen. Ich war äußerst unruhig bei Tisch, weil ich mich von ihm ständig beobachtet fühlte. In meiner Nervosität stieß ich ein volles Glas Rotwein um. Der Wein ergoß sich nicht allein über den wunderbar dekorierten Tisch, sondern auch über das beigefarbene kostbare Kleid einer Prinzessin. Ich wollte am liebsten in den Boden versinken, glaubte jedenfalls, das Malheur nicht überleben zu können. Ich blickte auf die verdorbene Tafel und erwartete eine kränkende Beschimpfung durch den Hausherrn. Es kam anders. Plötzlich sah ich, daß noch viel mehr Rotwein über die Tafel rann. Und ich hörte Veltheims Stimme: »Siehst du, mein lieber Rolf, so etwas kann eben jedem passieren. Nun habe ich sogar die Flasche umgeworfen. Ist das nicht lustig?« Die Tafelrunde schaute zu ihm und zu mir und lachte, aus der peinlichen Situation befreit; denn die meisten kannten und fürchteten Veltheims Erregungsausbrüche. Hier dagegen hatte er sich äußerst nobel benommen, mich aus einer fatalen Lage gerettet, indem er absichtlich die Flasche umwarf. Ich nahm die erste Gelegenheit wahr, um mich bei ihm zu bedanken. »Was sollte ich anderes tun«, polterte er darauf los, »nachdem du dich wie ein Schwein benommen hast?« Doch für ›das Schwein‹ entschuldigte er sich sogleich und fügte dann hinzu, der Einfall, mir auf diese Weise aus der Klemme zu helfen, stamme nicht von ihm, sondern ginge auf eine Anekdote über den Dichter Detlev von Liliencron zurück, der ein vorbildlicher Kavalier gewesen sei.

Veltheim war sehr groß; eine, wie man damals sagte, blendende Erscheinung. Er hatte allerdings ein Handicap: Er stotterte. Wenn er erregt war, bekam er manchmal eine Zeitlang keinen Satz heraus, nur Silben. Seine Nervosität übertrug sich oft auf den Gesprächspartner. Veltheim hatte eine enorme Suggestionsgabe. Sie war so intensiv, daß auch seine Umgebung gelegentlich ebenfalls ins Stottern geriet; auch ich. Er stotterte übrigens nur deutsch, nicht, wenn er englisch oder französisch sprach; beide Fremdsprachen beherrschte er wie die eigene. Mir erzählte er, in seiner Kindheit sei neben ihm ein alter Kachelofen explodiert, und darauf sei dieser Sprachfehler zurückzuführen: »Weil ich damals nur deutsch sprach, stottere ich nur deutsch.« Aber es gibt auch noch andere Versionen bezüglich seines Sprachfehlers; danach habe sein Vater bei einem Streit mit seiner Mutter über Erziehungsfragen in maßloser Unbeherrschtheit am Teetisch einen Samowar mit kochendem Wasser auf ihn geworfen; der auslaufende Spiritus entzündete seine Kleidung; der herbeigerufene Diener mußte das Feuer löschen, indem er den Knaben auf dem Teppich hin- und herdrehen mußte. Dieses Vorkommnis war der letzte Anlaß zur Scheidung der Eltern des erst sechs Jahre alten Jungen. Auch diese Erlebnisse belasteten das Seelenleben Veltheims schwer. Doch über alles, was Veltheim dachte und tat, gab es mancherlei Versionen. Es war nicht einfach, ein objektives Bild von ihm zu gewinnen. Weil er unberechenbar war, ging manche jahrelang während innige Freundschaft im heftigsten Krach auseinander. Aus Zuneigung entwickelte sich plötzlich Haß.

Ich habe Gefühle gelegentlicher Antipathie immer unterdrückt, weil ich von unserer ersten Begegnung an wußte und heute noch davon überzeugt bin, daß er wahrhaftig eine außerordentliche Persönlichkeit gewesen ist. Viele seiner Freunde sind inzwischen gestorben. Die eigentlich fällige Veltheim-Biographie wird wohl leider nie geschrieben werden. Ich möchte deshalb hier sein ungewöhnliches Leben etwas eingehender skizzieren; denn es leben immerhin noch einige, die seinen Lebensweg gekreuzt haben, und vor allem gibt es doch Zehntausende, die seine ›Tagebücher aus Asien‹ kennen, welche allerdings nur von der asiatischen Periode seines Lebens berichten.

Hans-Hasso von Veltheim wurde am 15. Oktober 1885 in Köln geboren, wo der Vater als Rittmeister beim 8. (Rheinischen) Kürassierregiment Graf Goßler in Deutz stand. Die Mutter war die Tochter eines hochangesehenen Justizrats, Dr. Herbertz, der ein Freund Bismarcks und 1871 Berater der deutschen Delegation bei den Verhandlungen des Frankfurter Friedensvertrages war. Preußischer Justizminister zu werden, lehnte er ab, da seine Einkünfte als Anwalt höher waren als das Ministergehalt. Der Knabe besuchte Schulen in Berlin, Doberan, Schnepfental und Halle. Nach eigener Aussage war er ein schlechter Schüler; drei Jahre war er in der Tertia: »Mit Ach und Krach machte ich die Prima-Reife«, erzählte er selber. 1906: Offiziersexamen auf der Kriegsschule in Metz. Er konnte sich schlecht unterordnen und hatte Schwierigkeiten wegen Insubordination. Erst 1907 holte er sein Abitur nach, um in München und in der Schweiz bei Furtwängler, Voll, Wölfflin und Riehl studieren zu können. 1911 promovierte er in Archäologie, Kunstgeschichte, Geschichte und Philosophie; seine Dissertation behandelte ›Romanische Kleinkirchen in Burgund‹. Erst dreiundzwanzig Jahre alt, hatte er 1908 an einem Archäologen-Kongreß in Kairo teilgenommen.

Sein Vater wollte, daß er Offizier werde. Das lehnte er strikt ab. 1911 aber wurde er Reserveoffizier beim Luftschiffer-Bataillon 1 in Berlin-Tegel. Als Student bereits hatte Veltheim viele Freiballonfahrten unternommen (bis zum Ersten Weltkrieg etwa hundert). Er wurde dadurch mit dem Grafen Zeppelin bekannt, der ihn auf eine seiner Luftschiffahrten mitnahm und als ›Zeppelin-Mann‹ ausbildete. Reserveoffiziere waren in den Luftschiffer-Bataillonen an sich nicht vorgesehen. Er selbst oder jemand anders – ich weiß es nicht mehr genau – machte eine Eingabe bei Kaiser Wilhelm II., die Graf Zeppelin befürwortete, und dadurch wurde Veltheim auch als Reserveoffizier der Luftschiffer aufgenommen. Den Ersten Weltkrieg machte er bei den Luftschiffern mit; er nahm an Angriffsfahrten auf London teil. Nach dem Zurückziehen der Luftschiffe war er zwei Jahre an der Flandernfront Artilleriebeobachter aus Fesselballons; mehrmals wurde er abgeschossen und rettete sich mit dem Fallschirm. Für seine ›Kaltblütigkeit‹ wurde er mit dem Eisernen Kreuz I. Klasse ausgezeichnet. Als zufälliger Gast seines Onkels, des Admirals von Trotha, nahm er als einziger Heeresoffizier an der Skagerrakschlacht auf dem Panzerkreuzer ›Moltke‹ teil.

Während des Krieges heiratete er in Leverkusen Hildegard Duisberg, die einzige Tochter des Erfinders und Gründers der I. G. Farben: Carl Duisberg. Dieser wollte seinen Schwiegersohn in einer leitenden Position in dieser Riesenorganisation einsetzen. Veltheim lehnte jedoch das verlockende Angebot ab wegen seiner persönlichen, aus religiös-geistiger Einsicht unüberwindbaren Abneigung gegen die moderne Chemie (besonders deren wichtigste Produktion auf dem Gebiet der Arzneimttel, die er ›Oblaten des Teufels‹ nannte). Die Ehe entwickelte sich, vor allem wegen der Spannungen zum Schwiegervater, nicht glücklich; sie wurde nach sieben Jahren geschieden. Ihr einziges Kind, die bildschöne Tochter Michaela, heiratete mit achtzehn Jahren in Abwesenheit des in Indien reisenden Vaters den aktiven Offizier Joachim von Bussek; sie starb ein Jahr später, wenige Tage nach der Geburt ihres ersten Kindes, des Sohnes Michael.

Nach 1918 hatte Veltheim in München den ›Drei-Länder-Verlag‹ mit Zweigstellen in Zürich und Wien. Während der Inflation ging der Verlag bankrott. Veltheim wandte sich daraufhin in Berlin und München dem Antiquitäten- und Kunsthandel zu und verdiente jetzt zum erstenmal viel Geld. Im Oktober 1927 übernahm er als letzter Fideikommisbesitzer die Veltheimschen Familiengüter Ostrau bei Halle an der Saale, Groß-

Weißandt und Garendorf bei Köthen in Anhalt, die er als freier Besitzer entschuldete und wesentlich verbesserte; und das alles mit großem Geschick ohne staatliche Unterstützung. Schloß Ostrau wurde unter ihm nach alten Plänen umgebaut, neue Wirtschaftsgebäude wurden errichtet. (Zerstört von ihm wurden nur, gleich in der ersten Nacht, die er in Ostrau verbrachte, die Wappen der gehaßten Stiefmutter, einer Schwester des Vaters des bekannten Arztes Graf Lehndorff, Autor des ›Ostpreußischen Tagebuches‹.)

Nach Enteignung durch die sowjetzonale Bodenreform im November 1945 mußte Veltheim aus Ostrau fliehen und lebte seitdem in Westdeutschland meistens bei Freunden, u. a. in der Papiermühle der Familie Jagenberg bei Solingen. Sein Monatseinkommen bestand jetzt aus 70 DM Soforthilfe. Carepakete, die er erhielt, verkaufte er, um sich Anzüge, Wäsche und Bücher kaufen zu können. Seine abenteuerliche Flucht vollzog sich lebensgefährlich auf der Achse eines Güterwagens. Die Amerikaner hatten ihn gewarnt und wollten seine bewegliche Habe retten. Er deutete, etwas selbstherrlich, Prophezeiungen falsch und verlor alles. Gegen sein Sträuben rettete sein Vetter Hans Christoph Seebohm, der spätere Bundesverkehrsminister, eine Lastwagenladung von Kunstschätzen und einen Teil seiner geisteswissenschaftlichen Bibliothek. Ostrau war nicht etwa, wie er geglaubt hatte, ›ein magisches Zentrum, das selbst Russen respektieren‹. Ostrau ist heute Sitz einer Zweigstelle der Universität Halle.

Hans-Hasso von Veltheim war ein großer Reisender. Im Alter von dreizehn Jahren sollte er seine Ferien in Ostrau verleben; auf sein Bitten gab ihm sein Vater dreihundert Mark für eine Radtour in den Harz. Veltheim zog es jedoch vor, vierter Klasse nach der Schweiz zu fahren, um am Vierwaldstätter See alle Wilhelm-Tell-Gedenkstätten zu besuchen. Einmal von zu Hause ausgebrochen, wollte der Dreizehnjährige mehr von der Welt sehen. Der Gymnasiast reiste weiter nach Oberitalien, ›weil dort meine Mutter mit dem Stiefvater auf Hochzeitsreise gewesen war‹ (die Eltern waren, wie schon erwähnt, geschieden und heirateten beide wieder). Er besuchte Mailand, Turin, Genua, Bologna, Venedig und kehrte über Wien und München nach Hause zurück. Der jähzornige Vater verprügelte den Jungen, weil er nicht im Harz gewesen war, so sehr, daß er sich in ärztliche Behandlung begeben mußte.

Es wurde bereits vermerkt, daß er als Student Kairo besuchte; 1909 war er in Rußland, in der Türkei und auf dem Balkan. Am liebsten erzählte er immer wieder von einer Reise im Jahre 1910: »In München herrschte scheußliches Regenwetter, ich bekam Grippe und beschloß, für vierzehn Tage nach Bozen in die Sonne zu reisen. Als ich mit meinen zwei Handkoffern in Bozen ankam, regnete es auch hier Bindfäden, und meine Grippe verstärkte sich. Also weiter nach Bologna: hier wieder Regen! Weiter nach Florenz: wieder Regen! Weiter nach Rom. In Rom goß es so in Strömen, daß ich gleich nach Neapel weiterfuhr. Ich war fast besessen davon, dem abscheulichen Regen zu entfliehen. Doch in Neapel regnete es auch. Also weiter nach Sizilien! Das Schiff nach Sizilien fuhr aber erst in drei Tagen. Auf Reede vor Neapel lag ein Woermann-Dampfer, der nach Ostafrika ausreisen sollte. Ich beschloß, bis Port Said mitzufahren; dort mußte doch schönes Wetter herrschen. Mitreisende überredeten mich jedoch, gleich bis Ostafrika zu reisen – was ich auch tat. Ich besuchte Britisch- und Deutsch-Ostafrika, machte Expeditionen ins Usumbara-Gebirge, zum Kilimandscharo und Viktoria-See – und das alles nur, weil ich dem Regen in München entgehen wollte.«

Wir hatten uns oft über Fortschritt unterhalten. Aber da war Veltheim skeptisch, und zwar ganz einfach deshalb, weil er auf jener Reise nach Ostafrika weder einen Paß noch Visa benötigte. »Ich hatte nur ein Scheckbuch der Preußischen Seehandlung bei mir, und das genügte als Ausweis. Wie aber ist das heute, bei dem von dir gerühmten Fortschritt?«

Viele Reisen Veltheims waren improvisiert, aber auch manchmal sehr sorgfältig vorbereitet. Sie führten ihn in fast sämtliche Länder, mit Ausnahme von Australien und Polen. Ich bin nur dadurch in der angenehmen Lage, so viele Details mitteilen zu können, weil er mir Einzelheiten über sein Leben, auf meinen Wunsch hin, selber aufgeschrieben hat. Einen Passus möchte ich wörtlich zitieren, der wiederum für ihn typisch ist. In diesen Aufzeichnungen erinnert er daran, daß er einen silbernen Becher mit folgender Aufschrift besaß: »Aus diesem Becher trank ich seit März 1930 in: Deutschland, Holland, Belgien, Frankreich, Schweiz, Italien, Österreich, Ungarn, England, USA, Cypern, Palästina, Transjordanien, Syrien, Schottland, Island, Spitzbergen, Norwegen, Schweden, Dänemark, Jugoslawien, Griechenland, Rußland, Georgien, Kaukasus, Bulgarien, Ägypten, Vorderindien, Afghanistan, Tibet, Malaya-Staaten, Burma, Siam, Indochina, Java, Bali, Kaschmir, Nepal, Himalaja, Portugiesisch-Indien, Abessinien, Sudan, Libyen.«

Obwohl er beinahe die ganze Welt bereist hatte und allerorten Freunde besaß, war er letzten Endes doch ein innerlich einsamer Mann, der vielleicht deshalb mit sich selber einen manchmal merkwürdigen Personenkult trieb. So sah man in Ostrau überall seine eingemeißelten, aufgedruckten, eingestickten oder eingravierten Initialen und Wappen. Die vielen verschenkten silbernen Etuis trugen ausnahmslos Widmungen mit seinem Namen und Wappen.

Hans-Hasso von Veltheim interessierte sich lebhaft für religiöse Fragen. Auch auf diesem Gebiet konnte man von ihm neben äußerst klugen und wissenschaftlich durchaus fundierten Ausführungen allerlei Nonsens, Okkultisches und Magisches, hören. Wiederholt erlebte ich es in Ostrau, daß er davon berichtete, er habe die vergangene Nacht Kontakte mit Verstorbenen gehabt. So denke ich an eine Schilderung von ihm, er habe um Mitternacht auf der inneren Schloßtreppe den Geist des verstorbenen Feldmarschalls und Reichspräsidenten Paul von Hindenburg getroffen und mit ihm über die gegenwärtige Kriegslage debattiert. Nach seinen Aussagen stand er wiederholt des Nachts in Kontakt mit indischen Gurus, also indischen Lehrern. Gelegentlich war es wirklich fragwürdig, was er da auftischte. Gelegentlich indessen gewann man die Überzeugung, daß hier wirklich eine Begabung in ihm rege war, mit übersinnlichen Kräften Beziehungen aufzunehmen.

Über diese Seite der Persönlichkeit Veltheims gibt es ein Urteil eines seiner Freunde, des Psychiaters Herbert Fritsche, der aus Anlaß von Veltheims siebzigstem Geburtstag (1955) schrieb: »Mit Tod und Leben steht er auf du und du. Das hat er lange und gründlich geübt. Aber beide Partner wissen nie, ob und wann er mit ihnen als Weiser oder als Eulenspiegel, als Ritter ohne Furcht und Tadel oder als faszinierender Spötter ins Gespräch kommen will. Das ist seine Souveränität heute wie einst: Die Gegensätze draußen in der Welt und drinnen im eigenen Wesen können ihm nichts anhaben. Er bedient sich ihrer, seine Liebesfähigkeit umfaßt sie alle. Sein ganzes Leben stand unter der Gnade, Unvereinbares in Förderergegensätze zu wandeln und diese schöpferisch gestalten zu dürfen. Der hünenhafte Grandseigneur, den die Philosophin Annie Besant ›my crusader‹, meinen Kreuzfahrer, nannte, wurde in sehr verschieden gearteten Kreisen als Freund und Mäzen geschätzt. Als Offizier und Vertreter seines Standes zeigte er Form und Haltung, als Kunsthändler und geborener Abenteurer war er absolut Bohémien, als Okkultist dem Schweigen und der Weisheit hingegeben. Man wunderte sich nicht, den allezeit ins Menschlich-Allzumenschliche Verliebten zugleich dem Kultus skurriler Unweisheit verschworen zu sehen.«

Als Veltheim konfirmiert werden sollte, reichte er seinem Pfarrer mit der Bitte um Beantwortung einen Fragebogen ein. Der Gymnasiast Hans-Hasso wollte wissen, wieso es zur unbefleckten Empfängnis kam. Er wollte wissen, ob er nicht von vornherein frei in allem sei, was er tue, wenn auch Christus die Sünden der Welt auf sich genommen habe. Der Pfarrer konnte die Fragen nicht beantworten und erklärte den Knaben als für die Konfirmation nicht reif. Wieder einmal gab es einen großen Krach mit dem Vater. Der Sohn ging zurück zum Pfarrer, rührte ihn zu Tränen, bis dieser mit dem Konfirmanden niederkniete und betete und der Junge als ›zur Konfirmation herangereift‹ erklärt wurde. Seit diesem Ereignis empfand Veltheim Skepsis gegen das Christentum. Er verschaffte sich die Bhagavnadgita und wußte sie bald auswendig. Schon als Schuljunge las er einen beträchtlichen Teil der anderen großen Schriften des Ostens und wandte sich dem Buddhismus zu. Während eines Italien-Aufenthaltes 1910 gewährte ihm Pius X. eine Privataudienz. Es war seitens Veltheims ein Versuch, zum Christentum innerlich zurückzukehren; er scheiterte. Einen anderen Versuch soll angeblich Kardinal Merry del Val gemacht haben, der Veltheim für den diplomatischen Dienst des Heiligen Stuhls gewinnen wollte. Zu Alvensleben sagte Veltheim, daß ihn seine Verpflichtungen als Erbe von Ostrau abgehalten hätten; halb im Scherz, halb im Ernst – wie gewöhnlich – fügte er hinzu: »Sonst wäre ich jetzt Erzbischof.« Veltheim ist allerdings aus der Kirche nicht ausgetreten und war als Großgrundbesitzer Patron von sieben Kirchen. Er notierte für mich: »Bis auf den heutigen Tag habe ich außerordentliche Schwierigkeiten mit dem Christentum; nur in Form der Steinerschen Christologie kann ich es verstehen.«

Veltheims Stiefvater war Oberst Erich von Leipzig, im Ersten Weltkrieg Militärattaché in der Türkei. Veltheim selber beobachtete während des Ersten Weltkrieges eines Tages vor Ypern (Frankreich) im Fesselballon das Einschießen der Artillerie, als

Gerhard Marcks: Bronze des Dichters und Orgelbauers Hans Henny Jahnn

Hans-Hasso von Veltheim,
Herr auf Ostrau

Der amerikanische Schriftsteller
Jack London mit seiner Frau,
Charmian London

Schloß Ostrau bei Halle/Saale
um 1725

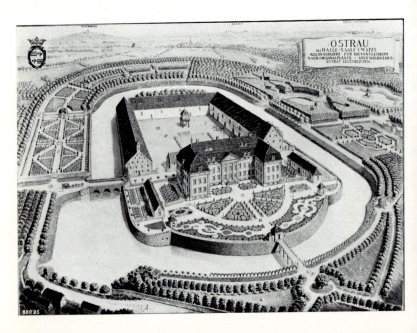

Der englische Romancier
John Galsworthy

Lawrence of Arabia auf dem
von G. B. Shaw geschenkten
Motorrad

er plötzlich seinen Stiefvater in Uniform neben sich sah. Zur gleichen Stunde war der Stiefvater von gedungenen feindlichen Attentätern ermordet worden. Er schrieb mir: »Von diesem Augenblick an war ich oft hellsichtig, konnte wiederholt im voraus sagen, wer fallen und was sonst passieren würde. Schon während meiner Pubertätszeit war ich von prophetischen Gaben heimgesucht worden. Ich empfand sie als etwas sehr Schreckliches. Die seelische Erschütterung war einmal so groß, daß ich Urlaub bekam und zu meiner Mutter fuhr. Diese schickte mich zu Alexander von Bernus, der aber auch nicht helfen konnte und mich Rudolf Steiner empfahl. Steiner, damals in Berlin, erklärte sich telegraphisch bereit, mich zu empfangen. Ich fuhr hin, in Uniform mit E. K. I und sonstigen Orden angetan, und führte mich mit den Worten ein: ›Ich weiß nicht, wer Sie sind, aber Bernus sagte, Sie seien ein Hellseher.‹ Steiner empfahl mir gegen die visionären Zustände Meditationen, die mir damals geholfen haben und die ich noch heute anwende, wenn die Zustände – sehr selten – wiederkommen.«

Veltheim war bis zum Tode Rudolf Steiners Mitglied der Anthroposophischen Gesellschaft. Er hat zu Steiner selber gesagt, daß er seine Auffassungen dreifach unterteile: »1. diejenigen, die er anerkennt und vertritt, 2. diejenigen, die er auf sich beruhen lassen muß, weil ihm die Erkenntnis fehlt, 3. diejenigen, die sich vor allem mit künstlerischen Dingen befassen und die er ablehnen muß, da er sie als Abart des Jugendstils empfindet und so einordnet.«

Veltheim äußerte sich über Religionen generell so: »Für mich zeichnen sich die Religionen des Westens (Judentum, Christentum, Islam, Kommunismus bzw. Bolschewismus) durch folgende Merkmale aus: Alle haben einen Stifter, alle haben ein Glaubensbekenntnis, alle haben ein Dogma, alle erheben Totalitätsanspruch, alle haben ein Kirchenregiment (Partei!) ... Dem entgegen stehen die östlichen Religionen (Hinduismus, Taoismus, Konfuzianismus – wobei zu bemerken ist, daß die Religionen nicht von den Personen, deren Namen sie tragen, stammen) mit ihren Weltbildern. Sie haben weder Stifter noch Kirchenregiment, noch Dogma, noch Glaubensbekenntnis, erheben keinen Totalitätsanspruch und treiben deshalb keine äußere Mission. Sie sind noch im geöffneten, ungeteilten Leben. Der Buddhismus bildet eine Brücke zwischen den westlichen Religionen und den östlichen Weltbildern.« Der Herr von Ostrau meinte, daß ihm

daher die östlichen Anschauungen wie selbstverständlich eingegangen seien, die westlichen nicht: »Das Leben kann vom Schick-
salhaften her *genommen* werden, auch seine sachlichen Bedingungen und Beziehungen. Es ist ein Spannungszustand zwischen den
Polen Freiheit und Schicksal.«

Veltheim empfand sich in den letzten zwei Jahrzehnten seines
Lebens als ein auserwählter Mittler zwischen Europa und Indien.
Als ihn der Generalgouverneur von Pakistan gebeten hatte, über
den Dichter Mohammed Iqbal und seine Beziehungen zum Westen zu schreiben, äußerte sich Veltheim etwas allgemeiner: »Ich
sehe die Situation so, daß der Westen eine Überbetonung der
Materie und Negation des Geistes bis zum Spiritismus an den
Tag legt (Spiritismus war für Veltheim eine ›hypermateria-
listische Angelegenheit‹), der alte Osten dagegen eine Überbetonung des Geistigen und Negation der Materie bis zum Maya-
Begriff. Wenn man den westlichen Materialismus nach dem Osten
bringt, dann haben wir Japan, Mao Tse-tung, Korea-Krieg uw.
Bringen wir die östlichen Dinge (Yoga) untransformiert nach
dem Westen, dann haben wir Schizophrenie, Geisteskrankheit
usw.« Veltheim bei anderer Gelegenheit: »Die Aufgabe der
Mitte, des deutschen Geistes, ist es, östliches Geistesgut zu trans-
formieren und nach dem Westen zu bringen, westliches zu trans-
formieren und nach dem Osten zu bringen.« Aus dem Jahre
1951 noch eine Äußerung von ihm über Deutschland. »Wer
heute von Deutschland spricht, den berichtige ich: Deutschland
gibt es nicht mehr; es gibt aber den deutschen Menschen.
Deutschland ist Untergrund ... Amerikanismus und Bolschewismus sind zwei Formen des Materialismus, die sich gleichzeitig
befehden wie Teufel und Beelzebub. Wir Deutschen haben die
große moralische Chance, nicht an diesem Kampf schuld zu
sein. Jedes Optieren der Deutschen für den Westen oder Osten
vertieft die Spaltung Deutschlands und verschärft den Kampf
zwischen Ost und West bis zum heißen Krieg.«

Von Zeit zu Zeit erhielten seine Freunde hektographierte oder
auch gedruckte Aphorismen, von denen ich einige anführen
möchte, weil sie etwas von der weiten Geistesspanne dieses universellen Menschen ahnen lassen:

»Ich kannte Menschen, welche verwelkten und dahinstarben,
wenn sie nicht mehr bedingungslos geliebt wurden. Aber ich
kannte und kenne auch Menschen, die – krank und elend werden – qualvoll und langsam sterben, wenn sie nicht mehr be-

dingungslos lieben dürfen. Ihr klassisches Beispiel scheint mir der greise Michelangelo zu sein.« – »Das bis zur letzten Möglichkeit durchgetragene ›grenzenlose‹ Leid und Leiden ist vielleicht die Voraussetzung, daß wir durch Erleiden manche vorher unpassierbare Grenze überschreiten können.« – »Vergangenheit und Zukunft stehen in einer magischen Relation. Soweit man sich richtig in die Vergangenheit einfühlen und in sie zurückblicken kann, soweit kann man synthetisch Zukünftiges erschauen. Ahnenkult und Tradition stehen mit dieser Relation in Verbindung. Weil der heutige weiße Mensch die lebendige Rückverbindung zur Vergangenheit, zu den Ahnen und zur Tradition erst vernachlässigte, später verlor und heute sogar glaubt, ihrer nicht mehr zu bedürfen, ist er das rastlose, hastende, gehetzte, den Raum und die Zeit technisch raffende Augenblickswesen mit dem zunehmend schlechter werdenden Gedächtnis geworden. Der Verlust der Vergangenheit steht aber wiederum in einer magischen Relation zur namenlosen Angst vor der völlig verhangenen Zukunft.« – »Jedes gegenseitige Verstehen unter einzelnen und Völkern setzt ein Gemeinschaftliches voraus. Leider bilden heute Phrase, Illusion und Verlogenheit das Gemeinsame in erster Linie.« – »Die Atomkraft an sich, nicht erst die Atombombe, trägt das Kainsmal. Das Atomzeitalter – wie sich die Jetztzeit gern nennt – ist ein Scheideweg.« – »Magie ist Herrschaft der durch Forschung eroberten mechanisch-technischen exakten Naturwissenschaft. Am Ende dieser Wissenschaft steht heute vielfach die automatische Mechanik des Roboters. Wissen wurde menschliche Macht anstatt Glauben an geistiggöttliche Mächte. Hieraus entstand der konsequente wissenschaftliche Atheismus. Im Fetisch versucht der Magier das Göttliche zu zwingen. Heute ist das Atom und seine Spaltung der Fetisch des Magiers.«

Ungewöhnlich viele Menschen von großer Bedeutung kreuzten den Lebensweg von Hans-Hasso von Veltheim-Ostrau. Zu ihnen gehörte Mahatma Gandhi. Er erzählte mir, daß seine Begegnungen mit diesem großen Inder negativ verlaufen seien. Aber er wollte nicht darüber schreiben und Gandhi aus seinen Büchern möglichst ausschalten. Die chaotischen Zustände in Indien betrachtete Veltheim – wie andere Beobachter auch – als eines der Resultate der Wirkung Gandhis. Selbst Kongreßmitglieder hatten ihm gesagt: »Von der Trennung Indiens von England sprechen sie, aber wie sie sich den Aufstieg denken, wissen sie alle nicht.« Entweder sei Gandhi ein Politiker unter den Heiligen oder ein Heiliger unter den Politikern. Ob wir gar Zeitgenossen eines Religionsstifters gewesen sind, könne erst in drei Jahrhunderten entschieden werden. Mittlerweile haben sich manche Eingeweihte schon so kritisch über Gandhi und den Gandhikult geäußert, daß vielleicht gar nicht mehr drei Jahrhunderte vergehen müssen, bis wir ein klares Bild von Gandhi haben. Ihn als Religionsstifter zu bezeichnen, hat man mittlerweile aufgegeben.

Veltheim war mit vielen großen Männern seiner Zeit befreundet, und die Jüngeren um ihn durften an seiner Freundschaft zu den Großen teilnehmen, durften sie in Ostrau treffen und ihren Gesprächen zuhören. In den zahlreichen Gästebüchern gab es Eintragungen in vierzig Sprachen. Zu seinen Freunden gehörte der Philosoph Hermann Graf Keyserling (der über ihn in seinem Buch ›Die Reise durch die Zeit‹ geschrieben hat; auch Hermann Kasack hat in seinem Roman ›Die Stadt hinter dem Strom‹ über ihn geschrieben). Einer seiner Lehrer war der Sinologe Richard Wilhelm, dem Veltheim im Park von Ostrau einen Gedenkstein errichtete. Er kannte gut – ich führe die Namen an, wie immer sie mir einfallen – Rudolf Steiner, Gustav Stresemann, Reichskanzler Luther, Aristide Briand, Richard Graf Coudenhove-Kalergi, Helmut von Glasenapp, Oberrabbiner Leo Baeck, Leo Frobenius, Alfred Schuler (der in Veltheims Armen starb), Hans Blüher, Ernst Prinzhorn, Rainer Maria Rilke, Stefan George, Gerhart Hauptmann, Oswald Spengler, Richard Strauß, Wilhelm II. (den er mehrfach im Exil in Doorn besuchte), dazu viele andere deutsche und ausländische Fürsten, Kardinäle, Staatsmänner, Schauspieler, Tänzer (wie Harald Kreutzberg) und Sänger (wie Enrico Caruso). Vielen von ihnen begegnete man als Gast in Ostrau, und es war immer ein festlicher Abend, wenn man nach dem Essen in der riesigen, zwei Stockwerke hohen Bibliothek zusammensitzen und einem Vortrag oder einer Vorlesung zuhören konnte. Schriftsteller wie Thassilo von Scheffer, der Homer-Übersetzer, Albert H. Rausch alias Henry Benrath und Ernst Penzoldt wohnten monatelang bei Veltheim und konnten auf Ostrau sorgenlos schaffen. Auch Maler und Bildhauer genossen sein Mäzenatentum. Mit Hans Henny Jahnn brachte ich ihn zusammen, und sie debattierten auch bei mir heftig, u. a. über Hormonforschung und Strafrechtsreformen.

Indem Veltheim den Besitz Ostrau erhielt, verwöhnte ihn das Schicksal; er ließ andere gern daran teilnehmen. Er war ein praktizierender Demokrat, frei von gesellschaftlichen Vorurteilen. Er war Gast des ›Deutschen Herrenclubs‹ und nahm teil an Sonnenwendfeiern wilder Vaganten der deutschen Jugendbewegung. In Ostrau verstand er es großartig, Angehörige der ›oberen Zehntausend‹ mit Menschen einfachen Standes zu mischen, soweit sie geistig rege waren; dieses Talent verfehlte bei keinem der Gäste seinen Eindruck. Bei ihm war nichts von jenem ›Establishment‹ zu finden, das so vielen heutzutage mit Recht auf die Nerven geht. Veltheim erinnerte an einen Renaissancemenschen, und zu dem gehörten nun einmal Maßlosigkeiten und Exzentrizitäten. Die heutige Gesellschaft ist eine der Mittelmäßigkeit, und in Zukunft wird es wohl kaum mehr Eliteschichten geben wie einst – und daher auch kaum Menschen wie Veltheim.

Wenn ich an jenen Samstagmorgen denke, da ich mit Constantin Cramer von Laue im Seitenwagen meiner Harlay-Davidson nach Ostrau fuhr, weiß ich, daß damals ein Mann, eben Hans-Hasso von Veltheim, in mein Leben getreten ist, ohne den es viel ärmer gewesen wäre. 1936 schrieb Udo von Alvensleben: »Gäbe es Ostrau im heutigen Deutschland nicht, es wäre eine fühlbare Lücke im allgemeinen Konzert. Eines der wenigen Zentren würde fehlen, an denen noch der Versuch unternommen wird, Ähnliches wie jene Kulturstätten zu schaffen, die unsere historische Phantasie umkreist.«

Das Ende Veltheims in Utersum auf der Insel Föhr war qualvoll. Herzattacken und Erstickungsanfälle folgten einander immer häufiger. Sauerstoffflaschen und andere Apparaturen sollten ihm das Atmen erleichtern. Da er nicht mehr gehen konnte, mußte er im Rollstuhl an den Strand gefahren werden. Er war nun ein besitzloser Einsamer und hatte sich zuletzt mit dieser neuen Rolle abgefunden. Er beschäftigte sich in den letzten Lebensjahren fast ausschließlich mit religiösen Problemen. Der letzte Todeskampf war lang und schwer. Wie konnte das anders sein bei dieser ungewöhnlich temperamentvollen Persönlichkeit, die während der einundsiebzig Lebensjahre, die ihr gegönnt gewesen sind, mehr Leben gelebt hat als viele andere Sterbliche. Den Tod seit zehn Jahren vor Augen, nahm er – gespenstisch war es – auf allen Reisen seine silberne, mit okkulten Zeichen gravierte Aschenurne mit. In ihr wurden seine sterblichen Reste in seiner Geburtsstadt Köln auf dem Friedhof Malaten auf der Grabstelle eines Freundes, des Großindustriellen Otto Wolf von Amerongen, beigesetzt. Dort ruhen sie bis zur dereinstigen Überführung in die schon vor Jahrzehnten selbst errichtete Grabkammer in der Patronatsloge des Veltheimischen Familienbesitzes Ostrau, den er vor dem Untergang noch einmal mit leuchtendem Leben erfüllt hat. Ein Wort aus Nietzsches ›Zarathustra‹ schrieb er mir als Widmung in ein Buch und meinte, es sei ihm aus der Seele gesprochen: »Nicht nur die Vernunft von Jahrtausenden, auch ihr Wahnsinn bricht an uns aus!«

(1968)

Jack Londons Frau, Charmian London

> *»Der Himmel bewahre euch vor dem gro-*
> *ßen Haufen der Durchschnittsmenschen.«*
> J. L.

Ein Nordamerikaner hat in frühen Jahren einen starken Einfluß auf meine Entwicklung gehabt. Es war der ›Vollblut-
mensch‹ – wie Upton Sinclair ihn bezeichnet hat – Jack London.
Schade, daß nur noch einzelne seiner Bücher von jungen Menschen in Westeuropa gelesen werden. In der UdSSR (und in Bulgarien) gehört er zu den Autoren mit Millionen-Auflagen.

Jack London hat keine neuen ›Ismen‹ erfunden und keine
›Richtung‹ geschaffen. Er pflegte nur aus seinem bunten Leben
zu erzählen. Und wie verstand er das: spannend, plastisch,
realistisch und aufklärerisch. Denn eine seiner Maximen war:
»Wenn du mit der Wahrheit zurückhältst, wenn du die Wahrheit verbirgst, wenn du in der Öffentlichkeit nicht die Wahrheit
aussprichst, und wenn du öffentlich sprichst, ohne die ganze
Wahrheit zu sagen, dann bist du weniger als die Wahrheit . . .
Zeige mir das Antlitz der Wahrheit nur auf einen flüchtigen
Augenblick. Sage mir, was dem Antlitz der Wahrheit gleich-
kommt.«

Und zwei Jahre vor seinem Tode schrieb er in seinem Roman
›John Barleycorn‹: »Der Himmel bewahre euch vor dem großen
Haufen der Durchschnittsmenschen, vor denen, die keine guten
Kameraden sind, die kalten Herzens und kalten Verstandes sind,
die weder rauchen, noch trinken, noch fluchen, die keiner kühnen Tat der Leidenschaft, der Liebe und des Hasses fähig sind,
weil ihre schwachen Nerven nie den Stachel, das Feuer des Lebens spürten, dieses Feuer, das über alle Grenzen hinaustreibt
und teuflisch und kühn macht. Diese Leute trifft man nicht in
den Kneipen, sie ziehen nicht freudig in den Kampf um verlorene Güter, lodern nicht auf den Pfaden des Abenteuers und
lieben nicht wie die trunkenen Lieblinge Gottes. Sie kennen nur
die Sorge um ihre trockenen Füße, sie achten ängstlich auf ihren
Herzschlag und schaffen sich so ohne einen Funken von Liebe in
ihrem kleinlichen Herzen durch ihre geistige Mittelmäßigkeit
kleine Triumphe.«

Jack London wurde 1876 in Oakland, dem Brooklyn von San Francisco, geboren. Er starb am 22. November 1916 auf seiner Farm in Glen Ellen über seinem fünfzigsten Buche, also im Alter von nur vierzig Jahren und nachdem er nur sechzehn Jahre als Schriftsteller gearbeitet hatte. Man gab ihm, wie Balzac, den Beinamen ›Napoleon der Feder‹. Von 1905 bis zu seinem Tode war er der meistgelesene und bestbezahlte Autor der damaligen Zeit. Er trat das Erbe seines Meisters Rudyard Kipling an, er wurde auch wie dieser in alle Kultursprachen übersetzt.

Was für ein Leben aber lag dazwischen! Wenn sein alter Freund Ernst Untermann aus San Francisco einmal schreiben konnte: »Kein amerikanischer Schriftsteller der Jetztzeit hatte je so enge Fühlung mit dem Primitiven, malte die elementaren Gefühle der Naturmenschen so lebenswahr wie Jack London«, so, weil er alle erdenklichen Berufe ausgeübt hatte. »Mit fünfzehn Jahren war ich ein Mann unter Männern, und wenn ich einen Groschen übrig hatte, kaufte ich mir dafür Bier statt Süßigkeiten, weil es mir männlicher erschien, Bier zu kaufen«, schrieb Jack London selbst in einer Kurzbiographie, die mir seine Frau schenkte. Und weiter: »Ich erinnere mich nicht, je lesen oder schreiben gelernt zu haben – ich konnte beides, als ich fünf Jahre alt war –, aber ich weiß, daß meine erste Schule in Alameda lag, ehe ich mit meiner Familie aufs Land zog und von meinem achten Jahre an schwer arbeitete.«

Jack Londons erster literarischer Eindruck war mit neun Jahren Washington Irvings ›Alhambra‹. Er schrieb: »Bis ich sechzehn Jahre alt war, hatte ich tausendundeinen verschiedene Berufe – Arbeit und Schule, Schule und Arbeit ... Dann überwältigte mich die Abenteuerlust, und ich verließ das Heim. Ich lief nicht, ich ging ganz einfach fort – an die Bucht hinunter und tat mich mit den Austernräubern zusammen. Später fuhr ich als Matrose auf einem Schoner und war auch bei der Lachsfischerei tätig. Meine nächste Stelle erhielt ich komischerweise bei der Fischereipolizei, wo ich Übertreter der Fischereigesetze festnehmen sollte ... Dann fuhr ich als Matrose an die japanische Küste auf die Robbenjagd und nach der Beringsee.« Es folgten Tätigkeiten als Heizer, Küstenwächter, Arbeiter in einer Jutefabrik und Robbenfänger, auch als Landstreicher schlug er sich durch, saß als solcher im Gefängnis und wurde endlich Goldgräber in Klondike. Seinen ersten Aufsatz veröffentlichte er in San Francisco bei einem Preisausschreiben: ›Ein Taifun vor der japanischen Küste‹. Er erhielt den ersten Preis. Als Wäscher und Bügler setzte er seine literarischen Bemühungen fort. Erst als er ein bekannter Buchautor war, wurde er auch ein berühmter Journalist, den die Zeitungen in alle Welt ausschickten.

Ich stand jahrelang in bemerkenswertem Maße unter Jack Londons Einfluß. Seine Porträts hingen über meinem Bett, seine Bücher kannte ich fast auswendig, seine Helden und Freunde und Feinde waren die meinen. Ich bin glücklich, in einer deutschsprachigen amerikanischen Zeitung ein Bekenntnis zu Jack London von einem Manne gefunden zu haben, von dem man das vielleicht nie erwartet hätte: von Julius Bab. »Jack London war Sturm und Aufruhr«, schreibt da der alte Berliner Theater- und Literaturkritiker mit seinem herrlichen Elan, den er sich sogar als Greis bewahrt hat: »Neu, wild, ganz jenseits der guten Gesellschaft waren seine Stoffe. Unkonventionell, leger und doch eisern, fest und zielgerecht war seine Form. Im gleichen Sinne wie Walt Whitman eine barbarisch neue Lyrik, schuf dieser Amerikaner eine urtümlich neue Erzählungskunst ... Wenn Jack London nichts erzählt, als daß ein Mann im höchsten Norden ein Feuer anmachen will, um sich vor Erfrieren zu bewahren, und daß ihm das mißlingt, so entsteht eine Geschichte, ruhig, klar und fest wie ein Gesang des Homer und tragisch wie ein Akt des Aeschylos.«

In meiner Begeisterung nun sammelte ich in meiner Jugend alles, was ich von und über Jack London finden konnte. Verschiedene Menschen wußten davon. Eines Tages (im Jahre 1938) läutete bei mir in Berlin das Telefon, und der Verleger Wolfgang Krüger meldete sich: »Hören Sie, Mrs. Charmian London ist in Berlin ... Ja, die Frau Jack Londons ... Ich habe schon alles geregelt ... Sie können Sie kennenlernen ... Kommen Sie nur heute abend ins Hotel am Steinplatz. Sie erwartet Sie dort.«

Ich konnte die verabredete Zeit kaum erwarten. Während ich in der Hotelhalle saß, versuchte ich, mir von dieser Frau ein Bild zu machen. Es war schwer. Als ich schließlich glaubte, Mrs. London müsse eine ziemlich große und energische Dame sein, trat eine kleine, geradezu zierliche Lady auf mich zu, die kein wildflatterndes Haar trug, wie es in meiner Vorstellung lebte, sondern eine ziemlich kurzgeschnittene Ponyfrisur. Ja, und etwas zu sehr geschminkt und gepudert war sie auch. Ich hatte den Eindruck, daß sie mehr Engländerin als Amerikanerin sei. Die

Richtigkeit dieser Annahme durfte ich später bestätigt finden. Mrs. Londons Vorfahren stammten aus England und Schottland. Sie war eine geborene Keedridge. Der berühmte Shakespeare-Forscher gleichen Namens war einer ihrer Verwandten.

Durch irgend etwas kamen wir bald nach unserer Begrüßung auf Segelschiffe zu sprechen. Plötzlich fiel der Name Felix Graf Luckner, den Charmian London allerdings ›amerikanisch‹ kaum verständlich aussprach. Sie rühmte diesen Mann, der Krieg führte, ohne je einen Menschen zu töten, mit hohen Worten. In San Francisco, wo er wie in vielen anderen Städten der USA

"A genius is he who is conscious of most, and of that most acutely."

Jack London quoted this one day, saying: If I were a genius, that is the sort of genius I should like to be!"

To Rolf Italiaander,
"Auf Wiedersehn"

Charmian London

einen Ehrenbürgerbrief bekam, hatte sie ihn sprechen gehört und kennengelernt. Luckner selbst erzählte mir später, daß Jack London zu den Autoren gehörte, die ihn selbst stark beeinflußt hatten.

Nur fünfzig Meilen von Jack Londons Geburtsstadt entfernt, unterhielt Mrs. London damals noch jene Farm, die sich Jack London in seinen letzten Lebensjahren infolge seiner großen Einnahmen anlegen konnte, wo er von seinen Weltfahrten ausruhte, Tiere züchtete, Getreide anbaute, studierte und schrieb – jeden Tag ein ganz bestimmtes Pensum. »Ich glaube an regelmäßige Arbeit und achte nie auf Inspirationen«, pflegte er zu sagen. Eine Schwester Jack Londons und ein Neffe von ihm, Irving Shepard, wohnten hier neben der Witwe. Sie würde sich sonst zu einsam fühlen. Im übrigen aber könnte sie das große Grundstück auch gar nicht allein verwalten. Ja, es mußte sehr groß sein, so daß man in einem Haus ein originelles kleines Hotel einrichten konnte. Aber in diesem durfte nicht jeder Wohnung nehmen, nur Freunde und Verehrer Jack Londons. Und die stellten sich denn auch alljährlich hier ein, um auf seinen Spuren zu wandeln, die noch frisch waren, obgleich er damals schon zwanzig Jahre tot war. Besser wäre: auf seinen Spuren zu reiten. Auf der Jack-London-Ranch gab es damals noch viele Pferde. Kein Wunder: Mrs. London war selbst eine vorzügliche Reiterin. Auf allen Kontinenten hatte sie im Sattel viele, viele Meilen zurückgelegt. Auch Konkurrenzen hatte sie mitgeritten.

»Nicht allein auf meine vielen Meilen im Sattel bin ich stolz«, erzählte sie mir. »Auch auf meine Seemeilen! Wenn ich nach meinem diesjährigen Europatrip nach Frisco zurückkehre, habe ich insgesamt 150 000 Seemeilen hinter mir. Eine ganz schöne Zahl, nicht wahr?« Und sie lachte, lachte und schnalzte mit den Fingern – wie ein junges Mädchen. O Gott, dachte ich, gleich stößt sie wie ein übermütiges Naturkind einen Jubelschrei aus. Und ich machte wohl auch eine entsprechende Bemerkung.

So kamen wir aufs Tanzen zu sprechen. »Natürlich tanze ich gern«, sagte sie. »Bigg Apple (das war gerade der neuste Modetanz) ist mir zwar etwas toll. Aber alles andere finde ich herrlich.« Da war ich nun bei Mrs. London, um sie über dies und das zu fragen, was ihren verehrten Mann betraf, und ich unterhielt mich mit ihr über das Tanzen! Zunächst fand ich das unpassend. Und doch fragte ich sie, ob wir vielleicht nach dem Abendessen einen Bummel durch das nächtliche Berlin unternehmen und tanzen gehen wollten. »Dich reitet wohl der Teufel, oder ist dir die Hitze in den Kopf gestiegen?« dachte ich gleich hinterher. Doch Mrs. London hielt das für einen großartigen Einfall, für den besten Vorschlag, den man ihr seit langem gemacht hätte. Nein, sie sei nicht nach Europa gekommen, um immer die seriöse Dichterswitwe zu spielen. Sie wolle auch ihr Vergnügen haben. Also gingen wir tanzen.

Ja, wir tanzten! Sicherlich waren wir ein etwas seltsames Paar. Ich mit meinen 1,78 Metern reichte fast zwei Köpfe über Mrs. London hinaus. In ihrem buntgeblümten Kleid, das sie vor acht Jahren aus Hawaii mitgebracht hatte, und ihrem großen Hut à la Grammophonplatte wirkte sie an sich auffällig. Wir ließen uns dadurch nicht stören.

Wir machten an jenem Abend einen Streifzug durch Berlin, der nur wenig ausließ. Es gab kaum eine Lokalart, die wir nicht studierten, kaum eine Musik, die wir nicht hörten. Tanzmusik liebte Mrs. London eben des Tanzes wegen. Ein Zigeunerorchester bejubelte sie, weil ihr die melancholischen ungarischen Weisen Grüße aus romantischen Fernen zu sein schienen, die sie durch ihren Mann kennengelernt hatte, durch den unsterblichen Jack, den schreibenden Vaganten, den ewigen Studenten des Lebens. Stille Kammermusik jedoch erinnerte sie an die musikalischen Stunden mit ihrem Manne, drüben in den USA auf der Ranch. Jack hörte gern ihrem Klavierspiel zu, auch ihrem Gesang. Einmal tanzten wir einen Marschwalzer nach dem alten Fliegermarsch ›Komm und sei mein Kavalier, fliege um die Welt mit mir‹. Was lag näher, als übers Fliegen zu sprechen, zumal ich selbst mich doch diesem Sport gewidmet hatte. Mrs. London erzählte mir, daß sie bereits 1919 geflogen sei. In Sacramento war es, in einem uralten Apparat, der noch mehr Ähnlichkeit hatte mit einem Apparat der Gebrüder Wright als mit einer modernen Maschine. Es war auch ein dementsprechendes Abenteuer. Sie behauptete, das schmutzigste, das sie je gehabt habe. Sie saß vorn in dem Zweisitzer. Vom Motor flog eine Unmasse Öl nach hinten. Nach der Landung sah sie aus wie Aschenbrödel.

Genau wie der Dichter der großen Abenteuer liebte seine Frau alles Phantastische und Märchenhafte. Jack hatte sie das Kind, das nie groß wird, getauft. Manches deutsche Märchen konnte sie nacherzählen. Und immer, wenn wir Musik hörten, verband sie damit irgendwelche liebenswerten Vorstellungen. Sie gehörte zu den bevorzugten Menschen, die beim Hören von Klängen zugleich die entsprechenden Farben sehen. In den Frühjahrsnächten, so erzählte sie mir, stellte sich auf ihrer Ranch nahe ihrem Hause immer ein kleiner Vogel ein, der wunderbar flötete. Sie hatte den gefiederten Sänger noch nie gesehen. Und doch wußte sie ihn in all seiner Schönheit so gut zu beschreiben, daß man glaubte, ihn leibhaftig vor sich zu haben.

Jack London hatte auf seinen vielen Reisen auch Deutschland besucht. Seine Frau war nun zum zweiten Male hier. Überall in der Welt war diese Frau zu Hause, weil sie überall Freunde der Bücher von Jack London traf. Und dennoch liebte sie über alles ihr Heim in Kalifornien. Genauso ging es schon ihrem Mann. Er war der glücklichste Mensch auf Erden, als er sich auf eigenem Grund und Boden ein eigenes Haus nach eigenen Plänen bauen konnte. Wenn er auch eine in sich gefestigte Persönlichkeit war, so mußte er doch viel von sich selbst aufgeben, wenn er auf anderen Breitengraden lebte und anderen Sitten unterworfen war. Nach Haus zurückgekehrt, konnte er sich wieder konzentrieren und sein ureigenstes Wesen zur Entfaltung bringen. Es wurden nun die Sammlungen aus den großen Reisekisten ausgepackt und im Hause aufgestellt. Man fand dementsprechend auf der Ranch Erinnerungen aus sämtlichen Ländern, die Jack London besucht hatte, meistens Geschenke seiner weißen und farbigen Freunde.

Der große amerikanische Erzähler stammte aus allereinfachsten Verhältnissen. Erst im Laufe der Reifejahre hatte er sich das notwendige Wissen zusammengetragen. Wie alle selfmademen, hatte er eine geradezu abgöttische Liebe zu Büchern. Er las, was er nur auftreiben konnte. Am Schluß seines Lebens hatte er eine Bibliothek von 15 000 Bänden zusammengebracht. Von technischen Büchern bis zu religiösen Streitschriften war fast alles zu finden. Einen großen Raum in der Bibliothek nahmen selbstverständlich die Regale mit allen Originalausgaben seiner eigenen Bücher ein. Oft las er deutsche Philosophen. In mehreren Büchern setzte er sich mit Nietzsche auseinander. Einer seiner Lieblingsaussprüche war jedoch – wie mir Mrs. London erzählte – ein Satz Schopenhauers: »Ein Genie ist der, der sich des meisten auf der Welt scharf bewußt ist.« Eines Tages hatte er diesen Satz, unter einem Baume liegend, gelesen. In seiner unbekümmerten Art kam der große Junge, der er zeitlebens blieb, zu seiner Frau, die gerade mit Kochen beschäftigt war, durchs Fenster in die Küche gesprungen und las ihr den Satz vor. »Wenn Schopenhauer recht hat, dann bin ich ein Genie«, jubelte er, über das ganze Gesicht strahlend, und nahm den gleichen Weg, den er gekommen war, zurück.

Seine Frau war dem Dichter eine treue Begleiterin. Manches Material, das er für seine schriftstellerischen Arbeiten benötigte, trug sie für ihn zusammen. Auf ihren gemeinsamen Reisen führte sie meistens ein Tagebuch, das Jack London später für seine Bücher verwendete. Sie erzählte mir: »Wenn ich Jack nicht alle meine Notizen gegeben hätte, dann hätte ich selbst einige dicke Bücher schreiben können. Das in dem berühmten Roman ›Die Meuterei auf der Elsinore‹ verwendete Logbuch stammt auch von mir. Da das Logbuch um Kap Horn herum noch heute für die Schiffahrt bedeutungsvoll ist, habe ich mich entschlossen, es demnächst laut meinen eigenen Aufzeichnungen zu veröffentlichen.«

Nach Mrs. Londons Rundreise durch Westeuropa trafen wir uns noch einmal in Amsterdam. Charmian und ich wechselten noch viele Briefe – immer kreisten unsere Gedanken und unsere Gefühle um ihren Lebenskameraden, meinen Helden Jack London. In unserer englisch geführten Korrespondenz kamen ihrerseits immer nur zwei deutsche Worte vor: »auf Wuiderseh'n«. Es kam nicht dazu. Der Krieg zerriß auch diese Bindung. Und dennoch: »Auf Wuiderseh'n!«

(1941)

Tagebuch, September 1967, California:

Ein jahrzehntealter Traum ging in Erfüllung. Von San Francisco aus Autofahrt mit Hans und Klaus nach dem Jack London National Parc. Berichtete den beiden unterwegs, wieviel mir Jack London bedeutet hat. Offenbar konnten sie gar nicht verstehen, daß ich mich in gehobener Stimmung befand. Heute haben jüngere Menschen eben andere Leitbilder. In den letzten Tagen haben wir viel von Che Guevara, Mao Tse-Tung und Stokeley Carmichael gesprochen. Es gibt heute vielleicht kaum einen Dichter, der ein Idol junger Menschen ist – nicht allein wegen seiner Schriften, sondern auch wegen seines Lebens.

Fuhren durch eine herrliche Landschaft. Herbstgelbe Felder. Gute landwirtschaftliche Betriebe. Über Somona erreichten wir Glen Ellen und das ›Valley of the Moon‹, das auch einem der Romane von Jack London den Titel gegeben hat. Erfrischten uns zunächst in einer Bar, in der noch Jack London verkehrt hatte. Restaurant und Bar trugen seinen Namen. Ich kannte das alles durch Charmian Londons Beschreibung. Dann ein paar Meilen weiter zu Jack Londons Ranch. Natürlich ist hier für Touristen gut gesorgt. Ich sah darüber hinweg; für mich war das alles eine Art heiliger Boden.

Besuchten zunächst das ehemalige Arbeitshaus Jack Londons, einen Holzbau. Hier wohnte jetzt der Sohn der Schwester, Irving Shepard, mit dem ich korrespondiert hatte. Auch von Charmian hatte er über mich gehört. Er ist auf der Ranch aufgewachsen. Wir waren bald wie zu Hause. Viele Erinnerungsstücke wurden uns gezeigt, auch Korrespondenzen, Manuskripte, Briefe von Jack Londons Zeitgenossen an ihn. Großzügig schenkte mir Irving Shepard verschiedene Erinnerungsstücke, darunter einen ungültig gemachten Scheck aus dem Jahre 1914. Er berichtete von seinen internationalen Verhandlungen, um die Werke Jack Londons weiterhin erscheinen zu lassen. Die Auflagen in aller Welt dürften heute über fünfzig Millionen betragen. Irving Shepard gab Werke aus dem Nachlaß heraus. Zusammen mit Prof. King Hendricks von der Utah State University hat er einen gut kommentierten Band Briefe Jack Londons ediert. In den letzten Jahren seines Lebens verdiente dieser Selfmademan vierhundert Dollar pro Tag. Für einen Schriftsteller war das damals eine ungeheure Summe; der Lohn eines Handwerkers betrug zu jener Zeit einen Dollar pro Tag. Jack London investierte sein Geld in Farming. Er pflanzte hunderttausend Eukalyptusbäume, hatte eine große Pferdezucht und viele Kühe auf der Koppel. Doch war er nur wenig daheim. Immer wieder trieb es ihn in die Ferne. Es war immer eine große Unruhe in ihm, bestätigte der Neffe. Man spricht nicht gern darüber, wie er gestorben ist. Die alte Version, er habe in einer Stunde der Depression den Freitod gewählt, scheint von der Familie nicht aufrecht erhalten zu werden.

Kurz vor Jack Londons Tod wurde ein großes Steinhaus gebaut, brannte ab und mußte erneut gebaut werden. Charmian wohnte hier bis zu ihrem Tode im Jahre 1955. Das Steinhaus ist heute ein Museum, das außer der umfassenden Bibliothek Jack Londons eine Sammlung fast aller seiner Werke in zahlreichen Sprachen der Welt enthält. Außerdem insbesondere von Charmian London gesammelte Andenken von den gemeinsam unternommenen Reisen, welche die zahlreichen Besucher offenbar sehr interessieren. Auch Charmians Andenken wird gehuldigt. In einem kleinen Zimmer hängen ihre Kleider. Die Glasvitrine wurde für mich geöffnet, Irving Shepard zog ein Kleid heraus, um mir zu beweisen, wie gut alles gepflegt und erhalten ist. Ich glaubte zunächst, eine Illusion zu haben. Ich schloß für einen Augenblick die Augen. Als ich sie wieder geöffnet hatte, schaute ich mir das Kleid genauer an, das er uns da zeigte. Tatsächlich, es war das buntgeblümte Kleid, das sie in Hawaii gekauft hatte und in dem sie mit mir vor fast dreißig Jahren tanzen gegangen war. Ich streichelte das Kleid wie eine Reliquie. Muß man sich schämen, wenn man in solchen Augenblicken sentimental wird? Jack und Charmian London waren meinem Herzen näher denn je.

John Galsworthy, der noble Bürger

*»Der moderne englische Charakter:
ein bemerkenswertes Beispiel für
Anpassung an die Umgebung.«*

J. G.

Mancher neue Name ist nach dem Zweiten Weltkrieg in den Mittelpunkt der literarischen Diskussion gerückt. Autoren, die vor dem Kriege viel diskutiert wurden, beherrschen nicht mehr die literarische Szene. Die einen sind verstorben, die anderen sind am Leben: Wenn sie vom Schicksal begünstigt sind, dann gehen ihre Bücher trotz aller Modewellen noch, sie sind sozusagen ›moderne Klassiker‹. Zu diesen glücklichen Dichtern gehört der englische Romancier und Dramatiker John Galsworthy.

Die Bücher des Nobelpreisträgers vom Jahre 1933 (kurz nach der Verleihung starb er) sind schon in Millionen Exemplaren in allen Weltsprachen verbreitet. Es ist aufschlußreich, daß sie in einigen Ländern nach wie vor zu den Bestsellern gehören. Immer wieder verlangt wird nach der ›Forsyte Saga‹, der ›Modernen Komödie‹, dem ›Ende vom Lied‹ und den ›Victorianischen Miniaturen‹. Sie gehören gewiß zu den wichtigsten Romanen der ersten Hälfte des 20. Jahrhunderts. Wahrscheinlich ist für den Erfolg die Tatsache von großer Bedeutung, daß der Mensch von heute gern Rückschau hält auf die guten Jahre um die Jahrhundertwende; ›restaurative Bemühungen‹ sind allerwegen zu beobachten. Doch das ist wohl nicht der einzige Grund, der den bleibenden Erfolg dieses großartigen Erzählers ausmacht, der noch das beherrschte, was man ›die Technik des Romans‹ nennt. Obwohl sich in den zahlreichen Büchern von John Galsworthy bereits die Krise unserer modernen Welt, die Umwertung aller Werte, ankündigt, bemüht sich dieser emsig schreibende Gentleman doch, selbst nicht von den Verfallserscheinungen dieser Zeit angekränkelt zu werden. Er will – darin ähnlich den Verfassern der guten alten Kalendergeschichten wie Johann Peter Hebel (der obendrein ein eminenter Sprachkünstler war) –, daß seine Leser mit ihm an den Sieg des Guten über das Böse glauben, an ›das moralische Gesetz in uns und an den gestirnten Himmel über uns‹, an die Notwendigkeit des Kampfes gegen Grausamkeit, Feigheit und Unduldsamkeit und des Kampfes dafür, daß nicht Eros mit Sexus verwechselt werde.

Es ist immer wieder festzustellen, daß selbst sogenannte aufgeklärte, moderne Menschen gern einmal in die Welt John Galsworthys fliehen. Ein solcher Leser sagte mir: »Es ist einem danach wie nach einem angenehmen, warmen, wohlduftenden Bad.« Ich selbst glaube nicht, daß dies im Falle Galsworthy mit dem Eskapismus unserer Zeit zusammenhängt, sondern vielmehr mit dem Wunsch jedes Menschen nach gewissen Formen, Sitten und Gesetzen. Es ist beruhigend, einem Manne gegenüberzutreten, dem ein Ja ein Ja ist, ein Nein ein Nein, der von einer unpathetischen Menschenliebe beseelt ist, der weiß, daß man ohne Toleranz, Güte und Demut, ohne Liebe und immer wieder Liebe kein menschenwürdiges Dasein führen kann. Thomas Mann nannte John Galsworthy den ›dichterischen Historiker des englischen Bürgertums‹. Er war einer der letzten Repräsentanten bürgerlicher Ritterlichkeit, und so habe ich ihn erlebt.

Als ich Ende der zwanziger Jahre erstmals in London war, wäre ich gern unbegrenzt lange geblieben; aber das Geld reichte nicht. Die alten Damen, die das Boardinghouse in der Gowersstreet leiteten, in dem ich logierte, machten mir da eines Tages ein Angebot: Ich könnte noch einige Wochen ohne Bezahlung bleiben, wenn ich ihnen einige kürzlich gründlich vom Kammerjäger desinfizierte Zimmer weiß streichen würde. Obwohl ich noch nie Anstreicher war, nahm ich das Angebot gern an und schwang, auf einer höchst kippligen Leiter stehend, gute drei Wochen lang jeden Morgen einige Stunden den Malerpinsel, um eine ganze Etage einfacher Pensionszimmer (immerhin sieben an der Zahl) auszumalen. Ich hatte dafür freies Logis, zwei kostenlose Mahlzeiten und konnte außerdem meinen Aufenthalt ausdehnen. Über meine Nachmittage und Abende konnte ich nach eigenem Gutdünken frei verfügen: Sie gehörten der Literatur, dem Theater und den Museen.

Durch den niederländischen PEN-Club war ich bei John Galsworthy eingeführt worden. In meinem Empfehlungsschreiben hieß es, ich habe mit fünfzehn Jahren mein erstes Buch in verschiedenen Ländern veröffentlicht (jetzt war ich siebzehn). John Galsworthy lud mich schriftlich ein mit der Anrede ›Lieber Kollege‹. Ich fühlte mich schon dadurch sehr geehrt. Er ließ mich eines Tages in eines der besten Londoner Hotel-Restaurants zum Lunch kommen. Ich durfte ihn viel fragen: Wie er Schriftsteller geworden war ... Worauf er selbst seine großen Erfolge zurückführe ... Wie das eigentlich mit jener Begegnung mit Joseph Conrad war, damals im März 1893 auf dem englischen Segelschiff ›Torreno‹ zwischen Australien und Südafrika ... Hatte er den polnischen Kapitän, der zu einem der ersten Epiker der englischen Sprache wurde, tatsächlich menschlich wie handwerklich sehr beeinflußt? ... Kurzum: es war ein erregendes Gespräch für einen sehr jungen ›Autor‹. Nun, und dazu das behagliche Ambiente, das für damalige englische Verhältnisse köstliche Essen, die feinen Getränke. Und alles bei diesem Anstreicherdasein! Das Herz frohlockte.

Wir hatten uns in der Halle des Hotel-Restaurants getroffen. Dort mußte mich John Galsworthy – auch als Erscheinung ein Kavalier alter Schule – genau beobachtet haben. Gegen Ende des Essens fragte er mich leise, ob es mir noch nicht aufgefallen sei, daß meine Schuhe recht schmutzig seien. Die Frage war ihm offenbar peinlich, immerhin wolle er mich darauf aufmerksam machen, ich müßte wohl versehentlich in weiße Farbe getreten sein. Ich schaute meine Schuhe besorgt an und stellte entsetzt fest, daß ich nach meiner Anstreicherarbeit vor lauter Aufregung zwar die Wäsche gewechselt, aber nicht die Schuhe gereinigt hatte. Von Schuhwechseln war keine Rede. Ich besaß nur ein Paar.

Was tun? Wie mich rechtfertigen? Ich holte tief Luft und erzählte, von einem Whisky genug euphorisiert, von meiner Anstreichertätigkeit. – »Sie sind ein fesselnder Geschichtenerzähler«, sagte das Oberhaupt der Forsytes lächelnd, als ich geendet hatte. – »Sir, das ist keine Geschichte«, erwiderte ich befremdet, »das habe ich erlebt. Hoffentlich geniert es Sie nicht«, fügte ich nach einer Pause hinzu, als ich merkte, daß John Galsworthy plötzlich sehr ernst dreinschaute. – »Aber ich bitte Sie«, sagte er. »Alles, was ich von den jungen Studenten auf dem Kontinent erfahren habe, sehe ich jetzt mit neuen Augen.« (Es gab damals in England den Typ des Werkstudenten noch nicht.)

Als wir beim Kaffee waren, entschuldigte sich Galsworthy. Er habe etwas zu erledigen. Mittlerweile hatte ich Gelegenheit, mir Vorwürfe zu machen. Sicherlich hatte ich dem Dichter mißfallen. Dabei sollte er mir doch für meine ersten englischen Interviews Einführungen geben! Als Galsworthy zurückkehrte, sagte er, daß er im Schreibzimmer einige Visitenkarten mit Empfehlungen und Adressen an Verleger, Redakteure und Schriftsteller versehen habe. Er gab sie mir, indem er mich gleichzeitig bat, einen bei den Karten befindlichen Brief einzuwerfen; denn er selber müsse jetzt mit dem Wagen wegfahren. Nachdem ich meinen Dank gestammelt und mir der gefeierte Mann viele Wünsche auf den Weg mitgegeben hatte, verließ ich ihn verwirrt. Diese Verwirrung hatte zweierlei Ursachen: die Begegnung selbst, die mir damals viel bedeutete, und die Schande, mit ungeputzten Schuhen im ›Savoy‹ erschienen zu sein.

Als ich auf den Strand hinauskam, glaubte ich, die Blicke aller Passanten seien auf meine weißbespritzten Schuhe gerichtet. Ich war deprimiert und wollte schnell nach Hause. Da kam mir der Brief in den Sinn, den einzuwerfen ich versprochen hatte. Ich trennte ihn von den Empfehlungskarten. Doch was war das? Der Brief war offen und hatte weder eine Anschrift noch Briefmarken. Ob ich den einzuwerfenden Brief vielleicht vergessen hatte? Ich fühlte mich erneut in einer peinlichen Situation, ging nachdenklich weiter und stellte mich alsdann in einen Hausflur. Was blieb mir anderes übrig, als den Brief zu öffnen und auf seinen Inhalt hin zu prüfen? Vielleicht fand ich drinnen eine Adresse? Mit nervösen Fingern holte ich den Inhalt heraus und stutzte. Eine Zehn-Pfund-Note kam zum Vorschein und ein Briefchen, an mich selbst adressiert. Und was las ich da?

»Mein lieber junger Freund! Es tut mir leid, daß Sie sich Ihren Aufenthalt in meinem Lande so mühsam und ungewöhnlich erarbeiten müssen. Gestatten Sie, bitte, daß ich Ihnen eine kleine Hilfe zukommen lasse. Ich bin nicht allein überzeugt, daß Sie Beiliegendes gut gebrauchen können, sondern daß Sie es auch gut verwenden werden. Nochmals alles Gute für Sie!
Ihr sehr ergebener John Galsworthy.«

Diese Aufzeichnungen waren gemacht, als ich wieder einmal nach London reiste. Es war 1947, und das Geld wieder einmal knapp. Abermals wohnte ich in einem kleinen Hotel in der Gowerstreet, im Universitätsviertel gelegen. Ich erinnerte mich, hier in der Nähe einst den Londoner Anstreichern Konkurrenz gemacht zu haben. Auf meinem Bett liegend, rauchte ich eines Abends meine letzte holländische Zigarre und gab mich

Meditationen hin. Plötzlich sah ich in der rechten Fensterecke unterhalb der Decke undeutlich, aber doch erkenntlich meine Initialen. Nur in weißer Farbe, aber der Staub ließ sie deutlich hervortreten. Ich glaubte anfangs an Halluzinationen. Schließlich stellte ich den Tisch in die Ecke, setzte einen Stuhl darauf und kletterte selber auf dieses Gerüst. Ich mußte mich an der Gardinenstange mühsam festhalten. Tatsächlich, hier hatte ich seinerzeit gemalt, nicht auf der gegenüberliegenden Straßenseite, wie ich angenommen hatte. (Die Häuser hier sind sich alle sehr ähnlich.) Ich tastete den Fleck ab. Farbe blätterte herunter und fiel auf meine Schuhe. Ich beendete meine Kletterpartie schnell und mußte lachen. Ich hörte wieder Galsworthys Stimme: »Sie müssen wohl versehentlich in weiße Farbe getreten sein!«

(1947)

T. E. Lawrence als Motorradfahrer in London

»*Mit der Zeit wurde unser Drang, für den Idealismus zu kämpfen, zu einer blinden Besessenheit, die mit verhängtem Zügel über unsere Zweifel hinwegstürmte.*«

T. E. L.

Seine Bücher ›Aufstand in der Wüste‹ und ›Die sieben Säulen der Weisheit‹ erregten bei ihrem Erscheinen in aller Welt großes Aufsehen, besonders bei jungen Menschen. Auch ich wurde sehr früh von dieser ungewöhnlichen Erscheinung fasziniert. Vielseitige Menschen haben mich von jeher angezogen. Lawrence war im Ersten Weltkrieg eine geheimnisvolle Schlüsselfigur, Offizier und Politiker. Nachdem er von der Entwicklung enttäuscht war, kehrte er in ein anonymes Leben als ein einfacher Soldat namens Ross zurück. Winston Churchill hat ihn »einen der Größten in unserer Zeit« genannt. Bernard Shaw hat ›Die sieben Säulen der Weisheit‹ als »eines der wenigen großen Heldenbücher der Weltgeschichte« bezeichnet. Weil ich als junger Mensch den ›ungekrönten König von Arabien‹ so sehr bewunderte, ging ich in England seinen Spuren nach. Aber es war rein zufällig, daß ich ihn persönlich kennenlernte.

Als ich im östlichen Kongo schwer krank bei dem amerikanischen Missionsarzt Carl Kline Becker in der Urwald-Klinik von Oicha lag, dachte ich darüber nach, wie ich eigentlich in diese miserable Lage geraten war. Während einer Fahrt mit einem Motorradgespann allein quer durch Zentralafrika hatte ich meiner Gesundheit viel zuviel zugemutet, und nun schien es zunächst, als würde ich infolge eines Schadens der Wirbelsäule nie wieder allein und gerade gehen können. Ja, wie hatte ich nur eine solche gigantische Anstrengung riskieren können?

Mit neunzehn Jahren war ich zum erstenmal durch Afrika geabenteuert. Warum? Mit fünfzehn hatte ich das Segelfliegen gelernt, war damals der jüngste Segelflieger der Welt und schrieb meine ›Flieger-Memoiren‹, die sogar Erfolg hatten. Ich konnte mich vom Elternhaus unabhängig machen und begann nach einer Begabtenprüfung, wie man früher sagte, an der Universität zu studieren. Das war alles viel zuviel für einen jungen

Menschen. Ich wurde ›europamüde‹. Abenteuerlust trieb mich schließlich nach Algerien in die Fremdenlegion. Ein Magenleiden hinderte mich, den berüchtigten Fünfjahresvertrag zu unterschreiben. Man nahm wohl sowieso an, daß ich bald draufgehen würde. Im Mutterhaus der Legion in Sidi-Bel-Abbes (Algerien) wollte man mit mir keine Unannehmlichkeiten haben und schickte mich fort. Auch die Tatsache, daß ich noch nicht 21 Jahre alt war, mag wichtig gewesen sein.

Ich nahm mein Fahrrad, radelte durch die Sahara, und man nannte mich den ›ersten Radfahrer in der Wüste‹. Unter dem Einfluß des Ethikers Albert Schweitzer wußte ich schon als junger Mensch, ›daß es im Wesen des Lebens liegt, noch mehr Leben anzustreben‹. Ich wollte ›eine Vertiefung, Verinnerlichung und Steigerung des Willens zum Leben‹. Zu meinem intensiven Lebensdrang kam eine ebenso brennende wie grenzenlose Wißbegier. Die Wüste weckte meine Liebe zu Afrika, ich begeisterte mich am Leben der Berber und Araber und beschloß, mich fortan auch völkerkundlichen Studien zu widmen. Mein Lebensziel war bestimmt. Übrigens gefiel mir an diesem Kontinent Afrika, daß er die Form eines menschlichen Herzens hat.

Ich bin für alles andere eher geboren als für sportliche Taten. Die vielfältigen Abenteuer in der Sahara und die Forschungsreisen in Busch und Urwald, die ich im Laufe von drei Jahrzehnten unternahm, strengten mich sehr an. Aber wenn die Strapazen hinter mir lagen, konnte ich sie sehr schnell vergessen, und ich träumte dann bald wieder von neuen und ungewöhnlichen Unternehmungen.

Diese Motorradfahrt durch Zentralafrika hatte ihren Ursprung in einer für mich sehr bedeutsamen Begegnung in London. Auch an dieses Erlebnis mußte ich denken, während ich durch mein Moskitonetz und durch das Fenster auf die Gebäude der amerikanischen Africa Inland Mission in Oicha hinausschaute.

Als ich begann, über die beiden Sprachen (Niederländisch und Deutsch) meines Elternhauses hinauszuwachsen und in fremde Nationalliteraturen vorzustoßen, fielen mir unter der jüngeren englischen Literatur die Gedichte Rupert Brookes in die Hände. Der ehemalige Cambridge-Student starb als Marineoffizier 1915 im Alter von nur 28 Jahren in Griechenland. Brookes Leben und Werk ist dem Lord Byrons verwandt, dessen Werke mich mehrfach nach Afrika begleiteten.

Brookes gesammelte Gedichte wurden von Sir Edward Marsh herausgegeben, der sein Freund und dreiundzwanzig Jahre lang Privatsekretär von Winston Churchill war. Bei einem meiner Londoner Aufenthalte nahm ich Verbindung mit Sir Edward auf, und er lud mich wiederholt in seine Wohnung ein: für fünfzig Jahre ein Treffpunkt von Malern, Schriftstellern, Diplomaten und Abenteurern von Rang, ein Zentrum des Londoner sozialen, kulturellen und politischen Lebens.

Eines Sonntagnachmittags – es muß im Winter 1934/35 gewesen sein – bat mich Eddie zu einer Tea-Party. Er brachte mich bei dieser Gelegenheit mit einem Manne von kleiner Statur zusammen, der ein leicht rosiges Gesicht und struppige braune Haare hatte und der auf mich einen zugleich scheuen und nervösen Eindruck machte. Er schien sich für meine Ambitionen zu interessieren.

Wir diskutierten eifrig über die ›arabische Frage‹. Ich wußte nicht, wer mein Gesprächspartner war, spürte indessen seine ungewöhnliche Kenntnis der Seele der Araber und die große Hochachtung, die er für dieses Volk hatte. Ich brachte deshalb die Rede auf T. E. Lawrences weltberühmte Bücher. Ich sprach mit großer Begeisterung von Colonel Lawrence, ich hätte viel von ihm gelernt und bedauerte, diesen ungewöhnlichen Einzelgänger nie getroffen zu haben. Er dagegen sprach abfällig von Lawrence. Wüßte ich denn nicht, daß die Gazetten schrieben, er sei ein Heuchler, Aufschneider, Hochstapler? Ich solle mein junges Herz nicht an einen unechten Helden hängen. Dieser Kerl verdiene das nicht.

Das war mir zuviel! Ich wußte sehr wohl, daß ›der ungekrönte König Arabiens‹ umstritten war. Dessenungeachtet sah ich in ihm eine der faszinierendsten Persönlichkeiten meines Jahrhunderts. Lawrence war kein einfältiger Held wie andere, sondern ein Wissender, ein kluger Stratege, zugleich ein vortrefflicher Archäologe und Historiker. Ich bewunderte, daß er Homers Odyssee übersetzt hatte, Bücher selbst druckte und verlegte und Schnellboote konstruierte. Ja, das war ein Mann, wie ihn sonst nur die Renaissance kannte! Statt stolz auf ihn zu sein, nörgelte man an ihm herum. Das empörte mich, und ich machte daraus keinen Hehl. Ich nahm die erste Gelegenheit wahr, von dem Lawrence-Gegner wegzukommen, sah mir Eddies kostbare Bildersammlung an und beteiligte mich schließlich an den Gesprächen der anderen Gäste.

Als sich die Party dem Ende zuneigte, sagte mir der Gastgeber, einer seiner Freunde wolle mich in meine Studentenpension zurückbringen. Es sei der Mann, mit dem ich mich über Lawrence gestritten hatte. Er habe allerdings nur ein Motorrad. Nun, ich hatte nichts dagegen, mit einem Motorrad durch London zu fahren. Es war ein ziemlich schweres Modell, eine Brough. Im Sattel überragte ich den Fahrer. Er machte mich darauf aufmerksam, daß er ziemlich schnell fahre. Ich solle mich nur gut festhalten, am besten, indem ich ihn umklammerte.

Es war eine ungestüme Jagd quer durch die City nach der Gowerstreet, unmittelbar in der Nachbarschaft des British Museum. Als wir vor meiner Pension ankamen, stieg der Fahrer ab, drückte mir die Hand und gab, jetzt sehr liebenswürdig, seiner Hoffnung Ausdruck, mein Idealbild von Lawrence nicht gestört zu haben.

»Bitte, fangen Sie nicht wieder an!« versetzte ich rasch. »Meiner Ansicht nach brauchen wir gerade heutzutage Helden wie Lawrence!«

Da bot er mir nochmals seine Hand und sagte leise: »Ich bin Lawrence!«

»Wie bitte?« stammelte ich. »Das kann nicht möglich sein!«

»Doch, Sie haben richtig verstanden!« sagte der andere. »Aber ich muß jetzt weiter. Good bye!« Er bückte sich, ordnete seine Hosenbeine und legte die Hosenklammern erneut um. Dann trat er den Motor an und setzte sich wieder in den Sattel. Er drehte sich noch einmal nach mir um. Ich sah überaus traurige Augen und einen kleinen verbitterten Mund mit schmalen Lippen. Ich war so benommen, daß ich nichts mehr zu sagen wußte.

Die Londoner Gowerstreet ist eine sehr lange Straße, am Sonntagabend fast menschenleer. Ich starrte Lawrence lange nach. Er fuhr nicht schnurgerade die Straße entlang, sondern wiegte sich im Sattel seines Motorrades wie auf einer Schaukel. Auch als er schon lange entschwunden war, starrte ich noch die Straße entlang. Mit Lawrence war ich durch London Motorrad gefahren . . . ich konnte es nicht fassen.

Mehr aber noch: Als ich mich mit dem Fremden über meine Radfahrt durch Nordafrika unterhielt, hatte er mir geraten, das nächste Mal lieber ein Motorrad zu nehmen. Ich hatte es ihm versprochen, wie man das so aus Höflichkeit tut. Nun jedoch, da die Identifizierung des Fremden geklärt war, bekam das Gespräch für mich ein ungeheures Gewicht. Nicht irgendwer hatte mir einen Rat gegeben, sondern Lawrence, der große, weltberühmte Colonel T. E. Lawrence, das Ideal meiner Jugend.

Darum also hatte ich mir ein Motorrad angeschafft und damit eine Safari angetreten. Ich hätte mir allerdings überlegen sollen, daß ich seitdem zwanzig Jahre älter geworden war.

(1964)

Albrecht Haushofer –
zwischen Hoffnung und Pessimismus

> *»So sollte man im Leben leben können,*
> *Vergangenes ehren, Künft'gem dienen*
> *dürfen,*
> *Das Leben und den Tod in beidem*
> *wissen –*
> *Und deshalb sprühn in jedem*
> *Augenblick!«* **A. H.**

Zu den nach dem Zweiten Weltkrieg in Westdeutschland und im Ausland am meisten gedruckten deutschen Gedichten, die im Krieg entstanden und nicht allein als literarische Kunstwerke Beachtung verdienen, sondern auch als Zeitdokumente, gehören die ›Moabiter Sonette‹ von Albrecht Haushofer. Auch wird sein Name oft in politischem Zusammenhang genannt. Aber über die Persönlichkeit dieses Autors ist recht wenig bekannt – oft wird er sogar mit seinem Vater Karl Haushofer verwechselt.

Als ich im Sommer 1933 mit dem Norddeutschen-Lloyd-Dampfer ›Sierra Cordoba‹ nach Nordafrika aufbrach, stand ich am ersten Morgen nach der Ausreise aus Bremerhaven frühzeitig auf, um den Sonnenaufgang zu erleben. Ich mußte feststellen, daß ich nicht der erste auf dem A-Deck war. Es ging hier bereits ein anderer Passagier versonnen auf und ab, der mein Interesse sogleich erregte. Er war von großer Statur, zudem ziemlich massig, fast korpulent. Dabei war er fraglos noch jung (wie ich später feststellte: 31 Jahre alt). Sein volles Gesicht bekam eine besondere Note durch einen schmalen Bart über der Oberlippe und eine hohe Stirn über der markanten Nase. Seine Augen verrieten Geist, Wissen, aber auch Güte und Melancholie. In der Hand hielt er das damals vielgelesene letzte Werk von Oswald Spengler: ›Jahre der Entscheidung‹.

Ich war Philosophiestudent, von Wißbegier und Abenteuerlust erfüllt. Deshalb wollte ich jetzt auf den Spuren von André Gide nach Afrika. Ich bemühte mich, mit dem Frühaufsteher ins Gespräch zu kommen. Das war nicht schwierig. Es schien, er interessiere sich auch für mich. Ich erinnere mich, daß wir über Spengler zu Goethe und von da zu dessen ›Sesenheimer Liedern‹ kamen, über die ich bei Georg Witkowski, dem Bruder Maximilian Hardens, eine Seminararbeit geschrieben hatte. Von Stund an sah ich jenen Frühaufsteher täglich mehrmals; wir hatten viele für mich sehr lehrreiche Gespräche.

Als wir in Portugal an Land gingen, besuchten wir gemeinsam Lissabon und die Umgebung der portugiesischen Hauptstadt wie Kloster Belem und Schloß Cindra. Erst auf diesem gemeinsamen Landausflug kam es uns in den Sinn, uns einander vorzustellen. Sein Name, Albrecht Haushofer, sagte mir sofort mancherlei. Vor vier Jahren, 1929, hatte ich bereits mit ihm korrespondiert. Ich wollte als ›armer Werkstudent‹ eine Ermäßigung auf die Zeitschrift der ›Gesellschaft für Erdkunde‹ haben, die er herausgab. Im übrigen wußte ich, daß sein Vater, ein General a. D., jetzt als Universitätsprofessor in München lehrte.

Nach dem Passieren Gibraltars warf unser Schiff vor Malaga Anker. Haushofer lud mich zu einer Autofahrt in die Sierra Nevada ein, zur Besichtigung der Kathedrale von Granada und der Alhambra. Beteiligt waren noch ein Freund Haushofers, ein junger Berliner Architekt, sowie die Nichte des deutschen Botschafters von Dirksen, der ein Mitarbeiter Gustav Stresemanns gewesen war. Es wurde eine höchst eindrucksvolle Fahrt. Albrecht Haushofer war ein Cicerone, wie ich ihn nicht vollendeter hätte finden können. Als wir von der Alhambra, dem Lustschloß der maurischen Könige von Granada, auf die Stadt hinabschauten, sah ich ein erfreulich geschlossenes Stadtbild; alles war harmonisiert. Nur an Stein und Putz konnte man bei genauem Hinsehen unterscheiden, daß vielleicht einige Jahrhunderte zwischen dem Entstehen der einzelnen Baulichkeiten lagen. »Ist dieser harmonische Stadt-Organismus nicht wunderbar?« fragte mich Albrecht Haushofer. »Da liegt mehr darin als nur eine Lehre für die modernen Architekten mit ihrem völlig mißverstandenen und oft sogar schändlich mißbrauchten Individualismus. Das Individuelle muß im Zusammenhang mit dem Ganzen stehen.« Er atmete schwer aus: »Wie ich das Unorganische hasse! Ich hoffe, Sie werden es auch hassen lernen. Sehen Sie nur hier in diesem Kleinod der Baukunst alle diese Mosaikarbeiten, und lauschen Sie, was sie leise, aber eindringlich erzählen. Erst wenn wir uns als Mosaiksteinchen in Gottes Baukasten fühlen, sind wir auf dem Wege der Menschwerdung.«

Nach Verlassen Europas faßte ich den Gedanken, mich in Sidi-Bel-Abbes bei der Französischen Fremdenlegion zu melden. Obwohl noch nicht majorenn, war ich ›europamüde‹. Ich war als

76

Boy-Scout angezogen, besaß nur ein Paar kurze Hosen und drei Hemden zum Wechseln, obendrein wenig Geld. In der Gesellschaft dieser ›Städter‹ nahm ich mich offenbar seltsam aus. Albrecht Haushofer prägte den Namen ›Mr. Kniehose‹ für mich, und alle die Jahre, die wir uns bis zu seinem Tode kannten, nannte er mich in Buchdedikationen und Briefen stets den »seltsamen Reisegefährten von der ›Sierra Cordoba‹«. Er sagte: »Das ist eine unverfängliche Widmung, die immer eine gewisse Distanzierung offen läßt.« Als er mir dies – vielleicht im Jahre 1935 – sagte, wurde mir zum ersten Male bewußt, daß diesen Mann der Nimbus des Besonderen, ja, des Außergewöhnlichen, des Gefährlichen sogar, umgab ...

Haushofer war Generalsekretär der ›Gesellschaft für Erdkunde‹ zu Berlin in der Alten Wilhelmstraße Nr. 23. Oberhalb der Institutsräume bewohnte er eine mit schönen alten Möbeln ausgestattete Dienstwohnung, die ihm von einer alten Haushälterin in Ordnung gehalten wurde. Wir trafen uns hier jahraus, jahrein in regelmäßigen Zeitabständen. Das Besondere an diesen Begegnungen war, daß selten eine dritte Person dabei war. Er liebte keine Zeugen von Gesprächen. Er schätzte es nicht, seine Freunde untereinander bekannt zu machen. Als ich ihn einmal nach einer seiner Universitätsvorlesungen in seinem ›Institut für politische Geographie‹ aufsuchte, behandelte er mich recht kühl, beinahe verletzend. Am nächsten Morgen erhielt ich durch Boten ein paar Zeilen mit der Bitte von ihm, ihn unverzüglich aufzusuchen (sonst schrieb er selbst bei nichtigen Anlässen gern Einschreibbriefe). Er erklärte sein Verhalten und gestand mir erregt, unter größter Besorgnis, daß ihm von offizieller Seite nahegelegt worden sei, sich nicht mehr mit mir zu treffen. Eine ganze Liste von Gründen war ihm genannt worden: Aus der Boy-Scout-Bewegung kommend, als ›bündisch‹, jüdisch versippt, Ausländer und ›Literat‹, hätte ich vornehmlich Verkehr mit ›Staatsfeinden‹. Mich beunruhigte diese Mitteilung sehr. Wo hatte ich meine besonderen Feinde? Oder richtete sich diese Warnung weniger gegen mich als gegen Albrecht Haushofer selbst, der dem Hitler-Staat von Anbeginn an nicht geheuer war? Diese Mutmaßung wurde mir bestätigt, als ich im Laufe einer politischen Untersuchung gegen mich im Frühjahr 1939 bei einem Gestapo-Verhör vor Begegnungen und staatsfeindlichen Konspirationen mit Albrecht Haushofer erstmals nachdrücklichst gewarnt wurde. Unter der Drohung, verhaftet zu werden, hatte ich schriftlich zu versichern, daß ich ihm davon nichts sagen würde. Daß es trotzdem geschah, versteht sich. Ich erinnere mich, daß er mir erzählte, mit dem von ihm sehr geschätzten Gustaf Gründgens sei es ihm ähnlich ergangen.

In jenen Jahren der immer größer werdenden geistigen Armut war Albrecht Haushofer eine der anziehendsten Erscheinungen im geistigen Berlin. Wäre ich Politiker gewesen, hätte mir seine politische Tätigkeit gewiß genügend Stoff zur Anregung gegeben. Politik jedoch interessierte mich nur peripher. In diesem Fall interessierte sie mich nur, soweit sie mein eigenes Leben zu beeinflussen imstande war – und Niederschlag in der Dichtung fand. Schon lange vor den ›Moabiter Sonetten‹, die ihn als Lyriker weltberühmt gemacht haben, war Albrecht Haushofer Verfasser von Versen mit den vielfältigsten Themen. Sein Freundeskreis erhielt sie in drei verschiedenen Formen: entweder in einer meisterhaften Handschrift (genau wie sein Vater war er ein Kalligraph), oder die ästhetisch sehr schöne Handschrift war durch einen Faksimiledruck wiedergegeben, oder die Gedichte erschienen in einem Sammelband als bibliophiler Privatdruck. Die Gedichte entstanden meistens auf seinen großen Auslandsreisen in Europa, Asien, Australien oder in den beiden Amerikas. So lauten ihre Titel auch nicht nur ›Gesang der alten Burg‹, ›Land der Erinnerung‹, ›Heimkehr‹, sondern viel typischer für diesen Dichter sind Verse wie ›Isle de France‹, ›Abend in Ungarn‹, ›Rhododendron pacificum‹, ›Yellowstone-See‹, ›Nankau-Paß‹, ›Feste von Malta‹, ›Eros Anadyomenos›, ›Peking‹.

Damit aber begnügte sich der Dichter Albrecht Haushofer nicht. In Versen schrieb er drei politische Dramen: ›Scipio‹, ›Sulla‹ und ›Augustus‹. Sie erschienen in schönem Druck und Einband im Propyläen-Verlag, Berlin, und wurden auch auf einer Reihe von Bühnen aufgeführt. Er schrieb für das Theater außerdem ein Schauspiel ›Makedonen‹, eine ›Chinesische Legende‹, eine politische Komödie ›Und so wird in Pandurien regiert . . .‹. Als Fragment liegt ein Thomas-Morus-Drama vor. Diesen großen Schauspielen vorausgegangen war ein kleines Spiel unter jungen Menschen: ›Abend im Herbst‹. Auch dieses ist, wie die historischen Stücke, in Versen geschrieben, voll edler Gedanken, mit viel Selbstkritik und confessio.

Eines unserer ersten Gespräche, das wir auf der ›Sierra Cordoba‹ führten, kreiste um Alexander von Humboldt. Er war

Es stand am letzten Pass des Reichs
Der Wächter wahrte die Schranke:
"Wer über die Berge wandert
Und prüfte die Welt –"
"Ich kenne die Welt von oben
Und prüfe sie nicht"
"Wer über die Berge wandert
Und suchte die Welt –"
"Ich kenne die Welt von aussen
Und suche sie nicht"
"Wer über die Berge wandert
Und liebte die Welt –"
"Ich kenne die Welt von innen
Und hasse sie nicht".
Da gab der Wächter die Schranke frei
Der Alte verschwand in den Bergen.

Für Mutti
November 1938 A.

einer der großen geistigen Ahnherren Albrecht Haushofers, der Humboldts ›Kosmos‹ bereits als zwölfjähriger Knabe studierte. »Wir haben ja auch dieselben Initialen«, bemerkte er eines Tages mit einem ironischen Lächeln zu mir. »Über das kleine ›von‹ vermögen wir hinwegzusehen, wir leben ja sowieso in einer Republik. Ja, und wenn schon!« fügte er sarkastisch hinzu. »Auch ein Dritter hat noch meine Initialen. Wehe mir!«

Als junger Mensch ist man versucht zu glauben, daß nur kalte, gemütsarme Menschen sarkastisch sind. Albrecht Haushofers Beispiel lehrte mich, daß sich diese Charaktereigenschaft in einem Manne auch als Schutz gegen zuviel Herz, gegen zuviel Gemüt entwickeln kann. Kannte man Albrecht Haushofer oberflächlich, so kam man vielleicht in Versuchung, zu sagen, er sei ein kühler, berechnender Intellektueller. Doch jedes intensivere Gespräch erhellte, daß er mit einer großen Herzenswärme und Herzensgüte begabt war. Diese, vermischt mit viel Melancholie, waren sogar so stark, daß er sich, um nicht Sentimentalitäten zum Opfer zu fallen, bei seinen Aufgaben mit Sarkasmus abschirmen mußte. Wahrscheinlich wäre er sonst noch früher von seinem Gegenspieler Heinrich Himmler, den er am leidenschaftlichsten haßte, ausgelöscht worden. Sein Sarkasmus machte die Gegner unsicher.

Man konnte mit Albrecht Haushofer nur Gespräche führen über Themen, die man gut beherrschte. Oberflächlich plänkelnde Gespräche lehnte er ab, wie überhaupt alles, was von der ›Konvention‹ diktiert war. Dafür war er zu sehr beschäftigt. Er hatte immer wenig Zeit. Mir kam er manchmal vor wie die eifrigen, um ein allzu kurzes Leben besorgten Lungenkranken, die meinen, ein gewisses Pensum Arbeit nur noch unter Zusammenfassung der allerletzten Kräfte leisten zu können. Gewiß hat er seinen frühen Tod geahnt. In beinahe allen seinen Dichtungen spürt man dieses Wissen um eine frühe Vollendung.

Es war bezeichnend für Albrecht Haushofer, daß er sich so sehr von der Kultur des alten China angezogen fühlte, während doch sein Vater mehr nach Japan hin tendierte, mit dessen jüngster Geschichte sogar sein Werk intensiv verbunden war. 1937 im Herbst kam Albrecht Haushofer das letzte Mal aus Fernost zurück. Vor einem geladenen Kreis hielt er im ›Haus der Flieger‹ in Berlin einen Vortrag über seine Reise. Nach seiner Rede sprach ihn ein junger SS-Mann mit schnarrender Stimme an. Er verstünde nicht, daß es der deutschen Politik nicht gelungen sei, den chinesischen Krieg zu verhindern. Es lägen hier sicher Unterlassungssünden des Auswärtigen Amtes vor, als dessen Exponenten er Haushofer betrachtete. (Die SS war interessiert, eine Außenpolitik auf eigene Faust zu betreiben und intrigierte unaufhörlich gegen jedes Ministerium, so auch gegen das AA.) Der SS-Mann forderte Haushofer ziemlich schroff auf, hierzu Stellung zu nehmen. Müde, schwer, resigniert stand dieser auf. Er ließ sich gern anmerken, wie zuwider ihm diese törichte Frage war. Hatte denn dieser Mann gar nicht verstanden, worum es in diesem Vortrag tatsächlich ging? War er noch nicht deutlich genug gewesen? Nun, er wollte seine Antwort recht kurz, aber dafür deutlich genug fassen. Und Albrecht Haushofer sagte mit leiser, langsamer, ironisch-lässiger Stimme: »Japan und China haben bekanntlich tausendjährige Kulturen. Diese manifestieren sich unter anderem in einem hervorragenden, unvergleichbaren Porzellan. Ich möchte den Europäer sehen, der hier den Elefanten im Porzellanladen spielen möchte. Ich jedenfalls nicht!«

Unser vornehmlicher Gesprächsstoff war: England und die Engländer. Nicht allein, daß er die Sprache wie ein gebürtiger Engländer beherrschte, er verstand auch die Wesenheit des englischen Volkes wie wenige Mitarbeiter des deutschen Auswärtigen Amtes. Haushofer machte kein Hehl daraus, daß er, solange Ribbentrop noch in London residierte und quasi ungekrönter zweiter Außenminister, wenn nicht gar der Diktator des AA war, er Mitarbeiter der ›Dienststelle Ribbentrop‹ war. Regelmäßige Sitzungen führten Albrecht Haushofer beinahe jeden Tag in das AA. Ich machte mich eines Tages zum Sprecher vieler, mit denen ich über Haushofer gesprochen hatte, indem ich ihm sagte, es würde als peinlich empfunden, daß eine Persönlichkeit seines Ranges mit diesem eitlen Scharlatan, der den Wein- und Sekthandel mit der Außenpolitik vertauscht hatte, zusammenarbeitete. Er unterstützte die nationalsozialistische Revolte gegen das deutsche Berufsbeamtentum alter bewährter Schule. Er schwieg eine Weile, griff dann zu einem Bücherbord und las mir ein paar Abschnitte aus einer schon 1929 geschriebenen Arbeit ›Zwangsläufigkeiten und Ziele – Grundsätzliches zu einer deutschen Politik in Europa‹ vor. Er dedizierte mir einen Sonderdruck mit der angestrichenen Stelle:

»Es gibt in aller Politik Minima und Maxima des Erreichbaren. Diese Grenzen in jedem Falle zu kennen, ist eiserne Pflicht des politischen Menschen. Was dazwischen liegt, muß beweglich sein. Was jenseits des Erreichbaren im Wunschtraum liegt – das bleibe für Kinder und Propheten. Auch dann, wenn es in der Vergangenheit einmal wirklich war ... Ein machtarmes Volk muß das wenige, was ihm verblieb, sorgsam zu wägen wissen. Die Tatsache, daß der größte Teil der deutschen Öffentlichkeit sich weigert, anders als in Form von Kriegsvereinsreden von militärischen Dingen Kenntnis zu nehmen, (es sei denn, man halte Teeklatsch mit Remarque für einen ebenso würdigen Ersatz für militärtechnische Kenntnisse) – diese für Politiker ebenso wie für Nichtpolitiker geltende Tatsache zwingt uns gerade hier zu mitleidloser Klarheit ... Wir sind der Meinung, daß jede Explosion in der heutigen Lage Europas auch für ihren Urheber oder Anreger zu gefährlich ist. Hierher gehört auch der schon angedeutete Gedanke, man könne an dem nächsten großen Weltbrand ein deutsches Privatsüppchen ohne allzu große Gefahren erwärmen. Das geht nicht in unserer Lage. Und wenn es ginge, könnten wir nicht darauf warten. So bleibt nichts anderes als

der Versuch einer Verständigung auch in Fragen, in denen der
der Vergeltung der menschlichen Natur sehr viel näher läge. Es
gibt nichts Dümmeres als unzeitgemäßen Heroismus. Es gibt
aber auch wenig Dümmeres als unüberlegte Verständigung; wo-
möglich mit Vorschuß ohne Gegenleistung. Man muß wissen,
was man zu verlangen, und wissen, was man zu bieten hat ...
Es ist beschämend, daß man im Gespräch mit englischen Politikern sehr viel Klareres über den Korridor und die Möglichkeiten seiner Beseitigung hören kann als in deutschen Kreisen,
denen das Feuer auf den Nägeln brennt.« Soweit Albrecht
Haushofer 1929. Sind diese Worte nicht heute noch voll gültig?

Haushofer war zweifellos ein glänzender Kenner der engli-
schen Verhältnisse; vielleicht eine der ersten Autoritäten dieser
Sparte innerhalb des AA. Aus all seinen vorsichtigen Andeutungen von Begegnungen konnte ich entnehmen, daß er die allerbesten Beziehungen zu den Kreisen der Tories und der liberalen
Intellektuellen hatte. Er verstand es, im Gespräch in wenigen
Zügen eine Persönlichkeit der englischen Politik zu umreißen.
Er bediente sich dabei gern der Anekdote oder eines Scherzes.
Er vermochte lange Gesprächsteile wörtlich wiederzugeben, ja,
sogar den Tonfall der gerade behandelten Persönlichkeiten nachzuahmen. Wenn ich ihn so erzählen hörte, war ich immer restlos
gepackt und begeistert. Trotzdem überkam mich manchmal der
Gedanke, ob er seiner politischen Tätigkeit nicht nur nachginge,
weil er eben auch hier seinen Mann stehen konnte, d. h. daß ihm
die letzte Besessenheit, der Fanatismus des Nur-Politikers,
fehle. Sein Gedicht ›Schuld‹ in den ›Moabiter Sonetten‹ bringt
das zum Ausdruck. Es lautet:

> Ich trage leicht an dem, was das Gericht
> mir Schuld benennen wird: an Plan und Sorgen.
> Verbrecher wär' ich, hätt' ich für das Morgen
> des Volkes nicht geplant aus eigner Pflicht.
> Doch schuldig bin ich anders, als ihr denkt,
> Ich mußte früher meine Pflicht erkennen,
> Ich mußte schärfer Unheil Unheil nennen –
> Mein Urteil hab' ich viel zu lang gelenkt ...
>
> Ich klage mich in meinem Herzen an:
> Ich habe mein Gewissen lang betrogen,
> Ich hab' mich selbst und andere belogen –

Ich kannte früh des Jammers ganze Bahn –
Ich hab' gewarnt – nicht hart genug und klar!
Und heute weiß ich, was ich schuldig war . . .

In diesem Zusammenhang möchte ich auch einen Ausspruch Ulrich von Hassells wiedergeben, den er bei einem gemeinsamen Gespräch mit dem letzten Botschafter in Moskau, Graf von der Schulenburg (der 1944 in Plötzensee auf Befehl Hitlers gehängt wurde), über Haushofer mir gegenüber gemacht hat: »Ich schätze ihn außerordentlich, er ist ein hochbegabter Mensch. Nicht umsonst nennen wir ihn im Scherz gern gelegentlich ›Kassandro‹. Schade, daß wir unter den jungen deutschen Politikern so wenige hochtalentierte wie ihn haben. Aber vielleicht ist er bereits zu klug!« Ich sah Hassell erstaunt an; er fuhr fort: »Wissen Sie, in der Politik ist das so: Zu große Klugheit kann einen Politiker an der Ausführung seiner Entschlüsse hindern, aber auch schon daran, überhaupt sich zu etwas zu entschließen. Die deutsche Geschichte zwischen 1919 und 1933 beweist das eindeutig! Auf seiten der ›Ultrarechten‹ und der Nazis waren fraglos nicht die Klügsten, um nicht zu sagen: nicht die Intellektuellen. Die standen in der Mitte oder links. Und doch haben vorläufig die durch Geist Unbeschwerten den Sieg davongetragen, und wir sind ihnen restlos ausgeliefert. Der Ungeist hat über jeglichen Geist gesiegt. Denken Sie nur an den Hamlet-Monolog: ›Und so macht das Gewissen Feige aus uns allen . . .‹«

In meinen Erinnerungen an Albrecht Haushofer komme ich nun zu einer Begegnung mit ihm, die unter einem besonderen Zeichen stand.

In der Nacht nach dem 11. Mai 1941 war ich von Berlin nach Nürnberg gefahren, um mich dort mit einem Freunde aus Leipzig, dem Schauspieler Lutz Evert, Sohn des Ordinarius für Publizistik, Erich Everth, der mein Lehrer gewesen war, zu treffen. Am Morgen verlangte man stürmisch Einlaß in mein Hotelzimmer. Als ich nicht sofort öffnete, brach man die sehr leicht gebaute Tür auf, und Beamte des Sicherheitsdienstes erklärten mich für verhaftet. Ehe ich dazu etwas sagen oder gar etwas fragen konnte, befahl man mir, meine Koffer zu öffnen. Ich mußte erklären, daß ich den einen Koffer nicht öffnen könne, da ich die Schlüssel in Berlin vergessen hätte. Der Nachtportier könne bezeugen, daß ich die Schlüssel bereits telefonisch angefordert habe. Der Koffer enthielt eine Reihe Bücher und Manuskripte und war deshalb sehr schwer. Das erhöhte den Verdacht des SD und der Kriminalpolizei, die bei mir sechs Mann stark eingedrungen waren. Also warteten sie nicht auf den Schlüssel, der mit dem Nachmittagszug eintreffen mußte, sondern brachen gewaltsam den Koffer auf, um dann außer den unverfänglichen Büchern weiter nichts als das Manuskript eines umfangreichen Romanes, ›Am Horizont die Liebe‹, zu entdecken. Verärgert warfen sie das Manuskript in den Koffer zurück. Doch auf einmal ergriff der eine Kommissar meine Unterwäsche. Wir hatten ein langes Gespräch über die Herkunft dieser Wäsche, die niederländische und amerikanische Firmenzeichen aufwies. Einen Ausländer wegen ausländischer Wäsche verdächtigen zu wollen, war ein sinnloser Unfug. Vielleicht sah man das nach vielen Erklärungen auch ein. Immerhin, bis zum nächsten Morgen hatte ich Zimmerarrest, durfte nicht einmal telefonieren, geschweige denn Besuch empfangen. Das Essen wurde auf dem Zimmer serviert. »Wie Ihnen ist es schon mehreren Gästen im Hotel ergangen«, sagte mir ein Hotelpage. »Der Rudolf Heß ist doch ausgerückt. Von Augsburg aus! Er ist nach England geflogen und will Frieden machen.« ...

Ich hatte einen Erholungsurlaub vor und wollte ihn nach diesem offensichtlich sensationellen Ereignis nicht antreten, ohne in München Albrecht Haushofer gesprochen zu haben, von dem ich wußte, daß er gegenwärtig in seinem Elternhaus lebte. So begab ich mich am übernächsten Tag, nach meiner Freilassung vom Nürnberger SD, zum Hause des Generals und Professors im Münchener Herzogpark. Ich glaubte, es diplomatisch angestellt zu haben, indem ich mich nicht telefonisch anmeldete. Es hätte ja sein können, daß das Telefon überwacht wurde. Ich schellte an der Haustür, und zu meiner Freude machte mir Albrecht Haushofer selbst auf. Seine Betroffenheit jedoch, mich in diesem Augenblick zu sehen, schien sehr groß zu sein. Ich wollte deshalb sofort wieder gehen. »Nein, nein, bleiben Sie nur!« sagte er. »Vorbildliche Gastgeber sind wir allerdings heute nicht.«

Ich wurde in die Bibliothek geführt, in der ein älterer Herr saß, der sich sofort erhob und mich herzlich begrüßte, dem ich aber eine große Müdigkeit und Abgespanntheit sofort anmerkte. »Mein Vater«, sagte Albrecht Haushofer. Es war mir recht interessant, endlich den berühmten, aber sehr umstrittenen Mann persönlich kennenzulernen; anschließend übrigens auch bei einer Tasse Tee seine Frau, von der man sagte, daß sie Nichtarierin

sei, wonach dann ja auch Albrecht Haushofer ›Mischling‹ war –
ein Thema, das er selbst allerdings immer zu umgehen wußte
(was nicht ausschloß, daß er seinen als ›Mischlingen‹ verfolgten
Freunden jeglichen Rat und jegliche Hilfe immer wieder ange-
deihen ließ).

Albrecht Haushofer wollte zuerst wissen, ob ich ein Anliegen
habe, denn, so meinte er, ich träfe ihn an einem besonders tragischen Tage seines Lebens. Viele gute Hoffnungen seien in den
letzten Stunden zerschlagen worden. Erst später wurde mir aus
Erzählungen des Botschafters Ulrich von Hassell klar, was er
damit meinte: Albrecht Haushofer hatte, um sich zu decken,
einen Auftrag von Rudolf Heß erwirkt, über die Schweiz (Prof.
Carl J. Burckhardt u. a.) Friedensfühler nach England (Lord
Halifax u. a.) auszustrecken: nach außen hin in Fühlung mit
dem ›Stellvertreter des Führers‹ – denn sonst hätte er die tech-
nische Möglichkeit der Reise gar nicht gehabt – in Wirklichkeit
für die Widerstandsbewegung, also in Verbindung mit einer
Gruppe, die gegen Hitler in Opposition stand. Durch den abenteuerlichen Flug von Rudolf Heß waren diese Fäden jetzt abge-
schnitten, wenn nicht sogar der gesamte Kreis, der in scharfem
Gegensatz zu Hitlers und Ribbentrops Außenpolitik stand,
außerordentlich gefährdet war.

Ein seltsames Kapitel der Zeitgeschichte ist jene seltsame Drei-
heit Heß–Karl Haushofer–Hitler: wie der auslandsdeutsche, in
Alexandrien gebürtige Student Rudolf Heß Famulus bei dem
vom Generalstab in Japan zur Wissenschaft umgesattelten Professor einer Spezialwissenschaft wurde, sich dem Politiker Hitler
zuwandte, damit aber auch seinen alten Lehrer auf den Weg zu
Hitler brachte, und wie dieser so in die Fänge des ›Führers‹ geriet, daß nicht nur Journalisten ihn die ›verfluchte Seele des
Dritten Reiches‹, ›a brain behind Hitler‹, ›a sinister figur‹ und
›responsable de millions de cadavres‹ nannten, sondern sein
eigener Sohn gegen ihn aufbegehrte. Zwei der ergreifendsten Sonette Albrecht Haushofers befassen sich mit dieser Vater–Sohn-
Problematik. Das erste heißt ›Acheron‹ und lautet:

> Ein großer Dichter hat das Wort geprägt,
> Man müsse selbst den Acheron bewegen,
> Wenn sich zur Hilfe nicht die Götter regen.
> Mein Vater hat es oft im Trotz gesagt.

Mein Vater war noch blind vom Traum der Macht.
Ich hab' die ganze Not vorausempfunden.
Zerstörung, Brand und Hunger, Tod und Wunden,
Das ganze Grausen solcher Teufelsnacht ...

Bewußten Abschied hab' ich oft genommen,
Von allem, was das Leben Schönes bot:
Von Heimat, Werk und Liebe, Wein und Brot.

Nun ist das Dunkel über mich gekommen,
Der Acheron ist nah, das Leben fern.
Ein müdes Auge sucht nach seinem Stern.

In dem Sonett ›Der Vater‹ finden wir folgende sechs Zeilen:

Für meinen Vater war das Los gesprochen.
Es lag einmal in seines Willens Kraft,
Den Dämon heimzustoßen in die Haft.
Mein Vater hat das Siegel aufgebrochen.
Den Hauch des Bösen hat er nicht gesehen.
Den Dämon ließ er in die Welt entwehn.

Albrecht Haushofers Bruder, Diplom-Landwirt Dr. Heinz
Haushofer, schrieb mir, daß sein Vater und sein Bruder ›die
letzten Jahrzehnte wie die beiden Hälften eines Stereoskops‹ erlebt hätten. Diese abweichenden Ansichten von Vater und Sohn
wurden mir sofort klar, als ich sie beide zum Thema Rudolf
Heß sprechen hörte. Karl Haushofer betrachtete das Ereignis
ausgesprochen von der sentimentalen Seite aus. Er erzählte sogleich von einem anderen Flug, den Heß vor Jahren unternommen hatte: seine Beteiligung am Zugspitzen-Flug 1934, den er
gewann. Heß startete unter einem anderen Namen entgegen dem
Verbot Hitlers und – Haushofers. Am Tage darauf besuchte er
den alten Freund und Lehrer, der ihm strenge Vorhaltungen
wegen des Fluges machte. Heß schrieb dann eine jungenhafte
Entschuldigung in das Gästebuch und setzte, wenn ich mich recht
erinnere, darunter: »Dein Sorgenkind«. Und das ›Sorgenkind‹
war also der stellvertretende Führer, der stellvertretende Reichskanzler.
Albrecht Haushofer war diese sentimentale Schilderung des
Vaters mir gegenüber offensichtlich peinlich. »Sie wissen, daß

man Hitler gelegentlich den ›Attila motorisé‹ nennt?« lenkte er ab. Ich bejahte. »Hier haben wir so etwas wie einen Parzival motorisé«, fuhr er fort. »Aber das ist noch eine sehr milde Bezeichnung. Wenn nur nicht diese Romantiker wären in der deutschen Politik!« ereiferte er sich. »Politik ist eine der schwierigsten Künste, die es gibt. Nur bestens ausgebildete Menschen dürften sich daran versuchen. Wenn man dies nur endlich einsehen würde in Deutschland! Ich prophezeie: Heß wird gar nichts erreichen. Im Gegenteil: er wird schaden, im Lande selbst und draußen. Das ist meine alte These: aus Mißtrauen gegen politischen Idealismus verwechselt man bisweilen Idealismus und Geist und vergißt, daß Realpolitik mit Geist geführt werden muß.«

Am Tage nach unserem Gespräch wurde nicht Karl Haushofer verhaftet, sondern Albrecht Haushofer, und er saß dann drei Monate im Gefängnis. In Ulrich von Hassells Tagebüchern heißt es hierzu: »Durch die Flucht von Heß ist uns jede Möglichkeit, auf dem Wege (Albrecht) Haushofers weiterzukommen, verschüttet. Er sollte eigentlich nach einigen Wochen nochmals zu Burckhardt fahren, der inzwischen wieder Fühlung nehmen wollte, und wir wollten dann die gesammelten Eindrücke verwerten. Das ist nun vorbei.«

In dieser Zeit der Einkerkerung arbeitete Albrecht Haushofer am Manuskript seines ›Handbuches der Politischen Geographie‹. Er setzte diese Arbeit während eines Erholungsaufenthaltes im Elternhaus nach dieser Haft fort. Wie der Vizepräsident der Georgetown-Universität, USA, Prof. Edmund A. Walsh, in ›Life‹ dargestellt hat, datierte Albrecht Haushofers politische Verfemung, die zur Entfernung aus seiner Vertrauensstellung im Auswärtigen Amt und zu seiner Flucht aus Berlin führte, zum Status eines Flüchtlings, zur Verhaftung und Einkerkerung, schließlich zu seiner Ermordung kurz vor dem Einrücken der Alliierten Truppen in Berlin durch Genickschuß, tatsächlich von dem Englandflug Heß' her.

Zwischen seinen zwei Gefängniszeiten habe ich Albrecht Haushofer noch ein letztes Mal gesehen und eingehend gesprochen. Es war im Frühjahr 1943. Seine Eltern besaßen außer der Münchener Stadtwohnung den Hartschimmelhof oberhalb des Ammersees sowie ein bescheidenes kleines Almhaus in der Nähe von Garmisch-Partenkirchen unterhalb des Wettersteingebirges, von wo aus man einen schönen Blick über die Elmau genießt.

Es handelt sich um ein höchst bescheidenes Holzhäuschen, das man sich nur angeschafft hatte, um sich zu wissenschaftlichen Arbeiten sowohl vom Münchener Stadtbetrieb wie vom Gutsbetrieb des Hartschimmelhofes entfernen zu können. Die Familie lebte dort ohne Personal; Gäste wurden zu den Mahlzeiten in eine benachbarte Almwirtschaft eingeladen.

Ich hatte wieder ein paar Monate in dem trotz Krieg und Faschismus gastfreundlichen und liebenswerten Italien zugebracht und war voller Eindrücke; war es mir doch nicht allein gelungen, an gut über das Ausland informierte Kreise des Vatikans heranzukommen, sondern sogar ein persönliches Gespräch mit dem Papst zu erlangen. Es war mir klar, daß ich mit all meinen Informationen nur dann helfen konnte, wenn sie schnellstens an die verschiedenen Persönlichkeiten der Widerstandskreise herankamen. Albrecht Haushofer war der rechte Mann außer Ulrich von Hassell, nachdem unser Freund Legationsrat a. D. Dr. Herbert von Mumm-Schwartzenstein seit Monaten in einem Berliner Gestapokeller saß. Außerdem war ich seitens österreichischer Anti-Nationalsozialisten beim Vatikan mit einer höchst delikaten Aufgabe betraut worden, nachdem selbst die Diplomatenpost der Papstkuriere keinen Schutz mehr vor Gestapo-Überfällen und Untersuchungen des Kuriergepäcks bot. Drei Briefe mußten an eine bedeutende politische Persönlichkeit weitergeleitet werden, die als ›persönlicher Häftling des Führers‹ im KZ Oranienburg saß. Obwohl ich zu dem fraglichen Staatsmann weder innere noch äußere Beziehungen hatte, hatte ich als Nichtkatholik den Auftrag übernommen, ganz einfach aus dem Solidaritätsgefühl heraus, das seinerzeit alle Gegner des Hitlerismus auszeichnete und verband. Wenn mir einer gut raten konnte, wie ich mein lebensgefährliches Gepäck loswerden konnte, so daß es seine Mission erfüllte und nicht andere gefährdete, war es Albrecht Haushofer. Der ehemalige österreichische Bundeskanzler Kurt von Schuschnigg, dem diese Sendung galt, schrieb mir nach Kriegsende: »Ich freue mich sehr, Ihnen bei dieser Gelegenheit für Ihre seinerzeitige höchst riskante Bemühung zu meinen Gunsten danken zu dürfen. Tatsächlich habe ich von dem gegenständlichen handgeschriebenen Segen des Hl. Vaters durch Baron Frölichsthal später im Jahre 1945 erfahren. Wie mir Kardinal Preysing mitteilte, hatte er den Segen und die Briefe übernommen, aber keine Gelegenheit gefunden, sie mir zukommen zu lassen. Beide gingen bei einem großen Brandbombenangriff zu Grunde. Mittlerweile hat mir der Hl. Vater einen neuen Segen gespendet, den ich persönlich in Empfang nehmen durfte. Es tut mir jetzt noch für Sie leid, daß Sie damals gewiß schwere und sorgenvolle Stunden meinethalben mitmachen mußten. Sie waren nicht umsonst, denn habe ich den Segen auch nicht erhalten, so hat er doch offensichtlich gewirkt.«

Eine der schönen Fügungen, mit denen der aktive Mensch immer rechnen kann, ja muß, erlebte ich in München, als ich erfuhr, daß sich Albrecht Haushofer in dem Berghaus seiner Eltern befand. Ein Telegrammwechsel, um meinen Besuch anzusagen und mir bestätigen zu lassen, daß ich erwartet würde, kam in diesen hochgespannten Zeiten nicht in Frage: Ich mußte es ›auf gut Glück‹ versuchen. Als ich nach beinahe zweistündiger Wald- und Bergwanderung endlich mein Ziel, jene abseits vom Touristenstrom gelegene Alm, erreichte, fand ich Vater, Mutter und Sohn durchaus gästebereit. In letzter Zeit kamen immer einmal unangemeldet Freunde zum Gedankenaustausch hierhergewandert. Seit unserer letzten Begegnung waren sie alle drei recht gealtert.

Am meisten erschütterte mich der Eindruck, den Frau Haushofer machte. Ihr Vater stammte aus einer uralten jüdischen Patrizierfamilie, die schon im Mittelalter einige berühmte Gelehrte hervorgebracht hatte. Sie hatte bestimmt das feinste Gefühl für das Verhängnis über ihrem Hause und seinen Bewohnern. Mit großer Emsigkeit versuchte sie den beiden Wissenschaftlern – Vater und Sohn – die Sorgen des Alltags abzunehmen und sie mit viel Liebe zu umgeben. Durch den Aufenthalt im geistig noch freien und dank seiner stolzen Geschichte unbekümmerteren Rom selbst innerlich wieder etwas freier geworden, brachte ich die Diskussion auf die Sorgen, die die ›Mischlinge‹ jetzt wieder bedrückten; sie sprach davon, daß sie sich selbst, trotz des Ansehens, das ihr Mann einst genoß, in keiner Weise mehr sicher fühle und eigentlich jeden Tag mit einer Verschleppung nach Theresienstadt oder sonstwohin in ein Arbeitslager für Mischlinge rechne. Trotz ihrer eigenen Sorgen wußte sie auf mütterliche Weise ihrem jungen Gast in dessen Sorgen so viel Trost zu spenden, daß er es ihr, die nach Kriegsschluß den Freitod an der Seite ihres Mannes nach über fünfzigjähriger Ehe suchte, nie vergessen wird.

Einen recht gebrochenen Eindruck machte der alte General und Professor. Er war jetzt vierundsiebzig Jahre alt. Im Gespräch versuchte ich, einige freundliche Zukunftsaspekte aufzuzeigen. Er hörte es sich mit Interesse an, wehrte dann aber ab, indem er meinte, er bedaure jeden Monat, den er noch weiterzuleben gezwungen sei. Der Karren der Welt sei hoffnungslos verfahren. Die besten Absichten würden zuschanden gemacht, und er glaube nicht, daß eine Befriedung der Feindseligkeiten dieses Krieges sofort eine Befriedung der Welt bringen würde. Die gesamten Verhältnisse seien weitaus verworrener, als man sich das heute auf Grund der Zeitungsmeldungen und Rundfunkkommentare, ganz gleich, in welcher Sprache sie gehalten würden, vorstellen könne. Er sprach von einer babylonischen Sprach-, Verstandes- und Herzens-Verwirrung weltweiten Ausmaßes. Mit seiner Kritik verschonte er auch nicht viele japanische Freunde, denen er selbst so manchen Weg nach Europa gebahnt hatte.

Karl Haushofer schrieb, genau wie sein Sohn Albrecht, Verse. Vielleicht stammte von einem Ostasien-Aufenthalt seine Freude an Kalligraphie und am Zeichnen. Er war nicht allein ein guter Kartenzeichner, sondern wußte auch sehr schöne Landschaftsaquarelle zu malen, während Albrecht manche seiner geographischen Veröffentlichungen mit wissenschaftlich wie künstlerisch gleichermaßen bedeutenden eigenen Fotografien illustrierte. Genau wie seine Schriftstellerei war die Sprache des Professors: lang ineinandergeschachtelte Sätze und eigene Wortbildungen erschwerten gelegentlich das Verständnis seiner Ausführungen. Dabei war seine Sprache blumenreich, und er gebrauchte gern Bilder und Redewendungen, die man als ›altfränkisch‹ bezeichnet. Bei diesem Gespräch kam mir der Gedanke, daß er vielleicht besser ein Künstler geworden wäre als ein General und Wissenschaftler, der sich dann selbst in seiner ›Apologie der deutschen Geopolitik‹, die inzwischen von den Amerikanern veröffentlicht wurde, wegen seines späten Eintritts in die wissenschaftliche Laufbahn entschuldigen mußte. Vielleicht wird eine spätere Geschichtsschreibung diese heute so heiß umstrittene Persönlichkeit, die manche Verwirrung im europäischen politischen und geistigen Leben angestiftet hat, unter die vielen schöngeistigen Schwärmer einreihen, an denen Europa, insbesondere Deutschland, so reich ist. Daß er dabei immer ein homo bonae voluntatis war, zweifle niemand an! Er war auch von geradezu bestrickender persönlicher Liebenswürdigkeit, von Bescheidenheit und Demut. In den Kriegsjahren, da ich ihn sah, zeigte er ›die Zivilcourage eines alten Paladins, der für eine verlorene Sache tapfer durch die Welt stampft‹, um seinen Sohn Albrecht zu zitieren. Als ich mich auf seine Empfehlung hin an das Hamburger Weltwirtschafts-Institut um einige Auskünfte wandte, wurden mir diese in einem schroffen Brief verweigert, da ich es unterlassen hatte, meinen Brief mit ›Heil Hitler‹ zu unterzeichnen. Ich berichtete davon Professor Haushofer, und in einem Brief sagte er dem Institutsleiter gehörig die Meinung, so heftig jedenfalls, daß ich fürchten mußte, der Vorgang habe noch unangenehme Folgen für mich.

Ich bin meinem Schicksal jedenfalls dankbar für diese gleichzeitige Begegnung mit Karl und Albrecht Haushofer, da sie mir demonstrierte, wie in Europa ein tiefer Riß durch die einzelnen Nationen und deren wichtigste Einheiten, die Familien, hindurchgeht. Je schärfer geistige Familien profiliert sind, um so gravierender ist dieser Riß; allerdings war das schon früher so. Tief berührte mich gleichfalls das Verhältnis von Mutter und Sohn Haushofer, das Maß ihrer Zuneigung zueinander, ihr geistiges Einverständnis. Dem Vater gegenüber brachte der Sohn durchaus den gebührenden Respekt auf, jedoch waren beide bereits jetzt, 1943, durch Welten getrennt. Wenn ich mich recht erinnere, war es in diesen Tagen, da Albrecht Haushofer recht gelassen und viel offen lassend, doch durchaus sich selbst enthüllend, feststellte: »Vergessen Sie nicht: Kronprinzen sind immer revolutionär gegen den Konservativismus ihres Vaters. Das muß so sein – zumindest (er machte eine kleine Pause) solange sie nicht selbst regieren und nicht selbst Kronprinzen haben.«

Albrecht Haushofer war durch die letzte Verfolgung und Einkerkerung schmaler geworden, auch waren seine Nerven recht mitgenommen. Solange ich durch die Eltern in Anspruch genommen war, sah ich ihn mehrfach nervös durchs Haus streifen. Als ich ihn später in seinem eigenen Zimmer antraf, war er mit einem dicken Manuskript beschäftigt. Es war wiederum sein ›Handbuch der Politischen Geographie‹, eines seiner geistigen Vermächtnisse, das bedauerlicherweise nicht komplett überliefert worden ist.

Nach dem Mittagessen in der Almwirtschaft sagte er zu seinen Eltern, er müsse mich ihnen nunmehr entführen, wir hätten uns mancherlei zu sagen. Auch müsse ich an meinen Zug denken. Recht unvermittelt brachen wir auf zu einer sechs Stunden währenden Wanderung durch die Berge. Er kannte sich hier oben auf den Almen gut aus. Trotzdem überfiel mich bei diesem Gang wiederholt ein furchtbares Grauen, eine entsetzliche Angst, die mich zweimal einer Nervenkrise nahebrachte, so daß ich bitten mußte, mich einen Augenblick an den Wegrain setzen zu dürfen. Es ging oft etwas Diabolisches von ihm aus, vielleicht sogar ›Böses‹. Bezeichnend, daß das Wort ›böse‹ in seinem Vokabularium oft vorkam. Auch erinnere ich mich, daß die beste Deutung und Kritik des Gründgensschen Mephisto während der aufsehenerregenden Berliner Aufführungen von ihm stammte. Vielleicht war es typisch für ihn, daß er keine starken Beziehungen zu Frauen und oft einen Kreis von ›Jüngern‹ um sich hatte. Albrecht Haushofer war Geist par excellence, ultima ratio in persona. Ich weiß es nicht nur von mir, sondern auch von andern Freunden von ihm, daß man ihn trotzdem gleichzeitig verehren und bewundern sowie ablehnen und hassen konnte. Wer unter dieser problematischen Charakterveranlagung Albrecht Haushofers litt, mußte sich als Freund sagen, daß in diesem ›Bösen‹ auch eine Art Notwehr gegen die Masse steckte. Und so erschloß man ihn sich leichter . . .

Zurück zu unserer Bergwanderung! Albrecht Haushofer ließ mich eingehend berichten von allem, was ich in Italien, besonders in Rom, gesehen und erfahren hatte. Zwischendurch stellte er Fragen und bat mich um Stellungnahme zu diesem oder jenem Problem. Ich versuchte Ausflüchte unter dem Hinweis, daß ich weder politischer Geograph noch Politiker wie er selber sei. Dies galt ihm so viel wie eine Herausforderung. Auch Künstler müßten lernen, Stellung zu beziehen, sagte er. Für Romantik, Idealismus, Schwärmereien aller Art sei im gegenwärtigen Europa, vielleicht in der gegenwärtigen Welt, überhaupt keine Zeit. »Ich will Ihnen ein Beispiel geben«, fuhr er fort. »Ich selbst liebe Hölderlin, ich bewundere ihn und lese ihn immer wieder. Und doch könnte ich mir vorstellen, wenn ich Zeit hätte, einen ›Anti-Hölderlin‹ zu schreiben. Männer wie dieser sind heute Gift für die Menge in Europa, nicht natürlich für einen – allerdings noch kleinen – Kreis Auserwählter.«

Ich knüpfte an unsere allererste Begegnung und an Spenglers Buch ›Jahre der Entscheidung‹, mit dem er sich in jenen Tagen eingehend beschäftigte, an. »Wir sind mitten drin in dieser großen Entscheidung«, sagte er. »Wie es niemals um Danzig und den Polnischen Korridor ging, als der Krieg begann, so geht es auch heute nicht mehr um Herrn Hitler oder einen der anderen

Machthaber. Es geht auch nicht mehr um Deutschland. Es geht um das Abendland, vielleicht sogar um die Welt! Es geht um den Bestand der Welt, um die Herrschaft des reinen Geistes! Lesen Sie hierzu Frank Thiess' ›Reich der Dämonen‹! Eminent wichtig gleichzeitig zur Klärung der Problematik unserer Zeit wie zur Schärfung unserer intellektuellen Waffen.«

Ich fragte ihn, ob er die Berichte über einen Vortrag des in Portugal im Exil lebenden großen spanischen Denkers Ortega y Gasset gelesen habe, in dem er »von einer neuen Herrschaft der Geistigen nach dem Kriege« gesprochen habe. »Das ist leider vorläufig noch ein Wunschbild des Verfassers der ›Rebellion de las masas‹«, sagte Albrecht Haushofer. »Wenn wir nicht alle unser Bestes dazu tun, wird es nie mehr zur Herrschaft der Geistigen kommen, sondern nur zur Herrschaft der Hottentotten aus dem dunkelsten afrikanischen Busch. Sie und auch Ihr Freundeskreis sind offensichtlich ein Beispiel. Sie wollen resignieren, Sie sprechen von Auswanderung nach Bali. Das ist eine Flucht, noch mehr: das ist Verrat, das ist wieder diese elende Romantik, an der so viele junge Europäer kranken und die mit daran schuld ist, daß der Braunauer und seine Leute diesen tödlichen Feuerzauber veranstalten können!«

Ich hatte Ermunterung, Aufrichtung, Trost gesucht und erwartet, Hilfe für eine notwendige Synthese all meiner geistigen Erlebnisse und Erfahrungen. Was aber geschah mir? Noch mehr wurde in mir zerstört, meine eigene Verzweiflung genährt. Nachdem Albrecht Haushofer eine Weile geschwiegen hatte, erzählte ich ihm einige Ereignisse aus meinem jüngsten künstlerischen Erleben. Ich bekannte, daß ich alles andere als selbstzufrieden sei. »Ich fühle mich absolut mitschuldig, vielleicht hätte man sich auch schon längst aufopfern sollen ... Ist denn das letzte Signum nicht das selbstvergossene Blut, das selbst aufgeopferte Leben?«

»Nein!« entgegnete mir Albrecht Haushofer erregt. »Verstehen Sie mich richtig! Ich taste in keiner Weise die Ehre all jener Menschen an, zu welcher Gruppe und Generation auch immer gehörend, die voll sauberer, ehrlicher Überzeugung und geradezu antiker Begeisterung in den Krieg gezogen sind. Ich ziehe meinen Hut vor jedem Opfer. Es wäre Ketzerei, es nicht zu tun. Und doch bin ich, wenn nicht überhaupt gegen alles weitere Blutvergießen schlechthin, so gegen das anhaltende Ausbluten unserer geistigen Kreise. In ausgesprochen verhängnisvoller Richtung verläuft unsere gesamte Bevölkerungsentwicklung. Es vollzieht sich jetzt ein ähnlicher Prozeß wie im Mittelalter, wo der deutsche Handel ausstarb. Nun können Oberschichten ersetzt werden, solange es zweierlei gibt: 1. ein kräftiges städtisches Bürgertum, 2. ein vermehrungskräftiges Bauerntum. In kläglichen Resten besteht nur noch das städtische Bürgertum älterer Herkunft. Ihre Erhaltungsgrenze bei weitem unterschritten haben aber auch das jüngere Bürgertum und die Arbeiterschaft. Noch schlimmer als die quantitative Seite des Prozesses ist die qualitative. Bei unseren kulturellen Spitzenleistungen ist das Aussterben der Begabten durchaus fühlbar. Es scheint mir, daß wir an der Grenze eines kulturellen Zusammenbruchs stehen, wie ihn die Geschichte nur einmal am Ende des Altertums kennt.«

Er gab mir eine lange Reihe Beispiele, zuerst von seinem geliebten England. Bis auf die Zeit, wo er im Gefängnis gesessen, hatte er eine regelmäßige Einsicht in die großen englischen Zeitungen und wußte darüber hinaus durch seine Fühlungnahme in der Schweiz, wie Englands beste Söhne dahinsanken und damit ganze Familien ausgerottet wurden. Im Anschluß hieran sprach er von Deutschland. Er gab eine lange Liste von Menschen, die in den KZ-Lagern saßen oder an der Front gefallen waren. Es war ihm eine genaue Statistik der für Hitlers Welteroberungspläne umgekommenen Akademiker gegenwärtig.

»Es wird nach der Waffenruhe überall an geistigen Menschen fehlen«, erklärte er. »Jeder, der helfen kann, daß uns der Geist erhalten bleibe, muß versuchen, sich zu schonen für den künftigen Neuaufbau der Welt. Nach Hitlers Niederlage wird jeder einzelne Kopf dringend gebraucht werden. Wir müssen endlich einmal einsehen lernen, daß es oft viel mutiger ist, leben zu bleiben, sich dem Kampf ums Dasein zu stellen, als sich irgendeiner Kugel auszuliefern, sei es in dem Glauben, daß das besonders tapfer sei, sei es, um dadurch Konflikten zu entgehen. Der Krieg wird sich eines Tages sowieso ad absurdum führen. Die Welt wird eines Tages einsehen, daß durch einen Krieg viel weniger Konflikte aus der Welt geschafft werden, als sich dies der kleine Moritz vorstellt. Das ist nicht immer klar ins Auge tretend, aber eine zu beweisende Tatsache, wenn man ihr mit der Sonde einer exakten Wissenschaft nachgeht. Sie kennen hoffentlich Ihren Platon. Sie wissen, wen er bei einem Kriegsausbruch nicht in die Schlachten geführt haben wollte, wen er verschont sehen wollte: die Künstler und die Gelehrten!«

Ich wagte mancherlei Einwürfe, vertrat Meinungen, die von allen Seiten der zur Zeit Kriegführenden zu diesen Problemen geäußert worden waren, sprach von den falsch angewandten Kenntnissen, von den falsch angewandten Wissenschaften, von der falsch angewandten Technik. Er sagte: »Das will alles nichts gegen Platon beweisen, im Gegenteil: Es beweist nur, welch unerhörte Schuld wir auf uns geladen haben, daß wir eine Linie verließen, die von Platon begonnen und vielleicht von Nietzsche fortgesetzt worden ist.«

Nach einer Pause fuhr er fort: »Da fällt mir ein, daß ich Ihnen schon längst von meinem Lieblingsplan berichten wollte: einer internationalen Hochschule der Politik. Das Wort Hochschule umfaßt dabei vielleicht noch nicht einmal das, was ich will. Um mich ruhig eines militärischen Ausdrucks zu bedienen: ich meine mehr einen Generalstab, eine Kriegsakademie der Politik. Die besten Politiker aller Nationen – die aktiven in erster Linie müßten vorübergehend dazu beurlaubt werden – sollten ihre Initiatoren und Inspiratoren sein. Vielleicht wäre auf diese Weise eine gewisse Garantie geschaffen, künftig vor allem solche Fehler in der Weltpolitik zu vermeiden, die nun schon seit Jahrhunderten immer wieder begangen werden. Auf jedem Gebiete des menschlichen Handels und Wandels macht man sich Erfahrungen zunutze. Es ist eine besondere Eigenschaft der Politik, daß jeder, der hier anfängt, zuerst einmal die Fehler macht, die schon alle vor ihm begangen haben. Auf jeden Fall: vieles Unerfreuliche und Gefährliche könnte vermieden werden, wenn die Möglichkeit einer ständigen Zusammenfassung der allerbesten Kräfte möglich wäre, ja, eben wie in den modernen Generalstäben zum Beispiel.«

Ich habe den Versuch gemacht, ein Gespräch in seinen Hauptlinien zu rekonstruieren, das 1943 stattgefunden hat. Aufzeichnungen hierüber besitze ich nicht; wie hätte ich bei unserem Marsch über die bayerischen Almen nachschreiben können! Ja, und vielleicht sind es nur wenige, die begreifen, daß wir sogar dieses Gespräch in freier Natur vielfach im Flüsterton führten. Wenn uns gelegentlich ein Holzfäller entgegenkam oder in der Ferne ein Förster oder Jäger auftauchte, dann fühlten wir uns wie umgeben von Gestapo-Agenten, die uns beschatten wollten, um uns zu vernichten. Wie zwei Knaben, die ›Indianer-Treue‹ spielen, so schworen wir uns jetzt durch Handschlag gegenseitig, niemals zuzugeben, daß wir uns am heutigen Tag gesehen und gesprochen hätten. So war ich meiner auch ganz sicher, die Begegnung nach seiner erneuten Verhaftung nach dem 20. Juli 1944 aus meinem Gedächtnis streichen zu können, als mich die ›Sonderkommission 20. Juli‹ des Reichssicherheits-Hauptamtes verhaftete. Meinen Namen hatten sie in den Papieren Albrecht Haushofers, Carl Friedrich Goerdelers, Ulrich von Hassells u. a. gefunden, die bald in Plötzensee hingerichtet werden sollten.

Als bereits die Rote Armee in mehrere Bezirke Berlins vorgestürmt war, wurde Albrecht Haushofer durch Genickschuß zusammen mit anderen Häftlingen – und mit seinen ›Moabiter Sonetten‹ in der Hand – in der Nähe des Gestapogefängnisses in der Lehrter Straße umgebracht*. Vielleicht waren es nur noch wenige Minuten, die ihn von der Freiheit trennten. Nehmen wir es symbolisch, daß man ihm noch in letzter Minute die Kugel gab. Man kannte sein eminentes Wissen und Können, man fürchtete seinen Geist für den Neubau der Welt, man wollte doch keinen Neubau, man wollte den apokalyptischen Untergang um jeden Preis: »Wir schlagen die Tür hinter uns zu.«

Für den naiven Betrachter der Welt war Albrecht Haushofer alles andere als eine leicht und mit wenigen Strichen zu umreißende Persönlichkeit. Es gibt bestimmt Vorkämpfer des freien Geistes, deren Wesenheit unkomplizierter ist. Vielleicht ist dann aber auch ihre Wirksamkeit geringer. Im Geistigen ist eine Katharsis noch notwendiger als im Seelischen. Betrachten wir das Leben und Wirken eines solchen Mannes, so müssen wir erkennen, daß es ein schweres Schicksal war, das ihm, dem seelisch und geistig Hochempfindsamen, von der Moira vorbestimmt war. Er trug es beispielhaft. Albrecht Haushofer hatte drei Berufungen. Der wissenschaftlichen kam er in der ›Gesellschaft für Erdkunde‹ und in der ›Hochschule für Politik‹ nach. Diese Dozententätigkeit wurde bereits von seinen politischen Aufgaben tangiert, die er im Auswärtigen Amt zu lösen versuchte. Ohne sein Andenken zu schmälern, darf man sagen, daß diese Tätigkeit in die Gegenwart nicht mehr ausstrahlt. Anders steht

* Heinz Haushofer, der selber zu den Gestapo-Häftlingen gehörte, berichtete mir: »Das eigentliche Wachpersonal der SS war schon Tage vorher abgezogen und durch Zöllner ersetzt worden, die vor uns, den Häftlingen, genauso viel Angst hatten, wie vor der SS und den Russen. Die Vollstrecker dieser Genickschüsse gehörten zu einem, eigens ad hoc zusammengestellten Rollkommando der SS!«

es um Albrecht Haushofers künstlerische Berufung. Als Lyriker wie als Dramatiker hat er die deutsche Literatur bereichert. Manchem Literaten mag der Dichter Albrecht Haushofer verdächtig sein. Albrecht Haushofer war ein écrivain et poète, auch ein moraliste, wie man sie in Frankreich und England kennt. Sein künstlerisches Werk wurde nicht allein aus einem poetischen Herzen gespeist, sondern auch aus seiner Wissenschaft und seiner politischen Tätigkeit.

Am 9. Februar 1948 traf sich zum ersten Male seit der Ermordung Albrecht Haushofers der Kreis seiner Freunde, Mitarbeiter und Mitstreiter in der Universitätsstadt Göttingen. Im Stadttheater wurde seine ›Chinesische Legende‹ unter der Regie von Heinz Kenter uraufgeführt, in einer Feierstunde wurden die ›Moabiter Sonette‹ gelesen. Kultusminister a. D. Adolf Grimme sagte, was »diese seltene Persönlichkeit auch angriff, alles geschah aus dem Bewußtsein der Verantwortung heraus und auch mit dem leidenschaftlichen Bemühen des starken Ethikers, die Gegenwart, in die er sich hineingestellt sah, mitzuformen«. Carl Friedrich von Weizsäcker erwähnte in seiner Ansprache, daß die Familie seiner Frau mit der Familie Haushofer seit vier Generationen Freundschaft gepflegt habe. Die Urgroßväter hätten sich bei Schopenhauer als dessen Verehrer kennengelernt. Weizsäcker berührte diese Tatsache, um daran zu erinnern, daß Tradition nicht als Fremdes oder als bloße Form, sondern als angemessener Ausdruck des eigenen Wesens, eines der Lebenselemente des Ermordeten waren. Er rühmte Albrecht Haushofers außerordentliche Gaben, die Spannungen mit den Freunden nicht ausschlossen. »Was ihn anzog, war nicht das bloße Wissen, sondern das durchbeurteilte Wissen, nicht das reine Material, sondern das Gesetz ... Die Gesetze der äußeren Ereignisse zu kennen, betrachtet er als die Berufspflicht des Politikers.« Weizsäcker erinnerte auch an etwas, was ich selbst erlebt hatte, nämlich, daß er unter den Kunstfehlern politischer Dilettanten, die er mit ansehen mußte, fast physisch litt. »Aber ich habe von keinem anderen Menschen so haarscharf richtige politische Voraussagen gehört wie von ihm.«

Haushofers tiefstes Leiden sei das jedes konservativen Menschen gewesen, daß die Geschichte eben doch ein einmaliger, nicht umkehrbarer Ablauf sei. »Als es nicht gelungen war, diesen Krieg zu verhindern, dessen Ausgang er voraussah, versank er jahrelang in eine Bitterkeit und eine Schwärze des Pessimismus, die auf ihm und seinen Freunden wie Blei lasteten. Er unterließ keinen Schritt, der irgendeine Hoffnung versprach, aber er glaubte nicht an diese Schritte.«

Und warum glaubte er nicht daran? Es lag nicht nur am deutschen Volk. An vielen Versäumnissen ist das Ausland mitschuldig gewesen, dem Hitler entweder imponierte oder das Hitler fürchtete; auch unterstützte das Ausland viel zuwenig jene Männer und Frauen, die gegen Hitler opponierten. Ja, wir sprachen in diesen Göttinger Stunden gerade darüber. Unsere Hoffnung ist gering, daß bald der deutschen Widerstandsbewegung Gerechtigkeit widerfahren wird und damit auch unserem Freund Albrecht Haushofer.

(1948)

Ulrich von Hassell, Diplomat und Widerständler

> »*Kann man etwas tun, um das wirklich
> Zukunftsvolle und Gesunde vor dem Ver-
> derb durch das Böse zu bewahren? ... Das
> ist das Problem, das mich ununterbrochen
> beschäftigt.*«
>
> U. v. H.

Zur Zeit des 20. Juli 1944 hielt ich mich nach lebensgefähr-
licher Diphtherie mit Lähmungserscheinungen in einem Dresdner Sanatorium auf. Als die Nachricht von dem mißlungenen
Attentat auf Hitler abends durch den Rundfunk verbreitet
wurde, wußte ich, daß damit auch das Leben einer Reihe meiner
Freunde verloren war. Nach Berlin zurückgekehrt, geriet ich erneut in die Hände der Gestapo, diesmal in den Griff der ›Sonderkommission 20. Juli‹. In den weitverzweigten Amtsräumen,
die mehrfach durch Gitter, die hinter dem Besucher abgeschlossen wurden, gesichert waren, wurde ich auf das zermürbendste
von einigen der vierhundert Beamten, die diese Kommission
bildeten, besonders wegen meiner nahen Verbindung zu Ulrich
von Hassell und Albrecht Haushofer vernommen. Bereits vor
dem 20. Juli 1944 gingen über Ulrich von Hassell viele ihn
selbst und seinen Freundeskreis gefährdende Äußerungen durch
die Reihen der Verzweifelten. Die Personen seines engeren
Kreises hatten sich so oft gemeinsam öffentlich gezeigt, daß der
Zugriff bei der Lage der Dinge eigentlich logisch war.

Als ich nach stundenlangem, erpresserischem Verhör (und
Einsperrung während eines Fliegeralarms) wieder freigekom-
men war, da meine längst mit beiden abgesprochenen Aussagen
offenbar glaubhaft erschienen, zog ich es vor, Berlin zu verlassen.

Ich hauste zuerst einmal illegal in Köln bei Freunden, die erst
seit kurzem zu unserem ›Kreis‹ gehörten. Eine schwere Zeit in
der fremden Stadt – geistig ganz allein auf sich gestellt. General
Dwight D. Eisenhower stand mit den Allied Expeditionary
Forces in Frankreich und Belgien, aber der Durchbruch zum
Rhein, auf den so viele hofften, gelang ihm wochenlang nicht.
Tausende von politisch Gefährdeten und Ungeduldigen waren
ins Rheinland gekommen, um sich ›überfluten‹ zu lassen und damit der Gestapo-Gefahr zu entgehen.

Nach einem Spaziergang kam ich am 11. September 1944 ins Haus meiner Freunde zurück. Der sonnige Herbsttag hatte mich selbst wieder etwas hoffnungsvoller gestimmt, wenn auch elf auf dem Sachsenring aufgerichtete Galgen mit zur Abschreckung aufgehängten Rebellen gegen Hitler alles andere waren als ein Trost. Um meine Freunde nicht zu beunruhigen, hatte ich ihnen nicht die Namen derjenigen Männer genannt, deren Freundschaft mich vor der Berliner Gestapo fliehen ließ. Sie wußten deshalb nicht, was sie mir antaten, als sie mir jene Zeitung hinlegten, in der es hieß, nach einem Verfahren vor dem Volksgerichtshof in Berlin seien am gestrigen Tage zum Tode durch den Strang verurteilt worden: Botschafter a. D. Ulrich von Hassell, Oberbürgermeister a. D. Dr. Goerdeler, der Innenminister und Gewerkschaftsführer a. D. Leuschner, Rechtsanwalt Wirmer und Reichstagsabgeordneter Le Jeune-Jung.

Noch nie zuvor hatte eine Nachricht auf mich so zerrüttend gewirkt. In dieser grauenhaften Nacht wurde ich mir aber vor allem dessen bewußt, welch großen, edlen Freund ich in der Person des verurteilten Ulrich von Hassell verloren hatte, fürwahr einen ›Ritter ohne Furcht und Tadel‹. Unsere persönlichen freundschaftlichen Beziehungen währten nur wenige Jahre, und doch waren sie sehr fruchtbar.

Während meiner wiederholten längeren Italien-Aufenthalte war ich immer wieder auf den Namen des früheren deutschen Botschafters am Quirinal gestoßen. Wenngleich seine Abberufung von seinem Posten im Jahre 1937 – dem neuen Geiste gemäß, der allmählich mit dem charakterlosen Joachim von Ribbentrop ins AA in der Wilhelmstraße eindrang – in rüder Form erfolgte, so hatte das in keiner Weise auf ihn selbst abgefärbt; im Gegenteil. Sein Nachfolger war Botschafter Hans Georg von Mackensen, der 1937/38 zunächst Staatssekretär im Auswärtigen Amt war. Daß dieser dem politischen Witz preisgegeben war, wurde in Rom mitbesorgt durch einen Ausspruch des früheren französischen Botschafters in Berlin, der kurz in Italien amtierte, ehe er nach der Schweiz berufen wurde: André François-Poncet. In bezug auf den greisen Generalfeldmarschall August von Mackensen und seinen Sohn prägte er eines Tages eines seiner Bonmots: »Ich habe den Vater getroffen, und ich habe den Sohn getroffen, aber den heiligen Geist habe ich nirgendwo entdecken können.« Und nicht nur in deutschen und italienischen Kreisen sprach man sehr lobend über den von Hitler persönlich abgesetzten Botschafter Hassell, sondern auch in fremden Missionen. Und es war klar, daß Ulrich von Hassell in der deutschen Politik und Diplomatie sein come back haben würde.

Ich verkehrte in Italien ursprünglich nur mit Künstlern, Geistlichen und Wissenschaftlern, bis ich durch die Verfolgung meiner Familie in den Niederlanden und Deutschland gezwungen wurde, mich dort auch in den Kreisen politischer Persönlichkeiten mehr umzusehen. Bis ungefähr zum Kriegseintritt Italiens hatten die italienischen Faschisten beinahe auf allen Gebieten anders gehandelt als die Nationalsozialisten. Die Italiener versuchten immer, Humanisten zu sein, z. B. auch in der Rassenfrage. Eines der vielen Beispiele dafür, daß ein seit Jahren amtierender Minister Halbjude sein konnte und seine volljüdische Mutter noch jetzt hochgeachtet in Livorno lebte, war der sehr gebildete Giuseppe Bottai, der später auch zum Gegner Mussolinis wurde. Bottai war es, der mir während eines Gespräches über die Judenverfolgung in Deutschland empfahl, mit Ulrich von Hassell in Deutschland Fühlung zu suchen. Als ich Giuseppe Bottai aus Anlaß der Einweihung der ›Studia Humanitatis‹ in der Berliner Universität Anfang Dezember 1942 zum letzten Male sah, sprachen wir über seine Eindrücke von Deutschland. Er war entsetzt über die Beschneidung der einfachsten Menschenrechte. Hitler nannte er einen ›Wegbereiter der größten bolschewistischen Welle‹: »Und nicht wahr, Sie vergessen Excellenza Hassell nicht. Egli è molto importante per il domani e il dopodomani!«

Wenn man gewisser Menschen wirklich dringend bedarf, dann finden sich die Wege zueinander. So erging es mir mit Ulrich von Hassell. Ich wußte, daß er ein persönlicher Feind Ribbentrops war, ›der Prototyp des Nichterwünschten‹. Hassell hatte demnach allen Grund, gegen jede neue Bekanntschaft mißtrauisch zu sein. Liegt einem jedoch an der Freundschaft eines gefährdeten Mannes, dann kann man diese wohl nur gewinnen, wenn man wirklich ehrlich miteinander ist. Gleich in einem unserer ersten Gespräche unter vier Augen schilderte ich ihm in aller Offenheit meine derzeitige politische (und ›rassenpolitische‹) Situation. Seine Einstellung dazu war mir klar, als er dann über seine eigene Gegnerschaft gegen das Regime sprach. Eine Tatsache war hierbei für mich aufschlußreich: Als Hassell Generalkonsul in Barcelona (1921–26) war, begegnete er eines Tages (wenn ich mich recht erinnere: im Buchgewerbehaus Müller & Sohn, München) dem jungen Parteiführer Adolf Hitler. Mit großer Servilität näherte sich Hitler dem jungen Diplomaten, der bereits einen guten Namen im Diplomatischen Korps hatte. Es lag in Hitlers Interesse, Persönlichkeiten wie Hassell zu gewinnen. Hassell hörte sich den ›Führer‹ an und gab ihm auf sein politisches Angebot ein unmißverständliches ›Nein‹ zur Antwort.

Ulrich von Hassell war eine große Herzensgüte eigen. Er war ein überzeugter, kämpferischer Christ mit hoher humanistischer Bildung. Es war nicht zufällig, daß er sich als Akademiker der Jurisprudenz verschrieben hatte; ohne sie wäre er nicht in den Auswärtigen Dienst gekommen. Wer keine besondere Menschenkenntnis hat, glaubt in der Zurückhaltung, mit der sich gelegentlich Juristen und Diplomaten umgeben, Herzlosigkeit zu erblicken. Nach dem Fehlschlag seiner Bemühung um Hassell sprach Hitler von Hassell nur noch als von dem ›Eisberg‹, und er begann ihn aus tiefster Seele zu hassen. Es paßte ihm nicht, daß ein bedeutender Mann ihm eine Absage erteilt hatte.

Als Hitler am 30. Januar 1933 zur Macht kam, war Hassell in Rom Botschafter am Quirinal. Damals war die italienisch-deutsche Politik durch den Wunsch bestimmt, Deutschland wieder als gleichberechtigten Spieler in das Konzert der europäischen Mächte einzuführen. Hassell war maßgeblich an dem Zustandekommen des ›Vierer-Paktes‹ beteiligt gewesen, der noch am 7. Juni 1933 von den Vertretern Großbritanniens, Frankreichs, Italiens und Deutschlands unterzeichnet worden war. Hassell war glücklich, in dem Vierer-Pakt der gesamteuropäischen Politik dienen zu können, die bei seiner Arbeit in Italien und auch später der entscheidende Punkt seines Strebens blieb.

Entgegen den Berichten, Mahnungen, persönlichen Vorstellungen, ja Beschwörungen Hassells unterzeichnete 1937 Ribbentrop, der damals noch nicht Außenminister, sondern Botschafter in London war, den Anti-Komintern-Pakt zwischen Deutschland, Italien und Japan. Obwohl er wußte, daß er sich damit die letzten Sympathien bei der Regierung Hitler verscherzen würde, schrieb Hassell damals an den Außenminister Freiherr von Neurath, »daß die Lage, wie sie sich aus der Mission Ribbentrops ergibt, unerträglich ist, und zwar zunächst hinsichtlich der Methode, dann aber wegen des Ernstes der Sache selbst ... Hier handelt es sich um eine Neuorientierung der deutschen Außenpolitik, die auf Anregung keines anderen als des Botschafters in

London (Ribbentrops) sich bewußt gegen England stellt und einen Weltkonflikt geradezu ins Auge faßt.« Auf Hassell wurde nicht gehört. Immer weiter trieb Hitler zur Blockbildung, vor allem zum Militärbündnis mit Italien. Die Folge war das Ausscheiden Hassells aus dem AA, der gegen diese ›Achse Berlin-Rom‹ war. Sein Spitzname in Rom war deshalb ›il freno‹, d. h. die Bremse.

Während des Krieges sahen maßgebliche Faschisten ein, auf welchen gefährlichen Weg sich die Regierung begeben hatte. Es war im Jahre 1943, daß Ulrich von Hassell einen seiner geistvollen Vorträge in Berlin hielt, einen jener Vorträge, mit denen er zur Tarnung seiner Tätigkeit im Dienste der Widerstandsbewegung umherreiste. Er sprach über ›Cavour und Bismarck‹ und versuchte, von hier aus das Bild der Gegenwart zu umreißen. Vor seinem Vortrag im ›Haus der Flieger‹ bat die italienische Botschaft um Reservierung von drei vollständigen Stuhlreihen, was ziemliches Aufsehen erregte. Zum Vortrag selbst erschien Botschafter Dino Alfieri mit einem Gefolge von etwa dreißig Herren. Für jeden Kenner der Verhältnisse war es klar, was dies bedeuten sollte, nämlich: »Wenn wir auf dich gehört hätten, stünden wir heute woanders. So aber ist der Untergang unseres neuen Imperio Romano endgültig besiegelt.« Diese kleine private Kundgebung Alfieris bewegte die Wissenden. Hassell war sich darüber im klaren, daß darin eine gewisse Größe lag, die überhaupt die faschistischen Führer häufiger auszeichnete als ihre nationalsozialistischen Weggefährten.

In jenem Vortrag bekannte Hassell, »daß diese beiden Länder aus ihrer fest im europäischen Wesen verankerten Mittellage heraus aufgerufen werden, ihre europäische Sendung zu erfüllen, im Sinne Dantes und Goethes, das heißt eines hohen Ideals; dieses Ideal fordert von uns die Anspannung aller geistigen Kräfte zur Höchstleistung und das sittliche Handeln fest in sich gegründeter Persönlichkeiten«. Solche Worte waren damals ein Bekenntnis, das einer Herausforderung glich. Es wurde von Freund und Feind sicherlich nicht mißverstanden.

Über seine Tätigkeit nach Verlassen seines Botschafterpostens in Rom bis zu seinem Märtyrertod berichten die nachgelassenen Tagebücher ›Vom anderen Deutschland‹. Sie sind vorzüglich geeignet, die Welt darüber aufzuklären, daß es in Deutschland doch eine Widerstandsbewegung gegen die Hitlersche Tyrannei gegeben hat. Es sollte nicht übersehen werden, was Kurt Hiller im Frühjahr 1947 in Hamburg bei seinem ersten Vortrag nach vierzehn Jahren Emigration ausführte: Die Addition von Churchill, Roosevelt und Stalin samt ihren gigantischen Mächtegruppen war notwendig, um Hitler das Genick zu brechen. Hiller führte aus, daß wahrscheinlich zwei von diesen dreien nicht gereicht hätten. Wie kann man dann erwarten, daß, bildlich gesprochen, die ständig im hellen Scheinwerferlicht einer Folterzelle, genannt Hitler-Deutschland, stehenden Kämpfer für demokratische Menschenrechte allzuviel auszurichten vermochten?

Wenn ich in Köln beim Lesen von dem Mord an ihm durch den Strang einen Nervenschock erlitt, so nicht allein deshalb, weil ich in Ulrich von Hassell einen väterlichen Freund verloren hatte, sondern eine bewunderte Persönlichkeit, die meine geistige Entwicklung wesentlich beeinflußt hatte. Hassells ritterliches Wesen, seine humanistische Geistigkeit, sein christlicher Charakter begeisterten mich von der ersten Begegnung an derart, daß ich mich selbst anbot, den Versuch zu wagen, ihm vielleicht hier und da behilflich zu sein. Als Niederländer und halb so alt wie er, hatte ich zwar einen anders gearteten Lebenskreis als er selbst, aber vielleicht konnten wir uns in irgendwelcher Hinsicht ergänzen. Ich war weder sein besoldeter Sekretär noch sein Geheimkurier, aber ich war einer seiner und seiner Freunde Verbindungsleute. Ich errang sein Vertrauen auch sehr schnell dadurch, daß Carl Friedrich Goerdeler, den ich aus meiner Leipziger Studentenzeit gut kannte (er war damals Oberbürgermeister) und zu dem der geistige Kontakt nie abgerissen war, mich ihm aufs freundschaftlichste empfahl.

Was einen jungen Menschen an Hassell nicht minder als andere Eigenschaften fesselte, war sein Verständnis für die junge Generation. Wieviel Wert er auf das Der-Jugend-Näherkommen legte, beweisen seine Tagebucheintragungen. Hier nur ein Beispiel vom 4. 8. 43: »Mit Geissler (d. i. Tarnname für Staatsminister a. D. Popitz) und Salzmann (d. i. Tarnname für Legationsrat Adam von Trott) mündliche Aussprachen über das Verhältnis der Generationen und die Notwendigkeit, in den Grundfragen die Brücke zwischen ihnen zu schlagen.« Der junge Legationsrat Adam von Trott zu Solz, dessen Vater der letzte königlich-preußische Kultusminister war, und den ich durch seine seit langen Jahren mit mir befreundete Schwester Ulla kennengelernt hatte, besaß durch Familientradition und seine Asienreisen einen besonders aufgeschlossenen Weltsinn und starke persönliche Beziehungen in Großbritannien und in den USA, die er für die Widerstandsbewegung einzusetzen suchte. »Hassell müßte einst auch das Ministerium für Kultus übernehmen«, sagte mir Adam von Trott zu Solz eines Tages. »So hervorragende Pädagogen im englischen Stil sind in Deutschland leider sehr rar!« (Trott zu Solz wurde nach dem mißglückten Attentat ebenfalls 1944 in Berlin-Plötzensee gehängt. Christopher Sykes veröffentlichte 1969 unter dem Titel ›Eine deutsche Tragödie‹ die Biographie des Adam von Trott.)

In einer Studie über den 20. Juli 1944 führte ein junger amerikanischer Oberleutnant des Office of Strategic Services, Franklin L. Ford, aus, daß viele mit der Verschwörung zusammenhängenden Probleme noch der Aufklärung durch den Historiker bedürfen – so zum Beispiel der wahre Charakter der Geheimpolizei im nationalsozialistischen Staat und die besonderen Richtlinien, die sie den Verschwörern aufzwang: »Es genügt nicht, zu sagen, daß Hitlers Regime ein Polizeistaat wäre, der an Grausamkeit und Gründlichkeit in der deutschen Geschichte nicht seinesgleichen habe. Die tatsächliche politische Bedeutung dieser Polizei-Methode zeigt sich erst in ihrer Auswirkung auf die Opposition in einer zu fast völliger Formlosigkeit herabgedrückten Bevölkerung, wo man sich selbst in privaten Kreisen aus Angst vor Denunziation scheut, Kritik an der Regierung zu üben, – da geschieht es fast zwangsläufig, daß die Opposition sich entweder in althergebrachten Verbindungen oder in offiziellen Organisationen zusammenfindet, welche sich noch ein gewisses Maß von Unabhängigkeit bewahrt haben.«

Antoine de Saint-Exupéry schrieb während des Krieges aus Amerika in einem ›Brief an eine Geisel‹: »Der Kampf in der Freiheit läßt keinen Vergleich mit der Unterdrückung in der Finsternis zu. Nicht vergleichbar ist der Beruf des Soldaten der Berufung der Geisel. Ihr seid die Heiligen.« Dies gilt fraglos auch für die deutsche Opposition, nicht nur für die französische. In Lenins Pamphleten zum Bürgerkrieg steht, daß man in die Reihen des Gegners treten muß, um von da zu unterminieren. Viele Kommunisten haben das nach 1933 mehr oder weniger erfolgreich getan. Ich weiß es durch persönliche Erlebnisse aus dem vier Jahre währenden politischen Prozeß, in den ich durch meinen Jugendfreund Gerhard Mehnert selbst verstrickt war und der mit Gefängnisstrafen für Mehnert und seine Mitangeklagten endete. Doch was für die Kommunisten gilt, das darf

Ulrich von Hassell: Eintragung aus dem Kriegstagebuch

auch für die tapferen Streiter anderer, zum Beispiel ›bürger-licher‹ Gruppen oder Parteien Gültigkeit haben.

Ich erledigte für Hassell kleine Aufträge im Ausland. Ich hatte mir nicht ein ›zwiefach Gesicht‹ zu geben, nein, ein drei-fach, ein vierfach, ein wahrhaft vielfältiges Gesicht, um auf keine der ausgelegten Minen zu treten. Gehetzt, belastet, ver-zweifelt, manchmal mit Drogen aufgeputscht, tat ich, was ich konnte. Nachdem ich einen Einblick in die Tätigkeit eines Has-sell oder Haushofer genommen hatte, kam mir deren Tätig-keit manchmal auch wie der Ausdruck einer Verzweiflung vor. Von den allerbesten Absichten und den allergrößten Idealen er-füllt, gewann man doch bei ihnen gelegentlich den Eindruck, daß sie ihr Ziel nie erreichen würden. Um so bewunderungs-werter wurde ihr heroischer Kampf. Hassell stöhnte sehr oft: »Wenn wir nur im Volk andere Voraussetzungen fänden, dann wäre unsere Arbeit viel erfolgreicher. Aber dann hätten wir auch eine andere Entwicklung unter Ebert und Hindenburg genommen und keinen Adolf Gröfaz (d. i. ›Größter Feldherr aller Zeiten‹ – Bezeichnung Hitlers durch Robert Ley) bekommen.«

Am meisten litt Ulrich von Hassell darunter, daß der Deutsche, auch der gebildete Deutsche, nicht schweigen, kein Geheimnis für sich bewahren könne, alles zerrede, gar nicht aus böser Absicht, sondern aus Interessantmacherei und mangels Sinn für ›Politeia‹. »Wir haben weitaus mehr hoffnungslose Politikaster als echte Politiker«! Es war interessant, daß selbst führende Nazis, zumal wenn sie getrunken hatten, nicht schweigen konnten.

Ich sah es als meine Pflicht an, Ulrich von Hassell wiederholt darauf aufmerksam zu machen, daß mir zugetragen worden war (mehrfach auch von Menschen, die nicht wußten, daß ich den Botschafter gut kannte), er solle in einer das Hitlerregime ablösenden Regierung Außenminister werden. Seine Freunde traten diesen Gerüchten aufs schärfste entgegen; denn sie schadeten den Widerstandsgruppen. Diese Gerüchte wiederum veranlaßten Hassell zu noch intensiverer Tarnung. Nur am Rande sei das wichtige Faktum vermerkt, daß Hassell und seine Weggefährten klug genug waren, in Rechnung zu setzen, daß sie von den kommenden Siegern vielleicht nur vorübergehend anerkannt werden würden. Doch ihr Gewissen trieb sie unausweichlich zum Aufstand gegen Unmoral und Verbrechen; sie nahmen ihre Aufgabe ganz selbstverständlich hin wie Menschen, die gegen eine Pest kämpften, von denen Albert Camus schreibt, »daß ihnen, die sich in die Sanitätsformationen einreihten, in der Tat gar kein absonderliches Verdienst zufällt; denn sie wußten, daß es das einzige war, was getan werden konnte, und daß eine Weigerung damals das wirklich Unglaubliche gewesen wäre«.

»Aber wir wollen nicht an die weitere Zukunft denken«, sagte Hassell, »sondern nur, wie wir jetzt nutzen können, um Deutschland und damit die Welt von diesem Satan ohne Geist zu befreien.« In einem Entwurf für sein Schlußwort vor dem Freißlerschen Volksgerichtshof formulierte er es vier Tage vor seinem Tode markanter: »Eine Regierung, die erkennen muß, daß ihre Politik das Land in den Abgrund einer furchtbaren Katastrophe reißen wird, hat die Pflicht, rechtzeitig die Zügel einer anderen zu überlassen, damit diese versuchen kann, die Dinge zu wenden. Es ist keine Identität zwischen Regierung und Volk. Das Volk ist ewig, jede Regierung nur vorübergehend, aber verantwortlich.«

Ich bekam durch meine Gespräche mit Ulrich von Hassell im Laufe der Jahre ein Bild seines Freundeskreises. So wußte ich, wohin verschiedene Fäden gingen. Ich vermied es indessen, mir ein völlig klares Bild der Opposition zu schaffen. Zuviel Wissen war im Dritten Reich oft eine gefährliche Belastung. Wir wußten beide um die Tiefe des von Stefan Zweig zitierten Wortes des gefürchteten Pariser Staatsmannes und Polizeiministers Joseph Fouché: »Gib mir ein Wort von einem Menschen, und ich will ihn daraufhin vernichten lassen.«

Beinahe mit Regelmäßigkeit wurde ich zwischen 1933 und 1945 ein paarmal vor die Gestapo zitiert; vernommen und vorübergehend festgehalten. Während meiner Verhöre bei der berüchtigten ›Sonderkommission 20. Juli‹ sah ich in den Händen eines Kriminalrates eine mehrere Folioseiten umfassende, engzeilig geschriebene Liste von Personen, die alle mehr oder weniger mit der Opposition zu tun hatten. Bei dieser Vernehmung allein wurde ich schätzungsweise nach achtzig verschiedenen deutschen und ausländischen Namen gefragt.

Es hatte sein Gutes, daß sich die innere und äußere Widerstandsbewegung aus allen Kreisen und Schichten des Volkes zusammensetzte. Aber vielleicht wird die Geschichtsschreibung später einmal feststellen müssen, daß die Inhomogenität auch eine Belastung darstellte. Selbst diejenigen Persönlichkeiten, die als Vorbereiter und Durchführer der Verschwörung des 20. Juli in die Geschichte eingegangen sind, standen einander teilweise recht mißtrauisch gegenüber. Als Hassell eines Tages eine Reihe Persönlichkeiten seines Freundeskreises charakterisierte, fügte er leicht verbittert hinzu: »Im offiziellen Deutschland haben wir jetzt *eine* Partei, aber die 52 Parteien, die einst den deutschen Reichstag bevölkerten und sich hier teils recht würde- und schamlos bekämpften, gibt es durchaus schon wieder, und zwar leider! leider! in Hitlers ganz gehorsamer Opposition! Wie herrlich wäre es dagegen, wenn eine restlos geeinte Partei oder meinethalben zwei oder drei Parteien der offiziellen Eine-Partei-Staatsführung entgegentreten könnten.« Allein schon aus diesen Gründen war Hassell oft skeptisch. Kämpfte er dessenungeachtet – wie Albrecht Haushofer – weiter, so tritt sein heldischer Sinn noch deutlicher in Erscheinung. Robert A. Ulrich hat in einer Studie ›Männer im Kampf gegen Hitler‹ in bezug auf Hassell geschrieben: »Wichtig war, daß sein ganzes Denken und Handeln immer von einem unerschütterlichen Rechtsgefühl getragen war; hierin lag vielleicht die tiefste Wurzel seiner Auffassung von Ehre und Pflicht, die ihn in die Reihen der Widerstandsbewegung führte.«

War Hassell in Berlin, so traf er sich mit seinen Freunden regelmäßig zu Aussprachen, meistens im ›Hotel Adlon‹ Unter den Linden. Ich fragte ihn wiederholt, ob es gut sei, daß wir da in aller Öffentlichkeit zusammensäßen: Man kannte ihn, hochstirnig, hakennasig, mit den hellen Augen und der markanten Narbe auf der linken Wange, man kannte den weißhaarigen Grafen von der Schulenburg, den früheren Botschafter in Moskau, und Carl Friedrich Goerdeler, groß und langschädlig. »Je öffentlicher wir uns treffen«, sagte Hassell, »um so besser. Die Öffentlichkeit gibt unseren Begegnungen einen gewissen Zug der Harmlosigkeit.« Tatsächlich, das frechste Auftreten unter der Beschattung der Gestapo war das erfolgreichste. Doch dieses ›Sich-ein-zweites-Gesicht-Geben‹, wie Hassell es nannte, kostete unwahrscheinlich viel Nervenkraft. Nach Beendigung des Krieges sagte der populäre amerikanische General Georges Patton nach einer Rundfahrt durch Deutschland: »Wir sollten nicht eine Armee Soldaten nach Deutschland schicken, sondern eine Armee von Ärzten, speziell gute Neurologen!« Patton hatte erfaßt, was sich in Deutschland abgespielt hatte.

Was mich an Hassell neben anderem immer mehr faszinierte, war seine universelle Bildung. Er sah alle Dinge und Erscheinungen nicht nur vom Politischen, sondern auch vom Wirtschaftlichen und Psychologischen her. Ich erinnere mich, wie er gesagt hat, als wir während eines Gespräches in der Nähe des Berliner Funkturmes auf und ab gingen: »Sehen Sie, da macht man mitten im Kriege eine Gartenbauausstellung, studiert das Blühen der Blumen, stellt es zur Schau und freut sich daran. Man sollte lieber das Blühen der Neurosen studieren. Die Schizophrenie wird hierzulande wie in einem Gewächshaus systematisch gezüchtet. Wer aus diesem Krieg noch lebendig hervorgeht, braucht wahrscheinlich ein paar Jahre Zeit, um wieder ein normaler Mensch zu werden. Hoffentlich werden wir nicht zu schnell wieder vor neue Probleme gestellt. Wir müssen uns erst geistig und seelisch restaurieren. Ansonsten wird die Katastrophe des europäischen Menschen eine komplette.« Eine große Gefahr sah Hassell darin, daß seine Freunde von der Akzentverschiebung, die bei den Nationalsozialisten gang und gäbe war, angesteckt würden. »Wir müssen uns bemühen, ein klares Bild der

Wirklichkeit zu behalten«, sagte er immer wieder. »Hitler und die Seinen haben den Blick für die reale Welt verloren; dies hat sie ins Verderben geführt.«

Hassell stand einigen seiner engsten Mitarbeiter skeptisch gegenüber, weil sie ›zu klug waren‹. »Gesunder Menschenverstand – darauf kommt es an!« Albrecht Haushofer zum Beispiel schien ihm für Aufgaben des Wissenschaftlers und Künstlers besser geeignet als für solche des Diplomaten und Staatsmannes. Da er wußte, daß ich Haushofer sehr schätzte und ihm freundschaftlich verbunden war, fügte er dieser Kritik an ihm gleich hinzu: »Doch auch bei der Überklugheit dürfen wir die Persönlichkeit nicht außer Acht lassen.« Haushofer wußte von Hassells Bedenken. »Wir werden sehen, wer das Rennen macht«, sagte er. Sie wurden beide Opfer Himmlers . . .

Einmal hatte ich für Ulrich von Hassell die Bekanntschaft mit einem schwedischen Diplomaten zu vermitteln, von dem er eine Reihe wichtiger Informationen über Absichten und Maßnahmen der Alliierten benötigte. Wir hatten uns bei mir in einem kleinen Landhaus in Berlin-Nikolassee verabredet. Am Vormittag dieses Tages wurde Berlin schwer bombardiert. Große Stadtteile standen in Flammen, die Bahnen verkehrten nicht, das Telefon funktionierte nicht. Rundherum um das Landhaus waren Bomben gefallen. Ich war sehr beschäftigt. In einer Atempause erinnerte ich mich plötzlich an die Verabredung mit dem Botschafter. »Unter diesen Umständen wird er gewiß nicht kommen«, sagte meine Freundin Evelyne Clevé, die ohne Papiere bei mir untergetaucht war. »Ich rechne doch mit ihm«, erwiderte ich und brachte schnell das Arbeitszimmer in Ordnung, in dem wieder einmal die Pappen vom Luftdruck der in der Nähe gefallenen Bomben aus dem Fensterrahmen gedrückt worden waren.

Ich sollte recht behalten. Zur verabredeten Zeit kam tatsächlich Ulrich von Hassell – viele Kilometer zu Fuß aus der Stadt! Er sah mein erstauntes Gesicht und fragte, ob ich etwa geglaubt hätte, der Vorfall am Morgen habe ihn von dieser Unterredung abhalten können? Ich entschuldigte mich, daß ich ihm nichts anbieten könne; denn es gab weder Elektrizität noch Wasser noch Gas. Er lächelte und sagte: »Kommen wir zum Thema!« Der schwedische Diplomat (genauer gesagt: ein Niederländer, der zur Zeit in schwedischen Diensten stand, der spätere niederländische Generalkonsul in Berlin, Jacques Millenaar) kam etwas später mit seinem Wagen vorbei. Das Landhaus lag an seinem Wege nach der Stadt, und er wollte nur einen neuen Termin ausmachen. Er war erstaunt, daß Ulrich von Hassell wie verabredet erschienen war.

Ich erinnere mich auch an meinen Bericht an ihn über einen Vorgang am Vatikan, wohl im März 1943, nach dem Zusammenbruch der deutsch-italienischen Afrikafront. Ich lebte in jenen Wochen wieder in Rom, als eines Tages der Erzbischof von New York, Francis Joseph Spellman, in die Heilige Stadt kam. Was wollte er? Hatte seine Mission vielleicht mit den Friedensbemühungen des Papstes zu tun? Seit Jahren verkehrte ich im Palazzo ›Ordine di Malte‹. Durch eine gute Fügung hörte ich gerade in diesen Wochen sehr viel Aufschlußreiches über den Besuch Seiner Eminenz des Großmeisters des Souveränen Malteser-Ritterordens, des alten ehrwürdigen Fürsten Chigi della Rovere-Albani, bei Spellman am päpstlichen Hofe, wobei letzterem der Malteser-Orden überreicht wurde. Man vergegenwärtige sich deutlich die Situation: Mitten im Kriege begegnen sich zwei prominente Angehörige von zwei Feindstaaten, der Italiener überreicht dem Amerikaner einen Orden. Fraglos handelte Principe Chigi nicht ohne Zustimmung Mussolinis! Dies jedoch wäre niemals zwischen einem Deutschen und einem Amerikaner möglich gewesen. Und das ist nur eines der Beispiele, die zeigen, wie anders der italienische Kurs war.

Ich sollte Hassell jede mir noch so belanglos erscheinende Einzelheit berichten. Hier war für ihn die Gelegenheit, einen Blick in die gegenwärtige geistige Situation der Vatikan-Stadt zu werfen, vielleicht auch in die außenpolitischen Karten des gescheiten Staatssekretärs Montini (des heutigen Papst Paul VI.). Sofort nach meiner Rückkehr fand ich mich bei Hassell ein. Ich schilderte ihm alles Festgestellte recht farbig und verband damit sogleich meine eigenen und fremde Kommentare. Eine Viertelstunde hörte er mir zu. Dann unterbrach er mich barsch. So ginge es nicht weiter. Ich müßte lernen, in der Politik Fakten von unkontrollierbaren Mutmaßungen zu unterscheiden, sagte er. »Sonst bekommen wir niemals ein klares Bild der gegenwärtigen Situation.« Gerade eine Opposition gegen Hitler dürfte sich nicht verleiten lassen, in eine Politik der Präzisionslosigkeit zu verfallen. Durch diese unrealpolitische Mentalität sei Deutschland ins Unglück geraten. Ein Staat samt seiner Innen- und Außenpolitik müsse genau Stein für Stein fugenlos gebaut werden – wie ein Haus. Sonst stürze alles zusammen. Hassell empfahl mir, wie Stendhal, oft im ›Code Napoléon‹ zu lesen: »Einen besseren Erzieher zur antiken Klarheit gibt es nicht.«

Was die kleineren Nationen Europas anbetrifft, so hatte er deren Struktur und Zukunftsmöglichkeiten schon seit seinem frühesten Eintritt in die Politik sorgfältig studiert. Er war gegen den ›Zaren Zahl‹. Sein Herz und sein Verstand waren immer auf der Seite der gequälten Minderheiten (selbstverständlich auch bei den Juden, überhaupt bei allen rassisch Verfolgten), bei aller Überzeugung von der Notwendigkeit eines festen wirtschaftlichen und kulturellen Zusammenschlusses. Die inzwischen durchgeführte wirtschaftliche Zusammenschließung Belgiens, der Niederlande und Luxemburgs (Benelux-Zollunion) – um nur eine Konstellation als Beispiel zu nennen – hatte er bereits vor Eintritt in den auswärtigen Dienst in seinem außenpolitischen Programm.

Sprach ich in Dänemark seine alten Freunde, so glaubte ich festzustellen zu können, daß zwischen den beiden Weltkriegen kein Botschafter der größeren Mächte einen derart positiven Eindruck hinterlassen hatte. Daniele Varé, Italiens weltberühmter ›lachender Diplomat‹, hatte mir bereits seine große Hochachtung für Hassells Amtsführung ausgesprochen; denn Varé und Hassell waren seinerzeit gleichzeitig bei der Regierung König Christians X. akkreditiert gewesen. Dr. Moltesen, der zu Hassells Gesandtenzeit in Kopenhagen dänischer Außenminister war, schrieb nach der deutschen Kapitulation an die Frau des Ermordeten: »Wir hier im Lande haben viel gelitten, und diese gute Stimmung, die Sie als Gesandte erweckten und pflegten, ist zum größten Teil verschwunden; aber die Samenkörner, die Sie hier säten, werden wieder sprießen und wachsen. Ich werde an den guten deutschen Edelmann Ulrich von Hassell stets mit Verehrung denken.«

Als junger Mann hätte ich mich niemals zu ihm so magnetisch hingezogen gefühlt, wenn sein Wesen nicht von einem universellen Weltbürgertum gekrönt gewesen wäre. Wieviel sprachen wir über die schönen Künste! Wie gern ließ er sich von den neuen künstlerischen Strömungen in der Welt berichten. Unvergeßlich sind mir in dieser Hinsicht unsere Gespräche über sein Manuskript ›Pyrrhus‹, das die scharfe Ablehnung des als Lektor tätigen ›Dichters des Preußentums‹, Hans Schwarz, gefunden hatte, was Hassell aber in keiner Weise daran hinderte, weiter

Albrecht Haushofer,
Gelehrter, Diplomat, Dichter

Sein Vater: Karl Haushofer,
Generalmajor, Professor der
Geographie

Botschafter Ulrich von Hassell vor dem Berliner Volksgerichtshof 1944

Gerhart Hauptmann, gezeichnet von seinem ältesten Sohn Ivo Hauptmann

Papst Pius XII.

Meinem alten Freund Rolf Italiaander, dem
Freund meines Vaters

Hamburg 29.5.1968   Ivo Hauptmann

a Roef Italiaander
esaltando il Futurismo
orgoglio italiano svecchiatore
innovatore velocizzatore
d'arcaico aeropoeta
F Marinetti

Der Dichter Knut Hamsun kurz vor seinem Tode, Ölbild seines Sohnes Tore Hamsun

Der Promotor des italienischen Futurismus: F. T. Marinetti

Der Bildhauer
Jean Gauguin

Die Dichterin
Nelly Sachs mit König
Gustaf VI.
Adolf von Schweden

Der türkische Dichter
Halikarnas Balıkçisi

Der belgische Holzschneider Frans Masereel in seiner Wohnung in Nizza

daran zu arbeiten. (Es erschien inzwischen als nachgelassenes Werk.)

Wenige Tage, bevor ich in jenes Dresdner Sanatorium ging, in dem mich dann die Nachricht von dem mißglückten Hitler-Attentat am 20. Juli erreichte, gab ich, trotz meiner Krankheit, eine letzte Einladung zu einer Aussprache mit dem Botschafter und seiner Frau. Es erschienen Menschen der Wirtschaft, Maler, Schriftsteller und auch ein junger französischer Maler namens Paul Martin, der aus Frankreich zwangsverschleppt war. Wir alle wurden in den letzten Wochen von den Nachrichten über die Invasion und das Vorrücken der alliierten Truppen in Frankreich in Spannung gehalten. Hassell hatte uns aus dem ›Institut für Wirtschaftsforschung‹ eine aus Spanien eingetroffene Zeitschrift mit Invasionsbildern mitgebracht, auch eine Bilderreportage vom ersten Besuch Winston Churchills bei den Invasionstruppen. Churchill interessierte Hassell von allen Führern der Alliierten am meisten, wenn er ihn auch kritisierte. Eine junge Malerin, die zum Kreise des im Anschluß an den 20. Juli gleichfalls hingerichteten SPD-Führers Dr. Julius Leber gehörte, gab ihrer Bewunderung für Churchill und ihrem Abscheu für Hitler laut Ausdruck. Hassell schilderte daraufhin warnend die Vorgänge an jenem Tee-Nachmittag bei Elisabeth von Thadden, wo in der Person des Dr. Reckzeh von der Charité ein Lockspitzel der Gestapo anwesend war, der bald ein Dutzend Menschen in die Hände der Gestapo spielte, die später hingerichtet worden sind. Mit besonderer Wehmut sprachen wir von der nun schon Monate anhaltenden Inhaftierung unserer gemeinsamen Bekannten Rechtsanwalt Dr. Langbehn und Puppi Sarré, der Bildhauerin und Tochter des Archäologen Prof. F. Sarré und seiner Frau, die eine Tochter des Archäologen Carl Rumann war, der den Pergamon-Altar entdeckte.

Die Führung eines Gästebuches war im Dritten Reich eine mitunter gefährliche Gepflogenheit. Und doch neigt man gelegentlich dazu, die Vernunft von Sentimentalitäten überspielen zu lassen. An diesem Tage bat ich Botschafter von Hassell und seine Frau, sich doch endlich einmal, entgegen aller bisher beachteten Vorsicht, einzutragen. Wir ahnten nicht, daß es wie ein letzter Gruß an einen Kreis werden sollte, den er offenbar gern besuchte. Viel auf Reisen, nutzte Ulrich von Hassell Bahnfahrten für das Studium neuer Bücher. Ich müsse ihm unbedingt etwas mitgeben, sagte er, ehe er sich verabschiedete. Ich zeigte ihm meine Kollektion eingeschmuggelter, weil derzeit in Deutschland verbotener Werke. Er nahm mit: Franz Werfels ›Der veruntreute Himmel‹, Ernest Hemingways ›Wem die Stunde schlägt‹, des Genfer Nationalökonomen Röpke ›Gesellschaftskrisis in der Gegenwart‹ sowie eine Abschrift der Erinnerungen des englischen Botschafters Sir Neville M. Henderson über seine mißglückten Friedensbemühungen bei Hitler: ›The failure of a mission‹. Die Bücher wurden später mit seinem anderen kleinen Besitz, den er in seinem Wohnungsprovisorium in Potsdam besaß, von der Gestapo ›sichergestellt‹; unklugerweise hatte ich vor dem Ausleihen noch meinen vollen Namen hineingeschrieben, was natürlich der Gestapo neue Spuren zu mir waren. Ich werde nie vergessen, wie Hassell mit den vier Büchern unter dem Arm uns eilends, sich mehrfach umsehend und winkend, verließ, um noch den Omnibus zu erreichen. Man wußte in jenen Tagen nie, ob man sich je wiedersah. Oder war es eine Vorahnung, daß ich ihn nie wiedersehen sollte und dem Scheidenden deshalb mit großer Bewußtheit länger als sonst nachschaute?

Der ehemalige niederländische Außenminister J. A. N. Patijn sagte über den ermordeten deutschen Botschafter: »Ich habe immer geglaubt, daß Herr von Hassell seinem Vaterlande große Dienste zu leisten hatte. Daß er nicht mehr zur Wirksamkeit kommen konnte, war nicht seine Schuld. Heute ist er in die Geschichte eingegangen, weil er als Held, als Märtyrer für eine große Sache fiel, der er sich aus Vaterlandsliebe verschrieb. Wir erinnern uns an ihn stets als an einen Edelmann, loyalen Charakter, freigebigen Gastgeber, liebenswürdigen Plauderer, immer interessanten, liebenswerten und wertvollen Kollegen, niemals versagend, wenn es galt, Hilfe zu leisten.« J. A. N. Patijn war, ehe er Leiter der auswärtigen Geschicke des Königreiches der Niederlande wurde, nacheinander Oberbürgermeister von Den Haag, Botschafter in Brüssel und Rom. In einem Gespräch, das wir nach dem Kriege über so manches Opfer der europäischen Krise führten, beteuerte er mir erneut auf seine vornehme Art seine tiefe Hochachtung vor Männern wie Ulrich von Hassell. Die beiden Botschafter waren gleichzeitig am Quirinal akkreditiert und über das Dienstliche hinaus einander sehr zugetan gewesen. Patijn war gänzlich gegen eine Heroisierung oder Idealisierung der deutschen Intelligenz unter Hitler. Um so bewegender war es zu hören, wie er für die Lage dieses Volkes Verständnis aufbrachte. Er sagte: »Vergessen wir nie bei der Betrachtung von Persönlichkeiten wie Ulrich von Hassell, daß sie als Diplomaten und Politiker unter bestimmten Gesetzen leben und handeln – ähnlich wie Soldaten, möchte man sagen. Ich weiß, daß man ihn wie so viele andere heute gern kritisiert. Aber dieser letzte Einsatz, dieser Märtyrertod müßte eigentlich alle zum Verstummen zwingen. Ich glaube, woher auch die Männer kamen, welchen Weg sie auch gingen: ihr echtes Gesicht zeigten sie in der letzten Phase ihres Seins und Handelns. Und da kann man sich nur demütig beugen und ihren Namen ehrfurchtsvoll auf die Liste derjenigen setzen, die für eine neue europäische Ordnung im Sinne der Vereinigten Staaten in Europa gestorben sind.«

Ich möchte diese Erinnerung mit Worten schließen, die ich schon zu Beginn des Zweiten Weltkrieges schrieb: »Es geht heute um die Umwandlung der Menschenseele, die sich entweder in das Engelreich oder in das Tierreich hinein vollzieht, um so neue Menschentypen aus diesen apokalyptischen Zeitgeschehnissen entstehen zu lassen. Sie werden das Ergebnis einer freien Wissensentfaltung eines jeden einzelnen sein, der vor diese Entscheidung schicksalhaft gestellt wird.« Ulrich von Hassell hatte sich entschieden.

(1948)

Pius XII., Gespräch im Krieg im Vatikan

> *»Dem Papst aber sind göttliche Verhei-*
> *ßungen gegeben. Auch in seiner mensch-*
> *lichen Schwachheit ist er unbesiegbar und*
> *unerschütterlich.«*   P. XII.

Wegen der Amsterdamer Verwandten hatte meine Familie häufig Schwierigkeiten im Dritten Reich, besonders im Kriege nach der Besetzung der Niederlande. Wenn die Situation prekär wurde, pflegte ich selbst nach Italien auszuweichen. Wer im Hitlerdeutschland oder in einem der besetzten Länder Not litt, konnte in Italien aufatmen. Italien kannte keinen Antisemitismus, zu schweigen davon, daß es keine Verbrechen an ›Mischlingen‹ oder Juden gab. Mussolinis Finanzminster Jung war Jude. Selbst nach dem Erlaß der Mussolini von Hitler aufgezwungenen ›Judengesetze‹ versuchten Regierungsvertreter wie das Volk, die Mischlinge und die Juden zu schützen. Der Volksliebling und Luftmarschall Balbo war ›jüdisch versippt‹, der Erziehungsminister Bottai war jüdischer Abstammung. Balbo kämpfte leidenschaftlich gegen die Judengesetze. Mussolinis Privatsekretär Bastianini, später Botschafter in London, rettete Juden das Leben, wie auch andere hohe Funktionäre. Außenminister Conte Ciano, der Schwiegersohn Mussolinis, war gleichfalls ein entschiedener Gegner der ›Judengesetze‹.

Als deutsche Parteileute (nicht etwa Angehörige der Wehrmacht!) mit der Judenverfolgung in Italien beginnen wollten, kamen ihnen die Italiener zuvor, indem sie alle Juden verhafteten. Doch das geschah nicht etwa, um sie zu vernichten. Sie wurden vielmehr in Sicherheit aufs Land gebracht. Hier ließ man sie frei oder versteckte sie erneut, falls die deutschen Funktionäre wieder auftauchten. Die Italiener haben Zehntausenden von italienischen und überhaupt europäischen aus rassischen Gründen verfolgten Menschen das Leben gerettet! Hannah Arendt hat darüber berichtet, desgleichen Zeugen im Eichmann-Prozeß. Selbst in der ärgsten Zeit herrschte im faschistischen Italien immer noch Menschlichkeit – was nicht ausschloß, daß es selbst hier zu Gewalttaten kam. Doch die gibt es auch in der englischen oder amerikanischen Demokratie – und noch heute.

Viele Gespräche habe ich in Italien über die Verfolgungen der ›Nicht-Arier‹ in Deutschland geführt. Niemand allerdings wollte mir so recht glauben. Man nahm an, Hitler verfolge nur Kriminelle. Ein Faschist, der freiwillig in Rußland kämpfte, war der berühmte Futuristenführer und Dichter Marinetti. Als ich mit ihm in Rom über Hitlers Pläne bezüglich der Juden sprach, schalt er mich einen Verleumder. Doch war das vor dem Krieg viel anders? Verwandte und Freunde hatten manches Gefängnis und KZ kennengelernt. Einmal gab ich einen Tatsachenbericht dem damals sehr prominenten englischen Journalisten und Romancier Sir Phillip Gibbs, der mich in Berlin mit dem englischen Botschafter Sir Neville M. Henderson zusammenbrachte. Meine Erzählung über die ›Moorsoldaten‹ wurde angehört, jedoch als ich ging, wußte ich: Nun galt ich als Lügner. Der ehemalige Legationsrat Herbert von Mumm-Schwartzenstein (der – ich erwähnte es – später von der SS in Plötzensee gehängt wurde), gab meine und andere Berichte vertraulich weiter an den französischen Botschafter André François-Poncet. Dieser erfreute das deutsche Volk immer wieder durch Bonmots und Hitler-Witze, aber vielleicht hat auch er nicht geglaubt, was ihm erzählt wurde. Anderenfalls hätte er, der sich so gern als Humanist par excellence feiern ließ, doch wohl demissionieren und die Weltöffentlichkeit weithin hörbar aufklären müssen. Ungezählte andere Ausländer, und auch Deutsche natürlich, versuchten, die Welt zu warnen. Es wurde beispielsweise gefordert, nicht zur Olympiade nach Berlin zu fahren. Trotzdem kamen alle und feierten mit Hitler, während Tausende in KZs schmachteten oder hingerichtet wurden. Es ist einfach, den Papst anzuklagen. Ich werde den Eindruck nicht los, daß der laute Erfolg der heutigen Ankläger u. a. darin begründet ist, daß nun gar zu viele in aller Welt das Bedürfnis haben, ihre Hände in Unschuld zu waschen. Sie sagen sich: Wenn ›der Stellvertreter‹ versagte, wie kann man dann mir Vorwürfe machen?

Als ich wieder einmal in Rom war, sprachen mich österreichische Emigranten aus den ehemaligen Regierungen Dollfuß und Schuschnigg an, die unter dem Schutze des Vatikans Asyl gefunden hatten. Zwar wüßte der Papst über die Behandlung der Zigeuner, Neger, Juden und anderer in Deutschland derzeit mißliebiger Rassen Bescheid, jedoch mangele es im Vatikan an Berichten von Menschen, die eigene Erfahrungen gesammelt hätten. Ich hätte daher eine Aufgabe zu erfüllen.

Während er noch unter seinem bürgerlichen Namen Eugenio Pacelli Apostolischer Nuntius in Berlin war, hatte ich den späteren Pius XII. als junger Mann mehrfach gesehen, und ich bewunderte diesen religiösen und intellektuellen Grandseigneur. Ich war überzeugt, daß er sich für Toleranz einsetzte, und ich liebte sein Wort von der ›Koexistenz in der Wahrheit‹.

Nachdem ich in einem Vatikan-Büro empfangen worden war, wurde ich zunächst zu Staatssekretär Giovanni Battista Montini geleitet (jetzt Papst Paul VI.). Mit ihm besprach ich kurz Protokollfragen. Monsignore Montini stellte mir anheim, wie ich als Protestant den Papst begrüßen wolle. Ich wußte, daß auch Nichtkatholiken ihm kniend ihre Reverenz erwiesen. Als sich die Tür zu dem Empfangssaal öffnete und Pius XII. auf mich zukam, beugte ich also das Knie. Während er mir die Hand reichte und ich ihm die meine entgegenstreckte, rutschte mein Fuß weg, und ich mußte mich an der Hand des Papstes festhalten, um nicht hinzuschlagen. Pius XII. lächelte hinter seinen starken Augengläsern. Er hielt mich fest und sagte in fließendem Deutsch zu mir: »Ich sehe, des Kniens ungewohnt.« Er half mir auf.

Alle Befangenheit war schnell verflogen. Ich faßte Vertrauen zu ihm. Zunächst brachte ich ihm Grüße einer – gleichfalls evangelischen Freundin, die ihm, als er Nuntius in Berlin war, ihre Dissertation gewidmet hatte. Der Papst erinnerte sich an die Baronin Augusta von Oertzen und sprach liebevoll von Berlin. Alle Dokumente bezeugen, daß er eine große Zuneigung zu Deutschland gefaßt hatte. Er habe (laut Aufzeichnungen des Botschafters Attolico, der gegenüber der Achsenallianz mißtrauisch war und daher von Berlin an den Vatikan versetzt wurde) gesagt: »Oh, wenn mich doch Deutschland nur in Frieden gelassen hätte ... Meine Haltung zu diesem Krieg wäre besonders jetzt sehr viel anders.« Nun, was wäre geschehen, wenn der Papst in Paris oder London Nuntius gewesen wäre, also vielleicht antideutsch gefühlt und gedacht hätte? Ich kann mir vorstellen, daß dann die Lage der Katholiken in Deutschland, aber auch die der Juden viel prekärer gewesen wäre. Ob sich Churchill, Roosevelt und andere unter einem anti-deutschen Papst anders verhalten hätten, als sie sich verhielten, ist zu bezweifeln. Es scheint mir ungerecht, daß gegenüber Papst Pius XII. überwiegend Worte des Undanks geäußert werden. Es wird in diesem Zusammenhang auch vergessen, daß er – wie eben die meisten Italiener – gar nicht imstande war, seinem geliebten deutschen Volk derartige Untaten zuzutrauen.

Pius XII. fragte mich nach meinem persönlichen Schicksal und erbat dann Berichte über alles das, was ich über die Lage der ›rassisch Verfolgten‹ in Deutschland wußte. Mich irritierte die Schweizer Garde an den Türen, und ich ließ das merken. Der Papst legte daraufhin seinen Arm unter den meinen, und wir begaben uns in eine Galerie der Borgia-Gemächer, wo wir fast eine Stunde lang im Gespräch auf und ab gingen. Der Papst hatte viele Berichte empfangen. Aber noch viel mehr Einzelheiten wollte er nun von mir wissen.

Ich redete mich immer mehr in Eifer und sprach den Papst auf die Sonderbotschafter der Westmächte hin an, die ihn regelmäßig besuchten. Mein Vertrauen in ihn war so groß, daß ich forderte, ›dem‹ müsse ein Ende bereitet werden; ich meinte: dem Krieg, dem Morden, der Verfolgung von Millionen Unschuldiger. Pius XII. muß verstanden haben, dem Hitler müsse ein Ende bereitet werden. Plötzlich ließ er meinen Arm los, blieb stehen, erhob die Hand und sagte mit Entsetzen im Gesicht: »Töten, mein Sohn, ist nicht Sache der Kirche.« Mir waren die Knie weich, als mir bewußt wurde, ich hatte den Eindruck erweckt, der Papst solle zum Mord an Hitler angestiftet werden. Diese Szene steht mir noch heute vor Augen, als hätte ich sie erst gestern erlebt. Und ich weiß noch, welche Gedanken mich sofort befielen: Der Papst will den Zustand ändern, aber im Augenblick ist er aus vielerlei Gründen offenbar machtlos gegenüber einem Tyrannen, wie er in der Person Hitlers gegenwärtig auf die Menschheit losgelassen ist.

Meine österreichischen Freunde berichteten mir wenige Tage später, der Papst stünde unter dem Eindruck des von mir berichteten Grauens und Elends. »Wird er etwas unternehmen?« fragte ich einen ehemaligen österreichischen Staatssekretär. Antwort: »Was in Seinen Kräften steht, wird Seine Heiligkeit tun.«

Am Vorabend meiner Abreise aus Rom besuchte mich derselbe Bekannte und fragte mich, ob ich einen persönlichen Brief und Segen des Papstes für den ehemaligen österreichischen Bundeskanzler Dr. Kurt von Schuschnigg und dessen Frau Vera, die beide im KZ Oranienburg waren, mitnehmen wolle. Ich zögerte zunächst, erklärte mich dann dazu bereit, nachdem mir mein Gesprächspartner gesagt hatte, am sichersten seien die Papiere zwischen schmutziger Wäsche, die die Zöllner im allgemeinen nicht anfaßten. In Berlin beriet ich mich zunächst mit Albrecht Haushofer. Alsdann nahm mein Freund Kurt Döring, der zur Zeit Gefreiter war, die Papiere ins bischöfliche Palais in die Behrenstraße mit, und Kardinal Konrad von Preysing bemühte sich persönlich darum, daß das Ehepaar Schuschnigg die päpstliche Korrespondenz im KZ Oranienburg erhielt – leider vergeblich, wie ich nach dem Kriege erfuhr*. ... Natürlich habe ich mich gefragt, wieso ausgerechnet ich zum ›päpstlichen Kurier‹ wurde. Ich erfuhr, daß selbst Vatikan-Kuriere häufig vor der SS nicht sicher waren. Deshalb bediente sich der Vatikan von Fall zu Fall eines Außenseiters. In Berlin berichtete ich Albrecht Haushofer und Ulrich von Hassell über mein Gespräch mit dem Papst. Beide unterstrichen die Nützlichkeit meiner Unternehmung, sprachen voller Hochachtung über Pius XII. und versicherten, daß der Papst bestimmt alles versuchen würde, um ›dem‹ ein Ende zu bereiten.

Ja, vielleicht hätte der Papst noch mehr zur Abwendung all des Unheils tun können? Mir steht kein Recht zu, hierüber zu entscheiden. Aber wenn man ihn anklagen will, dann sollte man auch andere zur Rechenschaft ziehen und nicht etwa eine bewußte Geschichtsfälschung betreiben, wie es heute dann und wann geschieht – sei es zum Beispiel mit Rücksicht auf Bündnisse wie die NATO, sei es mit Rücksicht auf den ›drohenden Kommunismus‹. Alle Dokumentationen sollten vor allem die Hoffnung wecken, daß die Menschheit endlich aus der Geschichte lernt. Zwar werden jetzt keine Millionen Juden verfolgt und getötet, aber Millionen anderer Menschen müssen wiederum ins Exil gehen und ein elendes Dasein fristen, während andere Millionen nicht wissen, was sie vor Übermut im Zeichen wirtschaftlicher Hochkonjunktur anstellen sollen. In den Hitler-Jahren herrschte in Deutschland, in Europa und überhaupt in der Welt große Verwirrung. Die Schizophrenie hat nicht abgenommen – machen wir uns nichts vor! Der fast neunzigjährige Albert Schweitzer beispielsweise begrüßt die Angriffe gegen Pius XII. und bekennt sich gleichzeitig zur südafrikanischen Politik der Rassentrennung sowie zu dem politischen Vabanque-Spieler Tschombé, der weiße Söldner in den Kongo ruft oder ihr Eingreifen zumindest gestattet. Ich habe wiederholt meine Hochachtung für

* Im Haushofer-Kapitel hatte ich bereits den Vorgang gestreift (vgl. Seite 88).

Schweitzers Werk in Lambarene auch literarisch bezeugt. Mit seiner jetzigen Haltung gegenüber Zeitereignissen lädt er, der von Evangelischen manchmal als eine Art ›Stellvertreter‹ angesehen wird, eine Schuld auf sich.

Wir müssen aus der Vergangenheit lernen. Das bezeugen wir nur, indem wir helfen, daß sich das, was seinerzeit geschah, unter gar keinen Umständen wiederholt. Doch schon dürfen erneut Rassisten, Revanchisten und Kriegshetzer ihre Stimme erheben. Damals zu reden war meist mit Lebensgefahr verbunden. Und nicht alle Menschen sind als Helden geboren. Aber jetzt drohen zumindest in der Freien Welt keine KZs und Henker. Ich persönlich bin überzeugt, daß Pius XII. im Rahmen seiner Möglichkeiten sein Allerbestes tat. Wenn es nicht der Fall war, sind wir allerdings erst recht alle aufgefordert – gleichgültig, ob wir Staatsmänner oder Kirchenfürsten, Beamte oder Hausfrauen, Schüler oder Studenten sind –, mehr denn je politische Verantwortung durch Aktion zum Ausdruck zu bringen. Dann erst hat die Diskussion um den ›Stellvertreter‹ überhaupt einen Sinn.

(1964)

F. T. Marinetti, der erste Futurist

*»Schon zu lange ist Italien ein Trödel-
markt gewesen. Wir wollen es befreien
von den ungezählten Museen, die es mit
ungezählten Friedhöfen bedecken.«*

F. T. M.

Der Begründer des Futurismus, F. T. Marinetti, brachte
bald nach dem Zweiten Weltkrieg noch einmal Italien zum
Lachen. Er tat dies während seines Lebens mehrfach. Ob es nun
zum letzten Male war? Die Frage bleibt offen. Und wieder war
es kein bösartiges Lachen, das die kulturell interessierte Schicht
Italiens anstimmte. Es war mehr ein Lachen, mit dem man sagen
will: »Mein Gott, was war er doch für ein komischer Kauz!«
Man fand nämlich in Rom bei Aufräumungsarbeiten unter den
Trümmern seines zerstörten Hauses schwere Steine mit eingemeißelten Sätzen. Beim Abschreiben dieser Sätze stellte sich heraus, daß es sich um Gedichte handelte. Außer den Steinen fand
man Stahlplatten mit dem eingekratzten Testament Marinettis.

Auf diese Weise wurde ich bei meinem ersten Besuch Italiens
nach dem Kriege gleich wieder an jenen Mann erinnert, dessen
poetischem Wirken ich mich erstmals als dichtender Gymnasiast
zugewandt hatte. Schon als Student suchte ich Marinetti auf,
um ihn dann in späteren Jahren noch oft zu treffen. Bei meiner
ersten Visite bereits hatte ich ihm gesagt, daß ich keineswegs als
Bewunderer zu ihm käme, sondern mehr aus Neugier. Wenn er
mich jahrzehntelang interessierte, so eigentlich seiner wilden
Unbekümmertheit wegen, die er sich bis zu seinem Tode im Alter
von achtundsechzig Jahren (1944) erhielt.

Emilio Filippo Tommaso Marinetti endete als Künstler so,
wie er begonnen hatte. Man sah kaum eine Entwicklung in seinem Werk. Aber gerade diese monomanische Unbeirrbarkeit
hatte bei aller Verrücktheit etwas Anziehendes. Dabei ging von
Marinetti weniger etwas Anregendes als etwas Verwirrendes
aus. Die meisten Italiener – und auch die, wie Marinetti, im
Ausland geborenen – sind glänzende Schauspieler. Dieser Dichter war es in gesteigerter Form. Sooft ich ihm auch begegnete,
jedesmal gab er sich anders. Man konnte ihn als Bohémien se-

hen: mit aufreizend buntem Pullover und weiten Schifferhosen; die Haare hingen ihm dann wirr ins Gesicht, und er benahm sich wie der Fährmann auf dem ›trunkenen Schiff‹. Schon am nächsten Tag konnte man ihn leise und still, beinahe vornehm antreffen. Er trug jetzt einen Stock mit silberner Krücke und benahm sich wie ein konservativer Diplomat. Ich sah ihn in prunkender Uniform mit Dreispitz als Mitglied der Königlichen Akademie, der er von ihrer Gründung (1929) an angehörte, sah ihn aber auch in der Uniform eines Gemeinen, als er als Freiwilliger, schon weit über sechzig, mit einer italienischen Einheit (und viel Tam-Tam) in den Krieg zog, um an der deutschen Ostfront »den Bolschewismus endgültig zu schlagen«.

Ich habe den Namen der Straße vergessen – nicht weit vom römischen Zentrum –, in der seine Wohnung lag. Es war ein schönes altes Patrizierhaus. Die Zimmer von Marinettis Wohnung waren angefüllt mit vielen futuristischen Bildern. Von all den schrillen Farben, den phantastischen Landschaften und Szenen wurden die Augen bald müde. Marinetti erklärte seine Bilder immer mit besonderer Leidenschaft und Tonstärke und fuchtelte dabei wild mit den Händen herum. Es war jedoch unmöglich, ihn in seinen Beschreibungen zu unterbrechen. Selbst seiner Frau gelang es unter solchen Verhältnissen nicht, den Gast des Hauses in eine ruhige Ecke zu einer Erfrischung zu führen.

Signora Marinetti habe ich als eine bescheidene, vornehme Dame in Erinnerung. Ihr Gatte war keineswegs unliebenswürdig. Man konnte ihm auf jeglichem Gebiet heftig widersprechen. Man konnte politisch oder religiös, philosophisch oder literarisch sein ausgemachter Gegner sein. Das machte ihm nichts aus; er hatte so viele Gegner, und daher kam es ihm auf einen mehr oder weniger nicht an. Er war von sich und seiner futuristischen Bewegung so überzeugt, daß er meinte, man müsse durch ihn auch bald überzeugt werden. Dabei vergaß er, daß sein persönliches Ambiente die denkbar schlechteste Reklame für den Futurismus war. Wenn die Wände von Marinettis Wohnung nicht mit diesen aufregenden, herausfordernden futuristischen Bildern behangen gewesen wären, hätte die Wohnung einen durchaus bürgerlichen Eindruck gemacht. Das Mobiliar war das einer typischen italienischen Mittelstandswohnung. Nur im Salon standen unzählige, ausschließlich für den Export angefertigte marokkanische Kleinmöbel mit gedrehten Säulchen, Perlmutteinlagen und allerlei Kitsch.

Das leidenschaftliche Temperament Seiner Excellenz Marinetti führte er selber darauf zurück, daß er als Italiener in Alexandria in Ägypten geboren war (1876). Eine biographische Schrift begann er: »Ich danke den Mächten, die mich bei meiner Geburt und in meiner Jugend beschirmten, daß sie mich bis heute vor dem Schlimmsten bewahrt haben, was jemandem passieren kann: der Monotonie. Ich hatte ein unruheerfülltes merkwürdiges, farbiges Leben. Ich begann in rot und schwarz; als rotbäckiger, gesunder Säugling zwischen den Armen und Brüsten (Farbe: kohlenschwarz) meiner Amme aus dem Sudan. Das erklärt vielleicht meine ein wenig niggerhafte Auffassung von der Liebe und meine offenherzige Antipathie gegen eine honigsüße Politik und Diplomatie.«

Man erinnert sich, daß er in Paris zum ersten Male von sich reden machte und auch in französischer Sprache, die er perfekt wie das Italienische beherrschte, seine ersten Pamphlete über Kunst und Literatur schrieb. Mit seiner Pariser Zeitschrift ›Poesia‹ setzte er sich zunächst für die Dichter der Décadence ein. 1905 verlegte er sein Arbeitsfeld nach Mailand (wo er auch starb) und sandte von hier aus seine futuristischen Botschaften sowohl nach Italien hinein wie nach dem benachbarten Frankreich hinüber. Das grundlegende erste ›Manifesto futurista‹ wurde 1909 im Pariser ›Figaro‹ veröffentlicht. Wenn man sich einiger Sätze des Manifestes erinnert, hat man den ganzen Marinetti:

»Wir wollen singen die Liebe für die Gefahr, die Gewohnheit der Energie und der Unbesonnenheit ... Die Literatur glorifizierte bisher die nachdenkliche Unbeweglichkeit, die Ekstase und die Schläfrigkeit. Wir wollen rühmen die Angriffsbewegung, die fiebrige Schlaflosigkeit, den Dauerlauf, den Salto mortale, die Ohrfeige, den Rippenstoß ... Wir stellen fest, daß die Pracht dieser Welt sich um eine neue Schönheit bereichert hat: die Schönheit der Schnelligkeit. Ein Rennautomobil ... ist schöner als die Viktoria von Samothrake ... Es gibt keine Schönheit außer der im Kampf. Kein Werk, das nicht einen aggressiven Charakter trägt, kann ein Meisterwerk sein. Die Poesie muß aufgefaßt werden wie eine heftige Attacke gegen unbekannte Kräfte ... Wir wollen zerstören die Museen, die Bibliotheken, die Akademien jeder Art und bekämpfen den Moralismus, den Feminismus und jede opportunistische oder einbringliche Feigheit ... Wir wollen besingen die großen Massen in der Bewegung ihrer Arbeit.«

Wenn nun Gedichte von Marinetti, in Stein und Stahl konserviert, gefunden wurden, so haben wir nur eines der Beispiele dafür, wie er sich immer wieder untreu wurde. Denken wir auch daran, daß er ein begeistertes Mitglied der Königlichen Akademie der Wissenschaften war und Fotos von sich als Akademiker immer gern verschenkte, so haben wir ein anderes Beispiel seiner Inkonsequenz. Doch er hatte einen Mut, der früher vielen Künstlern abging. Er bekannte sich sogar zu seinen Irrtümern.

Italienische Literaturkritiker haben den Futurismus als eine ›Romantik mit umgekehrtem Vorzeichen‹ gekennzeichnet, auch als eine ›Romantik der Zukunft‹. Obwohl F. T. Marinetti in den letzten Jahrzehnten mancherlei von seinen alten Lehren aufgeben mußte, so fand er doch immer neue Spielregeln, um sich damit in die Kunst des modernen Italiens einzuschalten. Mussolini kannte er bereits 1914 in Mailand. Beide begannen ungefähr zu gleicher Zeit; daher begegneten sie sich auch zeit ihres Lebens mit Wohlwollen, ja, gelegentlich sogar mit Sympathie. Fraglos hatte der Imperialist und Militarist Marinetti manchen ungünstigen Einfluß auf das Italien Mussolinis – soweit man bei ihm überhaupt von Einfluß sprechen kann. Man darf jedoch nicht verkennen, daß er mit der Anlaß dafür war, daß es im faschistischen Italien niemals eine ›entartete Kunst‹ oder ›entartete Literatur‹ gab, d. h. daß man in Italien stets allen neuen Formen der Künste aufgeschlossen blieb – womit man sich sehr wesentlich von den deutschen Bundesgenossen unterschied. Es war die Hoffnung vieler, daß dadurch manches in Deutschland aufgehalten werden würde. Leider war der Einfluß der italienischen Moderne im Deutschland Hitlers nicht so stark, um diese Hoffnung in Erfüllung gehen zu lassen. Erwähnt werden muß aber der Gerechtigkeit wegen, daß man sich in Italien bemühte, viele Vertreter der modernen deutschen Kunst zu retten – und wenn es sich manchmal nur um eine Ehrenrettung handelte. Auch Marinetti hat dazu beigetragen.

Manche von Marinettis Thesen sind noch heute gültig. Und so ist es nicht verwunderlich, wenn in Italien gelegentlich darauf hingewiesen wird, daß einige von Marinettis Forderungen noch eingelöst werden sollten: »Viele praktische Handelsschulen, viele Industrie- und Landwirtschaftsschulen! Viele Körperbildungsanstalten! Täglicher Turnunterricht in den Schulen! Vorherrschaft des Turnens gegenüber dem Buch! Ein Minimum von Professoren, ganz wenige Advokaten, dagegen sehr viele Land-

wirte, Ingenieure, Chemiker, Mechaniker und Geschäftsleute! . . .
Gewaltsame Modernisierung der alten Städte! Wirtschaftliche
Verteidigung und patriotische Erziehung des Proletariats!« Es
ist nicht uninteressant zu sehen, wie sich diese Forderungen Marinettis aus dem Jahre 1915 mit mancher Forderung decken, die
heute in Ost und West gleichermaßen, besonders von jungen
Menschen, erhoben wird.

Wer über das Verhältnis von Kunst und Technik schreibt,
sollte Marinetti nicht übergehen, ungeachtet seiner politischen
Ansichten. Wenn auch Gabriele d'Annunzio den ersten Flieger-
roman der Welt (›Forse che si, forse che no‹, 1910) schrieb, so
versuchte doch auch sein eifriger Gegenspieler Marinetti, in einer
Reihe späterer Werke ›die neue Luftkultur‹ zu feiern. Marinetti
hat in zahlreichen Manifesten zum synthetischen Theater, zur
technischen Literatur, zum Film, zum analytischen Roman, zur
Flugplastik und Flugkeramik Anregungen gegeben. Marinetti
wollte fortschrittlich sein um jeden Preis; ohne Zweifel schoß er
in vielem über sein Ziel hinaus. Und doch ging von seinem Programm einer Zukunftsliteratur und -kunst mancherlei in die italienische Kultur ein, von da in die Kultur anderer europäischer
Länder. So haben jene gewiß recht, die glauben, Marinettis Einfluß im Werk von Eugene O'Neill, James Joyce und D. H. Lawrence nachweisen zu können. Auch eine Reihe Flugmalereien, die
heute in verschiedenen Museen hängen, sind undenkbar ohne
jene Luftmaler aus der futuristischen Schule Marinettis. Ich
denke z. B. an die Bilder des Flugmalers Tato, der in den dreißiger Jahren viel diskutiert wurde.

Als F. T. Marinetti zu schreiben anfing, predigte er den europäischen Schriftstellern: »Zerstörung der Syntax. Vorstellungen,
Gedankenreihen ohne Fäden. Worte in Freiheit.« Von hier kam
er zu der Simultaneità. Erich Stock, einer der ersten Historiker
der modernen italienischen Literatur, hat diese Marinettische
Kunst in seinem Buch ›Novecento‹ so definiert: »Die Simultaneität ist nach Marinetti ein Gesetz des menschlichen Lebens
selbst: das Gesetz der Immanenz von allem in allem. Der Dichter hat sich also in seinem Schaffen darum zu bemühen, wie in
einem Strahlenbündel gleichzeitige Gefühlsregungen nach außen
hin zu projizieren. Aus diesen Ausstrahlungen müßte sich dann,
wenn wirklich die Stimme des Dichters erklingt, gleichsam ein
›globaler Seelenzustand‹ abzeichnen. Marinetti schwört auf die
Simultaneität als die würdigste, keineswegs neue Methode des

poetischen Ausdrucks.« (Die Simultaneität wurde, wie mir später Richard Hülsenbeck, der ›Ober-Dada‹, erzählt hat, von den Dadaisten übernommen; Tristan Tzara war in engem Kontakt mit Marinetti.)

Marinetti selbst hat im Sinne dieser Simultaneitäts-Stimmung eine Reihe von Werken geschaffen. Hier nur als Probe ein paar Zeilen aus seinem abessinischen Kriegs-Tagebuch, die bereits vor vielen Jahren veröffentlicht wurden und seinerzeit im Hitler-Deutschland unter der Parole: ›Entartete Kunst‹ verboten waren. Marinetti schildert eine Schlacht folgendermaßen:

»Stark ein wenig zusammengepreßt wie ein antiker Bogen oder wie einer seiner Lastwagenochsen packt der Marschall Badoglio in der Linse seines langen Fernrohrs seine ganze Schlacht

Abschnallen von Wegepfeilen oder von strategischen Direktiven des Schicksals

rrrr rrrr clang clang clang der Batterien die in die Steingebirge und in die Staubwolken Tonne um Tonne von Kanonen werfen

Gutmütig lächelt er wie ein aufmerksamer Küchenchef das Auge geheftet rechts auf eine unsichtbare Soße über dem Feuer . . .

tutututu trumtrumtrumtrumtrumtruuuum

Gabba den Vormarschbefehl für das Korps links Befehl an das Korps recht vorzurücken an das Zentrum die ganze Masse der 100 Geschütze etwa einen Kilometer vor mir in vorderste Linie zu ziehen

So hatte er total seine Schlacht im Kopf im Geheul der Explosion und der närrischen Echos

tutututu trumtrumtrumtrumtrumtruuuum

giaaaa giaaa giaaa.«

Übrigens provozierte Marinetti noch 1941 in Rom einen Theaterskandal, »um die futuristischen Erstgeburtsrechte gegenüber dem Amerikaner Thornton Wilder zu verteidigen«. Picasso wurde von Marinetti leidenschaftlich bewundert. Daß Picasso zeit seines Lebens links stand, während Marinetti immer auf dem rechten Flügel zu finden war, hat den Italiener nie gestört. Wenn ich während des Zweiten Weltkriegs nicht ungern dann und wann Marinetti sah, so deshalb, weil hier doch – trotz seiner politischen Haltung – freie Gespräche über neue Kunst geführt werden konnten, was anderenorts nicht möglich war. Erst in der Zukunft wird sich vielleicht erweisen, daß der Futuristen-

chef ein großer Anreger war, und ich könnte mir durchaus vorstellen, daß noch manche da künstlerisch einsetzen, wo er, der
sich gern als ›Coffein Europas‹ bezeichnen ließ, aufgehört hat.

(1947)

Gerhart Hauptmann – Dresdener Tagebuch

>*Ich bin bewegt, wenn ich denke, wie ich geführt worden bin. Aber, werden gewisse Philosophen sagen, es gibt keine Führung, es gibt keine Vorsehung, höchstens eine Notwendigkeit.«* G. H.

Niemand ist unumstritten. Es gehört zum Zusammenleben der Menschen, besonders jene eines Tages zu beargwöhnen, die Jahrzehnte hindurch bewundert und verehrt worden sind. Weil das geschah, sind sie offenbar allein schon deshalb reif für Nörgeleien oder gar Abwertungen. Zu jenen, denen solches gegenwärtig widerfährt, gehört Gerhart Hauptmann. Ein junger Kritiker schrieb 1968 in einer Wochenzeitung, Hauptmann sei ein kleiner Mann gewesen, der ein paar große Stücke geschrieben habe. Gerhart Hauptmanns ältester Sohn, der Maler Ivo Hauptmann, entgegnete: »Es ist schade, daß nicht mehr kleine Leute große Stücke schreiben.« Anzuführen ist gerade in diesem Zusammenhang auch, was Thomas Mann aus Anlaß des neunzigsten Geburtstages Gerhart Hauptmanns im Jahre 1952 über ihn sagte: »Es gab eine Zeit, nach dem Ersten Weltkrieg, wo ein expressionistisches Literatengeschlecht sich darin gefiel, dem Werke Hauptmanns das ›Geistige‹ abzusprechen. Und doch ist nichts eindrucksvoller, um nicht zu sagen: interessanter an diesem großen, weit gespannten, immerfort fruchtbaren und solche Kritik majestätisch überdauernden Leben, als die geistgewollten, geistbewirkten vitalen Zuströme, die seiner Natur beschieden waren, und die aus dem schmalen und bläßlichen, wohl etwas brustkranken, sektiererisch abstinenten Jüngling von einst den breiten und stämmigen, lebensstolzen Mann, den rüstigen Zecher und starken Esser, den Eichbaum und den königlichen Greis machten, der, aus einem kleineren Geschlechte ragend und durch seine Person auf größte Erinnerungen anspielend, das Dichterisch-Deutsche in gelassenem Selbstbewußtsein repräsentierte.«
Gerhart Hauptmann ist mir von Jugend an vertraut. Manche seiner Stücke wurden in Leipzig, wo ich geboren wurde, im Alten Theater uraufgeführt. So hatte ich Gelegenheit, ihn und seine zweite Frau, Margarete Hauptmann, kennenzulernen. Seinen

Bruder Carl, der als schlesischer Heimatdichter begann und über die schlesische Mystik zum Expressionismus fand, habe ich nie getroffen; denn er starb bereits 1921. Aber seine Witwe, Martha Hauptmann, die Schwester von Gerhart Hauptmanns erster Frau. Ich regte damals Gerhard Weiß an, das Buch ›Die Schwestern vom Hohen Haus‹ zu schreiben, in dem er die Geschichte jener drei wohlhabenden Dresdnerinnen namens Tienemann erzählt, die drei junge Schlesier heirateten, darunter die beiden Dichter. Nach und nach wurde ich immer mehr in den Kreis Gerhart Hauptmanns hineingezogen. Als ich 1946 nach Hamburg übersiedelte, freundete ich mich sehr bald mit Ivo und Ivette Hauptmann an. In der Hauptmann-Literatur findet Gerhart Hauptmanns Schwester Lotte kaum Erwähnung, und ich möchte doch ihrem Andenken einige Abschnitte widmen, gerade weil sie eine so sehr skurrile Person war, eigentlich eine rechte Figur aus einem schlesischen Drama des Bruders Gerhart.

Am Rande von Schreiberhau im Riesengebirge wohnte Wilhelm Bölsche, einst so populär und heute völlig vergessen. Obwohl Bölsche vor allem Naturwissenschaftler war, interessierte er sich für alle Kunstgebiete; sein Evolutionismus hatte auf alle monoistischen Bewegungen seiner Zeit großen Einfluß. Bölsche hatte auch die ersten Studien über Gerhart Hauptmann geschrieben, der von Bölsche aus Anlaß seines 78. Geburtstages (1939) sagte: »Als ein wahrer, freier und echter Volkslehrer hast du Hunderttausende, ja Millionen von Deutschen, Männer, Frauen aller Stände, jung und alt, belehrt und ihnen das Walten Gottes in der Natur und der Natur in Gott erschlossen. Du hast ihnen die Arbeit ihrer Dichter, Denker und Forscher immer wieder vorgeführt und dir so von dieser wie jener Seite allgemeinen Dank verdient. Das Interesse für die Natur und für die Wissenschaft von der Natur ist, zumal in Deutschland, zu einem sehr erheblichen Teil allein durch dich geweckt, gefördert und lebendig erhalten worden.«

Immer, wenn ich bei dem damals schon über 75jährigen ›Vater Bölsche‹ in seinem Schreiberhauer Haus saß, das eine Mischung von Gelehrtenstudio, zoologischem und botanischem Museum war, fragte er mich, warum ich denn nie seine Nachbarin besuche: im Schreiberhauer Volksmund ›Tante Lotte‹ geheißen. Ich sagte, daß ich über einer großen Arbeit säße und deshalb keine Ablenkung vertrüge. Nachdem mich Wilhelm Bölsche mehrfach auf ›Tante Lotte‹ aufmerksam gemacht hatte, fragte ich ihn, wer denn eigentlich jene so sehr empfohlene Dame sei. »Na, Gerhart Hauptmanns einzige Schwester!« sagte Wilhelm Bölsche. Ich wußte bis dahin noch nichts von ihr. Nun aber war verständlicherweise mein Interesse geweckt, und ich wollte sie gern kennenlernen. Wilhelm Bölsche brachte mich zu ihr. Später besuchte ich sie mehrmals allein. Das Wissen um ihre Existenz gibt dem Kolossalgemälde Gerhart Hauptmann einige neue Aspekte.

Johanna Charlotte Hauptmann war 1856 geboren, war also sechs Jahre älter als Gerhart und zwei Jahre jünger als Carl Hauptmann. Sie war unverheiratet geblieben und hatte sich in allerlei Berufen versucht. Schließlich hatte Bruder Gerhart ihr eine Rente auf Lebenszeit ausgesetzt. Diese Rente verlebte sie in der unteren Etage eines der altmodischen Schreiberhauer Landhäuser. Sie bewohnte ein großes Zimmer mit vielen Fenstern, das durch einige Vorhänge in verschiedene Sektionen aufgeteilt war. Hinter einem roten Plüschvorhang stand ihr Bett, hinter einem anderen Vorhang hatte sie sich eine kleine Behelfsküche eingerichtet, wo sie ihre Mahlzeiten herrichtete und auch das Geschirr abwusch. Das Mobiliar bestand vornehmlich aus ›ollen Plünnen‹. Es war so recht die Atmosphäre einer versponnenen alten Jungfer. Es roch nach Mottenkugeln und nach Krautgerichten. Häkeldeckchen machten das Zimmer nicht gemütlicher, sondern unterstrichen nur noch das Spießige und Stockige.

Als ich ihr das erstemal gegenübertrat, erschrak ich. Die Vortage hatte ich in der noblen Welt des Hauses ›Wiesenstein‹, Gerhart Hauptmanns Haus in Agnetendorf, verbracht und stand noch vollkommen unter dessen Eindruck. Und das war nun also seine Schwester.

Man stelle sich ein dürres, kleines Frauchen vor. Ihre Kleider sind selbstgenäht und zeitlos. Sie trägt den ganzen Tag eine große Schürze, die sie schnell verlegen abbindet, wenn Besuch kommt. Ihre Haare sind wenig gepflegt und hängen ihr ungeordnet in die Stirn; alles Beiseitestreichen hilft nichts. Ihr Gesicht ist fahl, verwittert. Ihre Lippen blutlos. Aber was für Augen sie hat: schöne Augen, die gütig und lieb ins Leben schauen, doch dann plötzlich wechseln und etwas Irrlichtiges bekommen. Alfred Kubin hat solche unheimlichen Augen gemalt, die wohl faszinieren können, aber auch verwirren, ja Schrecken und Entsetzen auslösen.

Lotte Hauptmann (Zeichnung von Helmut Müller-Celle)

Um es getrost auszusprechen: Tante Lotte »hatte sie ab und an nicht alle beisammen«, wie Wilhelm Bölsche es ausdrückte. Sie war keineswegs verrückt, aber sie spintisierte zeitweise, wie viele alte Schlesier im Alter spintisieren, fabulieren, zu Mystikern werden, bei denen es oft schwer ist, nicht zu glauben, daß sie mit geheimen Mächten im Bunde stehen. Außer Tante Lotte habe ich im Kreise der Hauptmanns noch manchen anderen Schlesier dieser Art kennengelernt. Gerhart und Carl Hauptmann haben sie geschildert, aber auch andere Dichter, welche die schlesische Erde hervorgebracht hat. Deshalb wohl fiel sie in Schreiberhau nicht weiter auf. Aber der Nicht-Schlesier wurde von einer Begegnung mit einem so kauzigen Menschen doch recht verwirrt.

Tante Lotte war immer sehr schnell verliebt. Besonders der Besuch von jungen Männern brachte offenbar ihr Blut in Wallung. Aufs höchste erregt kochte sie Kaffee oder kredenzte einen selbstgebrauten Likör. Aus einer versteckten Blechdose holte sie trockene Kekse. Ebenfalls versteckt (warum eigentlich?) bewahrte sie für ihre immer willkommenen männlichen Besucher vereinzelte Zigarren und Zigaretten auf. Kichernd, hin und wieder Hofknickse machend, servierte sie ihre kleinen Aufmerksamkeiten. Flüsternd sagte sie: »Von meinem Bruder!« Man wußte, daß sie immer nur den Bruder Gerhart meinte. Denn immer wieder pflegte sie bei passenden und unpassenden Gelegenheiten in feierlichem Ton hinzuzufügen: »Mein Bruder ist ein König!« oder auch gesteigerter: »Ich bin die Schwester eines Königs!«

Es war rührend, wie Tante Lotte voller Verehrung und Bewunderung von ihrem Bruder sprach, dessen Bilder sie überall in ihrem Zimmer herumstehen und hängen hatte. Es war aber auch unheimlich; denn das Verhältnis zu diesem Bruder hatte gar nichts Familiäres. Es hatte etwas Bigottes, auf jeden Fall etwas höchst Fremdes und Befremdliches. Ich möchte annehmen, daß Gerhart Hauptmann zeitlebens, obwohl er so mit Erfolg, Glück und Freundschaft gesegnet war, keinen leidenschaftlicheren Anbeter gehabt hat als seine seltsame, von den Göttern offenbar vernachlässigte Schwester Lotte. Ich fragte sie, ob sie denn ihren Bruder nicht gelegentlich auf dem ›Wiesenstein‹ besuche. »Nein!« sagte sie mit der hellen Stimme des alten Fräuleins und wurde rot dabei. »Da gehöre ich nicht hin«, fügte sie schließlich hinzu. Und da war dann wieder dieses Unheimliche: »Mein Bruder ist doch ein König!«

Inzwischen sorgte Bruder Gerhart jahraus, jahrein für ihr Auskommen, und ich hörte ihn auch mit großer Zärtlichkeit von diesem armen, unglückseligen Geschöpf sprechen. Es war wiederum Wilhelm Bölsche, der mir erzählte, daß Gerhart Hauptmann dann und wann bei der Schwester zu Besuch weilte und mit ihr über die Kindheit sprach, immer wieder über die Kindheit, über den Gasthof ›Zur Krone‹ in Bad Salzbrunn, wo sie beide geboren waren, und über die geliebten, ach, so bescheidenen Eltern, die den unwahrscheinlichen Aufstieg des Ältesten zu einem bedeutenden und gefeierten Dichter nicht miterlebt haben.

Aus meiner eigenen Kenntnis Gerhart Hauptmanns glaubte ich Wilhelm Bölsche gern, daß der Dichter sich auch hier in der ›Kleine-Leute-Stube‹ der Schwester Lotte Kraft holte. Auch hier wurde er immer wieder an den Ursprung erinnert. Das machte die Größe Gerhart Hauptmanns aus, daß er seiner bescheidenen Herkunft immer wieder gedachte und sie nie verleugnete.

Meine Aufzeichnungen über mehrere Aufenthalte in Agnetendorf gingen in Schlesien verloren, wo sie ausgelagert waren. ›Retten‹ konnte ich mein Tagebuch über einen Aufenthalt mit Gerhart und Margarete Hauptmann in Dresden im Februar 1943. Jetzt würde ich bestimmt vieles anders sehen und vor allem anders formulieren. Aber ich empfand seinerzeit eine sehr große Verehrung für Gerhart Hauptmann. Er rangierte für mich gleich neben Goethe, er war ein Olympier, und seine Sympathie war mir eine Auszeichnung, die einer Gnade gleichkam. Nun, wir, die wir aus der Jugendbewegung hervorgegangen waren, hatten überhaupt eine andere Einstellung zu schöpferischen Persönlichkeiten als spätere junge Menschen. Geistiges war uns zugleich etwas Geweihtes. Hinzu kam damals, daß ich vom offiziellen geistigen Leben ausgeschlossen war; im liberalen Hauptmann-Kreis jedoch war ich willkommen. Dies alles kommt im auch für mich heute zu pathetischen Dresdener Tagebuch zum Ausdruck. Retuschen dagegen hätten ihm von seiner Ursprünglichkeit genommen; sie wurden also unterlassen. Und hier nun die Aufzeichnung aus dem Februar 1943:

Wie schon so manchen Winter verlebt Gerhart Hauptmann auch dieses Jahr einige Februarwochen in dem schönen, großen Dresdner Hotel ›Bellevue‹ zwischen Elbufer und Opernhaus. Man braucht nicht viel Phantasie, um im älteren Teil des Hotels, den man vom Neubau aus über ein paar Stufen erreicht, an den weltberühmten Weimarer ›Elefanten‹ in seiner ursprünglichen Form erinnert zu werden. Vielleicht befindet man sich schon dadurch in einer gehobeneren Stimmung, wenn man an die Tür klopft und bei dem Dichter Einlaß begehrt. Frau Margarete Hauptmann, seine treue, liebevoll sorgende Lebensgefährtin, öffnet die Haupttür zum Appartement. Mit großer Herzlichkeit, Gastlichkeit und mit einer jugendlichen Frische sondergleichen begrüßt sie den Freund und Verehrer des greisen Meisters.

Da kommt er auch schon selbst aus dem Nebenzimmer des Salons, in dem er arbeitet. Der Dichter hat dem Hotelzimmer eine persönliche Note verliehen. Nicht allein auf dem Schreibtisch findet man zahlreiche Bücher, Bildmappen und Manuskripte; ja, komplette, vielbändige Klassikerausgaben führt Hauptmann auf seinen Reisen mit. So umständlich der Transport der schweren Bücherkiste ist – er kann sich nicht von ihr trennen; lieber verzichtet er auf anderes Gepäck.

Ja, und da kommt er uns also selbst entgegen! Welch ergreifendes Erlebnis immer wieder, in die von einem reichen Leben und Schaffen gezeichneten faltigen Züge des großen Mannes zu schauen. Er trägt heute, wie meist am Tage, einen hellen Sportanzug mit Knickerbockers. Der Anzug bekommt durch die hochgeschlossene Weste, aus der lediglich ein schmales Stück des weißen Kragens und die nicht geknotete, sondern nur lose gebundene Krawatte hervorschaut, einen höchst individuellen Charakter. Gerhart Hauptmann hatte in seinen letzten Lebensjahren wie der alte Goethe in seiner Erscheinung etwas Zeitloses. Wenn wir bewundern wollen, greifen wir gelegentlich zu mythologischen Begriffen. Wir sprechen vom ›Olympischen‹ bei Goethe, nennen ihn einen Olympier. Auch Gerhart Hauptmann hatte zeitweise etwas durchaus Olympisches – wozu vielleicht sein gepflegter weißer Haarkranz auch beitrug.

Gerhart Hauptmann hat seit Tagen einen häßlichen Bronchialkatarrh. Er entschuldigt sich, daß er nur leise und mühsam sprechen kann, und meint obendrein, man müsse überhaupt immer mehr Rücksicht auf sein Alter nehmen. Die Achtzig, die er nun überschritten hat, machten ihm zu schaffen.

Wir nehmen Platz. Es ist noch eine Viertelstunde bis zum gemeinsamen Mittagessen. Ich bin seit über zehn Jahren ein Freund des Hauses Hauptmann, komme eben aus Italien zurück und muß von diesem Land erzählen, das der Dichter seit jeher liebt. Von der Ewigen Stadt will er besonders viel hören. Er erinnert sich immer gern seiner Jugendjahre in Rom, wo er als Bildhauer lebte. Im ›Abenteuer meiner Jugend‹ heißt es: »Ich gelangte nach Rom, weil es auf meinem Wege lag. Kaum war ich da, glaubte ich, daß ich nur diese Stadt gesucht hätte. Ich fühlte nach wenigen Tagen, daß ich ihrer Atmosphäre erlegen und bereits darin heimisch war. Ramponiert und äußerlich elend kam ich heim, aber im Innern aufs höchste bereichert.« Heute bekennt er: »Eigentlich habe ich in Rom sterben wollen. So habe ich es mir schon als Jüngling gewünscht. Aber nun wird es wohl anders werden, ganz anders.«

Er will auch vom Vittoriale hören, dem letzten Wohnsitz des großen italienischen Dichters Gabriele d'Annunzio. Hauptmann interessieren viele Einzelheiten. »Wie geht es jetzt d'Annunzios einsamer Witwe, der einst so bildschönen Herzogin?« – »Danke«, sagte ich, »die Herzogin Maria Hardonien di Gallese ist noch sehr rüstig, sie kam eben ein paar Tage zu Besuch ins Vittoriale-Museum, wohl um Erinnerungen aufzufrischen. Wir schnitten gemeinsam Wildrosen.« Hauptmann erinnert daran, daß d'Annunzio zuletzt recht krank war und auch äußerlich so verfiel, er, der stets ein ausgesprochener ›homme de femme‹ gewesen ist.

Der Dichter steht auf und holt aus der Schublade des Schreibtisches eins seiner kleinen Tagebücher, deren letzte Bände er immer bei sich führt. Er hat d'Annunzios Todestag genau im Kopf, schlägt exakt auf und zeigt eins der letzten Bilder des ebenso genialen wie umstrittenen Italieners, das sich Gerhart Hauptmann aus einer Zeitung ausgeschnitten und in sein Tagebuch eingeklebt hat.

Inwiefern es sich zutrug, weiß ich nicht mehr; es spielt auch in diesem Zusammenhang keine Rolle, da man bei einem Gespräch mit Gerhart Hauptmann, meiner Erfahrung nach, das Thema immer sehr schnell wechselt. Immerhin kamen wir heute morgen noch auf Börries von Münchhausen zu sprechen. Hauptmann erzählte meisterlich eine Anekdote, die man unter den Titel ›Börries von Münchhausen und der Förster‹ stellen könnte und die die charmante Eitelkeit des Sängers aus Windischleuba charakterisiert, der dessenungeachtet von Hauptmann durchaus geschätzt wird, wie er auch Stefan George bewundert, obwohl er weiß, daß dieser ihn immer ablehnte. Gerhart Hauptmann macht einige treffende Bemerkungen über den Adel und das Feudal-Zeitalter schlechthin, eine Macht, die inzwischen von anderen Mächten abgelöst worden ist. Sicherlich hätte er sich noch höchst aufschlußreicher hierzu geäußert, wenn wir jetzt nicht zum Mittagessen gerufen worden wären.

Beim Durchschreiten des großen Speisesaales unterbrechen fast alle Anwesenden ihre Mahlzeit, um die ehrwürdige patriarchalische Erscheinung des Dichters zu bewundern. Es geht offensichtlich eine Bewegung durch den Saal. Welche Erinnerungen mögen all die Mittagsgäste des Hotels an Gerhart Hauptmann haben? Wird nicht jeder wenigstens eins seiner Dramen gesehen haben? Von einem Ecktisch her grüßt Paul Eipper, der hier zur Zeit seine schönen Tierfilme in einem Kino zeigt. Hauptmanns

Tisch steht am Ende des Saales in einer Ecke. Um von den Blik-
ken der Neugierigen nicht belästigt zu werden, setzt er sich mit
dem Rücken zu der Menge. Es ist ein ›Feldküchentag‹. Ein ebenfalls gebetener zweiter Gast rümpft die Nase über das Sauerkraut,
das es gibt. Hauptmann preist es! Er lobt es über alle Maßen,
dieses einfache Gericht, und ich muß zugeben, daß es mir nun
noch einmal so gut schmeckt. Der Kellner läßt uns nur reichlich
lange auf Selters warten. In Gedanken zupft der Dichter ihn
einmal an seiner weißen Jacke. Als ihn seine Frau darauf aufmerksam macht, daß der Kellner am Nebentisch kassiere, also
im Augenblick beschäftigt sei, ist der Dichter entsetzt über sich
selbst. »Um Gottes willen, Gerhart, nur keine Übergriffe!« sagt
er laut vor sich hin. Und er entschuldigt sich bei dem Kellner
und bei den anderen Gästen auf das freundlichste . . .

Gerhart Hauptmann ruht nach Tisch. Zwischen Tee und
Abendessen arbeitet er wieder. Soweit er zurückdenken kann,
hat er immer in den Stunden zwischen fünf und acht am besten
arbeiten können. Die bedeutendsten Stellen seines ebenso umfangreichen wie vielseitigen Werkes entstanden in jenen Stunden, da der Tag ausklingt und die Nacht hereinbricht. Am liebsten diktiert er. Meistens hat er dabei ein Buch in der Hand; es
scheint ihm für die Konzentration notwendig zu sein. Hauptmann erzählt, daß er viele Jahre nichts hat schaffen können,
ohne Eckermanns ›Gespräche mit Goethe‹ in den Händen zu halten. Hauptmann ringt noch heute lebhaft mit der Sprache. Er
diktiert sehr langsam, oft vergehen Minuten, bis er einen neuen
Satzteil, geschweige denn einen neuen Satz oder gar einen Abschnitt diktiert. Viel Geduld haben im Laufe seines Lebens seine
Mitarbeiter aufbringen müssen. Genaugenommen arbeitet er
jeden Tag nur kurze Zeit, und es sind auch gewiß nicht viele
Seiten, die da bei diesem langsamen Arbeitsprozeß zustande
kommen. Aber eben diese Stetigkeit hat sein umfangreiches
Werk zustande gebracht. Das Wörtchen Stetigkeit müßte man in
Versalien schreiben. Ihr kommt in Hauptmanns Schaffen wirklich eine große Bedeutung zu. Selbst während der Tage, da das
geistige Deutschland unlängst seinen achtzigsten Geburtstag
feierte, hat der greise Dichter zwischen den Empfängen und
Festaufführungen in den Dämmerstunden immer gearbeitet.

Nach dem Abendessen trinkt er gern ein Glas Rotwein oder
auch einen Cognac, ein wenig mit Selters gespritzt (einen ›Pjol-
ter‹, wie er es nennt). »Ich möchte doch noch so viel tun«, sagte

er lächelnd. »Ich habe mit meinem Herzen einen Vertrag abgeschlossen. Es soll jeden Tag etwas anregenden Alkohol bekommen. Wenn ich dieses Versprechen halte, so hat es mir versichert, will es auch noch ein paar Jahre weiter seinen Dienst verrichten.« Ob er selbst an die Dauerhaftigkeit eines auf derartiger Basis abgeschlossenen Bündnisses glaubt? Aber als er mich kürzlich, nach meiner Rückkehr aus Italien, nachts in Berlin anrief und mich ermunterte, doch wieder einmal auf ein paar Tage zu kommen, scherzte er allerdings nachdrücklich, ich würde mir Verdienste um die deutsche Literatur erwerben, wenn ich einen ›Gruß‹ von Hollands größtem Künstler – »dem Likörfabrikanten Mijnheer Bols« – mitbrächte.

Als er mich und den inzwischen auch nach Dresden gekommenen Freund Erich Ebermayer an diesem Abend nach dem Essen, das er, wie um sich von der Arbeit zu erholen, mit seiner Frau immer allein auf dem Zimmer einnimmt, wieder empfing, sagte er uns gleich, nachdem wir uns zu ihm gesetzt hatten (er selbst saß unter einer großen Stehlampe vor einem runden Tischchen, auf dem viele alte und neue Bücher lagen): »Das 16. Jahrhundert scheint mir das interessanteste der Menschheitsgeschichte zu sein.«

Hauptmann pflegt seine Zuhörer unvermittelt an ein Thema heranzuführen, das ihn eben interessiert. Auch daran kann man ermessen, wie er immer ganz im Geistigen lebt, wie er selbst ›Kosmos‹ geworden ist. Er braucht nicht irgendwelche Brücken, um das Buch der Geschichte zu durchblättern. Alle Zeiten, alle Themen sind ihm stets gegenwärtig. In langer Selbstschulung hat er sich dazu erzogen. »Der Himmel möge mir das Glück erhalten, mich täglich über das Lokale und Persönliche ins Unendliche und Ewige erheben zu können, will heißen: vom Zeitlichen ins ewige Schicksal.« So steht es in seinen ›Aussprüchen‹.

»Ich lese gerade über Erasmus von Rotterdam und Luther«, erzählt er nun. »Die beiden Herren und die Art ihres Ringens umeinander und gegeneinander beschäftigen mich tief. Insbesondere die Doktrin und Kampfweise des ehemaligen Mönches Luther.« Hier will ich ein Wort für die katholische Kirche einwerfen. Gerhart Hauptmann unterbricht mich ziemlich barsch, und jetzt erst erinnere ich mich, daß zwei Themen ausgesprochen ›heiße Themen‹ für den schlesischen Dichter sind: die katholische Kirche und – Thomas Mann. Also seien sie besser nicht angerührt, sage ich mir.

Im Nebenzimmer klingelt das Telefon. Frau Hauptmann geht hinüber und spricht mit der Sekretärin, Anni Pollak, die anfragt, ob sie noch benötigt wird*. Der Dichter dankt, er bittet nur noch um eine Abschrift jenes Gedichtes, das er heute nachmittag diktiert hat. Während wir aufmerksam darauf warten, daß es von der Sekretärin gebracht wird, lobt er ihren Fleiß. »Denken Sie nur«, wirft Frau Hauptmann ein, »wie wir gestern lachen mußten! Wir sagten Anni, sie solle nun schlafen gehen. Da meinte sie, sie würde nicht eher Schluß machen, als bis Iphigenie tot sei.« Als ihre Gäste Frau Hauptmann verwundert anblicken, erklärt sie: »Anni war bei der Abschrift der eben beendeten dritten Fassung der Iphigenie und meinte, sie wollte nur noch die letzten fünf Seiten mit der Maschine schreiben, welche das Ende der Heldin behandeln.«

Die Sekretärin des Dichters ist erfüllt von ihrer schönen Aufgabe. Erich Ebermayer und ich hatten sie am Nachmittag zufällig auf dem Flur des Hotels getroffen, und da hatte sie uns bereits von dem Gedicht gesprochen. »Wir haben ein reizendes Gedicht gemacht«, hatte sie gesagt. »Hoffentlich lernen Sie es bald kennen!« Nun brachte Anni Pollak auch schon das fragliche Gedicht. Der Dichter erzählte uns, daß ihm ein bekannter Dresdener Kaufmann zum Geburtstag ein paar Flaschen allerbesten Weins mit einem selbstgemachten Gratulationsgedicht geschickt habe. Er hätte sich darüber so gefreut, daß er sich schon damals vorgenommen habe, mit einem Gedicht zu antworten. Heute seien ihm die rechten Verse eingefallen. Er liest erst das Gedicht seines Gratulanten und dann seine in Reime gebrachte Antwort. Wir hören ein entzückendes Gelegenheitsgedicht, wie auch Goethe viele geschrieben hat.

Mein Blick fällt auf eine lange Reihe kleiner alter Bände, in Halbpergament gebunden: ›August von Kotzebues Gesammelte Werke‹. – »Wie kommen Sie auf den?« frage ich neugierig. Hauptmann antwortete: »Ich habe wiederholt festgestellt, daß

---

* Erhart Kästner macht mich freundlicherweise darauf aufmerksam, daß Anni Pollak zunächst Zofe von Frau Hauptmann war, aber später Schreibhilfe des Dichters wurde, weil niemand anderes da war. Sekretärin war also eine Übertreibung. Anni Pollak heiratete 1944 (oder 1945?) den Masseur und Krankenpfleger Metzkow, der Gerhart Hauptmann bis zuletzt pflegte, zudem ein großer Vorleser, Manager und Geldauftreiber war. Hauptmann hatte ihn über den Chirurgen Professor Ferdinand Sauerbruch empfohlen bekommen.

ich noch längst nicht genügend von der klassischen deutschen Literatur kenne. In meiner Jugend galt nur der etwas, der auf August von Kotzebue spuckte. Du mußt doch mal selber sehen, was mit ihm tatsächlich los ist, dachte ich kürzlich, und seitdem lese ich ihn verhältnismäßig viel. Ich möchte Ihnen Kotzebue sehr ans Herz legen. In seinen Lustspielen steckt mancherlei Köstlichkeit. Duftige Liebesszenen sind drin, wie nur bei wenigen Dichtern. Ja, lesen Sie Kotzebue! Sie haben wirklich viel davon, und als junger Dramatiker lernen Sie auch viel von ihm. Gewiß, dem Autor der ›Deutschen Kleinstädter‹ müßte man viel mehr Gerechtigkeit widerfahren lassen!«

Gerhart Hauptmann stellt ein paar Fragen. Wir kommen unversehens auf die französische Literatur und auf Frankreich zu sprechen. Er nennt französische Dichter, die er immer gern gelesen hat. Er lobt vor allem Honoré de Balzac. Er preist ihn mit beredten Worten, aber er analysiert ihn auch. Er analysiert ferner die ästhetischen Doktrinen verschiedener französischer Schriftsteller der letzten Jahrzehnte und kommt dabei auf das Schicksal nicht allein des französischen Geistes, sondern des französischen Volkes zu sprechen.

Gerhart Hauptmann berichtet von Beobachtungen auf seinen verschiedenen Reisen durch Frankreich und gibt ein lebendiges Bild von Paris. »Aber was fand man sonst in Frankreich, wenn man Paris verließ?« fragt er. »Ich glaube die französische Provinz ganz gut zu kennen. Wie hat mir der Verfall oft leid getan, wie nachdenklich hat er mich gestimmt. Diese Armut in Südfrankreich! Dieses Absinken der wirtschaftlichen und kulturellen Verhältnisse aller Bevölkerungsschichten! Der Friede von Versailles hat mich nie darüber hinweggetäuscht, daß auch Frankreich wahrscheinlich noch ein furchtbares Schicksal bevorstände. Erst recht hat mich der Glanz von Paris nie verblenden können. Ich habe auch immer gesagt: Paris ist nicht Frankreich und Frankreich nicht Paris ... Und nun hat man das Debakel!« Hauptmann spricht sodann vom Westfeldzug 1940, spricht von Toulon, von Pétain, de Gaulle, Darlan und Giraud. Alles Gestalten und Schicksale, die ihn, wie alles Lebendige in der Welt, brennend interessieren.

Es fällt der Name des baltischen Biologen und Physiologen J. J. von Uexküll, der u. a. das Buch ›Niegeschaute Welten – Die Umwelten meiner Freunde‹ geschrieben hat. Hauptmann kennt das Werk nicht. Er bedauert es lebhaft. Er will es noch lesen. Diese Probleme, in den letzten fünfzig Jahren viel diskutiert und insbesondere durch die ›Juste milieu‹-Stücke auf die Bretter des Theaters gebracht, haben schon den Knaben und Jüngling Gerhart Hauptmann gefesselt. Er erzählt: »Während der Schulausflüge dachte ich oft über die Wesenheit der Sonne nach. Es wurde mir früh klar – obwohl ich damals noch keine großen Reisen gemacht hatte –, daß die Sonne, wie wir sie im Riesengebirge erleben, für uns Schlesier ein ganz anderes Phänomen ist als beispielsweise für die Iberer – ungeachtet dessen, daß es dieselbe Sonne ist. Es kommt tatsächlich auf die Umwelt an, in der wir die einzelnen Phänomene, die großen und die kleinen, erleben. Und sehen Sie noch ein anderes Beispiel, das ich mir oft vor Augen halte. Wenn die Sonne aufs Meer scheint, so bedeutet sie nicht für alle Fische, die darin schwimmen, das gleiche. Den Fischen, die unmittelbar unter der Meeresoberfläche schwimmen und ab und an nach Mücken schnappen, bedeutet sie etwas anderes als denen, die sich in dreihundert Meter Tiefe tummeln. Lächeln Sie nicht, junger Freund! Ich weiß, das hört sich banal an. Aber wer zieht aus solchen Erscheinungen und Wahrheiten wirklich seine letzten Konsequenzen und richtet sein Handeln danach ein?«

Frau Hauptmann hatte sich für ein paar Minuten mit Erich Ebermayer ins Nebenzimmer zurückgezogen, um eine Zigarette zu rauchen. Wegen seines Katarrhs, der allerdings heute schon im Abklingen begriffen ist, will der Dichter den Tabakrauch meiden. Sie kehrt nun zurück und weist darauf hin, daß es von einem Kirchturm schon Mitternacht geschlagen habe. Man müsse sich zur Ruhe begeben. Und so verabschieden wir uns und freuen uns auf die Gespräche am nächsten Tag.

Schon am Morgen erhalten wir die Mitteilung der Sekretärin, daß es ›Herrn Doktor viel besser‹ ginge und daß er ein Stück spazieren zu gehen beabsichtige. Außer seiner Frau dürfen wir beide ihn begleiten. Das Ufer der Elbe liegt in mildem Wintersonnenschein, und der Tag ist frühlingshaft. Gerhart Hauptmann spricht mit zärtlichster Liebe von Dresden, an das er so manche schöne und so manche traurige Erinnerung hat, womit er an seine erste Ehe und die Interimszeit vor der zweiten denkt, an jene Zeit also, die er im ›Buch der Leidenschaft‹ schildert. Er ist in einen warmen, dunklen Mantel eingehüllt und trägt auf dem Kopf einen hohen grauen Schlapphut. Trotz des Eingemummtseins erkennen ihn manche Dresdener und manche

Dresdenerin. Die Passanten werfen ihm verstohlene Blicke zu. Einige grüßen ihn ehrfurchtsvoll. Mehrere Tage ist er wegen des Katarrhs nicht draußen gewesen. Er genießt deshalb diesen Spaziergang in der Mittagssonne dankbar mit allen Sinnen.

Angeregt durch eingegangene Briefe, kommt er auf die seit wenigen Wochen vorliegende ›Ausgabe letzter Hand‹ seines gesammelten Werkes zu sprechen, die zu seinem achtzigsten Geburtstag herausgekommen ist. Obgleich die vorläufig erschienenen Bände 185 Mark kosten, ist die erste Auflage längst vergriffen, und für eine neue liegen auch schon wieder Tausende von Vorbestellungen vor. »Peter Suhrkamp weiß sich nicht zu retten vor all den Anfragen«, sagt er stolz.

Zum letzten Male sprachen wir im August 1939, also kurz vor Kriegsausbruch, in Agnetendorf über diese Ausgabe, von der Gerhart Hauptmann damals meinte, er würde sie wahrscheinlich nicht mehr erleben. Um so mehr freut er sich, daß sie trotz der kriegsbedingten Schwierigkeiten fertig vorliegt. Er ist sich darüber im klaren, daß solch eine Gesamtausgabe, welche die Werke in chronologischer Reihenfolge bringt, ihre Vor- und Nachteile hat. Auch er vertritt die Ansicht, daß man gewisse Werke eines Dichters außer in einer Gesamtausgabe noch in Einzelbänden besitzen muß. Es brauchen nicht einmal Luxus- oder Sonderdrucke zu sein. Gerhart Hauptmann sagt: »Denn es ist mit Dichtungen wie mit anderen Kunstwerken. Wenn man sie in einer Sammlung, beispielsweise in einem Museum sieht, wirken sie oft ganz anders, als wenn man sie herausgelöst, einzeln betrachtet: eine Statue beispielsweise in der Nische eines Wohn- oder Studierzimmers. Mit der Einzelausgabe einer Dichtung kann man oft mehr leben. Kommt nicht alles darauf an, daß wir mit den Kunstwerken leben?«

Indem wir gemächlich am Elbufer dahinwandern, bedenkt er immer wieder mit liebevollen Blicken das architektonisch so schöne Bild der alten Stadt. »Man kann sagen, was man will: Dresden hat doch etwas von Florenz!« sagt er. »Überhaupt etwas Italienisches. Wirklich, man muß diese Stadt lieben. Ich tue es! Möchte sie niemals das Schicksal anderer Städte teilen. Ich wäre untröstlich – mein Kleinod – mein Dresden!«

Da wir jetzt die einzigen Spaziergänger hier sind, wir uns im Hotel oft zu sehr beobachtet fühlen und der Dichter seine Frau und mich mehrfach ermahnte, in Gesprächen recht vorsichtig zu sein, nehme ich die Gelegenheit wahr, auf ein sehr persönliches

Thema zu kommen, das mir besonders am Herzen liegt. Er soll an Hitler oder Goebbels oder sonst wen ein Gesuch richten, den Vater meiner Freundin Evelyn, die bei mir ohne Papiere lebt, vor dem Verschicken zu retten. Es geht um den jüdischen Begründer des Berliner Nollendorf-Theaters, Alfred Halm, der die ›Hannele‹ uraufgeführt hat und mit dem ich gerade ein Stück schreibe, dessen ersten Akt Hauptmann mit Lob bedacht hat. Ich finde mit meiner Bitte kein Gehör. Der Dichter schätzt es, daß ich mich für Freunde einsetze. Er selber sieht sich aber außerstande, jenen zu helfen.

In mein Zimmer zurückgekehrt, bin ich von großer Unruhe erfüllt. Ich greife zu dem seit Jahren verbotenen Buch von Joseph Chapiro über Gerhart Hauptmann. Eine Fügung läßt meine Augen auf einer Stelle ruhen, die ich heute ganz besonders nachfühlen kann. Laut Chapiro bekannte Hauptmann schon vor Jahren in einem Gespräch: »Ich bin für Kompromisse, weil ich die äußere Bequemlichkeit brauche, um mich meinen inneren Gegensätzen widmen zu können. Ich flüchte in die äußere Bequemlichkeit, wenn mein seelisches Unbehagen allzu quälend wird. Diesen Ausgleich braucht jeder schöpferische, jeder harmonische Mensch.« Hätte ich ihn also lieber gar nicht mit den Sorgen meiner Freunde behelligen sollen? Der Zwiespalt meiner Gedanken und Gefühle ist groß.

Am Abend sind wir wieder bei ihm. Er trägt seinen berühmten Gehrock, der seiner Erscheinung etwas Ehrwürdiges gibt. »Haben Sie eigentlich viel von Dickens gelesen?« Mit dieser Frage empfängt er mich. – »In meinen Jugendjahren habe ich ihn genauso leidenschaftlich gelesen wie heute.« – »Du darfst Thackeray nicht vergessen«, fügt Frau Margarete hinzu. – »O ja, du hast recht, liebes Kind!« – Frau Hauptmann fährt fort: »Erinnerst du dich noch der letzten Premiere in Köln? Beinahe wären wir zu spät in die Festaufführung gekommen, weil du, schon im Frack, deinen Dickens nicht aus der Hand legen wolltest. Und nach der Vorstellung sagtest du eine Geselligkeit ab, nur um ins Hotel zurückzukehren und deinen Dickens weiterzulesen.« – »Ich sah ja auch nur Gerhart Hauptmann auf der Bühne«, erwidert Gerhart Hauptmann mit schalkhaftem Lächeln. »Dickens verließ mich während der ganzen Vorstellung nicht! Deshalb mußte ich ihn schnell weiterlesen.«

Wir kommen nebenbei auf den ›großen William‹ zu sprechen, wie Hauptmann Shakespeare zu nennen pflegt. Das Gespräch kreist aber vorläufig um Dickens. Erstaunlich, wie vollendet der greise Dichter englische, französische, lateinische und selbst griechische Namen und Begriffe sprachlich beherrscht. Ja, er zitiert in diesen alten und neuen Fremdsprachen. Dabei ist doch Hauptmann, der Gastwirtssohn aus Salzbrunn, Autodidakt! »Wie schade, daß Romanschriftsteller so schnell vergessen werden«, sagt er, dieses Thema beschließend. »In manchem alten Roman steht mehr Gutes als in manchem alten Drama. Und doch werden Romane eher übersehen als Theaterstücke.«

In unserem heutigen Gespräch gelangten wir auch zu seiner Tragödie ›Veland‹. Sie wurde im Sommer 1898 in Hiddensee begonnen und dort im Herbst 1923 beendet. 1925 erschien die Buchausgabe, und im selben Jahr wurde das Drama in Hamburg uraufgeführt. Es schloß sich eine heftige Diskussion an, und das Stück blieb mißverstanden, bis es im Herbst 1942 von Heinrich George in einer hervorragenden Aufführung in Berlin im Schillertheater neu herausgebracht wurde. Das Stück wurde dort zu einem großen Erfolg.*

»Diese Rehabilitierung des Werkes bedeutet mir eine der größten Geburtstagsfreuden«, bekennt Hauptmann. »Es ist ja merkwürdig: Stücke, die einen Mißerfolg haben, liegen einem Dramatiker meist mehr am Herzen als Erfolgsstücke. Es besteht hier anscheinend eine gewisse Parallelität zu Kindern des Fleisches. Diejenigen Kinder, die einem Sorgen bereiten, liebt man oft mehr als jene, bei denen alles glatt geht.« Wir sprechen über die Persönlichkeit des Schmiedes Wieland, der Hauptgestalt der ältesten germanischen Heldensage. Ich sage, daß mich die Tragödie ›Veland‹ so sehr interessiert habe, weil in ihr, erstmals in einem deutschen Drama, der frühe Flugtraum gestaltet worden ist. Über die Frage, ob er selber einmal ein Flugzeug bestiegen habe, lächelt Hauptmann. Er verneint es dann. – »Aber glauben Sie denn, daß es notwendig ist, selbst geflogen zu sein, um ein solches Drama zu schreiben? . . . Ich glaube, nein. Ein wirklicher Dichter kann sich dank seines Ingeniums, dank seiner Phantasie auch so vorstellen, was ein Flugerlebnis ist. Ja, seine Vorstellungskraft muß auch dazu ausreichen, sonst ist er kein Dichter.«

Hauptmann füllt sein Glas neu mit Rotwein. »Ach wissen Sie,

---

* Es heißt, Heinrich George habe kurz vor seinem Tode in einem russischen Internierungslager auf der Gefangenenbühne als letzte Rolle nochmals den ›Veland‹ gespielt. Auch ein Signum? Oder nur ein Zufall?

wenn ich mein Leben und Schaffen bedenke, dann bin ich so viel geflogen!« fährt er mit leiser Stimme und geschlossenen Augen fort. Er schweigt einen Augenblick, rückt auf seinem Sessel nach vorn und sagt, das Glas erhebend: »Aber wenn es verlangt wird, fliege ich auch! Noch morgen, wenn Sie wollen.« Wundervoll, mit welcher Frische und Abenteuerlust der Achtzigjährige nun auffordert, ihm einen präzisen Vorschlag für eine Luftreise zu unterbreiten. Dann greift er zur Feder und schreibt mir, der ich alles sammle, was künstlerisch eine Beziehung zur ikarischen Idee hat, eine Widmung in die Erstausgabe des ›Veland‹.

Gerhart Hauptmann wendet sich jetzt zum Tisch neben sich und reicht von da ein großformatiges Buch herüber, eine außerhalb des Gesamtwerkes eben erschienene Sonderausgabe seiner Dichtung in Terzinen ›Der Große Traum‹. – »Von all meinen Werken«, erläutert Gerhart Hauptmann, »wird dieses vielleicht am längsten leben.« Er fragt, ob er einen Gesang daraus vorlesen soll. Wir bitten ihn darum. Hauptmann setzt seine große, dunkelgefaßte Hornbrille auf, öffnet das Buch, sucht eine geeignete Stelle heraus und liest. Als Rezitator ist Gerhart Hauptmann ein guter Interpret seiner Dichtungen. Er liest langsam, fast feierlich, mit feiner Betonung dessen, worauf es ankommt. Seine Stimme hebt und senkt sich fortwährend und wechselt von Dur in Moll. Weil das Werk eben erst veröffentlicht wurde, steht eine Wertung durch die Kritiker noch aus. Hauptmann selbst gibt zu verstehen, daß er der Meinung ist, ›Der große Traum‹ stelle im Rahmen seines Gesamtwerkes das dar, was bei Goethe der ›Faust‹ ist. Er meint hiermit nur den geistigen Standort, nicht eine künstlerische Wertung.

Nach der Vorlesung blättere ich in der Buchausgabe des ›Großen Traumes‹. Schön in rotes Saffianleder gebunden, ist dieses Exemplar ein Geschenk von Anton Kippenberg, des Gründers des Insel-Verlages, der die Sonderausgabe in seinem Verlag herausbringt. In einer Schlußbemerkung heißt es, daß das Werk im November 1914 in Berlin-Grunewald begonnen und nach vielen Arbeitsstationen im Mai 1942 in Agnetendorf beendet worden ist. Neuer Anlaß, den Dichter Grundsätzliches über den Schaffensprozeß zu fragen.

Allgemein sagt Gerhart Hauptmann zu diesem Werk, daß er, wenn er heute darin liest, sich selbst wundert, der Autor zu sein. »Ich kann mich eigentlich beim besten Willen nicht erinnern, es je geschrieben zu haben. Nein, das habe ich nicht gemacht. Das müssen die Götter gewesen sein.« Ich werfe ein: »Was wir, Herr Hauptmann, an Ihnen bewundern, ist dies: Nicht allein die Fülle der Gestalten, sondern darüber hinaus die verschiedenen künstlerischen Strömungen in Ihrem Gesamtwerk. Hie Naturalismus! Hie Klassizismus! Und dazwischen so viele Abstufungen und Schattierungen. Da ›Die Weber‹, die ›Pippa‹, ›Gabriel Schillings Flucht‹, ›Dorothea Angermann‹, dort die beiden ›Iphigenien‹, ›Till Eulenspiegel‹ und ›Der große Traum‹.«

Und ist es nicht auch verwunderlich, daß nicht eine Richtung bei Hauptmann die andere ablöst, sondern sie im Laufe der Jahre immer wieder ineinandergreifen wie die gespreizten Finger der beiden Hände, die wir ineinanderschieben? Und diese Beobachtung können wir nicht allein beim ›Großen Traum‹ anstellen. Viele Werke wurden nicht in einem bestimmten Jahr geschaffen, sondern oft in mehreren Jahren, ja in Jahrzehnten. Bieten sich uns jungen Schriftstellern nicht oft dadurch Schwierigkeiten, daß wir Angst haben, in dieser bewegten Zeit gar zu sehr aus der für jedes einzelne Werk notwendigen Stimmung und dem, was sonst zur Konzeption eines Kunstwerkes notwendig ist, herausgerissen zu werden?

Gerhart Hauptmann erklärt: »Sehen Sie, ein Künstler muß sich darüber klarwerden, daß in ihm verschiedene Möglichkeiten schlummern, und er muß erkennen lernen, welche Möglichkeiten er vorzugsweise mitbekommen hat. Diese Möglichkeiten liegen bei ihm aufeinandergeschichtet ... Jedes Werk nun bedingt eine gewisse Form. Wenn ich heute ein naturalistisches Drama, das noch nicht seine letzte Gestalt gefunden hat, aus dem Archiv heraushole und an ihm arbeite, wird ganz einfach der Naturalist in mir lebendig. Ich schreibe dann als Naturalist. Befasse ich mich dagegen mit ›Agamemnons Tod‹ oder der ›Elektra‹, den Mittelstücken aus meiner Atridendichtung, dann verschwindet der Naturalist in der Versenkung, und mein Humanistentum tritt in seine Rechte. Man muß an sich selbst glauben, sich selbst erkannt haben, wie es über dem Tempel von Delphi geschrieben steht. Und zur größten inneren Ruhe muß man heranreifen! Dann kann man auch in Gemessenheit und Überlegenheit im Laufe der Zeit unbeirrt ein vielgestaltiges, vielseitiges Werk aufbauen.«

Wir kamen auf das Schicksal des deutschen Geistes zu sprechen und damit auf unsere unmittelbare Gegenwart. Es läßt sich denken, daß ein Dichter von achtzig Jahren, der sich nie speziell für politische und militärische Angelegenheiten begeistert hat, an Details des Zeitgeschehens nicht solchermaßen Anteil nimmt wie ein Mann in jugendlichen oder mittleren Jahren, der Tag für Tag nach den verschiedenen Sendern die Kampffronten einzeichnet. Und trotzdem interessiert sich Gerhart Hauptmann für Zeitereignisse. Wieder einmal ging es auf Mitternacht zu. Frau Margarete hatte eben ein paar trockene Roggenmehlwaffeln herumgereicht, die wir (ewig hungrig, wie man jetzt ist) wie einst die leckersten Sandwiches mit größtem Appetit aßen. Da sprach Gerhart Hauptmann im Anschluß an Betrachtungen über das deutsche und europäische Schicksal in den vergangenen achtzig Jahren seines Lebens:

»Ich kann nur immer wiederholen, daß ich, was uns auch in Zukunft in diesem Krieg noch widerfahren mag, über das deutsche Schicksal beruhigt bin. Auch ich hätte lieber gesehen, dieser Krieg wäre *nie* über uns hereingebrochen. Erfreulich ist es wahrhaftig nicht, an seinem Lebensabend einen Zweiten Weltkrieg – und zumal einen solchen von äußerster Härte und Tragweite – miterleben zu müssen. Aber er ist nun einmal da, und so wollen wir aufhören zu diskutieren, auf welche Weise er hätte vermieden werden können. Das ändert nichts an den Tatsachen: wir geistigen Europäer haben die Pflicht, darin vorbildlich zu sein, auch diese Prüfung mit Würde und Haltung zu ertragen. Sie erinnern sich dessen, was ich über den Glauben sagte, von dem jeder Dichter beseelt sein muß. Diesen Glauben an sich selbst braucht überhaupt jeder Mensch in jedem Lebensalter und in jeder Lebenslage. Ich meine den, wie man sagt, Bäume versetzenden Glauben. Bedauerlicherweise fehlt dieser Glaube so vielen Zeitgenossen. Dies ist insofern bedauerlich, als dieser Mangel nicht allein zum Nachteil der einzelnen gereicht, sondern darüber hinaus zum Nachteil der Völker. Der Volksglaube ist doch nichts als eine Addition des Glaubens der einzelnen Bürger. Wenn ich mich in meinen letzten Dichtungen für das Theater insonderheit mit der Antike auseinandersetze, so, weil zu jener Zeit der Glaube am stärksten gewesen ist. Was ich in den letzten Jahren schrieb und was ich noch schreiben werde, steht alles unter dem Zeichen des Glaubens. Bedenken Sie, wenn ich hoffnungslos wäre, was das deutsche Schicksal im besonderen und das europäische Schicksal im allgemeinen angeht, so würde ich entweder längst die Feder aus der Hand gelegt oder mich zumindest anderen Problemen zugewandt haben. Um ganz deutlich zu sein: welche Wendungen auch immer dieser Krieg noch nehmen mag, welche Überraschungen er uns noch bringen will, unerschütterlich wird, wenn ich jetzt einmal nur von ihm sprechen darf, der deutsche Geist sein. Es ist nicht wahr, daß er so oder so, ich meine von innen oder von außen her, je vernichtet werden kann! Im Gegenteil: Betrachten Sie die deutsche Geschichte! Je größer die Not war, um so reiner und inniger blühte das, was wirklich vorbildlich deutsch war, für uns Deutsche verehrungswürdig und damit ebenfalls verehrungswürdig und wertvoll für die gesamte kultivierte Menschheit. Damit will ich zugleich sagen, daß ich alter Mann um Deutschland und Europa – um den deutschen Geist, der der Sauerteig des europäischen ist … besorgter wäre, wenn die Welt etwa jetzt in Saus und Braus wie bei einem übermütigen Faschingsvergnügen leben würde. Jawohl, ich leide unter den Strömen edelsten Blutes, die auf dieser und der anderen Seite der Front, bei Freund und bei Feind also, da und dort auf den Schlachtfeldern vergossen werden, mehr als ich überhaupt in Worten ausdrücken kann. Aber ich sage: Amor fati – Liebe zum Schicksal! Tragt euer Schicksal und macht das Beste daraus, verliert nie die Menschenwürde, habt Haltung, habt Glauben. Oder um es mit meinem Hausspruch zu sagen: Ex corde lux! – Licht aus den Herzen! Darauf kommt es an.«

In den Gesprächen Goethes mit Eckermann finden wir eine Charakteristik des Greises, die auf Gerhart Hauptmann ebenso paßt wie auf Goethe: »Wir saßen lange beisammen, in ruhiger liebevoller Stimmung. Ich drückte seine Knie, ich vergaß das Reden über seinem Anblick, ich konnte mich an ihm nicht satt sehen. Das Gesicht so kräftig und braun und voller Falten und jede Falte voller Ausdruck. Und in allem solche Biederkeit und Festigkeit und solche Ruhe und Größe! Er sprach langsam und bequem, wenn er redete. Man sah ihm an, daß er in sich selber ruht und über Lob und Tadel erhaben ist. Es war mir unbeschreiblich wohl; ich fühlte mich beruhigt, so wie es jemandem sein mag, der nach vieler Mühe und langem Hoffen endlich seine liebsten Wünsche befriedigt sieht.« Ja, ganz so empfand ich es bei dieser neuerlichen Begegnung mit Gerhart Hauptmann. Seltsames Spiel der Nornen, zwei Dichter innerhalb von hundert Jahren zu so verwandten Naturen zu machen. Zwiegesichtiges Deutschland – janusköpfiges Land – reiches Land.

(1943)

Albert H. Rausch alias Henry Benrath

> *»Alle große Kunst ist über-geschlechtlich*
> *wie Gott selbst.«*   A. H. R.

Als Student war ich Albert H. Rausch einige Male kurz begegnet: In Berlin und in Paris. Wir beide wußten, daß wir uns
eines Tages etwas zu sagen haben würden. Wir hatten Zeit ...
Im Winter 1944/45 lebte ich eine Zeitlang als Flüchtling in
Mailand. Eines Tages erfuhr ich hier, daß Albert H. Rausch, der
sich nun Henry Benrath nannte, in der Nähe des Comer Sees in
Magreglio wohnte. Ich spürte intuitiv, daß ich jetzt niemanden
anderes als ihn sehen mußte: daß die Stunde unserer Freundschaft geschlagen hatte.

Wie kam man zu ihm? Unter welchen Umständen lebte er
jetzt? War ihm der Besuch einer persona ingrata willkommen?
Ich hatte keinerlei Gelegenheit, mich zu unterrichten. So begab
ich mich schließlich kurz entschlossen auf den Weg. Statt fünf-
viertel Stunden war ich zwischen Mailand und Como zehn
Stunden unterwegs. Ein Fliegeralarm löste den anderen ab ...
Von Como nach Erba. Ich wanderte mit meinem Köfferchen zu
dem an der Peripherie des Städtchens gelegenen Bahnhof. Aber
der Zugverkehr war längst eingestellt. Ein geheimnisvoller
Mann, der offenbar zu den Partisanen gehörte, machte mich auf
den hilfsbereiten Inhaber einer Reparaturwerkstätte aufmerksam. Dieser würde mich mit seinem Motorrad nach Magreglio
bringen. Für Kochsalz und Saccharin als Bezahlung.

Magreglio liegt hoch in den Bergen in jenem Alpenmassiv, das
westlich vom Lago di Como und östlich vom Lago di Lecco be-
grenzt ist. Eine Reihe wohlhabender Mailänder Familien haben
hier Landhäuser. Endlich war ich an der richtigen Tür. Seine
Freunde indessen – vornehme, hochgebildete italienische Fabrik-
besitzer – mußten mir bei einigen wärmenden Cognacs leider
erzählen, daß Signore Rausch für ein paar Tage bei einem anderen Freund zu Besuch sei. Nun, zum Verzweifeln war kein
Grund; ich durfte nun wenigstens mit ihm telefonieren. Unser
Gespräch verlief wie unter den ältesten Freunden, als sei es ganz
natürlich, daß ich ihn anrief, als habe er mich gerade jetzt erwartet.

Der Dichter war Gast bei einem Großindustriellen, der aus Hamburg stammte, aber schon seit Jahren in Mailand ansässig war. Auf dessen Besitz am Lago Maggiore hatte Benrath seine ›Kaiserin Theophano‹ geschrieben. (Nach dreißigjährigem Vorstudium und mit Hilfe seiner ›Zettelkästen‹ und einigen Litern Mokka in achtundvierzig Stunden ›wie in einem Trancezustand‹.) Der Gastgeber selbst war in seiner Fabrik. Benrath war stellvertretender Hausherr. Mit welchem Behagen genoß er das kultivierte Ambiente: die herrliche Sammlung von Bildern, Bronzen, Holzplastiken, antiken Möbeln und Teppichen. Es mögen auszugsweise Aufzeichnungen aus meinem Kriegstagebuch folgen, da sie vielleicht am lebendigsten die weiteren Eindrücke wiedergeben:

... Es geht ein unwiderstehlicher Zauber von diesem Manne aus wie von wenigen Menschen! Obwohl über die Sechzig, wirkt Benrath ausgesprochen jugendlich. Er hat das Air eines Grandseigneurs. Beim Ausgehen trägt er einen Homburg, Regenschirm oder Spazierstock. Aber auch wenn man ihn frühmorgens im Hausanzug und mit Wollweste trifft, befindet er sich nicht en pantoufle. Immer hat er Würde. Er leidet seit Jahren an einer höchst quälenden, mit allen möglichen bösen Komplikationen verbundenen Nierengeschichte. Er muß sich sehr schonen und braucht vielerlei Medikamente ...

Es gibt Grandseigneurs, die man sich nur mit einer Dienerschaft vorstellen kann. Ich weiß, daß Benrath manche willige Hand zur Unterstützung hat. Wirklich nötig hat er sie nicht. Seitdem er seine Wahlheimat Paris aufgegeben hat, wo er fast dreißig Jahre lang wohnte, lebt er – seit September 1939 – in der Schweiz und in Italien nur noch aus einem halben Dutzend Koffern. Zu seinem Gepäck gehören: Kaffeemaschine, Kaffeemühle, eine kleine Bratpfanne und ein Topf, ein Primuskocher, flüssiger und harter Spiritus. In beiden Häusern, in denen ich ihn doch tagelang erlebte, hätte ich ihm gern manche Mühe, so zum Beispiel die des Kaffeekochens, abgenommen. Er will das aber nicht, und vielleicht kann auch niemand so gut Mokka, schwarzen Tee oder Schweizer Schokolade kochen wie er. Als ich ihn nach einem Zwischenaufenthalt in Mailand in seiner Wohnung in Magreglio aufsuchte, mußte er hier sogar seine Stube selbst heizen und vorher das Holz zerkleinern. Er tat es mit so viel Eleganz, daß es geradezu ein Vergnügen war, ihm zuzusehen. Helfen ließ er sich auch hier von seinem Gast nicht.

Selten habe ich mit einem Menschen so schnell den innigsten Kontakt gefunden. Ein Gespräch mit diesem Künstler ist keineswegs kompliziert, manchmal allerdings anstrengend. Ist man mit ihm zusammen, muß man ständig auf dem Quivive sein, als habe man sich gegenüber einen Meister im Schach. Es kommt Benrath auch auf jeden ›Zug‹ an! Er spricht dasselbe klare, dabei nuancenreiche Deutsch, das er schreibt. Fremdsprachliche Zitate sagt er gern im Original. Seine Rede ist wie ein unaufhörliches Blitzen. Da klingt ein französisches Zitat auf, da ein italienisches, nun folgt ein englisches, spanisches, russisches oder dänisches. Seltsam ist, daß man ihm fremdsprachlich ebensogut folgen kann wie im Deutschen. Ich möchte sagen: Er entkompliziert dem Ausländer die Fremdsprachen. Vor vielen Gesprächspartnern vermeidet man es, fremdsprachliche Kenntnisse anzubringen. Benrath fordert dazu heraus. Ich möchte so weit gehen, zu behaupten, daß man in seiner Gegenwart im eigenen Hirn Worte findet, von denen man gar nicht wußte, daß man sie kannte. Benrath ist ein Anreger, Entzünder, Beflügler . . .

Diese Notizen sind unvollständig ohne einen Hinweis auf das Bild seines Kopfes und auf seine Mimik. Sein Haar ist silbergrau. Sein Schnurrbart über der Oberlippe schmal und weiß, seine Wimpern und Brauen sind schwarz. Welch schöner Kontrast zum Haar! Dazu die große Nase, die sein Gesicht dem von Moltke ähnlich macht – wie es Lenbach gemalt hat. Welches Strahlen, welches Leuchten geht von diesem Gesicht aus, wenn er erzählt: Ist das Thema eine dänische Fischhändlerin, so erzählt Benrath nicht von ihr, sondern er stellt sie dar. Kommen wir auf Aristide Briand, den er gut kannte, scheint er diesen großen französischen Staatsmann zu verkörpern. Benrath kann ein hessischer Bauer sein, ein verknöcherter pommerscher General, ein leichtes Mädchen vom Berliner Kurfürstendamm. Wir sprachen von Schauspielern und Schauspielerinnen. Er konnte sie alle imitieren. Er erzählte von einem fürchterlichen Krach mit Alexander Moissi, dessen komödiantisches Naturell ihm wenig lag. Als er den Goetheschen ›Prometheus‹ à la Moissi rezitierte, glaubte ich daheim meine Schallplatte zu hören, die Willy Haas von Moissi erhielt und mir vor seiner Rückkehr nach Prag schenkte. Ich bekam Bauchweh vor Lachen. Ich mußte Benrath bitten aufzuhören. Überhaupt haben wir oft zusammen so sehr gelacht, daß ich drängen mußte, ›Lachpausen‹ einzulegen. Es ging über meine Kräfte.

Albert H. Rausch alias Henry Benrath
(Federzeichnung von Sigfrid Oelke)

Die eminente Begabung Benraths fürs Erzählen ist schon oft gerühmt worden. In diesen Tagen scheint mir deutlich zu werden, daß sie unter anderem ihren Ursprung in seiner Musikalität hat. Er wollte eigentlich Komponist werden. Benrath wurde ein leidenschaftlicher Pianist und ist das noch heute. Er sagte mir, daß er nach dem Ersten Weltkrieg in Paris wiederholt konzertiert habe, um nach dem Verlust seines kleinen Vermögens durch die Inflation zu etwas Geld zu kommen. Viele Jahre war er mit Claude Debussy befreundet und hat, nach seinem eigenen Bericht, an dessen Oper ›Pelléas et Mélisande‹ mitgearbeitet. Nun kannte er jede Note der Oper auswendig. Mehrfach betonte Benrath, daß er sich ohne Musik sein Leben nicht vorstellen könne. Wenn er keinen Flügel oder kein Klavier zur Verfügung hat, hört er sich gelegentlich ein Radio- oder Schallplattenkonzert an ...

Als ich ihn das zweite Mal in diesen Wochen besuchte und bei ihm in Magreglio wohnte, hatten wir wieder einmal bis zum Morgen diskutiert und daraufhin bis mittags geschlafen. Ich wurde wach durch die Drehorgelmusik eines Karussells, das in der Nachbarschaft von Zigeunern aufgestellt worden war. Nach englischer Sitte kam da auch schon mein Gastgeber Henry Benrath mit einer Tasse schwarzen Tee an mein Bett, um sich nach meinem Schlaf, meinen Träumen und meinem Wohlergehen zu erkundigen. Eben wurde unten ein Tango von Albeniz gespielt. Rausch tat, als säße neben ihm auf dem Stuhle eine Dame, führte die Luftgestalt in die Mitte des Zimmers, nahm sie in den Arm und begann nun Tango zu tanzen. Höchst amüsiert schaute ich zu. Wie elegant waren seine Bewegungen! Wie vollendet seine Schritte! Brach die Musik ab, unterhielten wir uns über das Tanzen. Wie liebte er den Tango! Wie viele Figuren kannte er! Er kannte auch ihre Herkunft, ihre Bedeutung. Später erzählte er mir, die vier errungenen internationalen Tangopreise bei den exquisitesten Tanzturnieren bereiteten ihm noch heute viel Freude . . .

Immer wieder war in diesen Tagen ein Erlebnis sein Umgang mit Menschen. Ich kenne wenige derart unkonventionelle Persönlichkeiten. Bei jeder Gelegenheit findet er die rechte Form. Er weiß die Prinzessin (eine italienische hatten wir eines Tages bei Tisch) als Prinzessin zu nehmen, den Diplomaten als Diplomaten. Nicht weniger geschickt weiß er mit einer Scheuerfrau oder einem Apfelsinenverkäufer umzugehen. So wurde mir in diesen Tagen auch klar, was eigentlich ein Demokrat ist. Meine Generation hatte bisher wenig Gelegenheit, solche kennenzulernen . . .

Benraths Arbeitszimmer in Magreglio in der Industriellenvilla: Auf den ersten Blick möchte man es eine ›Studentenbude‹ nennen. Erst nach und nach dringt man in die Geheimnisse dieses gemütlichen Raumes ein, nämlich, daß man hier einen Mikrokosmos im Makrokosmos erlebt. Sehr beeindruckte mich die Ordnung auf seinem Arbeitsplatz, überhaupt sein Ordnungssinn. Aber ich wußte, daß er Bohèmewirtschaft ablehnt. All sein Besitz ist in den Koffern wohlverteilt. Dabei weiß er immer, wo alles steckt. Unordnung ist ihm genauso verhaßt wie Disziplinlosigkeit. Dabei ist er keineswegs ein Pedant.

Seit jeher interessiert mich, ohne daß ich viel von Graphologie verstehe, die Handschrift von Menschen, bei Schriftstellern ihre Manuskripte. Vorarbeiten, also Notizen, macht Benrath in seiner schnellen Briefhandschrift. Prosa und Verse schreibt er wie ein Mönch des Mittelalters in einer akkuraten Blockschrift. Selbst die 400 bis 500 Seiten umfassenden Romane der Kaiserinnen hat er in dieser Blockschrift geschrieben. Er sagte mir, daß ihn dieses verhältnismäßig langsame Schreiben immer wieder zum Nachdenken zwinge, und dadurch komme er, selbst beim mechanischen Abschreiben der Urschriften, zu einer neuen Überarbeitung. Er hat seine eigenen Papierlieferanten, die eigens für ihn Schreib- und Druckpapier schöpfen (dies war mir bislang nur von Gerhart Hauptmann und von Lawrence of Arabia bekannt). Seine Manuskriptseiten wirken wie Kunstblätter. Kein Wunder, daß sich Sammler dafür interessieren. Benrath hat Manuskripte der Kaiserinnenromane, aber auch früherer Werke, für hohe Summen an Liebhaber verkauft. Aus dem nämlichen Grunde hat er schon als sehr junger Dichter von seinen Werken immer erst bibliophile Ausgaben, die numeriert und signiert wurden, hergestellt. – Soweit das Tagebuch.

In den Kriegsjahren, in denen Benrath publizierte, ließ er eine Reihe Sonderdrucke seiner Werke in zweihundert oder dreihundert Exemplaren herstellen. Nur wenige Freunde bekamen sie zu Gesicht. Sie wurden größtenteils in einem Salzbergwerk verborgen, um, was auch immer geschehen möge, den apokalyptischen Krieg zu überleben. Trotz seiner Leiden, und obwohl er eine schlimme Zeit für die Welt voraussagte, befand sich Henry Benrath in diesem Winter 1944/45 in ausgezeichneter Form. Heute allerdings möchte ich mich fragen, ob das nicht nur die Folge eines unerhörten Angespanntseins durch die Arbeit und vor allem durch die erregenden Zeitereignisse war. In einem unserer nächtlichen Gespräche fragte ich ihn, ob er sich nicht zuweilen einsam fühle. Er schwieg vorläufig. Aber eines Mittags fand ich auf meinem Frühstückstisch in einem Briefumschlag ein Gedicht, mit dem er Antwort gab auf jene Frage:

Lächeln –
Nachleuchten über Graten.
Um unsre Lippen ist
Ein Streifen Glanz gezogen:
Warum noch Mund auf Mund?
Quellen raunen
Verhüllt im Schnee –
Und eine Lärchenhalde
Im wehenden April
Sagt uns,
Was Eden sei.

Nach dem Waffenstillstand taten wir alles, um uns auf postalischem Wege wiederzufinden. Groß war die Freude, als es nach langen Monaten vergeblichen Bemühens endlich gelang. Es entspann sich sofort ein neuer Briefwechsel. Auf mein immer wiederholtes Fragen nach seinem Gesundheitszustand schrieb Benrath Monat für Monat, daß eine Heilung seines Leidens unmöglich sei: »... Wenn der Winter so schlimm für mich wird wie der letzte, muß ich ja doch wieder ganz zu Bett liegen. Ich rechne mit jeder Möglichkeit. Wie sollte ich nicht? Ich nehme alles hin: sofern ich noch arbeiten kann. Und was an organisatorischer Arbeit in diesem Winter von mir zu leisten ist, das übersteigt die kühnste Vorstellung. Ein ganzes Lebenswerk unter den heutigen Verhältnissen testamentarisch zu ordnen, ist ein Kunststück. Und ich muß dieses Kunstwerk hinter mich bringen. Denn es ist nicht die geringste Aussicht auf Gesundung vorhanden, sondern weit eher das Gegenteil zu fürchten. Ich sehe meiner hellenischen Veredelung (= Abmagerung + Transparentwerdung) mit stoischer Gelassenheit zu und wundere mich nur, daß – incredibile dictu – mein Appeal in ständigem Wachsen begriffen ist und mir in diesem Sommer die bezauberndsten Paradiese geöffnet hätte. Wenn ich noch paradiesische Verlangen spürte! Es war in einem dieser Fälle reichlich schwer, begreiflich zu machen, daß es für solche Reisen ja keine Rückfahrkarten gibt. Worauf ich die hinreißende Antwort bekam: ›Gut. Dann reisen wir eben Ihrem Grabe entgegen.‹ Aber ich war auch nicht auf den Mund gefallen und sagte: ›Unmöglich: ich habe Verbrennung angeordnet.‹ – – Scherze, die gar keine sind. Tyrannis der Grenzen im Ursprunghaftesten. Wirklichkeit ohne jeden Traumersatz. Und warum sollte es noch anders sein? Nach einer Ernte wie der Ernte meines Lebens?«

Den Wunsch, wieder zusammenzukommen, hatten wir beide oft – vom ersten Briefe im ›Frieden‹ an – geäußert. Henry Benrath hatte mich wiederholt eingeladen, aber gleichzeitig geschrieben, daß er jetzt unvergleichlich primitiver lebe als 1945. Finanziell stünde es äußerst prekär um ihn. Ich hätte schon einmal ›Opfer und Strapazen‹ auf mich genommen. Er wolle sie mir nicht ein zweites Mal zumuten. Da ich andererseits wußte, daß er – wie ich selbst – auf ein Gespräch brannte und in drei Jahren nur zweimal Besucher aus Deutschland gehabt hatte, nahm ich die erste Gelegenheit, die mir meine gegenwärtige Beschäftigung als Theaterleiter gewährte, wahr, zu ihm zu reisen.

Knabe mit den Wunder-Schuhen,
Über Wüsten, Meere, Fluhen.
Kamst du in mein offnes Haus:
Willst du rasten, willst du ruhen?
Arm an Schätzen stehn die Truhen,
Früher Glanz losch lange aus.

>Wolle Wein und Brot mir reichen,
Auch den Mund, zum sichren Zeichen,
Dass ich dir willkommen kam:
Doch mich keinem je vergleichen
Der den Weg zu deinen Reichen
Duldend, sehnend, hoffend nahm.

Sieh: ich zaubre ohne Mühe
An die Wände dir das grüne
Kuppelblau und grüne Gold
Ewig bunter Märchenfrühe:
Denn ich diene dir und blühe
Um so langer Treve Sold. <

Es war drei Jahre und zehn Monate nach unserer Begegnung im Kriege und elf Monate vor seinem Tode.

Diesmal reiste ich über die Schweiz zu ihm. Wieder nahm ich von Como nach Erba die Überlandbahn. Von Erba nach Canzo-Asso diesmal das Züglein, da der Zugverkehr wieder aufgenommen worden war. Den Omnibus nach Magreglio versäumte ich, da ich im Zuge von der Reise ermüdet einschlief und erst in einem Tunnel auf einem Abstellgleis erwachte. Viel an die waghalsige Motorradfahrt im Januar 1945 denkend, legte ich diesmal die vierzehn Kilometer in die Berge hinauf zu Fuß zurück. Die letzten Kilometer rannte ich fast, so begierig war ich, den Freund in die Arme zu schließen. Aber nicht allein für

Europa, ja für die Welt waren die jüngst vergangenen drei sogenannten Friedensjahre nicht weniger schlimm als der Krieg, auch für den einsamen Dichter in seinem selbstgewählten Exil in den Alpen.

Um es vorwegzunehmen: Diesmal schrieb ich kein Tagebuch. Die schweren Stunden – fast möchte ich schreiben: die grausamen Stunden – verboten es. Und es fällt mir sogar recht schwer, von dem zu erzählen, was ich jetzt sah und hörte. Aber das Lebensbild des verehrten Mannes würde unvollendet oder sogar verfälscht bleiben, würde der Bericht über seine letzte Lebenszeit fehlen.

Seine wohlhabenden italienischen Freunde hatten ihr Landhaus in Magreglio längst aufgegeben, das sie wohl nur im Kriege bewohnten, um vor den Bombenangriffen sicher zu sein. Benrath war in der Via Milano in ein Haus gezogen, das allereinfachsten Leuten gehörte. Der Padrone arbeitete bei Bauern. Die Padrona versorgte das Haus. Über eine steile Treppe gelangte man zu einer schmalen Veranda, an der drei Zimmer lagen. Das eine war eine Rumpelkammer, in der Mais für die Polenta getrocknet und Feuerholz gestapelt wurde. Das zweite Zimmer war eine Art Abstellraum, in dem aber ein Bett stand, ein Schrank und eine Kommode; es hieß ›das Gästezimmer‹. Von diesem Zimmer, aber auch unmittelbar von der Veranda aus, führte eine Tür zum Wohn- und Arbeitsraum des Dichters.

Am Gitter der Veranda wucherten Efeu und Klematis. Der Blick konnte über ein Tal schweifen und zu den Hängen und Gipfeln der Berge. Ein begeisternder Rundblick am Tage bei Sonnenschein. Ein begeisternder Rundblick auch des Nachts bei Mondlicht und Sternenhimmel. Aber wie wenig genoß ich von hier die Natur – nicht einmal den spätherbstlichen Duft, der von den Blumengärten und von den etwas fernen Wiesen und Feldern schwer und satt heraufwehte. Was sich in dem kleinen Zimmer abspielte, überschattete alles.

Meine eigene Tageseinteilung wurde bestimmt durch den Tageslauf des Freundes. Mittags begann mein Tag. Ich wohnte in jenem Raum neben ihm, stand leise auf, ging hinunter in ein Ristorante essen und machte dann einen Spaziergang nach Cernobbio, nach Civenna oder darüber hinaus, um nach den Schweizer Bergen, nach dem Comer See und nach anderen Seen hinabblicken zu können. Erst am Spätnachmittag kehrte ich heim. Denn nun erst stand Benrath auf.

Entweder bereitete uns die Padrona ein Essen oder seine allerdings unregelmäßig kommende Haushälterin. Wenn es ihm gut ging, spazierten wir auch zu irgendeinem Gasthof, um dort gemeinsam zu speisen und anschließend einen Spaziergang zu unternehmen. Nach dem Abendessen gab es Wein, Kaffee oder auch Cognac für den Gast. Der Ofen wurde geheizt, Benrath las alsdann vor: Gedichte, Fragmente aus ›Otto III.‹, Teile aus ›Die Geschenke der Liebe‹, Teile aus dem Fragment gebliebenen, ihm selbst wichtigsten Werk ›Yves de Lannion‹ oder aus noch anderen Manuskripten. Er las eine halbe Stunde, er las drei Stunden, vier, fünf und sechs. Im Anschluß daran erklärte er sein Werk, deutete es. Auch dies wieder dauerte mehrere Stunden. Vor sechs Uhr morgens kamen wir nie zu Bett. Es wurde auch acht und neun Uhr morgens. Zwischendurch wurde immer wieder der Ofen geheizt, bis er rotglühend war. Immerhin, es war November. Mochte es tagsüber hier warm sein, nachts war es kalt. Er behauptete zwar, nicht zu frieren, aber ich wußte ja, daß Frösteln und Frieren schon seit Jahren ein Dauerzustand bei ihm war. Ich jedenfalls fror oft. Ich wurde in Decken gehüllt, zog die Baskenmütze tief über den Kopf, trank Alkohol und heißen Kaffee. Schließlich forderte mein Körper sein Recht auf Entspannung und Schlaf. Der Freund hatte dafür wenig Verständnis. Er wollte sich mitteilen. Und wenn ich mich dann tatsächlich zurückgezogen hatte, kam er bald nach, setzte sich an mein Bett und plauderte aus seinem Leben. Ich bin überzeugt, er hat auch noch weitererzählt, als ich schon fest schlief. Er mußte seinen großen Monolog als Eremit zu Ende führen. Wenn er las oder monologisierte, war Benrath hinreißend wie drei Jahre zuvor oder wie früher – wie jedenfalls Freunde es berichten. Aber was spielte sich vorher und hinterher ab? Wie wurden diese Stunden unterbrochen?

Ich wußte, daß er zwischen unseren Begegnungen 1945 und 1948 mehrfach monatelang mit dem Tode kämpfend im Bett gelegen hatte. Einer seiner Ärzte gestand, man wüßte gar nicht mehr, welche schweren inneren Leiden Signore Benrath nicht habe und wieso er eigentlich noch lebe. Dieser Arzt und seine Kollegen hatten den Dichter also längst aufgegeben. Das Geheimnis war: Er selbst hatte sich noch nicht aufgegeben. Und eben deshalb lebte er noch, schrieb er noch, dachte er noch, las er noch vor, beispielsweise auch, wenn ihn Frau Margherita di Borgo-Pace besuchte, die Frau eines Schweizer Industriellen, die mit ihrem Gatten seit zwei Jahrzehnten an der italienischen Riviera lebte und dem Dichter eine Rente ausgesetzt hatte. Zu schweigen von den Medikamenten und den Lebensmitteln, die sie in diesen Jahren unermüdlich heranschaffte.

Wenn ich in meinem Zimmer war, hörte ich manchmal einen dumpfen Fall: Benrath war zusammengebrochen. Oft vorübergehend besinnungslos, wälzte er sich, stöhnend, keuchend, röchelnd, in sich verkrampft, auf dem Boden. Trat ein solcher Kollaps ein, wenn ich bei ihm war, schickte er mich sofort weg. Niemand durfte ihn dann sehen. »Elefanten sterben auch allein im tiefsten Dickicht«, sagte er. »Elefanten haben Würde!« – »Aber . . .«, versuchte ich zu widersprechen. Eisig fiel er mir ins Wort: »Es gibt hier keine Aber!« Einmal stürzte er beim Abendessen vom Stuhl. Die Krisis kam für uns beide völlig überraschend. Jetzt geht es zu Ende, dachte ich. Ich sprang hinzu, ihm beizustehen. Bestimmt, der Tod war sehr nahe. »Raus!!!« röchelte er. »Geh raus!« – »Alberto, ich bitte dich«, flehte ich. »Wenn du mein Freund bist, verläßt du mich jetzt sofort«, fauchte er mich an. Sein Blick war vernichtend. Ich lief hinunter zu Signora Maria. Sie kannte das alles. Sie wußte, daß es hier keine Hilfe gab. Sie kniete vor einem Muttergottesbild nieder und betete für den poeta tedesco. Ich rannte hinaus auf die Felder und flehte meine Götter um ihren Beistand für den Freund an.

Grausig war es! Grausig war auch anderes. Wenn es ihm besser ging, machten wir gelegentlich Spaziergänge. Manchmal schritt er, seinen Stock vergnügt schwenkend, wie ein verliebter Pan durch die Felder. Manchmal hing er, alt und müde, zentnerschwer an meinem Arm. Ich mußte ihn schleppen. Aber er wollte trotzdem gehen. Er duldete keinen Widerspruch. So mußte ich ihn auch steinige Halden hinaufschleppen. Einmal lastete Nebel im Tal. Als Gesunder konnte ich kaum atmen. Wenn wir nur schon wieder daheim wären, dachte ich. Ihn drängte es weiter. Bei nebliger Luft und stockfinsterer Nacht wollte er Herbstblumen pflücken und Zweige brechen. Ich sah nichts, roch nichts. Er aber sah Blüten, roch ihren Duft; einen ganzen Arm voll meist abgeblühter Blumen und Zweige pflückte und brach er und hielt nebenher naturwissenschaftliche Exkurse. Er mußte wohl manchmal gestört sein. Wie ein Faun lief er mir plötzlich davon, schwebte, ja tanzte beinahe.

Grausig auch sein kleines Zimmer. Wie einst in dem gepflegten Landhaus, so auch hier wieder die große Ordnung, all die Koffer und die vielen, vielen Photographien und Bilder. Aber nun gab es keine Blumen mehr. In den Vasen verfaultes Wasser und verdorrtes Zeug. Es war verboten, das Wasser zu wechseln und frische Blumen und Zweige hineinzutun. Was er nachts pflückte, war für mein Zimmer bestimmt. Mit seinem Dörrzeug waren wundersame Geschichten verbunden, deshalb sollte alles bleiben, bis er nicht mehr war. Überhaupt durfte nichts verändert werden. Die arme Haushälterin! Wie litt sie. Die Jalousien durften nicht aufgezogen werden. Immer mußte künstliches Licht brennen. (Das hatte er schon in früheren Jahren bevorzugt.) Sie durfte auch nicht Staub wischen. Und überall lag viel Staub und viel Ruß von dem eisernen Ofen. Es gab keine Hilfe. Für alltägliche simple Fragen schien er keine Antwort mehr zu wissen. Alles Fühlen und Denken konzentrierte sich auf sein Werk. Er rang es sich ab, ihm ordnete er alles unter, alles, alles, alles. Und so kam es auch, daß mich die ärmliche Kammer, wie sie sonst nur arme Tagelöhner bewohnen, die schlechten Gerüche, der Schmutz, die Anfälle, das Kämpfen mit dem Tode, bald gar nicht mehr entsetzten. Ich sah nur noch voller Ergriffenheit den titanisch schaffenden Künstler. Und nur deshalb auch schreibe ich dies alles auf: In einer Zeit der Begriffsverwirrung, des Nichtmehrwissens, was ein Dichter, ein Künstler tatsächlich ist. Albert H. Rausch alias Henry Benrath gab ein Beispiel, das unvergessen bleiben wird.*

(1953)

* Freunde des Dichters brachten an diesem Haus inzwischen eine Gedenktafel für ihn an.

Winston Churchill: »No comment«

»Europa – oder sterben.«
w. c.

Der Haager Europa-Kongreß (Mai 1948) ist vollzählig bei-
einander, nur einer fehlt noch, der Hauptsprecher des Nachmittags: Winston Churchill. Man weiß, Churchill kommt pünktlich,
und wenn es in letzter Minute ist. Er ist ein Gentleman. Er läßt
niemanden warten.

Da ist er schon. Alle Anwesenden im Saal erheben sich ›wie
ein Mann‹. Die Versammelten ehren in ihm den großen War-
leader, noch mehr, sie sagen, daß er ihnen allen das Leben gerettet habe. Churchills kleine, gedrungene, etwas korpulente Gestalt bewegt sich langsam auf ihren Sitz zu. Er grüßt nach rechts
und links und bleibt schließlich stehen, um einige ehemalige Kollegen, alte Freunde und Bekannte zu begrüßen. Paul van Zeeland, der Belgier, der wie ein geschickter Versicherungsdirektor
wirkt, führt ihn zu seinem Platz, Churchill flüstert seiner Frau
noch ein paar Worte zu. Sie ist etwas größer als er, dabei
schlank, sehr diskret gekleidet, mit grauem Haar, viel Güte und
Herzlichkeit ausstrahlend.

Wirkte Churchill bisher sehr interessiert an dem für ihn neuen
Saal, an den Begegnungen, so macht er jetzt einen völlig apathi-
schen Eindruck. Schwer sinkt er in seinen Sessel, schließt die
Augen, reibt sich müde übers Gesicht und läßt die Begrüßungsworte, die man an ihn richtet, teilnahmslos über sich ergehen. Er
ist an Begrüßungsworte gewöhnt, seit Jahrzehnten. Ach, ihn interessiert das öffentliche Leben überhaupt nicht mehr. Er will
nur noch Mauern bauen (er war ein begeisterter Amateur-Mau-
rer), als Mr. Winter Bilder malen, Geschichtsbücher und Memoiren schreiben. Ich werde ihn heute zum erstenmal hören. Sicherlich wird es eine große Enttäuschung.

Da ist endlich der Redner Churchill an der Reihe. Er steht
langsam auf, zieht ein Manuskript aus seiner Innentasche, geht
auf das Rednerpult zu, mit leichtem Kopfnicken für den Beifall
dankend, den man ihm spendet. Er legt das Manuskript auf
das Pult. Es ist ein besonders niedriges Pult, und es scheint ausschließlich für ihn hingestellt worden zu sein. Churchill tritt

etwa zwei Meter hinter das Pult und schaut dann durch eine große Hornbrille während seiner Rede trotz dieser großen Entfernung ab und zu in sein Manuskript. Da die Presse schon seinen Text empfangen hat, muß er sich daran halten. Das hindert ihn nicht daran, mitunter abzuschweifen, dann nämlich, wenn er einen Scherz machen will. Die Hände über dem Unterleib gefaltet, steht Churchill breitbeinig, massig, und spricht, während ihm die große Menge lauscht, zahlreiche Mikrophone seine Worte aufnehmen, Stenographen mitschreiben, Dutzende von Kameraverschlüssen klacken und immer wieder Blitzlichter aufblenden.

Hätte man Churchills Stimme nicht schon durch den Funk gehört, wäre man von ihr wohl enttäuscht, wenn man sie zum erstenmal hört. Es ist schwer, diese Stimme zu beschreiben. Sie ist nicht laut, fast leise und doch von einer unerhörten Intensität. Churchill ist kein klarer Sprecher. Er macht den Eindruck, als fiele ihm das Reden schwer. Er mag undeutlich sein, wenn man flüchtig hinhört, doch widmet man sich ihm ganz, dann ist seine Stimme voller feiner Schwingungen und Modulationen wie die ebenfalls nicht klare, heisere Stimme des Schauspielers Albert Bassermann. Er wirkt gemütlich, verbindlich, privat, gutherzig, gewinnend. Aber mit so sanft plappernder Stimme kann man viel mehr Herausforderndes sagen, als wenn man poltert, schreit, tobt.

Hat man sich an Churchills Stimme gewöhnt, kann man ihm gut folgen. Es wird einem besonders leicht gemacht durch den Stil seiner Rede. Seine Sätze sind kurz, von kristallener Klarheit, lateinisch, möchte ich sagen. Er spricht ohne Sophistereien und immer so, daß the man of the street ihm absolut folgen kann. Churchill spricht auch nie lange. Er weiß, daß eine Zwölf- oder Fünfzehn-Minuten-Rede viel mehr wirkt als eine ein- oder zweistündige Rede. Solche langen Reden ermüden und verärgern nur. Kurzen Reden folgt man gern, und sie müssen keinesfalls ihre Wirkung verfehlen. Selbst wenn man als sein politischer Gegner zu einer Rede von ihm kommt, besteht die Gefahr, daß man von ihm so überzeugt, so ›eingewickelt‹ wird, daß man ihm zustimmt. Und wir sahen wiederholt in diesen Tagen, da wir ihn mehrfach reden hörten, auch von ausgesprochenen Gegnern Beifall spenden.

Churchill kann als Redner sehr komisch sein. Dann lacht das ganze Haus über ihn, und er selbst lacht mit. Er stottert etwas bei dem Wort ›Benelux‹. Er fügt ein: »wie dieses wunderbare neue Wort lautet« – und im Bruchteil einer Sekunde werden gewisse Lächerlichkeiten unserer Zeit, die sich so gern in Abkürzungen gefällt, charakterisiert. Am Ende seiner Rede verfällt Churchill plötzlich in viele Entschuldigungen, und man befürchtet, daß jetzt eine unangenehme Nachricht verkündet wird. Es ist aber gar nichts Schlimmes, er sagt nur, er müsse jetzt Französisch sprechen, um das er sich schon seit Jahrzehnten bemühe, das aber trotzdem bei ihm gelegentlich noch wie Chinesisch klinge. Nun, immerhin, seine Gattin (er verweist auf sie, die unterhalb des Podiums sitzt) habe ihm den französischen Text heute morgen aufgeschrieben, da könne er es wohl versuchen. Er liest krampfhaft, stotternd, seine paar französischen Sätze ab. Churchills Französisch klingt sehr merkwürdig, aber die Geste gefällt, und der ihm nächstsitzende Kriegskollege Paul Ramadier muß am meisten lachen.

Ohne Effekte schließt Churchill seine Rede. Die Effekte liegen in der ganzen Rede. Höhepunkt war, wie er einmal von jenem Europa sprach, für das wir nur noch zu leben oder zu sterben hätten: »Europa – oder sterben!« Da wurde er ganz jung, ganz strahlend, ganz überzeugend, ganz hinreißend. Er wurde zeitlos. Er wurde eine historische Figur mit Ecken und Kanten, Grobheiten und Feinheiten, wie sie in der Geschichte zahlreich sind.

Etwas abgespannt sinkt Churchill nach seiner Rede wieder in den Sessel. Noch während der Beifall braust, spürt man, daß er sich wieder zurückzieht von der Welt, für die er eben gesprochen und gewirkt hat. Er wird wieder Privatmann. Sein Blick fällt auf eine Tafel, die in mehreren Sprachen ausdrücklich darauf hinweist, daß in diesem historischen Saal das Rauchen verboten ist. Er zwinkert zu der Tafel hin, fährt sich mit der Zunge über die Lippen und schnalzt dazu mit den Fingern; alles wie ein Schulbub, der eine Verbotstafel sieht und doch sofort das Verbotene tut. Er greift in seine innere Tasche, in die offensichtlich eine besondere Zigarren-Schutz-Vorrichtung eingebaut ist, und zieht eine Zigarre heraus, die nach meiner Schätzung eine Länge von 30 bis 40 Zentimeter hat. Schon hat er auch ein Streichholz zur Hand und läßt es aufflammen. Ob es ein spezielles ›Churchill-Streichholz‹ ist? Das Feuer ist so groß wie das eines Taschen-Flammenwerfers. Churchill nimmt die Riesenzigarre in die Hand wie andere einen Spazierstock. Kleine Wolken blasend, träumt er vor sich hin. (1948)

Der Haager Europa-Kongreß war auf Initiative von Churchills Schwiegersohn Duncan Sandys einberufen worden und tagte im Ridderzaal des Binnenhofes. Ich habe die Hintergründe in meinem Buch über den Gründer der Paneuropa-Bewegung, Richard Coudenhove-Kalergi, geschildert. Auf jenem Kongreß versammelten sich zum erstenmal nach dem Kriege viele bedeutende und berühmte europäische Staatsmänner, Politiker und Intellektuelle, aber man sah auch Persönlichkeiten, die erst in der Zukunft eine mehr oder weniger bedeutende Rolle in Europa spielen sollten – wie Konrad Adenauer und Heinrich von Brentano, dessen erster Außenminister. Ich nahm an diesem Kongreß als Mitglied der Paneuropa-Bewegung Coudenhoves teil, aber auch als Korrespondent mehrerer internationaler Blätter.

Mein Ziel war ein Gespräch mit Churchill. Er war zwar gleich nach Kriegsschluß als Premierminister gestürzt worden (Juli 1945), aber wir alle wußten, daß er noch viel Wichtiges zur Nachkriegspolitik zu sagen hatte. Mein spezieller Auftrag lautete, ihn nach Persönlichkeiten zu befragen, die er einst selber bewundert hatte und die im vergangenen Kriege seine Gegner geworden waren, wie zum Beispiel Mussolini. Duncan Sandys, der damals noch mit Churchills Tochter Diana verheiratet war, meinte, er könne mir leider kein Gespräch mit seinem Schwiegervater vermitteln, ich müßte selber mein Glück versuchen. Weil vom Zustandekommen des Interviews für mich allerlei abhing, bemühte ich mich natürlich bei allen Gelegenheiten, die sich boten, mit Churchill ins Gespräch zu kommen. Wenigstens hatte mich Duncan Sandys ihm vorgestellt, und ich durfte ihm die Hand geben. Nun wußte er, daß ich über ihn schreiben wollte; das war jedoch ein Verfahrensfehler. Churchill war damals außerordentlich pressescheu. Immer, wenn ich ihn ansprach, hörte er mich zwar freundlich an, erhob aber sofort die Linke und machte mit dem Zeige- und Mittelfinger das V-Zeichen (Victory = Sieg) und sagte: »No comment!«

Als sich der Kongreß, der vier Tage dauerte, seinem Ende näherte, war ich doch recht traurig, daß ich mein Ziel nicht erreicht hatte. Vor der letzten Plenarsitzung begab ich mich in die Kellerräume des Binnenhofes, wo sich die Toiletten befanden. Etwas mißmutig stand ich vor der gekachelten Wand. Ein Herr stellte sich neben mich, dessen Zigarrenrauch mir in die Nase zog. Ich wandte den Kopf und stellte fest: Churchill. Er selbst schaute mich im selben Augenblick an und machte auch in dieser

Position, mit der Zigarre in den Fingern, das V-Zeichen. Grinsend sagte er wiederum: »No comment!« Wir standen abermals nebeneinander beim Händewaschen. Ich reichte ihm das Handtuch und erklärte, warum ich auf ein Gespräch, und sei es noch so kurz, so besonders großen Wert legen würde. Er sagte: »Ich verstehe das. Ich war schließlich auch einmal Publizist. Aber jetzt haben Sie doch eine wundervolle Story: ›I pissed together with Churchill‹.« Sagte es, warf mir salopp das Handtuch zu, lachte höchst vergnügt und verließ die Latrine, in blaue Zigarrenrauch-Wolken eingehüllt.

(1969)

Sven Hedin oder ein mühsamer Dialog

»Meine Pläne sind immer mehr Zufällig-
keiten, und ich ließ mich von den Strö-
mungen meiner Stimmungen treiben.«

S. H.

Als eine französische Literatur-Zeitschrift eine Enquête bei
einer Reihe international bekannter Autoren veranstaltete, in
der eine Frage lautete: »Was halten Sie für Ihre schwierigste
Aufgabe?«, wurde ziemlich einmütig ›das gute Interview‹ genannt. André Maurois sprach in diesem Zusammenhang von
der Kunst und dem Kunstwerk des Interviews. Er führte aus,
daß ein gutes, d. h. ertragreiches Zwiegespräch ähnliche Klippen
wie die Inszenierung eines Dramas biete. Es käme nicht allein
auf den Regisseur und die Schauspieler an, sondern vor allem
auf den Dichter. Bei allen dreien müsse Hingabe vorherrschen,
man müsse das Gefühl haben, sie spielten nicht nur deshalb, weil
sie im Kontrakt stehen. Während eines Besuches bei Sven Hedin
in Stockholm hatte ich allerdings das Gefühl, im Kontrakt zu
stehen. Ihm schien ein Gespräch einerseits freilich wichtig, andererseits wollte er nach Möglichkeit nichts sagen, was ihn fest-
legte. Hatte er sich in den letzten Jahren nicht schon genug festgelegt, womit er sich geschadet hatte? Eigentlich möchte ich
dieses Gespräch einen ›Ringkampf‹ nennen ...

Der damals vierundachtzigjährige Gelehrte wohnte schon seit
Jahrzehnten inmitten der schwedischen Hauptstadt in einem
modernen Etagenhaus am Ufer des Mälarsees. Es war für mich
erstaunlich, daß sich ein so einzigartiger Entdeckungsreisender
wie Sven Hedin nicht in ein stilles Landhaus zurückgezogen
hatte, sondern wie die meisten Stockholmer Bürger lebte. Es war
aber auch typisch für ihn; denn dieser Gelehrte wollte immer inmitten des Getriebes der Welt sein. Er war nie ein versponnener
Wissenschaftler gewesen, sondern hatte sich von Beginn seiner
Laufbahn an immer auch um Politik wie um andere aktuelle
Fragen gekümmert und auch gelegentlich ›eingegriffen‹ – gewiß
nicht immer zu seinem Vorteil.

Das von ihm bewohnte Haus am Norr Mälarstrand unterschied sich nur im Hausflur von anderen. In den Zeiten seiner

weltweiten Popularität wurde auf der einen Seite der Hausflur-
wand von Freunden und Verehrern eine Reliefkarte der von
Sven Hedin bereisten Länder und Erdteile angebracht, auf der
anderen Seite ein Relief einer chinesischen Tempelfront. Auf
diese Weise fand man das Haus, auch wenn man die Hausnum-
mer vergessen haben sollte. Man fuhr mit einem Lift bis in die
obere Etage und wurde dort von seiner auch in aller Welt bekannten Schwester Alma in Empfang genommen; denn sie hatte
über ihren Bruder ein viel übersetztes Werk ›Mein Bruder
Sven‹ veröffentlicht. Die alte Dame begleitete den Besucher in
das Dachgeschoß. Statt einer kleinen Dachwohnung fand man
hier oben weiträumige, fast saalartige Zimmer, in denen Teile
der Sammlungen des Asienforschers und vor allem seine viele
tausend Bände umfassende Bibliothek untergebracht waren. An
Wänden, auf Regalen und Konsolen nicht allein kostbare Webe-
reien, Schnitzereien, Bronzen, sondern auch Fotografien von
berühmten Männern, die Zeitgenossen Sven Hedins waren.
Und gerade weil er sich auch für Außenpolitik sehr interessierte,
hatte er Kontakte mit Königen, Präsidenten, Ministern, Gene-
rälen und Kirchenführern.

Ich trete leise ein. Sven Hedin erhebt sich hinter seinem
großen Schreibtisch, der oft in seinen Büchern abgebildet worden
ist. Er trägt wie meistens einen blau-weiß-gestreiften Anzug und
einen Stehkragen. Er macht physisch einen durchaus frischen
Eindruck, auch geistig scheint er sehr rege zu sein. Auf seinem
Schreibtisch häufen sich Briefe, Akten, Manuskripte, und er sagt
beiläufig, daß er nach wie vor einen sehr langen Arbeitstag habe.
Ich habe einen jungen Zeichner mitgebracht, der den Gelehrten
porträtieren soll. Während Volker Benninghoff seine Arbeit
aufnimmt, versuche ich, Sven Hedin in ein Gespräch zu ziehen.
Es wird weniger ein Gespräch als ein sehr zähflüssiges Frage-
und Antwort-Spiel. Jedes einzelne Wort muß ich dem alten
Herrn ablisten. Da ich mich sehr viel mit seinen Büchern beschäftigt und auch viele Vorträge von ihm gehört habe, glaube
ich, ein wenig seine Terminologie zu kennen und zu wissen, wo
vielleicht Ansatzpunkte sind, um ihm einige wissenswerte
Äußerungen zu entlocken.

Er erzählt zuerst vom Werden seines neuen Buches: ›Berühmte Männer, denen ich begegnete.‹ Er führt einige Namen
an, die er behandeln will. Diese Namen umreißen sogleich ein
Stück seiner Autobiographie: A. E. Nordenskjöld, Alfred No-

bel, Henrik Ibsen, Björnstjerne Björnson, Fridtjof Nansen, Ferdinand von Richthofen, Sultan Abdul Hamid II., Nasr-ed-Din (Schah von Persien), August Strindberg, Zar Nikolaus II., Henry M. Stanley, Nathan Söderblom, Lord Curzon, Roald Amundsen, Robert F. Scott, Lord Kitchener.

»Wieviel Bücher haben Sie schon geschrieben, Herr Professor?« – »Ich bin nicht Professor, ich bin nur Herr Hedin oder Herr Dr. Hedin«, knurrt er mich an. – »Verzeihen Sie, bitte . . . Um aber auf meine Frage zurückzukommen: Wieviel Bücher haben Sie schon geschrieben?« Ohne weitere Überlegung sagt er wie ein Kaufmann, der über seinen Umsatz befragt worden ist: »Fünfundvierzig Bücher, die in achtundzwanzig Sprachen übersetzt sind.«

Ich erinnere mich seiner letzten großen Expedition durch die Wüste Gobi und Chinesisch-Turkestan, die acht Jahre (von 1927 bis 1935) dauerte und für die er sich meteorologische, geographische und archäologische Aufgaben gestellt hatte, die er gemeinsam mit schwedischen, chinesischen und deutschen Gelehrten zu lösen trachtete. Ich frage ihn, ob die wissenschaftliche Auswertung schon beendet ist. Er erklärt, daß man dafür sicherlich etwa dreißig Jahre benötige. Die Forschungsergebnisse würden sich auf fünfundfünfzig Bände erstrecken. Bisher seien erst dreißig Bände fertig. Die Beiträge seien in verschiedenen Sprachen geschrieben, vornehmlich allerdings in Englisch. Acht junge schwedische Gelehrte arbeiteten seit Beendigung der Expedition ununterbrochen an diesem gewaltigen Werk unter Mitwirkung von Gelehrten aus aller Welt. Hauptinteressenten seien Japan, Indien, die USA, früher sei es auch die deutsche Wissenschaft gewesen. Es würden jeweils nur achthundert Exemplare gedruckt, von denen ein Exemplar etwa 1500 DM koste.

Es ist selbstverständlich, daß man in diesen Wochen, da neue heftige Kämpfe die Ausmaße des chinesischen Bürgerkrieges kennzeichnen, im Hause des Asienexperten Sven Hedin an die Verhältnisse in China denkt. Der Gelehrte berichtet, daß er noch heute eine ziemlich regelmäßige Verbindung mit der chinesischen Wissenschaft habe. Nach der Persönlichkeit Chiang Kai-sheks gefragt, meint er: »Das ist ein tüchtiger und ehrlicher Mann.« – »Und die Kommunisten in China?« – »China ist kein Land für den Kommunismus!« – »Aber die unübersehbaren Erfolge der Kommunisten?« – »Soweit ich die Chinesen kenne, wollen sie nichts als ihre Ruhe haben. Für diese Ruhe werden sie kämpfen, und ich bin überzeugt, daß auch bald wieder Ruhe in China eintreten wird.« (Als ich Jahre später Chiang Kai-shek und seine Frau in Taiwan kennenlernte, wurde ich eines anderen belehrt, und auch die jüngste Entwicklung in Asien hat gezeigt, wie sich Sven Hedin geirrt hat.)

Ich gebe dem Frage-und-Antwort-Spiel eine neue Wendung, verweise auf den Atlantikpakt, die Ost-West-Spannungen, den Friedenswunsch der Europäer, auf die vielen Soldaten und Matrosen, die man heute insbesondere auch in Stockholm sieht, auf die Kriegsschiffe, die man vom Fenster Sven Hedins aus im Hafen der schwedischen Hauptstadt erblicken kann. Und Sven Hedin bekennt: »Ich bin für eine starke gewappnete Neutralität! Ich befürworte die Politik König Gustavs VI. und seiner Regierung: Eine Neutralität ohne starke Landesverteidigung ist undenkbar.«

»Herr Hedin, es mutet mich, der ich derzeit durch Europa reise und versuche, Stimmungen in den einzelnen Ländern einzufangen – mit dem Ergebnis, daß ich überall Unruhe, Sorge, Not und vor allen Dingen Kriegspsychose antreffe –, merkwürdig an, Sie hier fast – wenn Sie gestatten – wie einen Buddha erhaben sitzen zu sehen. Ich habe leider schon von vielen Zerstörungen wissenschaftlicher Sammlungen und Bibliotheken gehört. Jedesmal, wenn ich so unermeßlich wertvolle Sammlungen, wie doch auch die Ihre ist, sehe, packt mich Angst und der Wunsch: Dies darf nicht auch noch zerstört werden! Welche Möglichkeiten gibt es, diese Sammlung zu retten, falls es jetzt zu neuen kriegerischen Verwicklungen kommen sollte?«

Sven Hedin antwortet: »Machen wir uns darum keine Sorgen! Wenn es zu einer neuen Krise kommt, ist nichts zu retten. Ich weiß, die Lage ist jetzt sehr ernst in Europa. Ich weiß, wir werden diesmal kaum verschont werden: wir Schweden. Russen-Angst ist bei uns schon eine klassische Erscheinung, aber ich glaube nicht – vorläufig wenigstens nicht – an eine Gefahr.« –
»Sind wirklich Kräfte in der Welt – ich frage Sie als Gelehrten und Politiker –, die das Äußerste verhüten können?« – Sven Hedin antwortet: »Glauben Sie mir, man wird besser aufpassen als 1939!«

Ich weiß längst, was Sven Hedin denkt: Wenn nur der Zeichner bald fertig wäre! Da meldet sich auch schon der junge Graphiker und zeigt uns sein in der Zwischenzeit geschaffenes Porträt von Sven Hedin. Der Gelehrte erhebt sich. Er ist froh,

1848

Sven Hedin (Federzeichnung von Volker Benninghoff)

aufstehen zu können. Ich darf nicht mehr sitzen bleiben, und ich verzichte darauf, ihn auf sein Amerika-Buch, das während des Krieges in Deutschland erschien, anzusprechen. Es erregte viel Aufsehen und löste Groll aus. Aber wurde nicht seinerzeit schon in Deutschland bekannt, daß er es schreiben mußte, ganze Teile nicht von ihm selbst geschrieben wurden, sondern von anderen, und daß er nicht nein dazu sagen konnte (auch wenn er Schwede war!), weil er dadurch eine Reihe Menschen erneut gefährdet hätte, für deren Rettung er sich erfolgreich eingesetzt hatte? Im übrigen sind darüber offizielle Untersuchungen mit einem für ihn günstigen Ergebnis angestellt worden. Sven Hedin ist nach wie vor Mitglied der schwedischen Akademie, nimmt regelmäßig an ihren Versammlungen teil, erscheint auch im Gremium der

Gelehrten bei den alljährlichen Nobelpreis-Ernennungen. Bücher über ihn selbst und seine Reisen erscheinen nach wie vor in Schweden. Von einer Diskriminierung in seiner Heimat kann keine Rede sein.

Beim Aufstehen fällt mein Blick auf eine Korrekturfahne. In meiner Unzufriedenheit, nicht genügend erfahren zu haben, will ich mich eines Tricks bedienen. Ich will etwas behaupten, was erfunden ist. Vielleicht erlaubt sein Dementi interessante Rückschlüsse. »Sagen Sie, Herr Hedin, Sie sollen in Südamerika ein Buch herausgebracht haben, in dem Sie Ihre Erfahrungen im Dritten Reich schildern. Darf ich das Buch sehen?« Sven Hedin stutzt und protestiert. »Ich werde mein Buch ›Ohne Auftrag in Berlin‹ selbstverständlich zuerst in Schweden herausbringen.« (Und so geschah es denn auch.) – »Erzählen Sie doch noch etwas vom Inhalt des Buches, von Ihrem Verhältnis zum damaligen Deutschland.«

Er entwich mir, wohl ärgerlich, überhaupt zuviel gesagt zu haben: »Ich war schon immer an Deutschland sehr interessiert. Mein Verhältnis zu Deutschland geht auf meine Studentenzeit zurück, wo ich u. a. mit Georg Wegener bei Ferdinand von Richthofen studiert habe. Es war im Jahre 1889.« Er macht noch ein paar Worte über Richthofen, das damalige Universitätsleben – und schweigt dann. Während wir uns langsam auf das Entree zu bewegen, fällt mein Blick auf ein großes Bild des schwedischen Königs. Ich denke: Ob es ›Mr. G.‹ wohl immer angenehm war, daß Sven Hedin nach Deutschland reiste, bei Hitler verkehrte, bei Goebbels, bei Ribbentrop? Ich stammelte eine entsprechende Frage. Sven Hedin brummelt vor sich hin: »Mein Verhältnis zu unserem König ist gut, seitdem ich ihm als siebenjähriger Junge das erste Mal begegnet bin.« Als wir gegangen waren, sagte mein Begleiter: »Welch ein schlauer Fuchs!«

Ich war, weiß Gott, auch nicht entzückt von dieser Begegnung mit dem Forschungsreisenden, der seit meiner frühesten Jugend Akzente in meinem Leben gesetzt hat. Sven Hedins Erforschung Tibets und Ost-Turkestans hatte mich ebenso bewegt wie seine Erforschung des wandernden Sees Lop-Noor. Es beeindruckte mich, daß der riesige Gebirgszug des Transhimalaja, den er auf seiner dritten Asienreise (1905–1909) entdeckte und seitdem achtmal überquerte, auch Hedin-Gebirge genannt wird. Neben den Büchern von Alexander von Humboldt, Scott, Amundsen, Barth, Stanley, Livingstone waren es die von Sven

Hedin, die mich schon in Jugendtagen stets begleiteten: ›Durch Asiens Wüsten‹, ›Transhimalaja‹, ›Mein Leben als Entdecker‹, ›Rätsel der Gobi‹, ›Jehoel, die Kaiserstadt‹ – um hier nur einige der volkstümlichsten Titel zu nennen. Im Leipziger Central-Theater saß ich mehrfach begeistert von ihm und seinen Taten zu seinen Füßen, wenn er Vorträge hielt, welche die ›Forscher-mutter‹ Thea Schneider-Lindemann vermittelte – später meine eigene Vortragsagentin. Neben Wilhelm Filchner, der wie Sven Hedin auch Entdeckungsfahrten in Zentralasien (u. a. in Tibet und Nepal) unternommen hatte, war Hedin eine der letzten je-ner phantasievollen und draufgängerischen Persönlichkeiten, die in unbekannte Gegenden Innerasiens zu unbekannten Völkern vorstießen. Nicht allein um Erkenntnisse als Wissenschaftler zu erlangen, sondern auch, um über sie einer wißbegierigen Welt zu berichten.

Wie bewundernswert waren tatsächlich all jene Männer, die nicht allein wissenschaftliches Neuland betraten, sondern zuvor Expeditionen ausrüsten mußten, das aber hieß Geld, sehr viel Geld sogar, sammeln, Ausrüstungsgegenstände anfertigen lassen und dann täglich, ja stündlich Opfer aller Art bringen. Die For-schungsreisenden von heute sind perfektionierte Experten, ar-beiten fast immer im Team und werden von einer reichen Stif-tung unterstützt. Die Forscher und Entdecker des 18. und 19. Jahrhunderts mußten meistens mehrere wissenschaftliche Diszi-plinen in einer Person vertreten. Darüber hinaus mußten sie Organisator, Arzt, Sanitäter, Koch, Kartenzeichner, Fotograf, Tagebuchführer und Diplomat sein. Sie mußten gesund sein wie aktive Sportler, wandern, reiten, schwimmen können. Was mir an Sven Hedin außerdem so imponierte, war, daß er neben vie-len anderen Fähigkeiten die eines hervorragenden Zeichners besaß. Seine unterwegs gemachten Zeichnungen haben eine ein-dringliche Aussagekraft noch heute und sind wesentliche Ergän-zungen seiner schriftlichen Berichte. Das ist kein Wunder für den, der weiß, daß der französische Illustrator und Maler Gustave Doré sein Vorbild war.

Seine Vielseitigkeit, Zähigkeit und Hartnäckigkeit sah man dem Manne mit dem altmodischen Zwicker auf der Nase kaum an. Er wirkte eher sensibel und weich. Sven Hedin war Rit-ter und Mönch zugleich. Er war sicherlich tief im 19. Jahrhun-dert verwurzelt, wirkte aber eindringlich hinein ins 20. Jahr-hundert, und auch in der Zukunft wird sich derjenige mit seinen

Taten und Werken noch viel beschäftigen müssen, der sich um eine Verständigung mit Asien auf der Grundlage besserer Kenntnisse bemüht.

(1952)

Knut Hamsun kurz vor seinem Tode

»Nichts findet sein Ende im Tod.«
K. H.

Nachdem sich der norwegische Epiker und Dramatiker Knut Hamsun jahrzehntelang seines Weltruhmes hatte erfreuen können, suchte ihn nach der Befreiung Norwegens von den Besatzungstruppen Hitlers ein Unheil nach dem anderen heim. Er wurde 1945 inhaftiert; es wurde ihm ›Zusammenarbeit mit dem Feind‹ vorgeworfen und ihm deshalb 1948 der Prozeß gemacht. Er erhielt eine hohe Geldstrafe. Vorübergehend wurde er in eine psychiatrische Klinik eingewiesen, er erlitt das gleiche Schicksal wie der nordamerikanische Lyriker Ezra Pound wegen seiner Zustimmung zu Mussolini. In der psychiatrischen Klinik wurde der Greis auf seinen Geisteszustand untersucht. Danach ging Hamsun freiwillig in ein Altersheim in Grimstad; es war dieselbe Kleinstadt, in der Henrik Ibsen als Apothekerlehrling tätig gewesen war. Solange das Verfahren gegen Hamsun lief und sein Besitztum beschlagnahmt war, wollte er – im Gegensatz zu seiner Familie – nicht zu Hause sein, bis er wieder freies Verfügungsrecht über sein Eigentum besaß. Als er es zurückerhielt, kehrte er heim nach seinem Landsitz Nörholm bei Grimstad, ursprünglich im Besitz der dänischen Adelsfamilie Friis, 1918 von Knut Hamsun gekauft und von ihm jahrzehntelang persönlich bewirtschaftet. Das umliegende Gelände wurde nach seinen Plänen urbar gemacht.

Wie begeistert war meine Generation von Hamsuns Novellen und Romanen, die durchdrungen waren vom Geiste Dostojewskys und Nietzsches. Wie quälte uns sein politischer Starrsinn während des Zweiten Weltkrieges. Wie bestürzte uns der Prozeß, obwohl er sicher berechtigt war. Die Nachrichten über Hamsuns Schicksal widersprachen sich. Weltprominenz setzte sich für ihn ein. Weltprominenz verlangte seinen Tod. Auf meiner ersten Norwegenreise nach dem Krieg im Jahre 1949 beschloß ich, den Hamsuns einen Besuch abzustatten. Ich sprach zunächst seine Advokatin Sigrid Stray in Arendal, die mich im Hause Hamsun anmelden wollte. Die Anreise nach Nörholm war schwierig und unbequem. Die Züge von Oslo aus verkehrten damals nur unregelmäßig. So mußte ich von der norwegischen Hauptstadt aus nach Kristiansand in einer Chartermaschine fliegen und dann einen Autobus nehmen, der an dem Grundstück der Hamsuns vorüberfuhr.

Ich bat den Chauffeur, bereits vor Erreichung des Grundstücks zu halten. Meine Ankunft sollte kein Aufsehen erregen. Der Chauffeur vergaß unsere Absprache und stoppte statt dessen genau in Front des Hamsunschen Grundstücks. Ich wollte meinen Augen nicht trauen. Womit ich bestimmt nicht gerechnet hatte, das geschah: Ich sah nicht zuerst das Haus Hamsuns, sondern Knut Hamsun selbst. Er ging durch seinen Garten. Wie ich später erfuhr, kam er eben von seinem Vier-Kilometer-Spaziergang zurück, den er seit langen Jahren jeden Morgen unternahm. Hamsun trug einen blauen Anzug und einen hellen Schlapphut, unter dem das weiße Haar keck hervorschaute. Auffallend sein altmodischer Zwirbelbart. Er erinnerte mich an einen einsamen Spaziergänger, den ich in Holland, in dem Städtchen Doorn, beobachtet hatte: den ehemaligen deutschen Kaiser Wilhelm II.

Die mit mir reisenden Norweger kannten das Hamsunsche Grundstück. Als sie des Dichters ansichtig wurden, entstand im Autobus Bewegung und Diskussion. Alle Fahrgäste drängten an die Fenster, um den Umstrittenen zu sehen. Sowie der Autobus hielt, sprang ich hinaus und verbarg mich zunächst hinter einem dicken Baum. Ich wollte Zeit gewinnen, den Greis eine Weile beobachten. Schweigend spielte er mit seinen Enkelkindern oder zupfte da und dort an einem Strauch herum. Ob er plötzlich meine Nähe spürte? Jäh drehte er mir den Rücken zu und sprang, fast im Galopp, davon: über die von Säulen geschmückte Vorhalle ins Haus hinein. Schade, ich hätte ihn gern länger beobachtet. Aber seine Advokatin hatte mir erklärt, wie scheu er seit dem Prozeß geworden sei. Er wolle niemanden sprechen. Die allerbesten Empfehlungen würden nichts nützen. Allerdings war er schon vor dem Prozeß ein Sonderling gewesen. Selbst nachdem er im Jahre 1920 für den Roman ›Segen der Erde‹ den Nobelpreis erhalten hatte, empfing er niemanden. Frau Stray hatte gesagt: »Wenn man Sie ins Haus bittet, ist das bereits eine seltene Ehre.«

Ich betrat den Hamsunschen Garten. In der jungen Frau, die sich jetzt mit einem kleinen Jungen und einem kleinen Mädchen beschäftigte, das eben erst laufen gelernt hatte, erkannte ich die

Schwiegertochter des Dichters: Frau Brit Hamsun, Ehefrau des Sohnes Arild, eine ehemalige Osloer Schauspielerin.

Sie kam freundlich grüßend auf mich zu. Sie wußte sofort, wer ich war. Ich war ihr durch die Advokatin Stray angekündigt worden. Wir sprachen englisch und deutsch miteinander. Dies war etwas kompliziert; denn sie besaß nur Schulkenntnisse und hatte in den letzten Jahren weder englisch noch deutsch gesprochen.

»Ja, da sind Sie also, Sie Mutiger«, sagte Brit Hamsum. »Eine so lange Reise zu machen . . . für nichts.«

»Für nichts? Ich bin froh, daß ich hier bin«, sagte ich.

»Knut Hamsun können Sie nicht sprechen«, sagte die Schwiegertochter. »Ohne Ausnahme hat er schon seit Jahrzehnten keinen Autor mehr empfangen.«

»Ich weiß, ich weiß«, sagte ich. »Trotzdem bin ich zufrieden, daß ich hier bin. Ich kann doch Sie sprechen und Ihre reizenden Kinder sehen.«

Wir beschäftigten uns eine Weile mit den Enkeln des Dichters. Der Junge hieß – nach einer norwegischen Märchenfigur – Esben, das allerliebste kleine Mädchen, noch nicht zwei Jahre alt, Victoria – nach Knut Hamsuns weltberühmter Novellengestalt.

»Sie treffen hier nicht viele von uns an«, sagte Brit Hamsun. »Über ihn« (sie zeigte zu einem Fenster, und ich begriff, daß sich der Dichter nun dort oben aufhielt), »wissen Sie Bescheid. Mein Schwager Tore, der älteste der Söhne, lebt als Maler und Keramiker in Oslo. Meine Schwiegermutter, Marie Hamsun, war wegen Kollaboration zu drei Jahren Gefängnis verurteilt. Ein halbes Jahr hat man der alten Dame geschenkt, da sie sich gut führte und jetzt ziemlich krank ist. Die Dichterin der Langerudkinder ist seit drei Monaten frei und lebt gegenwärtig bei ihrer jüngsten Tochter in Kopenhagen. Glauben Sie mir, es ist Unsinn, wenn behauptet wird, daß sich Knut Hamsun von der ›Hexe‹, wie er sie genannt haben soll, getrennt hat. Ihr Einver-

Grimstad , Septbr . 15, 1947.

Einer der letzten Namenszüge des Dichters

nehmen ist nach wie vor harmonisch. Meine Schwägerin Ellinor, die in Deutschland gefilmt hat, hat sich aus dem öffentlichen Leben völlig zurückgezogen und lebt verheiratet auf dem Lande. Mein Mann ist gegenwärtig noch im Gefängnis. Als ehemaliger Kriegsberichter war er zu einem halben Jahr Haft verurteilt worden. Zwischendurch durfte er allerdings nach Hause und hier auf dem Gut, das er verwaltet, nach dem Rechten sehen. Er sitzt zur Zeit seine restlichen 45 Tage ab. In sechs Tagen jedoch wird er frei sein. Dann sind wir alle frei, haben abgebüßt und können weiter sehen, was die Schicksalsgöttin mit der Hamsun-Familie vorhat.«

Es war bestürzend, diesen Bericht über das politische Schicksal einer angesehenen Familie zu hören. Brit Hamsun sprach mit erstaunlicher Unbekümmertheit und gewinnender Frische zu mir. Sie handelte nicht anders, als eine Gestalt aus einem Hamsunschen Epos gehandelt haben würde: ein Naturkind mit Lebenskraft.

Nachdem wir noch eine Weile im Garten spazierengegangen waren, betraten wir das Haus. Sie redete jetzt noch immer vom Garten. Er mache zu viel Arbeit. Es gebe zu viele Steine: »Sie wachsen zu schnell nach.« Aber der Schwiegervater lege Wert auf einen Ziergarten sowie auf einen Obst- und Gemüsegarten. Auch die Landwirtschaft stelle hohe Ansprüche an die Bauernfamilie Hamsun. Sie betrieben Holzwirtschaft, hatten Wälder angepflanzt, Moore trockengelegt – alles nach den Plänen und unter der persönlichen Mitarbeit des Dichters, der hier einen landwirtschaftlichen Musterbetrieb schuf. Brit Hamsun sprach auch von der im ganzen Soerlandet berühmten Hamsunschen Mastschweinezucht.

Das Hamsunsche Anwesen bestand damals – vielleicht auch heute noch, aber das entzieht sich meiner Kenntnis – aus dem Herrenhaus, einem Leutehaus, einigen Betriebsgebäuden wie Stallungen und Sägewerk. Das geistige Zentrum war das kleine, aus einem einzigen Bibliotheks- und Arbeitsraum bestehende »Dichterhäuschen«, etwas abseits auf einer kleinen Anhöhe gelegen. Alle Häuser waren typisch norwegische Holzbauten, weiß angestrichen, schmuck, wenn auch vielleicht etwas vernachlässigt auf Grund der gegenwärtig obwaltenden Umstände.

Das Wohnhaus hatte nicht viele Räume. Ein Saal mit Louis-XIV.-Möbeln war seit einem Wasserrohrbruch im vergangenen Winter beschädigt. Brit Hamsun erzählte, daß dieser Saal nur

,bei feierlichen Familienanlässen benützt würde. Die Wohn- und Speisezimmer machten einen kleinbürgerlichen Eindruck, was mich überraschte (da doch der Amoralist Hamsun immer wieder voll Hohn gegenüber dem Kleinbürgertum war). Ich bemerkte eine Gips-Porträtplastik Knut Hamsuns aus seiner Glanzzeit; sie war von dem berühmten norwegischen Bildhauer Gustaf Vigeland, einem Rodin-Schüler, geschaffen worden; beim Vorübergehen wischte Brit Hamsun mit dem Finger geschwind etwas Staub vom Bart des Schwiegervaters. Ich sah die kleine Bronzestatue eines Boxers von Renée Sintenis. Im Speisezimmer hingen ein an Paul Gauguin erinnerndes Gemälde von dem norwegischen Maler Henrik Soerensen sowie zwei liebliche Kinderporträts der Töchter Knut Hamsuns. Im Saal sah ich ein großes Bild Napoleons und im Vestibül ein Reiterstandbild des Korsen. Hamsun war einst ein großer Bewunderer des Kaisers gewesen – typisch für seine Glorifizierung des Gewaltmenschen.

Während mir Brit Hamsun das Haus zeigte, fragte ich sie, ob es wahr sei, daß so unzählige enttäuschte oder gar empörte Leser Hamsun-Bücher zurückgesandt hätten. Nur zwei Bücher seien mit der Post an Hamsun geschickt worden, hob sie hervor.

In der Weltpresse war berichtet worden, viele Bücher Hamsuns seien ihm über den Zaun geworfen worden.

»Wir wissen nur von einem Buch«, sagte Brit Hamsun. Auch in dieser Hinsicht sei die Weltöffentlichkeit falsch unterrichtet worden. Die Advokatin Stray, die für Hamsun den Landesverratsprozeß führte, hatte mir das gleiche berichtet.

Auf ein Gespräch mit Knut Hamsun hatte ich also keine Hoffnung. Ich wollte nicht nochmals darum nachsuchen. Indessen bat ich Brit Hamsun, mir Einzelheiten aus dem jetzigen Leben des Schwiegervaters zu erzählen. Sie berichtete, wiederum in dieser liebenswürdigen Natürlichkeit:

Knut Hamsun erfreue sich wieder bester Gesundheit. Bei jedem Wetter mache er täglich seinen Vier-Kilometer-Marsch. Auch nach dem Mittagessen pflege er zu laufen. Er wolle nicht als alter Mann behandelt werden. Obwohl den Jahren nach einer der Ältesten im Altersheim in Grimstad, erschien er als einer der Jüngsten; auch im Altersheim arbeitete er täglich körperlich. Er sägte, hackte, zimmerte, verrichtete Gartenarbeiten. Die ›Jüngeren‹ forderte er immer wieder auf, nicht so träge und faul zu sein.

Jetzt, wieder in seinem eigenen Hause, sorge er in seinem Zimmer selbst für Ordnung, mache sein Bett selbst und heize selbst den Ofen. Viel Kummer bereite ihm sein Gehör. Er sei fast taub. Man müsse ihm ins Ohr brüllen, damit er etwas verstünde. Fremdsprachen, die er früher beherrscht hätte, könne er nicht mehr; der fast Neunzigjährige habe sie vergessen. In den vorausgegangenen Wochen hätten seine Augen rapide nachgelassen. Er könne nur noch wenig sehen, selbst sehr große Buchstaben nicht – nur bei ganz hellem Sonnenlicht oder stärksten Lampen und unter Zuhilfenahme eines Monokels oder einer Lupe. Mit dem Schreiben habe er in den letzten zwanzig Jahren schon häufig Schwierigkeiten gehabt, entweder versagten ihm die Augen den Dienst, oder die Gicht machte ihm zu schaffen. Jetzt müsse er beim Schreiben die rechte Hand mit der linken führen.

Brit Hamsun meinte, des Schwiegervaters heutige Empfindlichkeit Fremden gegenüber hat sicherlich darin ihre Ursache, daß er all seine Gebrechen kenne und sie anderen nicht zeigen wolle. Er habe früher einmal geschrieben, ein Mann über fünfzig habe abzutreten. In einem seiner frühen Verse hatte er sich gewünscht:

> O Gott, nur nicht sterben im dumpfen Bett
> unter Decken und Laken anständig nett
> von nassen Gesichtern betrauert.
> Nein, umfallen möchte ich wie ein Baum
> im Walde irgendwo und halb im Traum,
> von niemand gesehn und bedauert.

Um dem greisen Dichter eine Freude zu machen, hatte ich aus meiner Autographen-Sammlung eine Erstausgabe seines Buches ›Siesta‹ mitgebracht, das als erstes seiner Werke (1897) bei Gyldendahl erschienen war; das Haus Gyldendahl sollte bald Hamsuns Hauptverleger in den skandinavischen Ländern werden. Meine Ausgabe enthält einen Brief von Hamsun aus dem Jahre 1898, gerichtet an den Regisseur Niels Gade, der einst in Deutschland mit Alfred Halm, dem Begründer des Berliner Nollendorf-Theaters, gearbeitet hatte und auch einer der ersten Regisseure von Asta Nielsen gewesen war, dem unvergessenen Star aus der Zeit des Stummfilmes.

Ich bat Brit Hamsun, dem Schwiegervater Buch und Brief zu zeigen, beides würde ihn vielleicht interessieren. Sie möge daran die Bitte knüpfen, mir ein letztes Bild von sich selbst zu geben, wenn er mich nicht empfangen wolle.

Sie ging hinauf zu ihm. Ich hörte sie beide sprechen. Nein, ich muß mich exakter ausdrücken: Ich hörte sie beide schreien. Übrigens mußten wir herzlich lachen, als sie zurückkam und mir nun gleichfalls ins Ohr schrie, bis ich, von dem Gebrüll etwas eingeschüchtert, erklärte, ich könne nach wie vor wie jeder normale Mensch hören. Sie entschuldigte sich und erzählte lachend, manchmal schrie sich die ganze Familie Hamsun stundenlang an, weil sie alle zusammen durch den Umgang mit dem schwerhörigen Großvater den Maßstab für normales Sprechen verloren hätten.

Knut Hamsun schickte mir durch seine Schwiegertochter Grüße und ließ sein Bedauern ausdrücken, den fünfzig Jahre alten Brief nicht selbst lesen zu können. Seine Augen könnten das nicht schaffen. Ein Bild von sich würde er mir gern überlassen.

»Er scheint seinen guten Tag zu haben. Sie haben Glück!« sagte Brit Hamsun.

Dies ermutigte mich, und ich fragte, ob er das Bild nicht signieren könne. Sie ging zurück zu ihm, er erfüllte meinen Wunsch und ließ ausdrücklich sein Bedauern ausrichten, mit dem Bleistift geschrieben zu haben. Der Federhalter bereite ihm Schwierigkeiten. »Er hat tatsächlich einen guten Tag. Er kann recht unzugänglich sein, vor allem, wenn Fremde zu Besuch sind.«

Wenn Brit Hamsun sich in dem Zimmer des Dichters befand, das über jenem lag, in dem ich mich aufhielt, und ihm brüllend etwas erklärte oder ihn fragte, konnte ich jedes Wort verstehen. sie sprach nie fließend hintereinander weg. Jede Silbe mußte sie ihm einzeln zubrüllen – und manche Silbe sogar wiederholen. Es bewegte mich, den großen Epiker, den Laudator der rohnatürlichen Lebenskraft, derart gebrechlich zu wissen und seine Bresthaftigkeit so unmittelbar miterleben zu müssen. Die Atmosphäre bekam ihren besonders makabren Charakter durch seine schweren, schlürfenden Schritte, die in dem Zimmer, in dem ich war, fast gespenstisch widerhallten.

Es war bedrückend, beängstigend, irrational. Es war, um physisch krank zu werden. Es war alles eigentlich wie in einem der bedrückenden Strindbergschen Dramen. Ehe Frau Brit das Zimmer des Schwiegervaters betrat, klopfte sie mit den Fäusten jeweils so laut gegen die Tür, daß es durch das ganze Holzhaus unheimlich dröhnte. Erst wenn Knut Hamsun dumpf »Jaaa!« gebrüllt hatte, trat sie ein, und das Silbenaufsagen begann aufs neue. Knut Hamsun antwortete selbst auch nur skandierend. Soweit ich es wahrnehmen konnte, waren es nur wenige Worte, die er fließend zu sprechen vermochte. Jeder Gedankenaustausch dauerte entsprechend lange. Ich saß mit eingezogenem Kopf – so, als könne sich jeden Augenblick irgendeine Katastrophe ereignen.

Ich war eigentlich schon im Begriff aufzubrechen, da stampfte der Dichter im Zimmer über uns plötzlich mächtig auf, es war wie Bombeneinschläge. Doch tatsächlich war das nur ein Signal, daß er einen Wunsch hatte. Brit Hamsun eilte erneut nach oben. Ich hörte wiederum einen gebrüllten Wortwechsel, und bald kam sie zurück. Der Dichter schickte mir einen ihm kürzlich zugegangenen holländischen Zeitungsartikel. Er ließ mich fragen, ob ich etwas über jene Zeitung und den Autor wüßte. Ich antwortete, was ich wußte.

Brit Hamsun kommentierte seine Bitte: »Sie sehen, er nimmt an allem lebhaften Anteil. Nur von seinem neunzigsten Geburtstag im kommenden August will er nichts wissen. Er will keine Feier der alten Getreuen. Er will auch keinerlei Geschenke oder Spenden. Die hohe Strafe hat sein Vermögen fast aufgezehrt. Er will nur seine einsame Ruhe. Er ordnet seine Manuskripte, schreibt ein wenig, korrigiert unveröffentlichte Arbeiten. Zumindest ein größeres Werk ist von ihm noch zu erwarten. Was das ist und welchen Titel es trägt, weiß allerdings bis zu diesem Augenblick keiner. Weder seine Advokatin – sie ist es seit nun schon achtzehn Jahren – noch seine Familie. O ja, auch uns gegenüber ist er völlig verschlossen.« (Es handelte sich um sein Buch ›Auf überwachsenen Pfaden‹.)

Endlich verabschiedete ich mich. Brit Hamsun geleitete mich zur Haltestelle des Autobusses. Wir sprachen jetzt wenig miteinander. Sie spürte gewiß, wie bewegt und nachdenklich ich war. Ich dankte ihr für ihre Güte.

Die umständliche Reise nach Oslo verging mir wie im Traum. Es war mir immer wieder, als hörte ich den neunzigjährigen Dichter Silben brüllen. In meinen Ohren war der Hall der schlürfenden Schritte oder das fast ekstatische Aufstampfen. Zwischendurch sah ich im Geiste Knut Hamsun verängstigt durch den Garten eilen. In der Rückerinnerung allerdings wirkte diese Szene humorvoller, fast kauzig.

Der Arme-Leute-Sohn Knut Hamsun trat als ein Individualist und aristokratischer Außenseiter in die Literatur ein. Er

lebte als solcher und beschloß in dieser Haltung seinen Lebensabend. Ehe ich in den Bus stieg, sagte Brit Hamsun noch, der
Schwiegervater sei darüber glücklich, daß er sich um seinen geliebten Hof keine Sorge mehr zu machen brauche. Schon jetzt
habe er all seinen Besitz den Kindern vererbt: »Er betrachtet
sich hier auf Erden nur noch als einen zufälligen Gast.«

Brit Hamsun sagte auch: »Nehmen Sie keinesfalls den Eindruck mit, daß er unglücklich ist. Das ist er bestimmt nicht. Er
hat seinen Frieden mit der Welt gemacht. Die Hauptsache ist
ihm, daß man ihn in seinem eigenen Zimmer nach eigenem Gutdünken walten läßt. August Weltumsegler ist in den Hafen ein-
gefahren und hat abgemustert.«

Tore Hamsun schickte mir zur Erinnerung an den Besuch auf
dem väterlichen Hof in Nörholmen seine bekannte Porträt-
zeichnung des Vaters und schrieb mir, daß ich wohl einer der
letzten Fremden gewesen sei, der den greisen Dichter gesehen
habe. (1949)

Nelly Sachs, Dichterin des Judentums

*»Dein Jahrhundert
eine Trauerweide
gebeugt über Unverständliches.«*

N. S.

Nelly Sachs hat einen bemerkenswerten Namen in der deutschen Gegenwartsliteratur. Sie erhielt 1957 den Literaturpreis des Verbandes Schwedischer Lyriker, 1959 eine Ehrengabe des Kulturkreises im Bundesverband der Deutschen Industrie, 1960 den Droste-Preis, 1961 den Literaturpreis der Stadt Dortmund. Nun bekam sie als erste Frau den Friedenspreis des Deutschen Buchhandels. Bald nach dem Kriege hörte ich das erste Mal von ihr, las ihre Gedichte und Übersetzungen. Bei meinem ersten Nachkriegsbesuch in Stockholm im Jahre 1946 rief ich sie an und fragte, ob ich sie besuchen dürfe. Es mutete mich seltsam an, durch das Stockholmer Telefon Berliner Dialekt zu hören. Leider standen der Verabredung zunächst Schwierigkeiten entgegen. »Meine Mutter ist so krank«, sagte die Dichterin, »ich muß ständig um sie sein und sie betreuen. Kommen Sie aber trotzdem, vielleicht treffen Sie einen günstigen Augenblick.«

In der Südstadt von Stockholm, wo meist Arbeiter- und Beamtenfamilien wohnen, liegt ein großes modernes Mietshaus an einem Nebenarm der Mälar. Das Mietshaus gehört der Warburg-Stiftung, und zum großen Teil wohnten nach dem Kriege hier in den Miniaturwohnungen Flüchtlinge aus Deutschland, die von der Stiftung unterstützt wurden. Die Nachfrage nach diesen Wohnungen war lebhaft. Auch Nelly Sachs mußte mit ihrer Mutter mehrere Jahre warten, bis sie eine sonnenlose Hinterstube aufgeben und hier einziehen konnte.

Ich trat in einen winzigen Flur, der gleich in die Küche überleitete. Türen gibt es nicht. Um sich abzuschirmen, hatte Nelly Sachs Vorhänge angebracht. Nelly Sachs' Küche war ihr Schlaf-, Wohn- und Arbeitszimmer, Empfangsraum aber auch für Besucher. Im anderen Zimmer lag schwerleidend die greise Mutter (die inzwischen verstorben ist), Nelly Sachs hatte ihre eigenen Interessen völlig zurückgestellt und diente ausschließlich der Kranken. Während von nebenan schwerer Atem zu hören war, saß ich neben dem Küchenschrank an einem kleinen Küchentisch der Dichterin gegenüber, die selbst auf einer schmalen Bettcouch Platz genommen hatte. Als ich ankam, legte sie die Küchenschürze ab. Ich wunderte mich, wie klein und zart sie ist. Ihre Art empfand ich als berlinerisch. Ich vergaß Stockholm, fühlte mich in Berlin. Und vom Eintritt in die Küche an war ich zudem von der Natürlichkeit der Dichterin bezaubert. Noch während sie die eben geschälten Kartoffeln beiseite räumte, begannen wir über Literatur zu sprechen.

Damals war gerade ihr erster Gedichtband ›In den Wohnungen des Todes‹ erschienen: Gesänge, die sich mit dem Schicksal des Volkes Israel befassen. Für einen Lyrikband hatte das Buch überraschend viel Aufsehen erregt. Nicht allein in den deutschsprachigen Ländern, sondern auch in Nordamerika. Verschiedene Verse wurden in mehrere Sprachen übersetzt. Das Nobel-Komitee half ihr. Sehr glücklich war sie über einen Brief von Kurt Pinthus, der zwei Generationen deutscher Dichter kritisch begleitet hat: »Es scheint, daß in manchen dieser Hymnen der Schmerzensschrei über den unmenschlichsten Massenmord der Menschheitsgeschichte zu endgültiger Dichtung geworden ist.« Hohe Anerkennung zollten ihr der schwedische Dichter Johannes Edfelt und der norwegische Dichter Hermann Wildenvey, die beide Gedichte von Nelly Sachs in ihre Sprachen übertrugen. Aus Österreich hatte sich Friedrich Torberg gemeldet: »Was immer der Hauch dieses Morgens sein wird, und gleichgültig, ob Nelly Sachs, die den sengenden Geruch des Todes geatmet hat, das letzte Kapitel im Buch jüdisch-deutscher Dichtung abgeschlossen haben wird oder ein neues beginnt, diese Seiten ... werden in jenem Buch bestehen bleiben, ebenso sicher wie die Spuren eines Buchenwald im deutschen Boden bestehen bleiben.«

In Nelly Sachs' Küche sprachen wir über Berlin, wo sie am 10. Dezember 1891 geboren wurde und wo sie zu schreiben begonnen hatte. Stefan Zweig war ihr, wie so vielen jungen Dichtern der zwanziger Jahre, ein erster Berater. Der später ermordete Leo Hirsch veröffentlichte ihre ersten Verse im ›Berliner Tageblatt‹. Das war 1932. Im nächsten Jahr schon war Nelly Sachs zum Schweigen verurteilt. Nur der jüdische Kulturbund konnte in seiner Zeitschrift ›Der Morgen‹ einige Bibellieder von ihr drucken. Die gleiche Organisation führte Marionettenspiele der Dichterin erfolgreich auf. Doch die deutsche Öffentlichkeit erfuhr davon nichts. Bald konnte sie nicht mehr schreiben. Das

Leben der Mutter und ihr eigenes waren in Gefahr. Als eine Freundin von Nelly Sachs im Sommer 1939 bei Selma Lagerlöf war, unterrichtete sie die schwedische Dichterin von der Lebensgefahr, in der sich Nelly Sachs und ihre Mutter befanden: »Ich hatte mit Selma Lagerlöf seit meinem fünfzehnten Lebensjahr Briefe gewechselt, und sie hatte meine ersten dichterischen Versuche erhalten. Durch die Fürsprache meiner deutschen Lebensretterin setzten sich die schwedische Schriftstellerin und Prinz Eugen, genannt der Maler-Prinz, für unsere Rettung ein. Wir mußten allerdings bis zum Frühjahr 1940 warten, bis wir Berlin verlassen konnten. Oft sah alles recht hoffnungslos aus. Und doch geschah schließlich das Wunder. Aber als wir Schweden sicher erreicht hatten, war Selma Lagerlöf gestorben.«

Während Nelly Sachs einen Blick auf die inzwischen kochenden Kartoffeln warf, erzählte sie, daß sie sich innerlich verpflichtet gefühlt hätte, ihrem Gastlande einen Dank abzustatten. Sie lernte Schwedisch und übersetzte nach und nach zahlreiche schwedische Dichter. Ihr erster Band Übersetzungen ›Von Welle und Granit‹ erschien 1947 in Ost-Berlin. Übersetzungen von Gedichten Gunnar Eklöfs folgten 1962, Übersetzungen der Lyrik von Erik Lindegren 1963, 1965 erschien der Band ›Schwedische Gedichte‹. Die deutsche Dichterin leistet hier verdienstvolle Pionierarbeit; denn bisher waren schwedische Lyriker kaum ins Deutsche übertragen worden.

Der Briefträger brachte Post aus Deutschland. Sie legte mir ein Heft der ›Neuen Rundschau‹, in dem Verse von ihr veröffentlicht waren, auf den Küchentisch. Ihr liebes, gütiges Gesicht hellte sich auf: »Das hätte ich nie zu hoffen gewagt, einmal in einer solch bedeutenden Zeitschrift gedruckt zu werden.« Nun, inzwischen erschien ihr poetisches Gesamtwerk.

In der deutschen Literatur gibt es nur wenige Frauen, die ausschließlich Lyrik geschrieben haben. Und was für eine Lyrik! Nelly Sachs ist eine Seherin, eine Prophetin neuer Beziehungen zwischen den Rassen. Sie spricht nicht von Verzeihen, sie droht nicht, sie trägt eine Botschaft der Rettung vor, derer wir so dringend bedürfen. Sie warnt, die Verfolgten sollten nicht zu Verfolgern werden! Sie weiß: »Die Betten werden für die Schmerzen zurechtgemacht.« Und: »Enterbte beweinen wir Staub.« Aber sie postuliert auch: »Meine große Liebe floß in Dein Mysterium, durchbrach den Tod. Wir leben in der Auferstehung.« Sie singt »das ungesungene Lied des Friedens«. Eine Botschaft der Rettung ist auch dieser Vers von ihr: »Wir Mütter wiegen in das Herz der Welt die Friedensmelodie.«

So real unsere Umwelt – die kleine Wohnküche – war, so spürte ich schon bei dieser ersten Stockholmer Begegnung, wie ihre Klage zur Anrufung des Geistes wird. Alles, was sie sagt, ist visionär und hat dabei eine heute ungewohnte Intensität. Nelly Sachs' Leben ist ihr Werk, ihr Werk die Meisterung des Lebens. Die Basis ist ihre Religiosität, die Bücher der Propheten, die Psalmen, die Thora, Legenden der Chassidim, also jener dem Pietismus ähnlichen Bewegung, die Verinnerlichung der jüdischen Religion gegenüber starrer Gesetzeskasuistik will. Und sie sprach immer wieder von den ungezählten Krankenwachen am Bett der schwerleidenden Mutter. Auch Mutter wurde zeugendes Symbol.

Aber nicht etwa, daß Nelly Sachs in mysteriösen Worten vom Dichten und vom Inhalt ihrer Dichtung sprach. Im Gegenteil, sie verpönte die hohen Worte, ganz zu schweigen davon, daß sie das ablehnte, was Madame Colette die ›Worte der Warenhäuser‹ nannte. Diese fromme Ethikerin geht ihren sehr persönlichen Weg, jenseits poetologischer Richtungen, Schulen, Modeströmungen. Fast möchte man Nelly Sachs eine Dichterin gegen die Zeit nennen. Pathos und Ekstase, an denen ihr Werk reich ist, gelten doch sonst als unzeitgemäß. Nelly Sachs hat beidem eine neue Bestimmung gegeben.

Während wir in der kleinen Stockholmer Wohnküche saßen und die Dichterin entweder zwischendurch nach der Mutter oder nach dem Kartoffeltopf sah, der allerdings bald einem Kaffeetopf Platz machte, setzten wir unser Literaturgespräch fort. Mit welcher Bescheidenheit und Ehrfurcht sprach sie. Es war ein ausnehmend glücklicher Tag. Die Nacht vorher hatte sie einmal ein paar Stunden hintereinander geschlafen, da die Mutter – dank guter Medikamente – schmerzlose Ruhe gefunden hatte. Mit der Morgenpost kam auch die Nachricht, daß eines ihrer Marionettenspiele in Jerusalem aufgeführt werden sollte. Formal war sie zu ihrem ersten szenischen Versuch durch Jean Cocteau angeregt worden. Inzwischen hat sie weitere szenische Dichtungen geschrieben, die teils im Rundfunk gesendet, teils auf der Bühne gestaltet wurden.

Die dramatischen Dichtungen von Nelly Sachs erschienen inzwischen unter dem Titel ›Zeichen im Sand‹. Nelly Sachs erklärte mir bei meinem ersten Besuch: »Meine dramatischen Dich-

In der Flucht
welch großer Empfang unterwegs –

Eingehüllt
in der Winde Tuch
Füße im Gebet des Sandes
der niemals Amen sagen kann
denn er muß
von der Flosse in den Flügel
und weiter –

Der kranke Schmetterling
weiß bald wieder vom Meer –
Dieser Stein
mit der Inschrift der Fliege
hat sich mir in die Hand gegeben –

An Stelle von Heimat
halte ich die Verwandlungen der Welt –

Nelly Sachs

tungen versuchen ein Theater für Wort, Mimus, Musik – ein Theater der Zukunft, in dem versucht wird, den ganzen Menschen wie in antiken Mysterien mit dem Körper mimisch einbezogen sprechen zu lassen.«

Während wir schließlich Kaffee tranken, mußte ich an eine Begegnung mit Else Lasker-Schüler denken, dem ›Prinz von Theben‹, wie sie sich selbst nannte, dem ›Schwarzen Schwan von Israel‹, wie Alfred Kerr sie tituliert hatte. Wie anders war doch Else Lasker-Schüler, welche in großer Armut in jenem Lande starb, von dem sie jahrzehntelang geträumt hatte: in Palästina. Ihr Freund, Peter Hille, der Berliner Bohémien und impressionistische Lyriker, hatte die Wuppertalerin eine ›Sappho, der die Welt entzweigegangen ist‹, genannt. (Wenn ich Nelly Sachs mit Else Lasker-Schüler verglich, dann spürte ich sofort, wie sehr die Berlinerin eine Gestalt aus dem jüdischen Leben der Gegenwart ist. Die Verse von Nelly Sachs erschließen sich dem Leser nicht sofort. Sie sind bilderreich, manchmal etwas überladen von schweren Gedanken und kühnen Visionen. Trotzdem ergreift Nelly Sachs einen Menschen von heute sehr. Und alles ist Blut von jenem Volke, das in diesem Jahrhundert zwei große geschichtliche Begebenheiten in seinem Geschichtsbuch zu verzeichnen hat: den Untergang des größten Teils des mitteleuropäischen Judentums und das Entstehen des Staates Israel.)

Seit unserer ersten Begegnung in Stockholm sind bald zwanzig Jahre vergangen. Aber schon damals war mir klar, daß die Dichterin Nelly Sachs die ungewöhnliche dichterische Dokumentation historischer Ereignisse geschaffen hat. Dem jüdischen Volke von heute dürfte bisher kein zweiter Dichter dieser Bedeutung erstanden sein. Das ist wohl der historische Standort dieses deutschen Flüchtlings in Stockholm.

Sie schrieb mir: »Mein Leben ist so in Schmerz zerrissen, daß ich jedes Mal wie in Feuer tauche, um mir die Worte zu dem sonst Unsäglichen zu holen. Immer wieder überkommt mich das Zagen, das mich stumm machen will vor dem Übermächtigen, und es kommen die Nächte, wo es mich überwältigt und ich es zitternd wagen muß. Ich werde nicht ablassen, dem Feuer- und Sternenweg unseres Volkes Schritt für Schritt zu folgen und mit meinem armen Wesen Zeugnis ablegen.«

Der Anonymität in Deutschland folgte im Leben der Nelly Sachs die Emigration mit all ihrer Drangsal. Es folgte der Durchbruch ihrer Visionen, das Ringen um das lyrische Wort in der Fremde, schließlich die Möglichkeit, erneut in ihrer Heimat zu sprechen. Zunächst zögerte Deutschland, ihr zuzuhören. Nun aber erhielt sie als 74jährige den Friedenspreis und steht damit verdientermaßen in einer Reihe mit Männern wie ihren Glaubensgenossen Martin Buber und Victor Gollancz, in einer Reihe mit Albert Schweitzer und Paul Tillich, in einer Reihe mit Romano Guardini oder Sarvepalli Radhakrishnan, in einer Reihe mit Dichtern wie Hermann Hesse, Thornton Wilder und Gabriel Marcel. Die begrüßenswerte Entscheidung fiel, ehe Deutschland die diplomatischen Beziehungen zu Israel aufnahm. Es mag als ein gutes Omen angesehen werden, daß die Verleihung des Friedenspreises an eine jüdische Dichterin sich im selben Jahr ereignet hat. Als Max Tau (jüdischer Flüchtling wie Nelly Sachs) 1950 als erster diesen Preis erhielt, hatte Deutschland noch keine diplomatischen Beziehungen zu Norwegen, das nun der Bundesrepublik gegenüber freundlicher gesonnen wurde, als ihr Neubürger Tau mit dieser Anerkennung bedacht wurde. In der winzigen Wohnküche in Stockholm ahnten Nelly Sachs und ich nichts davon. Und doch kreiste unser Gespräch immer wieder um die Hoffnung auf Sühne und Neubeginn. Zu verdanken ist der neue Anfang jedenfalls auch dieser Wächterin, Seherin und Prophetin, welche in ihrem Gedicht ›Nacht der Nächte‹ diese hoffnungsvolle Zeile geschrieben hat:

»In der Auferstehungsasche spielte Musik.«

(1965)

Tagebuch, Stockholm im September 1968:

Durch Nieselregen fahre ich zum Berglander Sund, der an einem Kanal Stockholms gelegen ist. Die Häuser hier repräsentieren das, was man sozialen Wohnungsbau nennt. Seitdem ich vor 22 Jahren das erste Mal hier war, sind die stillosen Häuser nicht schöner geworden. Aber plötzlich hört der Nieselregen auf. Die Herbstsonne bricht durch, Möwen fliegen kreischend über das Wasser. Durchs dunkle Treppenhaus steige ich in die zweite Etage hinauf und klopfe an eine der vielen Türen. Ein Schild ›Sachs‹ zeigt mir, daß ich vor der richtigen Tür stehe. Nelly Sachs macht mir auf. Da stehe ich nun wieder in dem kleinen Vorraum – wie vor 22 Jahren. Während wir uns begrüßen und ich den Mantel ablege, werfe ich den ersten Blick in die vertraute Wohnküche. Hier sind offenbar die Möbel gestrichen worden und einige moderne Geräte hinzugekommen. Damals wurden die Kartoffeln auf einem alten Gasherd gekocht. Im Wohnraum ist alles beim alten geblieben. Fast alles. Der Raum hat aber mehr Glanz als früher.

»Ja, ich habe die Möbel aufarbeiten lassen«, sagt Nelly Sachs. »Ein neues Bücherregal ist auch hinzugekommen. Und natürlich viele neue Bücher, seitdem Sie zum ersten Mal hier waren.« Sie macht mir Kaffee und ein Brötchen, da sie meint, daß Vitamintabletten als Frühstück nicht ausreichend seien. Ich beobachte sie beim Hantieren. Das letzte Mal sahen wir uns auch an einem Sonntag, genau vor drei Jahren. Zu dieser Stunde, da wir jetzt zusammen sind, erhält Léopold Sédar Senghor, der Dichter und Präsident des Senegal, den Friedenspreis des deutschen Buchhandels. An jenem Sonntag erhielt sie ihn. Am Abend gab der Frankfurter Verleger Siegfried Unseld vom Suhrkamp-Verlag einen Empfang für sie. Nelly Sachs saß müde neben Marie Louise Kaschnitz und Hans-Erich Nossack. All die Ehrungen hatten sie sehr mitgenommen. Man mußte um ihre Gesundheit bangen. Heute ist sie erstaunlich frisch. Ich beobachte sie und bin entzückt von ihrem Charme und von ihrer Eleganz. Ein paarmal ergreife ich ihre Hände, um sie aus Verehrung und Bewunderung zu streicheln. Sie ist eine sehr kleine Person. Mir geht durch den Kopf: Sie wiegt vielleicht nicht mehr als 70 oder 80 Pfund. Ich habe viele Fragen. Ich solle essen, sagt sie. Ein paar Fragen dürfe ich stellen. Sie wolle dann schon erzählen. Sie tut es auch.

Immer wieder kommt sie auf die Mama zu sprechen, die damals, als ich sie zum ersten Male besuchte, schwerkrank auf diesem Sofa lag, auf dem ich heute sitze. Ich kenne wenige Töchter, die mit solcher Zärtlichkeit von ihrer Mutter sprechen. Eine andere Frau, die sie immer wieder erwähnt, ist Selma Lagerlöf, die ihr und ihrer Mutter das Leben gerettet hat. Als wir uns das erste Mal begegneten, kannten den Namen Nelly Sachs nur einige Literaten in Schweden und in Ost-Deutschland. Ich wies dann im Februar 1949 in einem Aufsatz darauf hin, daß die Lyrik von Nelly Sachs unbedingt in der Bundesrepublik erscheinen müsse. Der erste Gedichtband, den der S. Fischer-Verlag herausbrachte, wurde zu fünfzig Prozent eingestampft. Obwohl sie viele gute Kritiken erhielt, war es lange Jahre still um sie. Aber dann kam der Friedenspreis, andere Preise und schließlich der Nobelpreis für Literatur 1966.

»Erzählen Sie, bitte, etwas vom Nobelpreis«, bat ich. Nelly Sachs berichtete: »Ich hörte munkeln, daß ich vorgeschlagen war, glaubte aber nie daran, daß ich die Auszeichnung erhalten würde. Gibt es denn nicht viel bedeutendere Dichter, als ich es bin? Aber dann kam ein Telegramm mit der für mich fast unglaublichen Nachricht. Ich war damals nicht zu Hause. Nach Erhalt des Telegramms fuhr ich nach Stockholm zurück. Vor dem Haus unzählige Autos, Rundfunkaufnahmewagen und viele hundert Menschen. Mein Freund, der Literaturkritiker Bengt Holmquist, sagte, die kämen alle meinetwegen. Ich konnte das überhaupt nicht begreifen. Eine Nachbarin hatte den Schlüssel zu meiner Wohnung. Als ich eintrat, sah ich nur noch Blumen und dazwischen Reporter. Blumen und Reporter, Reporter und Blumen. Ich hatte das Gefühl, ich könne das alles gar nicht überleben ... Wissen Sie, wer mir dann bei der Preisverleihung am meisten half, mein Gleichgewicht wiederzufinden? Der schwedische König. Das ist ein wunderbarer Mann, wirklich ein Mensch. Oder eben ein guter König, wie er sonst nur im Märchen vorkommt. Er sah wohl meine Verstörtheit und fragte mich, ob ich Angst hätte. ›Ein bißchen schon‹, sagte ich. ›Haben

Sie doch keine Angst, Frau Sachs‹, sagte der König – und da war auf einmal alles vorbei. Ich war wie befreit. Überhaupt fiel in diesem Augenblick vieles Schwere aus meinem bisherigen Leben von mir ab.«

Nelly Sachs ging zum Bücherbord und holte Fotos von der Nobelpreis-Verleihung. Zwei Bilder taten es mir besonders an: Wie der König ihr die Hand küßte; wie der König sie zu Tisch führte. Neben dem großen, massigen Souverän wirkte die kleine zarte Nelly Sachs noch kleiner und zarter. Sie trug ein schönes langes Abendkleid mit einem Überwurf, und ich hatte mehr den Eindruck, daß sie neben dem Fürsten schwebte, als daß sie neben ihm ging.

Es klingelte. Die Nachbarin kam, die ihre Freundin ist. Austausch von Höflichkeitsfloskeln. Wir setzten uns wieder zusammen hin. Ich starre immer wieder auf das Bild vom König und der neben ihm dahinschwebenden Nobelpreisträgerin. »Wie finden Sie dieses Bild?« fragte die Nachbarin. »Ich muß es besitzen!« sagte ich. »Das kann ich begreifen«, sagte die Nachbarin, und setzte mit schwedischer Keckheit hinzu: »Ich möchte wiederholen, was ich schon Frau Sachs gesagt habe und was sie mir deshalb nicht übelnehmen wird: Wäre sie nicht Dichterin und Nobelpreisträgerin, könnte sie Mannequin sein. Trotz ihres Alters wäre sie das bezauberndste Mannequin der Welt!«

Wir lachen. Die Konversation geht weiter. Mich selbst aber überfällt ein Gefühl großer Freude. Wie hat Nelly Sachs gelitten. Wer ihre Poesie kennt, weiß es. Wer sie in den vergangenen Jahrzehnten persönlich erlebte, weiß es noch besser. Aber nun ist diesem Leben voller Elend und Tod internationaler Ruhm gefolgt. Wie häufig werden Menschen durch Ruhm und Preise verdorben. Nicht so die jüdische Dichterin Nelly Sachs. Sie wohnt weiterhin in einer kleinen Sozialwohnung, lebt genauso weiter wie einst. Nur jetzt ohne Sorgen. In den Bücherborden stehen ihre Werke, die inzwischen in 21 Sprachen übersetzt worden sind. Die Korrespondenz ist weltweit geworden und könnte von ihr gar nicht bewältigt werden, wenn sie nicht gute Helfer hätte. Ihr orthodox-jüdischer Kosmos ist davon unberührt. Sie ist sich selber treu geblieben. Ich kann keine Fragen mehr stellen. Die Dichterin und die Freundin unterhalten sich. Ich höre zu, sehe in ihr liebes Gesicht und bin glücklich, miterleben zu dürfen, daß aus einem Leben der Qual ein Leben des Segens geworden ist. Sehr selten ist so etwas. Auch unter Dichtern.

Die Gauguins: Unruhige Künstlerleben

> *»Wir setzten unseren Weg fort, und ich*
> *drang mit leidenschaftlichem Eifer immer*
> *tiefer in das Dickicht, als könnte ich da-*
> *durch bis ans Herz dieser gewaltigen,*
> *mütterlichen Natur vordringen und mich*
> *mit ihren lebenden Elementen vereinen.«*
>
> P. G. D. Ä.

Bei meiner ersten Nachkriegsreise durch Norwegen (1946) sah ich in der Osloer Galerie von Per Rom prächtig farbige Graphik mit Motiven aus der Insektenwelt. Dazwischen war ein Blatt mit einem prachtvoll vitalen Hahn. Ich erkundigte mich nach dem Künstler, fragte auch den Deutsch-Norweger Rolf Nesch nach ihm, der mir sagte: »Das ist mein Freund Paul René Gauguin! Ich kann Sie beide zusammenbringen.« Paul und ich freundeten uns an, trafen uns seitdem in Norwegen, Dänemark, Deutschland und Südfrankreich. Wir besuchten Masereel, Chagall, Matisse und Picasso gemeinsam. Ich zeigte seine Bilder in mehreren Städten Deutschlands und in den Niederlanden. Ob wir je dazu kommen werden, gemeinsam ein Ballett zu gestalten, wie es uns seit langem vorschwebt: farbig wie eine Wiese in den Tropen, erotisch wie eine Zigeunerschar, vital bis zum Exzeß, verliebt in dieses elende Leben – trotz allem ...? Wir hoffen es.

Doch ehe ich von Paul René Gauguin dem Jüngeren erzähle, etwas aus der Geschichte seiner Familie; sonst begreift man vielleicht die Zusammenhänge nicht. Der weltberühmte Paul Gauguin war der Sohn eines Publizisten aus Orléans und einer Peruanerin. Er selbst war mit einer Dänin namens Mette Gade verheiratet, die ihm fünf Kinder gebar, von denen die beiden jüngsten (Clovis und Aline) jung starben. Als es die reichlich bürgerliche Skandinavierin an der Seite des problematischen ›peintre maudit‹, der später nach Tahiti flüchtete, nicht mehr aushalten konnte, lebte sie mit ihren drei Söhnen Pola, Emile und Jean in Dänemark. Paul Gauguin besuchte seine von ihm getrennt lebende Frau in Dänemark nur ein einziges Mal. Und so hat auch der heute in Skandinavien als Kunstsammler, Kunsthistoriker und Kunstkritiker bekannte Pola Gauguin seinen merkwürdigen Vater nur einmal in Kopenhagen gesehen, worüber Pola in seinem Buch ›Mein Vater Paul Gauguin‹ berichtet hat. Pola Gauguin wiederum ist der Vater von Paul René Gauguin. In Anbetracht dessen, daß Pola nur von der Mutter aufgezogen wurde, bekam er die dänische Staatsangehörigkeit. Ähnlich wie seinen Vater trieb es Pola Gauguin in die Fremde. Er ließ sich 1910 in Norwegen nieder, heiratete eine Norwegerin, ließ sich 1916 in Norwegen naturalisieren und fügte so der Familie Gauguin eine vierte Nationalität innerhalb von drei Generationen hinzu.

Paul René Gauguin wurde am 27. Januar 1911 im Hause seiner dänischen Großmutter in Kopenhagen als norwegischer Staatsbürger geboren. Er lebte bis zu seinem vierzehnten Lebensjahr in Dänemark und Norwegen, später kam er nach Frank-

Paul René Gauguin: Selbstporträt (Pinselzeichnung)

reich. Sein Vater hatte sich, wie eben erwähnt, inzwischen in Oslo etabliert. Er war jetzt auch als Architekt tätig, als Redakteur an der liberalen Zeitung ›Verdens Gang‹ und als Leiter seiner eigenen Kunstakademie. Es war Pola Gauguins Wunsch, seinem Sohn Paul René, der den Vornamen des berühmten Großvaters trug, eine solide französische Ausbildung zuteil werden zu lassen. Mit neunzehn Jahren machte Paul René in Rouen in der Normandie sein Baccalaureat. Danach zog er als Wandervogel einige Monate durch Deutschland und Böhmen. In das Elternhaus nach Oslo zurückgekehrt, wurde er vom Vater zuerst in dem Osloer ›Dagbladet‹ als Journalist und Pressezeichner untergebracht. Paul René verließ aber sein Elternhaus bald wieder, schlug sich über Frankreich nach Spanien durch und begann dort ein Leben ohne die Gloriole eines berühmten Namens, jenseits von aller Kultur und Kunst. Er lebte drei Jahre lang an den spanischen Küsten zusammen mit den Fischern, war selbst ein Fischer, der täglich mit einem Boot aufs Mittelländische Meer hinausfuhr und darauf bedacht war, einen guten Fischzug zu machen und diesen für einen guten Preis auf dem Fischmarkt zu verkaufen.

Paul René Gauguin war mit seinen zweiundzwanzig Jahren kein schlechter Fischer. Er hatte Erfolg und wurde von den spanischen Fischern als einer der ihren anerkannt. Bald jedoch war ihm dieses Leben zu bürgerlich. Er trieb sich an größeren Hafenplätzen herum und ging auf ein irisches Boot – nicht etwa als Matrose, sondern als Tabak- und Waffenschmuggler. Von alten Mauserbüchsen bis zu modernen amerikanischen MG's gingen viele Waffenarten durch seine Hände. Er bestand manches Gefecht mit den Küstenschutzbooten. Und dennoch: »Es war ein göttliches Leben, an das ich nur zu gern zurückdenke«, erzählte er mir. »Übrigens war ich in dieser Zeit auch Architekt, Baumeister und Maurer in einer Person. Nach eigenen Plänen baute ich eigenhändig für einen Franzosen ein Haus. Später erst stellte es sich heraus, daß es für Jacques Villain, den Mörder des französischen Sozialisten Jean Jaurès, war. Der tolle Kerl wurde in den ersten Tagen des Spanienkrieges von Feinden, die ihn aufstöberten, ins Meer geschmissen und ertrank jämmerlich.«

Der Abenteurer Paul René Gauguin hatte einen Unfall. Er wurde von einem großen Fisch in die Hand gebissen. Die Folgen machten ihn sowohl als Schmuggler wie als Matrose oder Fischer unbrauchbar, und er mußte sich wieder auf ein ruhigeres Ge-

werbe verlegen. Er hatte schon immer gemalt. Aber die Ehrfurcht vor dem Namen des Großvaters hatte ihn bisher daran
gehindert, irgend etwas künstlerisch zu leisten außer ein paar
harmlosen Pressezeichnungen, die er nicht einmal unter seinem
Namen erscheinen ließ.

Nach dem Fischbiß mußte er sich also eine neue Existenz gründen. Er verlegte sich auf das Bemalen von Krügen und Vasen
nach ›Touristengeschmack‹. Denn wiederum kam es ihm nur darauf an, Geld zu verdienen. Aus demselben Grunde versuchte er
sich in Spanien als Antiquitätenhändler. Hier hätte er sehr viel
Chancen haben können, eine Verdienstspanne von dreihundert
bis fünfhundert Prozent winkte. Er brachte es jedoch nicht fertig, die Bauern »für ein Butterbrot ihrer schönen alten Sachen zu
berauben«, und so setzte er zum Schluß fast noch zu. Er wechselte in den Beruf des Archäologen über. Er wollte in den Höh-
len der Gebirge phönizische Astarte-Figuren ausgraben. »Aber
ähnlich wie Tut-ench-Amun sandte Astarte mir einen mehrere
Tonnen schweren Felsblock, der einige Zentimeter von mir entfernt niederfiel und die Schatzkammer verschloß«, erzählte Paul
René Gauguin. »Ich werde eines Tages dahin zurückkehren –
das schwor ich mir. Da fällt mir eben ein: Mit einem deutschen
Bildhauer zusammen fing ich eine Zeitlang auf kleinen Felsen-
inseln vor Spaniens Küste Eidechsen. Wir verkauften sie an Ha-
genbeck nach Hamburg.«

In Barcelona war es, wo er zu zeichnen anfing. Mit einer spanischen Malerin richtete er sich hier sein erstes Atelier ein. Eines
Tages wurde er dem spanischen Präsidenten Macia vorgestellt.
Es überraschte ihn derart, daß er sein Spanisch vergaß und katalanisch antwortete. Der Präsident war Katalane und so entzückt davon, daß er beiden seine Unterstützung und seinen um-
gehenden Besuch im Atelier versprach. Doch am Vortage des
geplanten Besuchs starb der Präsident plötzlich. Die in Barcelona begonnenen Studien setzte Paul René ein Jahr lang in
Paris fort. Danach war er kurze Zeit in Norwegen, um noch
zweimal nach Spanien zu gehen, und zwar während des Bürgerkrieges. In Arragon diente er bei den Polizeitruppen, in Barcelona bei der Postzensur, daraufhin beim Grenzschutz – immer
als Gegner Francos und seiner Falange. Wieder in Norwegen,
war er zwei Jahre lang Theatermaler. Den Zweiten Weltkrieg
machte er in Norwegen als Freiwilliger im Range eines Leut-
nants mit, war dann Kriegsgefangener, entlassen, illegal tätig,

und floh schließlich, da er vor einer kritischen Verhaftung stand, nach Schweden. (Wie er dem späteren SPD-Vorsitzenden und Bundeskanzler Willy Brandt das Leben rettete, wird er vielleicht später einmal selber erzählen.)

Nach Kriegsende lebte Paul René Gauguin zuerst in Oslo, nun in Kopenhagen und Oslo. Er hat bereits zwei Ehen hinter sich und hat auch kleine Söhne. Seine jetzige, dritte Frau, eine Dänin, scheint indessen diejenige zu sein, die einem Temperament, wie es einem jungen Gauguin eigen ist, entspricht; ihre Schwiegertochter ist übrigens eine gebürtige Rembrandt. Pauls Kommentar: »Mir bleibt nichts erspart.« Eines Tages gab ein hoher dänischer Staatsbeamter aus Anlaß einer internationalen Kunstausstellung ein Essen. Eben hatte er den jungen Gauguin kennengelernt, da wurde ihm ein Herr van Gogh vorgestellt. Der hohe Herr stutzte. Doch es stimmte: Es handelte sich um den Neffen von Vincent, der eine bedeutende Sammlung der Werke des Onkels in Holland verwaltet. Nun gut, der Staatsbeamte war vergnügt. Als aber Paul René Gauguins Frau nun ihre Schwiegertochter vorstellte »Fräulein Rembrandt, wenn Sie gestatten«, glaubte er sich doch gefoppt und ergriff die Flucht.

In Kopenhagen lebt Paul René Gauguin in der großbürger-

Kaltnadelradierung von Paul René Gauguin

lichen Wohnung von Frau Martha zusammen mit Vater Pola, der jetzt hier Kritiker ist und an neuen Büchern schreibt. In einem wahrhaft romantischen Winkel von Oslo dagegen, der im äußeren Bild mehr an den Montmartre denken läßt als an die norwegische Hauptstadt, führt Paul ein Künstlerleben, das sich durch eine ungewöhnliche Vielseitigkeit auszeichnet. Er ist einer der geschätztesten Übersetzer französischer Meisterwerke in die norwegische Sprache. Er hat die letzten Jahre über dreißig Bücher und Theaterstücke aus dem Französischen übertragen, darunter Werke von Stendhal, Giraudoux, Sartre, Anouilh. Er beherrscht insgesamt zwölf Sprachen, hat auch aus dem Italienischen und Englischen übersetzt, u. a. Ernest Hemingway.

Ein weiteres Interessengebiet von ihm ist die Technik. Wenn ihm seine literarischen und künstlerischen Aufgaben dazu Zeit ließen, würde er wahrscheinlich eine große Werkstatt einrichten, dazu ein chemisch-physikalisches Laboratorium, um die geheimnisvollsten Maschinen und Instrumente zu konstruieren. So muß er sich darauf beschränken, nur Apparate zu bauen, die er für seine Tätigkeit als Holzschnitzer und Lithograph benötigt. Er hat eine hochmoderne Zahnarzt-Bohrmaschine umgebaut zu einem Gerät, mit dem man Holzplatten viel feiner bearbeiten kann als mit einem Schaber oder Meißel. Zum Drucken seiner farbigen Holzschnitte hat er sich eine raffinierte Maschine konstruiert, die offensichtlich große Möglichkeiten eröffnet.

Wie man aus allem ersehen kann, interessiert sich Paul René Gauguin tatsächlich vornehmlich für die Kunst des Holzschnitts und für die Kunst der Lithographie. Gegenwärtig hat er sich für seine Blätter ein besonderes Thema ausgewählt, nämlich die Welt der Insekten. Naturgeschichte hat ihn immer interessiert. Zum erstenmal wurde er zu ihr hingeführt, als er als kleiner Junge das Buch ›Noa Noa‹ seines Großvaters in die Hände bekam. Auf der Schule interessierte ihn nichts anderes als die Welt der Kleintiere. Er konnte stundenlang vor einem Mikroskop sitzen und Wassertropfen untersuchen. Er besaß Terrarien und Aquarien und studierte die Welt der kleinen Lebewesen. Dieses Studium beendete er in Spanien als Fischer. Doch nur gelegentlich tauchen in seinen Blättern Fische auf, immer wieder sind es Insekten. Er sagte zu mir: »Die Insekten sind mir ein Experiment, um mein Klavier abzustimmen. Für mich ist es ein Themenkreis wie die anderen. Früher waren es einmal spanische Mädchen. Ach, es gibt ja so viele – Tierkreise.«

Paul René interessieren die Insekten in ihren Merkwürdigkeiten, entweder wegen ihrer langen Füße oder wegen ihrer seltsamen Flügel, wegen ihrer ungewöhnlichen Köpfe mit den großen Augen und den langen Rüsseln oder auch wegen ihrer Farben. Wenn er Naturwissenschaftler wäre, würde er nur die Insekten wiedergeben, wie sie sind. Da er das nicht ist, sondern ein Künstler, gewinnen die Insekten unter seinen Künstlerhänden eine neue Gestalt und werden zu Fabelwesen mit den kuriosesten Formen und in den bizarrsten Farben. Vielleicht ist diese besondere Welt, die Paul René Gauguin schildert, einer der Gründe, die ihn so in den Mittelpunkt der modernen Kunst gerückt haben. Hinzu mag kommen, daß er zu den ersten Künstlern Norwegens gehört, die kolorierte Holzschnitte herstellen. Als er damit anfing, war er seit Edvard Munch der einzige. Heute arbeitet u. a. auch Henrik Finne wie Gauguin. Man kann jetzt überhaupt von einer norwegischen Schule von Holzschnitzern sprechen. Viele internationale Museen haben Werke von ihm erworben. Es mögen noch andere Tatsachen interessieren. Wer die zahlreichen Selbstporträts von Paul Gauguin, dem Großvater also, kennt – seien es die Ölbilder, seien es Bleistiftskizzen, Holzschnitte oder keramische Arbeiten –, ist erstaunt, im Gesicht des Enkels alle die Linien wiederzufinden, die dem Antlitz des Großvaters eine besondere Prägung verliehen. Ich denke an die kräftigen Lippen und das große obere Augenlid, das das Auge selbst nur so klein zum Vorschein kommen läßt.

Die heute von der internationalen Kritik besonders gerühmte souveräne Beherrschung des Materials verdankte Paul René in erster Linie dem in Schwaben gebürtigen Rolf Nesch, dem großen Meister der Metalldrucke und Materialbilder. Was die Vorliebe von Paul René Gauguin für den Holzschnitt und die Lithographie anbetrifft, so führt er sie auf seine politische Konzeption zurück. Er nennt sich selbst »einen bewußten Sozialisten«. Er lehnt das teure Ölbild ab, da es nur von wenigen, gut situierten Käuferschichten in Auftrag gegeben und gekauft werden kann. Er dagegen will, daß das gute Kunstwerk so preiswert ist, daß es von jedem erworben werden kann, der an moderner Kunst Interesse hat. Die von ihm selbst konstruierten Apparate zum Druck von farbigen Holzschnitten ermöglichen die Herstellung von hunderten Exemplaren.

Um das Bild seiner Persönlichkeit abzurunden, soll hier noch ein Abschnitt aus dem Manuskript seiner eigenen Lebensgeschichte stehen, die er für mich geschrieben hat: »Ich habe mein Leben nie als Abenteuer angeschaut und eigentlich auch nie Abenteuer unternommen. Alles, was sich ereignete, waren ganz natürliche, mehr oder weniger zufällige Ereignisse. Das Evangelium eines Ernest Hemingway oder Joseph Kessel habe ich nie verstanden. Ich besitze auch nicht meines Großvaters monomane Überzeugung und Willenskraft bezüglich meiner künstlerischen Mission. Eine meiner Haupteigenschaften ist meine Neugierde. Bis zum Verschlucken! Nicht nur Menschen, sondern auch Maschinen möchte ich am liebsten bis in den Bauch gucken. Ich würde gern alle paar Wochen einen neuen Beruf ergreifen – aus Neugierde. Wie dumm, daß man nicht in einer Woche Uhrmacher werden kann ... Und wie liebe ich die Sprachen. Was Deutsch anbetrifft, so habe ich im Grimm studiert und die ganze Sammlung Göschen. Aber Sprache und Studium sind nur second-hand-life ... Ich suche das wirkliche Leben, mit ganzem Herzen, mit ganzer Seele ... Aber ohne Metaphysik, bitte! Die ist unnatürlich, wenn man älter als siebzehn Jahre ist. Ich habe zwar erst kürzlich ein großes und ungemütliches Gespenst getroffen. Und doch ist das keine Welt für mich. Auch ist Metaphysik ohne Humor. Und den brauche ich wie wir alle am meisten – in der Kunst und im Leben ...«

Nicht minder eine Persönlichkeit sehr eigener Prägung ist Paul Renés Onkel Jean Gauguin, der Bildhauer.

In Kopenhagen wurde das Schwimmbad im Stadion eingeweiht. Die Eröffnungsfeierlichkeiten waren vorbei, da sprang plötzlich vom höchsten Sprungbrett ein Herr im Smoking ins Wasser. Bevor sich die Festversammlung von ihrem Schrecken erholt hatte und viele überlegten, ob das ein Unfall oder ein Scherz war, sprangen bereits andere Herren im Smoking in das neue Bassin. Man erkannte darunter Persönlichkeiten des öffentlichen Lebens. So lustig und dabei doch stilvoll war noch nie eine derartige Feierlichkeit beendet worden! Der Mann aber, der als erster den unzeremoniellen Sprung gewagt hatte, war der siebzigjährige Bildhauer Jean Gauguin. Er hatte für dieses Bad eine Porzellan-Plastik geschaffen, ein lebensgroßes Pferd mit einer Nymphe darauf: hergestellt in der weltberühmten dänischen Nationalen Prozellanmanufaktur Bing & Gröndahl.

Jean Gauguin ist über Dänemark hinaus eine berühmte Persönlichkeit der modernen Bildhauerei und Keramik. Das Bemerkenswerte an Jean Gauguins Arbeiten ist, daß er keine statischen Plastiken schafft. Er ist durch und durch Dynamiker (was Picasso an ihm schätzt).

Als zweitältester Sohn des großen Paul Gauguin wurde Jean am 12. oder 13. April (man weiß den Tag nicht genau) 1881 in Paris in der Rue de Courcelles Nr. 8 geboren. Als der Vater nach Tahiti gegangen war, wurde Jean von der dänischen Mutter in Kopenhagen großgezogen. Er besuchte die Volksschule und erlernte dann das Tischlerhandwerk. Bald interessierte er sich für die Töpferei. Von hier war es nur ein kurzer Schritt zur Bildhauerei.

Die Gauguins können ihre Familie von den Borgias ableiten, auf mütterlicher Seite von den Inkas. Alle Kinder Paul Gauguins haben dasselbe unruhige Blut wie der Vater. Die Enkelkinder geben den Vorfahren auch nichts nach. Jean Gauguin hat nicht allein ein unruhiges Temperament, er ist obendrein leidenschaftlich und problematisch. Für das Werk seines Vaters und die künstlerische Erbschaft interessiert er sich nicht; weil der Vater die Mutter verlassen hat, haßt er ihn sogar. Er ist ein Sonderling, weshalb er keine Schüler hat. Eine Tatsache, die man sehr bedauert; denn er ist ein vorzüglicher Handwerker. Wie alle Gauguins fesselt ihn die Technik. In seiner Jugend hat er ein Spezial-Kugellager erfunden. Später machte er Experimente als Gärtner; u. a. war er ein erfolgreicher Melonenzüchter. Er ist ein passionierter Tierfreund, ein Hundenarr. Dagegen sagen ihm Kunstgeschichte, Kulturgeschichte, Literatur und Musik nichts.

In jungen Jahren zog Jean Gauguin auf dem Rücken eines Esels durch Griechenland. Als der Bruder Emil* nach Columbia durchgebrannt war, holte er mit der Mutter den ›verlorenen Sohn‹ nach Kopenhagen zurück. Dieser lebte damals in Bogota bei einer Schwester des Vaters Paul Gauguin, deren Mann durch den Panamaskandal sein Geld verloren und sich erschossen hatte. Emil zog mit einer Gitarre durch Columbia, verdiente Geld und eroberte unablässig Frauen*. Erinnerungen an peruanische und andere amerikanische Volkskunst tauchen seit dieser Lateinamerikareise immer wieder in Jean Gauguins Werken auf. Aber auch mannigfaltige andere Einflüsse verarbeitete er, weshalb sein Werk ungleichmäßig und kaum einzuordnen ist. Be-

* Emil Gauguin ist am 18. Januar 1955 gestorben.

merkenswert sind die Arbeiten, die er in der französischen Porzellanmanufaktur von Sèvres schuf. Nun aber gehört er schon seit 1923 als hochgeschätzter Mitarbeiter zu dem führenden Kopenhagener Haus. Erfreulich, daß dieser Industriebetrieb dem eigenwilligen Mann völlige Freiheit läßt.

Von Bing & Gröndahl gehen Jean Gauguins Schöpfungen in alle Welt. Viele Museen und Privatsammler und manches regierende Haus besitzen Werke von ihm. In jungen Jahren hatte er einmal in Barcelona ein Kino ausgemalt. Seine Ausstellungen in New York, Paris, Brüssel, Oslo, auf der Biennale und in Barcelona waren jedesmal ein Ereignis. Walt Disney kaufte 1937 auf der Weltausstellung in Paris einen Rehkopf von Jean Gauguin. Dieses Reh wurde das Vorbild von Disneys ›Bambi‹ und zu den Rehen in ›Schneewittchen und die sieben Zwerge‹. Das Tier steht überhaupt im Mittelpunkt von Jeans Schaffen. Aber nie das ruhende Tier wie bei manchem seiner Kollegen. Immer fasziniert ihn das Tier in Bewegung. Rennende Pferde, angreifende Tiger, Elefanten, die einen Balken tragen, spielende Waschbären, springende Antilopen, Hunde, die ihre Notdurft verrichten: das sind Motive Jean Gauguins. Auch den Menschen stellt er nur dynamisch dar. Besonders schön die kämpfenden Fußballspieler, junge Fischer beim Netzzug und die tanzenden Knaben.

Während eines zweijährigen Aufenthaltes in Österreich hat Jean Gauguin religiöse Wandbilder gemalt. Holzbildwerke sind verhältnismäßig selten in seinem Oeuvre. In seiner Jugend arbeitete er mit Bronze. In seiner Sèvres-Epoche hat er seine Fayencen bunt bemalt. In Kopenhagen hat ihm dabei sein Bruder Pola geholfen. Seine eigentliche künstlerische Erfüllung fand Jean Gauguin in Rochecéramique. Auf einer Kopenhagener Ausstellung von mexikanischen Altertümern studierte er dieses Material. Dieser gebrannte Ton hatte eine andere Zusammensetzung als die gewöhnliche Terracotta. Mit Chemikern untersuchte er das alte mexikanische Material und ließ sich eine Tonlegierung schaffen, die nicht rauh und porös, sondern dünn und glatt ist. Roche-Keramik ist hart wie Stein oder Marmor und kann in verschiedenen Farben gebrannt werden. Der Begriff Rochecéramique wurde von Jean Gauguin geschaffen und ist heute in der Keramik-Fabrikation international eingeführt. Für die Darstellung von Tieren ist sie besonders geeignet. Jean Gauguin wurde mehr als der Sohn eines berühmten Vaters: ein

Künstler von eigener Prägung und Bedeutung. Das ist sein Stolz.*

Was Abenteuerlichkeit angeht, so steht das Leben von Pola Gauguin dem seines Bruders Jean und seines Sohnes Paul wesentlich nach. Dafür ist er Kritiker, Historiker und Nachlaßverwalter des Vaters. Und doch hat er zu erzählen: vom Schicksal zweier Manuskripte. Das ist kein erfreuliches Kapitel in der Geschichte der Gauguins. Dennoch möchte ich es hier einfügen, es handelt sich schließlich um die Kapitel europäischer Kunstgeschichte, das Nachlaßschicksal eines großen Mannes.

Auf höchst sonderbare Weise wurde der schriftliche Nachlaß Paul Gauguins, der persönlich nie in Deutschland gewesen ist, mit den geschichtlichen Ereignissen in Deutschland verknüpft. Seine beiden Bücher ›Noa Noa‹ und ›Avant et Après‹ erschienen völlig unabhängig voneinander zum ersten Male in Deutschland, und zwar in Ausgaben, die heute zu den gesuchtesten bibliophilen Raritäten gehören. Zwei Monate vor seinem Tode, also im Januar/Februar 1903, beendete Paul Gauguin in Marguesas seine Aufzeichnungen ›Avant et Après‹. Er schickte sie mit einem Segelschiffskapitän nach Paris und bat seinen Freund André Fontainas, das Werk herauszugeben. Als wenige Tage darauf die Todesnachricht von Paul Gauguin in Europa eintraf, glaubte der ehemalige Freundeskreis, die Verleger müßten sich mit besonderem Interesse diesem Manuskript zuwenden. Irrtum! Alle Versuche, eine Veröffentlichung zu erlangen, schlugen fehl. Da die Witwe des Malers mit den drei Söhnen Emil, Jean und Pola in Kopenhagen in überaus schwierigen wirtschaftlichen Verhältnissen lebte, wurde ihr schließlich das Manuskript geschickt. Sie war die rechtmäßige Erbin.

Während Emil nach Amerika auswanderte und Jean seine Laufbahn als Bildhauer und Keramiker begann, widmete sich Pola im Auftrage seiner Mutter der Verwaltung des Nachlasses seines Vaters. Studienreisen führten ihn quer durch Europa. Im Jahre 1912 traf er in Deutschland Kurt Wolff, den ersten Verleger von Franz Kafka und Franz Werfel, überhaupt einer großen literarischen Generation. Dieser sah hier sogleich eine Chance. Nach langwierigen Verhandlungen kaufte er das Ma-

---

* Jean Gauguin starb am 2. Juni 1961, also kurz nach dem Ableben seines Bruders Pola.

nuskript sowie die Reproduktions- und Übersetzungsrechte für alle Sprachen für 15 000 dänische Kronen der Witwe ab. Man einigte sich darauf, daß die Familie bei einer eventuell beabsichtigten Veräußerung Vorkaufsrechte habe.

Die sehr schöne Faksimileausgabe des Werkes ›Avant et Après‹ erschien im August 1914, also zu einem besonders ungünstigen Zeitpunkt. Der Erste Weltkrieg verhinderte, daß das Werk, wie es geplant war, sofort in alle an dem Schaffen von Paul Gauguin interessierten Länder verkauft werden konnte. Der Verlag Kurt Wolff geriet in finanzielle Schwierigkeiten. Der durch seine Munch-Kollektion bekannte Hamburger Kunstsammler Hudtwalcker (über seine Osloer Wal-Öl-Firma mit Pola Gauguin befreundet) teilte dem Sohn 1918 mit, daß das Manuskript des Vaters auf einer Berliner Kunstauktion zum Verkauf angeboten werde. Pola Gauguin hätte es gern erworben. Indessen war der Preis inzwischen hoch gestiegen. Die Familie konnte nicht mitbieten. Für zehntausend Mark wechselte ›Avant et Après‹ seinen Besitzer. Für die Familie Gauguin blieb das Werk nun bis 1950, demnach zweiunddreißig Jahre lang, verschollen.

1950 nämlich machte der Bildhauer Jean Gauguin eine Reise durch Nordafrika, Spanien und Portugal. Vor einem Dorfgasthaus in der Nähe von Lissabon entdeckte er einen wunderschönen riesengroßen Hund, der das Entzücken dieses Tierfreundes auslöste. Die Einheimischen warnten Jean Gauguin. Der Hund sei leicht reizbar und dann sehr bissig. Jean schloß dessenungeachtet Freundschaft mit dem gefürchteten Tier. »Das ist noch nie vorgekommen!« sagte der Wirt. »Nicht einmal meine Stammgäste dürfen ihn anfassen. Kommen Sie, wir müssen gemeinsam ein Glas Wein trinken. Wer sind Sie? Woher kommen Sie?« Jean Gauguin stellte sich vor. Dem Wirt verschlug es die Sprache. Er war ein deutscher Emigrant. Zusammen mit einem Freund war er aus Berlin geflohen. Das einzige Gepäckstück, das sie bei sich hatten, war das Manuskript von ›Avant et Après‹, das sich nun heute bei dem Freund dieses deutschen Emigranten in Sheffield befindet ...

Das Manuskript des ›Noa Noa‹-Tagebuches hatte Paul Gauguin einem anderen Freunde geschickt, dem Maler und Graphiker Georges Daniel de Monfreid, der im Jahre 1930 eine Kollektion Briefe Paul Gauguins herausgegeben hat. Wie die Bemühungen von André Fontainas für ›Avant et Après‹ fehlschlugen, so auch die von Monfreid, ›Noa Noa‹ in Frankreich als Buch herauszugeben. Die Zeit Paul Gauguins war offenbar noch nicht gekommen. Monfreid setzte sich mit dem berühmten deutschen Sammler und Mäzen Harry Graf Kessler in Verbindung, der in Weimar die Cranach-Presse gründete, auf der mit eigens für sie angefertigten Druckschriften mustergültige Handpressendrucke hergestellt wurden. Und tatsächlich erschien die erste faksimilierte Ausgabe von ›Noa Noa‹ auf Empfehlung Graf Kesslers in der deutschen Marées-Gesellschaft im Jahre 1923. Übrigens erschien die zweite Ausgabe beider Werke ebenfalls nicht in Frankreich, sondern die von ›Avant et Après‹ in Dänemark und von ›Noa Noa‹ in Schweden. Erst danach bemühten sich französische Verleger. Mittlerweile erschienen beide Werke entweder faksimiliert oder übersetzt in verschiedenen Ländern und Sprachen.

Doch damit war das Schicksal dieses Manuskriptes auch noch nicht besiegelt. Die Familie wandte sich an Daniel de Monfreid, um endlich das Original für immer zu besitzen. Da nun mußten Pola und Jean Gauguin erfahren, daß der Maler es, ohne Vollmacht zu besitzen, dem Louvre geschenkt hatte. »Nur um das Croix d'Honneur« zu erhalten, wie man in Paris erzählte. Pola Gauguin begab sich 1925 nach Paris, um eine gütliche Einigung zu erzielen. Sie war mit dem ehrgeizigen Monfreid nicht möglich. Also blieb nur ein Prozeß übrig. Maître Bokanowsky, ein berühmter Pariser Advokat, war daran leidenschaftlich interessiert. Er wollte nicht allein gegen Monfreid klagen, sondern zugleich gegen den französischen Staat, um Klarheit in die Fragen des Gesamtnachlasses von Paul Gauguin zu bringen; denn die Direktion des Louvre wiederum hatte Pola Gauguin erklärt, sie dächte nicht daran, das einmal in die Sammlung eingereihte Manuskript an die Familie zurückzugeben.

Die Situation wurde dadurch kompliziert, daß sich Emil Gauguin gegen seinen Bruder stellte, also auf die Seite Monfreids schlug. Auch konnte Monfreid Briefe vorweisen, in denen Paul Gauguin geschrieben hatte, er wolle mit seiner Familie nichts mehr zu schaffen haben. Diese Briefe stammten jedoch aus jener Zeit, da der Maler seiner Frau über den Tod seiner Tochter Aline in einer Zeit tiefster Depression unberechtigte Vorwürfe machte. Pola Gauguin wollte keine privatesten Familienangelegenheiten in das Licht der Öffentlichkeit gezerrt wissen. Aus diesem Grunde verzichtete er auf den Prozeß, sehr zum Verdruß des Advokaten Bokanowsky, der wiederum den Prozeß auch aus Reklamegründen haben wollte. Er brauchte, sagte man, noch eine juristische Sensation, um Justizminister zu werden. Und bald stellte sich heraus, daß auch Monfreid die ganze Affäre nur für sich ausnutzen wollte. Er gab das ›Noa Noa‹-Tagebuch mit Holzschnitten von sich selbst heraus, anstatt die vorhandenen Illustrationen von Paul Gauguin beizufügen. Er erreichte, was er wollte. Verschiedene Ausgaben von ›Noa Noa‹, so auch die amerikanische, bringen diese irreführenden Holzschnitte. Um so mehr erfreute es Pola Gauguin als den einzig beglaubigten Nach- laßverwalter seines Vaters, daß die bei dem Berliner Drucker Eduard Stichnote erschienene deutsche Ausgabe nur entspre- chende Werke seines Vaters wiedergibt.

Pola Gauguin, der an seinen Memoiren arbeitet und an einer Kopenhagener Zeitung als Kunstkritiker tätig ist, erzählte mir: »Es ist wirklich grotesk, daß diese zwei wichtigen Bücher eines nun in aller Welt anerkannten Künstlers in seiner Heimat nie in einwandfreien Ausgaben erschienen sind. Man sieht wieder einmal, wie falsche Freunde einem Manne schaden können! Es ist wohl keine Frage, daß das Werk meines Vaters zusammen mit dem seines Freundes Vincent van Gogh heute zu den berühm- testen gehört. Kaum ein anderes Oeuvre eines Künstlers der letzten hundert Jahre wird so oft reproduziert wie das meines Vaters. Aber es ist nur dreißig Jahre her, daß die Bibliothèque nationale und der Louvre in Paris kein Interesse für die Druck- stöcke meines Vaters bezeugten. Ich gab sie deshalb dem British Museum in London. Heute wollen mir die Franzosen das noch verübeln und nennen mich den ›fils mercantil du Paul Gauguin‹. Nun jedoch ist nichts mehr zu ändern. Ob man aus dem Schick- sal des Künstlers Paul Gauguin und seines Nachlasses gelernt hat, ist auch noch zu bezweifeln.« Ich möchte diese Frage auch stellen.*

(1950)

---

* Pola Gauguin ist am 21. April 1961 gestorben.

Frans Masereel, ein sozialistischer Holzschneider

> *»Ich war immer der Auffassung, daß der*
> *Künstler auch Mensch sein dürfe, und daß*
> *die Tatsache, daß er Pinsel und Stift*
> *führt, ihn nicht unbedingt von der Ge-*
> *meinschaft entfernen, ihn für das mensch-*
> *liche und soziale Geschehen nicht blind*
> *machen müsse.«*   F. M.

Einen Frühlingsmonat im Jahre 1950 verbrachte ich mit Hans Spegg und dem Ehepaar Paul René Gauguin in Nizza. Wir wollten alle vier nur ausruhen, doch mir ließ es keine Ruhe, bis ich nicht vier Meister aufgesucht hatte, die ich unter meinen Begegnungen längst vermißte. Vier Meister – vier Temperamente – vier Schicksale – vier Möglichkeiten. Der erste meiner großen vier von der Côte d'Azur war Frans Masereel.

Nach dem Ersten Weltkrieg bedeutete den Jungen wie auch den Avancierten die Kunst eines Frans Masereel unendlich viel. Dieser Name wurde in der Weimarer Republik überall da genannt, wo man sich die Thesen der Französischen Revolution auf die Fahnen geschrieben hatte. Frans Masereel war darüber hinaus nicht allein in Deutschland, sondern in den meisten kunstinteressierten Ländern ›ein Barbusse des Bildes‹. Wie der Schriftsteller Barbusse predigte er den Fortschritt, den Sozialismus, und er rief mit Bertha von Suttner: »Die Waffen nieder!«

Der Belgier Frans Masereel wurde 1889 in Blankenberghe geboren, studierte in Gent, war 1909 in England, 1910 in Nordafrika, 1916–1921 in Genf und hatte seit 1921 seinen Wohnsitz in Paris. Ab 1923 besuchte er bis 1933 regelmäßig Deutschland. Er arbeitete seinerzeit nicht nur in allen großen deutschen progressiven Zeitungen und Revuen. Er gab seine Holzschnitte, auf die er sich wie kaum ein zweiter spezialisiert hatte, in Buchform heraus und illustrierte Henri Barbusse, Charles de Coster, Georges Duhamel, Leonard Frank, Maurice Maeterlinck, Romain Rolland, Leo Tolstoi, Emile Verhaeren, Oscar Wilde, Stefan Zweig und viele andere. Monographien über ihn erschienen in Paris, Den Haag, Moskau, London, Wien, Berlin. Die besten deutschen Studien über ihn verfaßten Kasimir Edschmid, Heinrich Mann, Arthur Holitscher und Stefan Zweig.

Henry van de Velde, der belgische Architekt, der bestimmend auf die Bewegung des Jugendstils wirkte, schrieb 1920 im ›Genius‹: »Noch selten hat ein Künstler so rasch das Publikum gewonnen wie Masereel. Und selten hat das Publikum sich so leicht gewinnen lassen. Es handelt sich in diesem Falle nicht um ein nationalbeschränktes Publikum, sondern um die internationale Welt der Künstler und der kunstsinnigen Intellektuellen.« Karl Sternheim legte dieses Bekenntnis ab: »Über den Schwarz-Weiß-Künstler Masereel steht das europäische Urteil fest: ein Phänomen! Nur mit Daumier oder Beardsley seit hundert Jahren vergleichbar ... Also endlich wieder ein Künstler, den ich darum vergöttere, der wie zuletzt Büchner in Deutschland, van Gogh in Holland, Flaubert und France in Frankreich, Tolstoi und Gorki zu großen künstlerischen Eigenschaften die unbeirrbare menschliche Haltung hat, die dem heutigen Deutschen und den Bürgern der kapitalistischen Westvölker verhaßt ist, weil sie den ewigen Nenner eins ihrer Geschäfte kontrekariert. Ihr, die ihr vor diesen Blättern und Bildern zu stehen die Ehre habt, spürt nichts, als daß ihr einem der wenig wirklich großen Europäern gegenüber seid, und überlaßt es den Kritikern zu beweisen, was sie besser als Frans Masereel gemacht hätten.« Auch ich hatte in meinem Zimmer immer Reproduktionen von Holzschnitten Frans Masereels hängen. Er war uns Jungen, die wir nach dem Ersten Weltkrieg in Europa heranwuchsen, ein Idol, das uns bilden und formen half – und uns begeisterte.

Eines Abends nun also war ich mit Paul René Gauguin im alten Nizza, dort, wo keine Touristen hinkommen, dort, wo nur die Fischer, Matrosen, Straßenhändler und Gauner leben, Bouillabaisse essen und gehörig Wein trinken. Paul hatte in Erinnerung an seine Fischer- und Freibeuterjahre in Spanien endlich wieder einmal seine Hemmungen über Bord geworfen, die ihre Ursache nicht zuletzt in seinem in Frankreich außergewöhnlich populären Namen haben. Er sagte plötzlich zu mir: »Ich habe heute gehört, daß Masereel, der hier in der Nähe am Hafen wohnt, auf eine längere Reise geht. Du hast mir erzählt, was er dir früher bedeutet hat. Wenn du schon einmal hier unten bist, solltest du Masereel kennenlernen.«

Das war ein gutes Wort! Ich war einverstanden. Und wir brachen sofort auf. Es war zwar bereits halb elf Uhr abends, aber die euphorische Stimmung, in der wir uns befanden, ließ uns bürgerliche Anstandsregeln vergessen und an Masereels

Wohnungstür laut klopfen. Wir vernahmen als Antwort zuerst heftiges Schimpfen hinter der Tür, dann erschien ein grauhaariger Herr im Pyjama und fragte nicht gerade freundlich nach unserem Begehr. Wir stotterten Entschuldigungen, die Tür flog ins Schloß, nach ein paar Minuten wurde sie wieder aufgemacht. Frans Masereel hatte einen Morgenrock übergezogen und ließ uns lächelnd in sein Arbeitszimmer.

Der jetzt einundsechzigjährige Meister ist groß, schlank, hat einen schmalen, schönen Kopf, sein Gesicht ist scharf geschnitten, die dick umränderte Hornbrille steht ihm vortrefflich. Er erinnert etwas an den Architekten Le Corbusier. Masereels lebendige, starke, fast feurige Persönlichkeit nimmt einen sofort gefangen. Wir sprachen anfangs französisch miteinander. Als Paul sich Bilder auf den Staffeleien und Holzschnitte an den Wänden anschaute, wollte ich mit dem maître niederländisch sprechen. Masereel ist aber seiner Muttersprache entwöhnt. Als wir dann deutsch miteinander sprachen, glaubte ich, einen waschechten Berliner vor mir zu haben.

Holzschnitt von Frans Masereel

Seit einem Jahr erst wohnte Frans Masereel in Nizza. Im Krieg wurde seine Pariser Wohnung von der Gestapo ausgeraubt. Er selbst lebte währenddem unter falschem Namen – als Landarbeiter – auf dem Lande. Der Verlust seines Heimes und seiner Werkstatt bedeutete für ihn den Verlust seines Lebenswerkes. Es wurden nicht allein seine Bücher, Mappen, Druckstöcke und Pressen fortgeschafft, sondern auch aller private Besitz: vom Stuhl bis zum Nachthemd. Frans Masereel erzählte: »Auch ich mußte also absolut neu beginnen. Alles, was Sie hier sehen, mußte ich mir wie ein Flüchtling neu anschaffen. Ich bin meinen Freunden in aller Welt dankbar, daß sie mir halfen, nach und nach mein Archiv wieder aufzubauen. Komplett zusammenbekommen werde ich es bestimmt nie wieder. Es ist bedauerlich, daß es nach dem Zweiten Weltkrieg auch keine eigentlichen künstlerischen und geistigen Zentren mehr gibt wie nach dem Ersten Weltkrieg. Einige Werke von mir sind übrigens in Zürich bei Dr. Oprecht erschienen, anderes bei Kurt Wolff in New York. Für ihn habe ich soeben Psalmen illustriert.«

Masereel nannte Namen vieler europäischer Freunde. Verständlich, daß er seiner Gesinnungsgenossin Käthe Kollwitz ein besonders ehrendes Andenken bewahrt. Ich hatte mich andernorts einmal erkundigt, warum man den obdachlosen Masereel nach dem Krieg nicht nach Belgien, also in seine Heimat, geholt hatte. Man hatte mir gesagt, daß dies unmöglich sei: »Weil er im Ersten Weltkrieg Kriegsdienstverweigerer gewesen ist.« Masereel meinte, daß er sich hier in Nizza durchaus wohlfühle. Hier würde er nicht in Kämpfe von Gruppen und Cliquen verwickelt und könne seiner Kunst leben. Alle zwei Monate allerdings führe er für vierzehn Tage nach Saarbrücken. Er ist dort Professor beim Centre des Arts et Métiers. Er hat drei Klassen: je eine für Zeichnen, Malen und Graphik. Mit seinen Schülern sei er sehr zufrieden, sagte er. Sie seien eifrig und aufgeschlossen, vielleicht noch kunstbegeisterter als junge Franzosen. Im Anfang sei es für ihn allerdings seltsam gewesen. In der ersten Stunde in der Saarbrückener Akademie hätten die Schüler müßig herumgesessen, während er sich schon beschäftigte. Masereel fragte da: »Worauf warten Sie eigentlich?« Da stand einer auf und sagte: »Wir warten auf Ihre Befehle.« Masereel erwiderte: »Da könnt Ihr lange warten!« Er fuhr fort: »Und nun lud ich sie zuerst einmal zu Bier und Zigaretten ein und versuchte, ihnen klarzumachen, was ein freier Mensch ist. Ich glaube, inzwischen haben sie das ganz gut begriffen. Es braucht eben alles seine Anlaufzeit.«

Masereel zeigte uns eine Reihe Gemälde. Diese, an Werke von
Hans von Marées erinnernd, sagten uns weniger zu als seine
Holzschnitte. Die neuen Blätter haben gewiß die gleiche Qualität wie jene, die uns in den zwanziger Jahren begeisterten. Wenn
sie heute vielleicht nicht mehr so faszinieren wie seinerzeit, so
hängt es sicherlich damit zusammen, daß der politische Künstler damals verhältnismäßig ein Novum war, während man
heute manchmal den Gedanken hat: Wären doch die Künstler
etwas weniger politisch! Und doch drängte es mich, gerade mit
Masereel über Kunst und Politik zu sprechen, weil dieses Thema
heute jeden Künstler auf andere Weise tangiert.

Masereel erzählte, daß eine größere Ausstellung von ihm in
deutschen Städten, wie in Hamburg, Frankfurt und München,
gezeigt werden würde. Er erhalte aber laufend Einladungen aus
der DDR. Die letzten Einladungen seien aus Leipzig, Dresden
und Altenburg gekommen. Masereel war sehr gut unterrichtet
über das künstlerische und geistige Leben in Ost- und Westdeutschland. Ihn fesselte nach wie vor das deutsche Phänomen
als ein Ganzes und nicht etwa nur ein Deutschland vor oder
hinter dem Eisernen Vorhang. Die Entwicklung im Osten interessierte ihn selbstverständlich am meisten. Er war sich darüber im klaren, daß die künstlerischen Leistungen im östlichen
Deutschland teils sehr fragwürdig sind. Er zeigte uns Ausstellungskataloge, Kunstzeitschriften und Zeitungen und sagte (der
Leser denke daran, wir schrieben 1950): »Es ist mir unfaßbar,
wie auch so mancher, der in den zwanziger Jahren zu den gro
ßen Hoffnungen gehörte, heute eine Kunst produziert, die
eigentlich mit Kunst nichts mehr zu tun hat und deren man sich
eigentlich nur schämen muß. Ja, ich weiß, daß beispielsweise in
der amerikanischen Zone Deutschlands ganz anderes geleistet
wird. Aber Sie werden vielleicht verstehen, daß ich nicht mit
fliegenden Fahnen in die amerikanische Zone reise; denn die
Politik Amerikas ist noch niemals meine Politik gewesen, und
die neue Coca-Cola-Kunst und Coca-Cola-Literatur sind schon
gar nicht mein Fall. Die Liberalität in der englischen Zone dagegen gefällt mir und hat mich auch veranlaßt, dort geplante
Ausstellungen meiner Arbeiten zu unterstützen.«

Masereel steht als Mensch wie als Künstler und – was er immer war – als Politiker vor den gleichen Problemen wie viele ausländische Künstler, die mit Deutschland arbeiten wollen, vor allem aber die meisten deutschen Künstler selbst. Wenn wir glaubten, von ihm einen Vorschlag zu erhalten, was man im Augenblick zu tun habe, um die Konflikte nicht größer werden zu lassen, irrten wir uns allerdings. Masereel sagte das gleiche, was man heute in vielen Ateliers und Studios hört: »Abwarten!« Er erzählte uns, daß er vor wenigen Tagen auch mit Picasso darüber gesprochen habe. Ich selbst empfand es eigentlich als tragisch, von einem einst so exponierten politischen Künstler wie Masereel zu hören: »Eigentlich können wir Künstler doch nichts ausrichten!« Entsprach das nicht einer Bankrotterklärung seiner früheren künstlerischen und kulturellen Thesen? Ich ließ deshalb nicht ab von diesem Thema. »Aber die Reaktionäre!« warf ich in die Debatte. »Die Reaktionäre sind wiederum im Anmarsch!« Und auf einmal sagte der alte Sozialist Masereel Ähnliches, was vor wenigen Wochen der Katholik Graham Greene mir gesagt hatte: »Andere Mächte als die Kunst und der Geist machen die Weltgeschichte. Wir Künstler haben uns mehr denn je zu bescheiden!«

Es ist möglich, daß Frans Masereel sich selbst überlebt hat. Es ist möglich, daß nicht allein sein persönliches Schicksal ihn verbittert hat. Es ist nicht nur möglich, sondern gewiß, daß auch er sich, während er als Landarbeiter von der Zeit nach dem Zweiten Weltkrieg träumte, andere Vorstellungen gehabt hat. Masereel bekennt, daß er nun schon seit Jahrzehnten radikaler Sozialist ist. Da es gewiß ist, daß sein Sozialismus genau wie der eines Picasso oder eines Romain Rolland von anderer Prägung ist, als der bestimmter Politiker, hat man im Gespräch mit ihm dennoch das sympathische Gefühl: Das ist eine Persönlichkeit, mit der man sich an einen Tisch setzen kann, um darüber zu diskutieren: Wie soll es mit uns eigentlich weitergehen?

(1950)

Henri Matisse, der milde Fauve in Nizza

> *»Es gibt zwei Arten, die Dinge auszu-*
> *drücken: die eine ist, sie brutal zu zeigen,*
> *die andere, sie mit Kunst hervorzurufen.«*
>
> H. M.

Halbwegs zwischen Cannes und Nizza liegt in den Alpes Maritimes, ziemlich hoch in den Bergen, mit einem traumhaft schönen Blick auf die Côte d'Azur, das Dorf Vence. Außer der einheimischen Landbevölkerung wohnen hier oben einige Familien verschiedener Nation, Liebhaber der französischen Riviera, die aber abseits vom Touristenstrom sein wollen. Seit zwei Jahren ist hier auch der Maler Marc Chagall zu Hause. Ihn wollten wir (die Gauguins und Hans Spegg) eigentlich besuchen. Da wir seine Adresse nicht hatten, mußten wir uns mühsam durchfragen, aber er war völlig unbekannt! Der zweiundzwanzigste Passant, den wir nach dem Peintre Chagall fragten, war zufälligerweise eine Dame, die eines ihrer Häuser an Chagall vermietet hatte, und von ihr erfuhren wir, daß er mit seiner Frau verreist sei. Als Madame unser Bedauern spürte, die Reise umsonst gemacht zu haben, meinte sie, wir sollten nicht versäumen, die im Werden begriffene Kirche von Henri Matisse aufzusuchen.

Der jetzt einundachtzigjährige Meister (es war also im Frühjahr 1950), seit Dezember 1917 in Nizza zu Hause, befand sich nach dem letzten Weltkrieg in Krankenpflege bei den Dominikaner-Schwestern von Vence. Sie heilten ihn von schwerem Altersleiden. Aus Dankbarkeit entschloß er sich, den Dominikanern eine kleine Kirche zu stiften. Vor zwei Jahren (1948) wurden die Arbeiten aufgenommen ...

Wir suchten daraufhin das kleine Gotteshaus auf, das an der Straße zwischen Vence und dem seiner mittelalterlichen Schönheiten wegen berühmten Grasse entsteht. Dort liegt ein Hospital von Dominikaner-Schwestern, unmittelbar neben dem die Kirche errichtet wird. In einem Seitengebäude kann man gegen eine freiwillige Spende ein originalgetreues Modell besichtigen, dazu Grundrißpläne, Entwürfe und Fotografien vom Fortschreiten der Arbeiten. Man kann auch Lithographien von Matisse kaufen, und der Erlös kommt ebenfalls der Kirche zugute.

Henri Matisse: Selbstporträt (Pinselzeichnung)

Vielleicht bezeichnet man die ›Eglise Matisse‹, wie man in
Vence sagt, besser als Kapelle. Sie hat eine Gesamthöhe von acht
Metern, eine Breite von zehn Metern und eine Länge von fünf-
zehn Metern. Jene Längswand, die einem malerischen Abhang
zugewandt ist, besteht lediglich aus vom Boden bis zur Decke
reichenden schmalen Fenstern. Sie sind alle – in lebendigsten
Variationen natürlich – in Gelb, Blau und Grün gehalten, Far-
ben, wie sie Matisse immer anwendet, und tragen als einzigen
Schmuck – wiederum ständig in den Farben variierend – das
Symbol der Provence: einen matissianisch stilisierten Kaktus.
Die gegenüberliegende Längswand ist wie die gesamte Kirche
kalkweiß gehalten. In Altarnähe finden wir in schwarzer Zeich-
nung einen überlebensgroßen heiligen Dominikus, an anderer
Stelle, ebenfalls in schwarzer Zeichnung, eine Madonna mit dem
Kinde, umgeben von stilisierten Rosen. Wahrscheinlich wird die
Kirche den Namen Chapelle Notre Dame du Rosaire erhalten.

Welche Wirkung die Kirche auf den Gläubigen ausüben wird, läßt sich heute schwerlich voraussagen. Es war jedenfalls erstaunlich, wie sehr sich die uns führende Dominikaner-Schwester für Henri Matisse und seine moderne Auslegung eines Gotteshauses begeisterte. Die Entwürfe der Madonna und des heiligen Dominikus wie auch die verschiedenen Skizzen des Gekreuzigten und der beiden Schächer erweckten weder bei uns noch bei den anwesenden, offenbar sehr kunstinteressierten Pilgern, die wir vorsichtig befragten, religiöse Gefühle oder Gedanken. Hätten wir nicht gewußt, daß es sich um eine Kirche handele, hätten wir vielleicht gemeint, Figurinen für ein Ballett von Cocteau oder Anouilh vor uns zu haben. Christus und die Schächer wirkten sogar fast wie moderne Sportgestalten. Die ›Paysage des Olympiques‹ von Henry de Montherlant sind derart illustriert worden. Matisse hat vor Jahren proklamiert: »Je vais vers mon sentiment, vers l'extase«. Ob diese These bei einem Kirchenbau anwendbar ist?

Wenn auch mit zwiespältigen Gefühlen, so doch doppelt neugierig und keineswegs erschüttert in unserer Bewunderung für den greisen Meister, nahmen wir alsdann in Nizza die Gelegenheit wahr, Henri Matisse selbst aufzusuchen. Er wohnt seit längerem in dem Vorort Cimiez in einem jener Hotelpaläste, die in Appartementhäuser aufgeteilt worden sind, da die meisten großen Hotels in Ermangelung des wohlhabenden Vorkriegspublikums völlig leerstehen.

Eine Krankenschwester sorgt für das leibliche Wohl des Künstlers. Eine schöne junge Russin ist seine Sekretärin. Er bewohnt ein halbes Dutzend großer Räume, die mit alten und neuen Arbeiten seiner Hand dicht behängt sind. Man findet aber auch Geschenke von großen Zeitgenossen, die seine Freunde sind oder waren; so von Maillol und Picasso. Zwischendurch alte Brokate, Batiken von Matisses Tahiti-Reise im Jahre 1930 sowie asiatische Blätter und Holztafeln mit jenen dekorativen Bilderzeichen, die ihm selbst manche Anregung gegeben haben. An anderen großen Wandflächen in Originalgröße die verschiedenen Entwürfe für die Kirche. Sogar den Altar hat er sich zu Hause aufstellen lassen und verschiedene Muster von Leuchtern. Er müsse alle seine Entwürfe und die fertigen Stücke immer um sich haben, sagte er. Bauen und Konstruieren sei etwas anderes als Malen und Zeichnen. Er müsse die Dinge plastisch vor sich sehen, um notfalls noch korrigieren zu können.

Henri Matisse war früher dafür bekannt, daß er viele frei herumflatternde Vögel als Hausgenossen hatte. Jetzt beschränkte er sich auf ein halbes Dutzend schöner Katzen, die gespensterhaft durch die Räume streiften. Den Meister fanden wir in einem riesenhaften Bett, mitten im Zimmer, sehr frisch, gesprächig und gastfreundlich. Er will noch lange leben und arbeiten. Deshalb verbringt er nach einem Bernard Shawschen Rezept jetzt die meiste Zeit im Bett und steht nur für zwei bis drei Stunden täglich auf, um einen Spaziergang zu machen. Sein Riesenbett ist umgeben von vielen Tischen mit Büchern, Kunstmappen, Malutensilien, Schreibgeräten, Radio und mehreren Lampen. Er kann alles von seinem Bett-Thron aus erreichen.

Zur Qual meines Begleiters – Paul René Gauguin – begann auch Matisse zuerst vom alten Gauguin zu sprechen, dessen Bruder Emil, der Perlenfischer war, er auf einer Südseereise kennengelernt habe. Als er merkte, daß es Paul René unangenehm war, wiederum zuerst als Enkel eines berühmten Mannes angesprochen zu werden, ließ er die Gauguinsche Familiengeschichte fallen und sprach mit der Begeisterung eines Jünglings von seinem Kirchenbau. Er gab zu, daß er ein großes Wagnis eingegangen sei; aber er hoffe trotzdem, daß etwas Bleibendes entstehen werde. Es schien, als baue er die Kirche hauptsächlich deshalb, weil er meint, Leinwand und Papier seien nichts Beständiges. Man könne nicht wissen, was Europa noch bevorstehe. Mit der Kirche jedoch hoffe er, sich ein steinernes Denkmal zu errichten. »Wenn ich jünger wäre, würde ich vielleicht noch viel mehr bauen, bildhauern und auch Keramiken machen. Auch mich drängt es zu anderen Materialien. Ich habe es immer wiederholt: Künstler ist jemand, der imstande ist, seine Empfindungen methodisch zu ordnen. Was ich an meinem Lebensabend empfinde, kann ich in dieser kleinen Kirche manifestieren!«

Während wir dem Meister zuhörten, entdeckten wir auf einmal, daß sogar die weiße Zimmerdecke mit Entwürfen verschiedener Details der Kirche bemalt war. Mit einem schalkhaften Lächeln gab der Greis, der fraglos keine Leiter mehr besteigen kann, die Erklärung. Nicht allein, daß er sich im Bett am wohlsten fühlt, er vermag nur noch auf große Entfernung klar zu sehen. Aus diesem Grunde hat er sich einen drei Meter langen, leichten, aber in sich stabilen Bambusstab besorgen und an dessen Ende eine kleine Konstruktion anbringen lassen, die große Kohlenstifte oder auch dicke Zeichenstifte aufnehmen kann. Im schwenkbaren Bett liegend oder auch im bequemen Sessel sitzend, nimmt der Meister das Zeichengerät in beide Hände und geht, seine versiegenden Körperkräfte überlistend, seinem Tagewerk nach. Ein selbstbewußtes Genie bis in die letzten Tage.

(1950)

Marc Chagall oder die Neuentdeckung der Poesie

> *»Ich versuche, meine Leinwand mit leiden-*
> *schafts- und klangvollen Formen zu füllen,*
> *die eine neue Dimension schaffen sollen,*
> *eine Dimension, die durch die reine Geo-*
> *metrie kubistischer Linien oder durch im-*
> *pressionistische Farbtupfen nicht erreicht*
> *werden kann.«*   M. C.

So etwas ist nur hier in Nizza möglich. Wir kamen eben von Picasso, begegneten Matisse, der ausnahmsweise einmal aufge-standen war, als wir in das Postamt liefen, um bei Chagall an-zurufen. Es hätte nur noch gefehlt, daß wir in der Straßenbahn Frans Masereel und in der Papeterie Maurice Utrillo getroffen hätten ... Ich schreibe diese Tagebuchblätter im Frühjahr 1950 in Vence, dem romantischen Bergnest in den Alpes Maritimes, auf halbem Wege zwischen Cannes und Nizza. Zusammen mit den jungen Gauguins und Hans Spegg habe ich soeben Marc Cha-gall besucht. Wir gingen unter alten Olivenbäumen in einen schönen Garten und lassen hier das Erlebte nachklingen.

Dieses einmalige Vence! Im Rücken von uns wird an jener kleinen Kirche gebaut, die Henri Matisse den Dominikanern stiftet. Vor uns liegt der Besitz von Paul Gavarni, der mit Ho-noré Daumier und Gustave Doré zu den drei großen französi-schen Graphikern des vorigen Jahrhunderts gehörte; seine En-kel, die wir von unserem Rastplatz in ihrem Garten beobachten können, haben nichts mit Kunst zu tun. Südlich von uns liegt sehr erhöht das Sanatorium Ad Astra, in dem D. H. Lawrence, der Verfasser von ›Lady Chatterley's Lover‹, starb. Alle Künst-ler und Intellektuellen fühlen sich hier wohl, weil sich niemand um sie kümmert und weil man unter diesem blauen Himmel der-zeit viel billiger leben kann als im europäischen Norden ...

Paul René Gauguin und ich waren von großer Freude er-füllt, daß uns Chagall empfangen wollte. Wir kannten beide eine große Anzahl Bilder des Meisters aus Museen und Ausstel-lungen. Und doch wurde uns auf dem Wege zu Chagall klar, daß uns seine Lebenslinie und sein Aufstieg zum Weltruhm nicht so vertraut sind wie die anderer Meister. Wir suchten deshalb schnell zusammen, was wir beide an Einzelheiten wußten, und erst jetzt, während wir uns immer mehr ergänzten, bildete sich uns langsam ein ungefähres Bild des Meisters.

Marc Chagall, 1887 im Bezirk Smolensk in Witebsk geboren, entstammt einer jüdischen Familie und wuchs in orthodox-jüdischer Umgebung auf. Deshalb nannte er sich gelegentlich selbst ›le poète de l'âme juive‹. Seine Eltern ließen ihn als Retuscheur von Fotografien ausbilden. Aber schon mit dreizehn Jahren beschloß er, Maler zu werden. Viele Widerstände waren zu überwinden. Er war in St. Petersburg Hausknecht, Diener, Botenjunge, Anstreicher und Schildermaler. Er war aber gleichzeitig Schüler der Akademie und Mitglied der ›Gesellschaft zum Schutz der schönen Künste‹. Ein wichtiger Mäzen – Serge Diaghileff, der später der berühmte Ballettschöpfer wurde – gab hier den Ton an. Und ein anderer junger Mann saß hier gleichzeitig mit ihm vor den reizvollen Modellen, der Liebling Diaghileffs, dem er zu Weltruhm verhalf: der Tänzer Vaslav Nijinski. Zu seinem Kreis gehörte auch Vera Tolstoi, die Tochter des Dichters, in deren römischem Atelier ich während des Zweiten Weltkrieges zu Gast war.

1909 reist Chagall nach Paris. Es ist die Zeit des Kubismus. Chagall kann sich dafür nicht begeistern. Er freundet sich mit den Dichtern Blaise Cendrars, Guillaume Apollinaire und Max Jacob an. Sie geben dem jungen ukrainischen Maler recht, daß »die Kunst an keine Theorie gebunden sein darf und daß die Malerei ein Seelenzustand ist«. Schon damals spricht Chagall davon, daß er die Poesie in die Malerei zurückführen will. Vor dem Ersten Weltkrieg freundet er sich in Berlin mit Herwarth Walden und dem Kreis des ›Sturm‹ an. Chagalls Ausstellung im Juni 1914 in Berlin erregt die Gemüter, aber da ist Chagall schon wieder in Rußland. 1922: Chagall ist wieder in Berlin. Der vielseitige, umsichtige und charmante Kunsthändler Alfred Flechtheim macht ihn bekannt. Chagall gibt sein Buch ›Mein Leben‹ heraus. 1923: der berühmte Kunstfreund, Kunsthändler und Drucker Ambroise Vollard ruft Chagall nach Paris und beauftragt ihn mit der Illustration der ›Toten Seelen‹ von Gogol, der Fabeln von Lafontaine und der Bibel. Zu diesem Zweck bereist Chagall Palästina und Ägypten. Diese Illustrationsaufträge und die gleichzeitig ausgestellten Gemälde lassen Chagall zu einer wichtigen Persönlichkeit werden. Er ist jetzt Mitglied der ›Ecole de Paris‹, trägt zu ihrer künstlerischen Entwicklung bei – wenn er auch nie seine russische Herkunft verleugnet.

Als Russe und Jude muß Chagall während des Zweiten Weltkrieges nach Amerika flüchten. 1944 widmet er sich auch dem Theater. Für Igor Strawinsky entwirft er Kostüme und Dekorationen zum ›Feuervogel‹-Ballett. Nach dem Kriege kehrt Chagall nach Frankreich zurück und läßt sich in Vence nieder. Jacques Maritain, der katholische Kulturphilosoph aus dem Kreise Jean Cocteaus, widmet ihm ein belangvolles Buch ... Nein, es ist wirklich nicht gut, wenn man unvorbereitet zu einem bedeutenden Menschen geht. Dann muß man zuviel mit ihm reden, und es bleibt vielleicht trotzdem eine Leere zurück. Wenn man dagegen des anderen Leben, seine künstlerischen Absichten sich noch einmal vergegenwärtigt, bevor man ihm gegenübertritt, dann kann man auch zusammen schweigen – und man sagt sich so gewiß viel mehr.

Unter einem stark blauen Himmel, wie ihn nur die Côte d'Azur kennt, in einem Garten mit geradezu tropischer Vegetation, bewohnt Marc Chagall eine vornehme kleine Villa. Davor steht das Auto seiner zweiten Frau. Die erste, die er sehr geliebt und oft gemalt hat, starb vor ein paar Jahren. Ganz ähnlich wie Pablo Picasso oder wie der Däne Martin Andersen-Nexö nahm sich Chagall eine sehr junge zweite Frau, und sein Leben wird heute ebenso wie das der eben genannten Künstler von einem vierjährigen Kind bereichert.

Madame Chagall empfängt uns: eine jünglingshafte Frau vom Greta-Garbo-Typ, Engländerin von Geburt, die in der Welt weit herumgekommen ist, ehe sie sich an der Seite dieses älteren Mannes hier in Vence niederließ. Wir nehmen in einem der beiden ineinandergehenden Salons Platz. Wir bewundern schöne antike Möbel, altes Silber, venezianisches Glas. Nur ein kleines rotes, mit bunten, bäurischen Motiven bemaltes Tablett aus der Ukraine scheint uns eigentlich zum Haushalt von Marc Chagall zu passen. Madame Chagall erklärt auch sogleich, sie seien hier nur Untermieter; durch die Kriegswirren hätten sie viel verloren und müßten erst wieder einen Haushalt nach eigenen Intentionen aufbauen. Ein Atelier, fernab vom Wohnhaus, sei auch erst im Bau, weshalb wir auch keinen Atelierbesuch machen könnten.

Es erscheint der maître! Im Manchesteranzug und mit einem lustigen Halstuch tritt er vor uns. Er ist nicht sehr groß, er geht ein wenig schief, sein langes, struppiges graues Haar schmückt etwas wirr sein schartiges, faltiges Gesicht, in dem ein schiefer

Mund auffällt. Sein Französisch hat einen typisch russischen Akzent. Sein Wesen scheint wie das vieler alter Juden von großer Gelassenheit geprägt zu sein. Gelegentliche Bewegungen und Gebärden sind sogar ausgesprochen weich. Während Martha Gauguin und Hans Spegg sich mit Madame Chagall englisch unterhalten, beginnen Chagall und der junge Gauguin sofort ein fachliches Gespräch. So hatte ich nun Gelegenheit, ihn ungestört zu beobachten. Und zwar gab es eines, was mich vor allem fesselte: die Augen von Chagall. Die alten Griechen sagten: Die Augen sind nicht allein der Sitz der Liebe, sondern auch der Schönheit. Ich habe noch nie bei einem alternden Manne so schöne, leuchtende, so innige, so lebendige, so im wahrsten Sinne des Wortes faszinierende Augen wie die von Chagall gesehen. Und ich wußte eines: Wenn man Augen hat wie Chagall, kann man nur so malen, wie er malt. Und es war auch bezeichnend, daß im Gespräch, dem ich, abgelenkt durch diese Augen, nur ab und zu folgte, immer wieder seitens Chagall das Wort ›Lumière‹ fiel. Chagall ist Licht-Mensch, Augen-Mensch.

Auch mit Chagall mußte der arme Paul über seinen Großvater sprechen. Der junge Gauguin gehört zu jenen erfreulich unbekümmerten Menschen, die alles zu sagen wagen, was sie bedrückt. Ziemlich brüsk und brutal fragte er Marc Chagall, ob es unbedingt nötig sei, über ›den Alten‹ zu sprechen. Deshalb sei er nicht gekommen! – »Sie müssen weder ungnädig noch undankbar sein«, meinte Chagall. »Ich habe meinen lieben Gott als Schutzpatron, Sie haben obendrein Ihren Großvater.« Man sprach nun allgemein von Enkeln. Es fielen ein paar Worte über die Gavarnis, die auf der gegenüberliegenden Straßenseite wohnen: »Ach, es ist so seltsam mit Kindern und Kindeskindern«, sagte Chagall. »Ein lehrreiches Beispiel ist mir immer wieder die Familie Matisse! Was für ein froher, freundlicher, optimistischer Mann ist Henri Matisse! Sein Sohn Pierre ist mein Kunsthändler, fraglos ein sehr tüchtiger Mann. Aber unerklärlich ist mir, wieso er als Sohn dieses apollinischen Vaters immer mit einer Leichenbittermiene durch die Welt geht. Um Pierre Matisse ist immer Friedhofstimmung. Wirklich, es ist mir unbegreiflich ... bei diesem Vater!« Und Chagall verbreitete sich darüber, daß es doch bei der Familie von Johann Sebastian Bach ganz anders war. Er beschloß diesen Teil des Gespräches mit erhobener Stimme: »Eigentlich ist das alles auch ganz unwichtig. Wichtig ist nur die Qualität! Warum ist uns nur über alle Familienforschung, Rassenforschung, über alle Schulen, Richtungen, Gruppen, Ideologien und Dogmen der Begriff für die Qualität abhanden gekommen? Der ganzen Kultur von heute mangelt es an Sinn für die Qualität.«

Chagall bedauerte, daß Paul René nichts von seinen Arbeiten mitgebracht hatte. Er sagte: »Sie gehören doch hoffentlich nicht zu den Anhängern der neuen Sachlichkeit«, wobei er die beiden Worte ›neue Sachlichkeit‹ fließend deutsch aussprach. Paul konnte lachend verneinen. »Das ist herrlich«, meinte Chagall. »Sie ahnen nicht, wie mir all diese sachlichen oder abstrakten Schulen von heute immer mehr auf die Nerven fallen. Die Kunst kann nur gerettet werden, wenn wir die Poesie wieder pflegen. Wir müssen die Poesie neu entdecken! Nicht allein in der Literatur, auch in der Malerei! Und besonders bei uns in Europa! Es ist eine der vordringlichen Aufgaben der europäischen Kunst, gerade heute wieder poetisch zu werden. Es ist nicht wahr, daß die Kunstfreunde nur nach dem Abstrakten oder gar nach dem Existentiellen rufen. Der Widerhall meines Werkes heute in aller Welt, besonders aber in Europa, ist mir ein tröstliches Zeichen dafür, daß man wieder zur Besinnung kommt. Man erinnert sich wieder, was der eigentliche Sinn der Poesie ist: die Gesetze der Schwere und der Anziehungskraft aufzuheben!« Marc Chagall fragte mich, was ich hierüber dächte. Als ich ihm zustimmte, drückte er mir beide Hände und sagte: »Zwischen den beiden Weltkriegen war ich noch ein Einzelgänger, heute bin ich es nicht mehr. Ich bin so froh!«

Eine Hausangestellte legte im Vorübergehen eine Zeitung auf den Tisch. In einer Schlagzeile leuchtete uns das Wort ›Berlin‹ entgegen. Chagall sah es und fragte uns, ob wir Berlin kennten. Als wir die Frage bejahten, wand er Berlin einen Kranz dankbarer Erinnerungen. Es war seltsam, von dem Ukrainer, der in Frankreich eine neue Heimat gefunden hat, plötzlich die Namen seiner alten Berliner Freunde zu hören: Herwarth Walden, Franz Pfemfert, Paul Klee, Renée Sintenis, E. R. Weiss, Oskar Kokoschka u. a. Ob er nicht Sehnsucht nach Deutschland verspüre, nach alten Freunden? fragte ich. »Die alten inneren Bande werden nie abreißen«, sagte er. »Aber eine Erneuerung des alten Kontaktes ist nicht mehr zu erwarten. Es ist so viel geschehen. Zuviel! Und wir müssen uns alle viel mehr in Geduld fassen. Wir müssen doch auch warten, monatelang warten, jahrelang warten, bis ein Baum Früchte trägt.«

Guillaume Apollinaire schrieb über Marc Chagall: »Seine Kunst ist übernatürlich; denn er ist ein Zauberer!« Ich empfand in diesen Minuten Chagall weniger als einen Zauberer denn als einen jener alttestamentarischen Priester, die er so oft in seinen Buchillustrationen wie in seinen Gemälden dargestellt hat. Maritain hat Chagall sogar mit Franz von Assisi verglichen. Er wollte damit zum Ausdruck bringen, daß die Poesie und Religiosität Chagalls in das Christliche hineinwachse.

Als wir uns endlich erhoben, um Marc Chagall und seine Frau nicht länger aufzuhalten, sagte er jedem von uns, indem er uns die Hand drückte: »Mut und Erfolg!« ... Wir sitzen nun unter Olivenbäumen, Eidechsen sonnen sich neben uns auf heißen Steinen. Wenn unseren Vorfahren Propheten begegnet sind, konnte ihnen gewiß nicht anders zumute sein als jetzt uns nach unserem Besuch bei dem dichtenden Maler Marc Chagall.

(1950)

Pablo Picasso, das Genie privat

»Ich suche nicht, ich finde.«

P. P.

Vor Jahren hatte ich auf einer Pariser Kunstausstellung eine unheimliche Begegnung. Das prominente Paris war versammelt, dazu Kunstkritiker aus vielen Ländern. Die Eröffnungsfeierlichkeit war vorüber, aber die Eingeladenen standen plaudernd herum. Plötzlich erschien Pablo Picasso. Ich dachte, nun würde sich alles auf ihn stürzen. Aber nein, Picasso ging allein an den Wänden entlang, studierte eindringlich, beinahe wie ein Kurzsichtiger, die ausgestellten Werke. Und keiner wagte ihn anzusprechen. Im Gegenteil, alles wich vor ihm zurück, fast ängstlich. Einsam, wie er gekommen war, fuhr er schließlich mit einem Auto, das auf ihn gewartet hatte, davon.

Als ich in Nizza Freunden und Bekannten gegenüber äußerte, ich würde gern Picasso kennenlernen, erklärten sie mich quasi für verrückt. Es sei völlig unmöglich, an dieses Genie aus Spanien heranzukommen. Unter zwei Bedingungen allerdings habe man eine kleine Chance. Primo, wenn man das Mitgliedsbuch der KP vorweisen könne, oder secondo, wenn es einem gelänge, durch schmackhafte Schnitzel (keine Knochen!) seinen Wachhund zu überlisten. Insbesondere die an der Côte d'Azur ständig wohnenden Künstler sprachen allesamt von Picasso wie von einem Manne, der schwieriger zu erreichen sei als ein Diktator. Da erinnerte ich mich der Pariser Tagebücher von Ernst Jünger, in denen ich gelesen hatte, daß Picasso außerordentlich ›menschlich‹ sein kann. Ich sagte mir: Wenn Picasso mitten im Kriege sogar einen Schriftsteller und Offizier der Besatzungstruppen wie Ernst Jünger empfangen hat, sollte es mir vielleicht auch möglich sein, ihn zu treffen. Und Picasso hatte laut Jünger im Laufe des Gespräches gesagt: »Wir beide, wie wir hier zusammensitzen, würden den Frieden an diesem Nachmittag abhandeln, am Abend könnten die Menschen die Lichter anzünden.« . . .

Im Sommer 1946 nahm Picasso seinen neuen Wohnsitz in Vallauris, einem größeren Dorf auf einem Berg zwischen Cannes und Antibes. In Antibes befindet sich, unmittelbar am Strand gelegen, ein jahrtausendealtes Stadtschloß. Vor dem Kriege war es Picasso einmal zum Kauf angeboten worden; er lehnte damals ab. Nach 1945 scheint er mit der Gemeinde Antibes zu einem für ihn günstigen Arrangement gekommen zu sein; denn dieser alte römische Festungsbau und spätere Bischofspalast beherbergt jetzt das Schloß-Museum Grimaldi, das beinahe ausschließlich Pablo Picasso gewidmet ist, der hier obendrein ein riesiges Atelier besitzt. Der Badeplatz Antibes (das Städtchen wurde einst von dem berühmten Festungsbaumeister Vauban ausgebaut) hat damit einen großartigen Anziehungspunkt. Man nennt dieses Museum moderner Kunst derzeit das wichtigste außerhalb von Paris. Hier werden die allerneuesten Graphiken, Gemälde, Plastiken und Keramiken von Picasso gezeigt. Die von seinen Lithographien her bekannten Zentauren, Faune, Nymphen und Meerungeheuer kehren hier u. a. auch auf bemalten und bekratzten riesigen Stahlplatten und Holztafeln wieder. Vor allem findet man hier wie sonst nirgendwo in der Welt die kompletteste Sammlung von Keramiken Picassos. Auf verglasten Regalen kann der Besucher beinahe neunzig Picasso-Teller in meisterlichen Motiv- und Farbvarianten bewundern. Allein diese wahrhaft festliche Schau des genialen Künstlers lohnt eine Fahrt nach Antibes.

Von hier reist man dann im Bus noch ein paar Kilometer weiter bis Golf Juan, nahe dem berühmten Juan-les-Pins, wo Napoleon landete, als er aus Elba kam. Jahrelang verbrachte André Gide – ebenso wie andere Schriftsteller und Künstler – einen großen Teil des Jahres in diesem gesegneten Klima. Um nach Vallauris zu gelangen, muß man in Golf Juan nochmals umsteigen und eine Serpentinen-Straße zwei Kilometer lang ziemlich steil in die Höhe fahren. Müde von der Busfahrt und von dem paradiesischen Reichtum der Landschaft entzückt, wanderte ich mit meinem Freund dem lockenden Ziel in euphorischer Stimmung entgegen. Wir sprachen selbstverständlich viel von Picasso auf dieser Wanderung. Die Landstraße zieht sich erst an Villen entlang, dann unter hängenden Felsen an einem romantischen Bach dahin, und man erlebt eine Vegetation von beinahe tropischer Üppigkeit. Das melodische Horn eines luxuriösen Sportautos trieb uns zur Seite. Unwillkürlich schauten wir uns die darinsitzenden Menschen an. Welche Überraschung! Neben dem Chauffeur saß jener Mann, den wir aufsuchen wollten. Augenscheinlich fuhr er nach Hause. Wir hatten also Chancen, ihn zu sehen. Zwar hatten wir von Marc Chagall erfahren,

Der russische Maler Marc Chagall in Vence

Pablo Picasso in seiner Keramikwerkstatt in Valauris

daß Picasso wahrscheinlich zu Hause sei, aber sicher waren wir doch nicht. Erregter, als wir schon waren, stiegen wir weiter bergan auf Vallauris zu.

Während die Côte d'Azur auf den internationalen Tourismus abgestellt ist, atmet Vallauris (vorläufig noch) einen völlig anderen Geist; hier wird hart gearbeitet. Vallauris ist einer der Hauptsitze der französischen keramischen Industrie. Schon in römischer Zeit wurden hier Keramiken hergestellt. Man hat mir versichert, es gäbe hier gegenwärtig sechsunddreißig größere und dazu etwa noch dreißig kleinere Töpfereien. Sie bestimmen das Gesicht des Platzes. Werkstatt liegt neben Werkstatt, Brennerei neben Brennerei, Fabrik neben Fabrik. Aber auch viele Scherbenhügel fallen auf. Und dazu die Wagen, die tonnenweise den Ton heranbringen.

Wir fragten uns durch nach dem Hause von Picasso. Der maître sei hier an drei verschiedenen Plätzen zu suchen, erfuhren wir. In einer abgelegenen Straße hat er sein Studio. Wir gingen zuerst dorthin und gelangten an eine grobe graue Mauer mit einer Eisentür. Picassos Ateliergebäude erinnert an eine Stallung; hier arbeitet und experimentiert der Unermüdliche für sich allein. Nur wenige haben Zutritt. Man erzählte uns, im Innern sähe es wie in einer mittelalterlichen Alchimistenküche aus. Einheimische, die wir ansprachen, machten auf unsere absichtlich einfältigen Fragen Bemerkungen über Picasso, die mehr auf einen Handwerker als auf einen Künstler schließen ließen. Von dem Scherbenhügel vor dem Picassoschen Studio nahmen wir uns einige Scherben als Souvenir mit.

Alsdann fragten wir uns nach seiner Wohnung durch. Wir mußten kreuz und quer laufen, bis wir auf die rechte Spur kamen. Über eine Straße, die schmal war und an der größere eingezäunte Grundstücke lagen, gelangten wir ziemlich weit außerhalb des Ortes. Ein Telegraphenarbeiter erklärte uns: »Das gelbe Haus unmittelbar an der Straße ist das Garagenhaus Picassos. Dort steht sein Auto, und dort wohnt sein Personal. Monsieur Picasso hat als Kommunist erstaunlich viel Personal: Chauffeur, Diener, Zofe für seine Frau und mehrere Gärtner! In dem zweiten Haus auf diesem Grundstück wohnt er selbst mit seiner Familie.« Wenn wir an die vornehme Villa dachten, die Chagall in Vence gemietet hat, mußten wir zugeben, daß Picasso einfach wohnt. Gewiß hat man von dem Grundstück aus einen prachtvollen Blick über das provençalische Land und auf das fernliegende mittelländische Meer hinaus, aber die beiden Häuser sind äußerst bescheiden.

Es war Mittag geworden. Die Sonne brannte heiß. Die Menschen von Vallauris waren zum Déjeuner gegangen. Wir waren die einzigen Passanten auf der Straße. Um nicht erst unnötiges Aufsehen zu erregen, sagte ich zu Hans: »Komm, laß uns schnell hineingehen! Solche ›Festungen‹ kann man nur im Sturm nehmen – oder gar nicht!« Ich öffnete die Gartentür, da begann ein Hund zu toben. Nun hatte ich das saftige Schnitzel doch vergessen! Einige schnelle Schritte – und wir waren aus der Beißweite des angeketteten Wachhundes.

Wir gehen langsam einen ansteigenden Pfad hinan. Wir sehen, daß der Garten kein Ziergarten ist, sondern außer Olivenbäumen auch Obstbäume enthält, überdies Beerensträucher und Gemüsebeete. Immer mehr nähern wir uns dem Wohnhaus. Eine schöne braune Siamkatze kommt uns entgegen und bleibt uns an der Seite. Auf einem Freiplatz vor dem Wohnhaus spielt im Gras ein Kind. Ich weiß, daß der neunundsechzigjährige Picasso zum wiederholten Male verheiratet ist. Diesmal mit einer sehr jungen Frau, die ihm einen jetzt vierjährigen Knaben namens Claude geboren hat. Dies hier muß sein Kind sein! Es hat die großen, unerhört abgründigen Augen des Vaters. Ein dickes kleines Pummelchen, sitzt es breitbeinig und beobachtet irgend etwas, was außer unserem Blickfeld liegt. Wir gehen langsam weiter. Auf einmal müssen wir stehenbleiben.

Vor uns sitzt, ebenfalls im Grase, im blauen Anzug ein Mann, der einen Kinderschubkarren repariert. Er sitzt so, daß er uns den Rücken zukehrt. Ich bin mir nicht sicher, ob es Picasso ist, und frage deshalb den Freund. »Natürlich ist er's«, sagt dieser. Da er mehr an der Seite geht, kann er das Gesicht besser erkennen als ich. Auf einmal dreht sich der im Grase sitzende und bastelnde Mann uns zu. Er sagt leise, wie verstört: »Bon jour, Messieurs!« Wir antworteten: »Bon jour, Monsieur!« Und der Mann im Grase sieht uns lange an.

Über meinem Schreibtisch habe ich seit Jahren ein großes Foto von Picasso hängen. Es wurde von dem Pariser Meister-Fotografen Maywald aufgenommen, der schon viele französische Künstler mit der Kamera porträtiert hat. Man sieht auf diesem Bild Picasso in seiner Werkstatt vor einem Regal, auf dem einige seiner neuen Platten und Teller stehen. Picasso blickt den Betrachter unmittelbar an. Je länger man mit dem Bild lebt, um so mehr fasziniert es. Was ist mir denn dieser Picasso? Man hat Picasso als einen Verräter bezeichnet, als einen Scharlatan auch, weil er im Laufe von Jahrzehnten sämtliche Stilrichtungen mitgemacht hat. Man hat gesagt, er verschwende seine zweifellos einzigartigen Gaben zu sehr an fragwürdige künstlerische Abenteuer. Er könne vielleicht noch besser zeichnen als Raffael, vergeude aber sein Genie mit Zeichnungen, wie sie Kinder oder Geisteskranke anfertigen. Was mir seine Kunst schon immer sagte, offenbarte mir endgültig dieses Porträtfoto: Pablo Picasso ist ein Prototyp des Menschen unserer Zeit. Picasso ist der gehetzte, gejagte, gebenedeite und zugleich verdammte homo sapiens des zwanzigsten Jahrhunderts. Freunde Picassos haben mir gesagt, es käme ihnen manchmal vor, als solle Picasso in seinen Werken noch einmal alle Kunstmöglichkeiten offenbaren, und vielleicht gäbe es nach ihm überhaupt keine Kunst im bisherigen Sinne mehr. Picasso als Enderscheinung?

Während wir nun so unversehens vor Picasso standen, sah er uns aus Augen voller Angst, Furcht und Verzweiflung an. Ja, auf einmal beobachteten wir, wie dieser Mann keuchte, wie seine Hände zu zittern begannen. Der Mann, der da den Kinderschubkarren in der Hand hielt, schlotterte am ganzen Leibe! Hans wurde es unheimlich zumute. Er handelte instinktiv richtig: er bückte sich zu der Siamkatze hinab und spielte mit ihr. Später sagte er: »Ich wußte mir nicht anders zu helfen. Ich hätte vor Scham im Erdboden versinken mögen. Unser Überfall war gemein. Aber indem ich mit der Katze spielte, wollte ich zeigen, daß wir nicht so gefährlich waren, wie wir vielleicht wirkten.«

Ich selber verwünschte beim Anblick des aufgescheuchten, verstörten Picasso meine Neugier. Wie konnte ich die Situation noch retten? Mir fiel nichts ein und ich schwieg. Und ich war glücklich, als Picasso langsam aufstand, sein Kind an der Hand nahm und stoisch über eine Treppe ins Haus ging. Wir standen noch eine Weile wie angewurzelt. Hans faßte sich endlich und sagte: »Warum hast du ihn nicht angesprochen?« Ich zuckte mit den Schultern. Er fuhr fort: »Aber ich verstehe dich, diese wortlose Begegnung war vielleicht beredter als das längste Gespräch.« Wir erinnerten uns an einen Bericht des Schweizer Kunstkritikers Gotthard Jedlicka, der, nachdem er Picasso schon kannte, auch einmal minutenlang vor ihm saß, ohne daß der geringste Kontakt aufkam. Man kann einem Picasso gegenüber ohne Kraft sein.

Eine junge Frau kam die Treppe herunter. Von Bildern her kannte ich sie als die gegenwärtige Madame Picasso. (Inzwischen ist sie als Françoise Gilot durch ihr Buch ›Leben mit Picasso‹ weltberühmt geworden.) Sie begrüßte uns. In Paris erzählte man sich damals, daß sie alle Bilder von Frauen, die ihrem Mann früher nahestanden, vernichtet, wann immer sie ihrer habhaft werde. Als ich ihr junges und zugleich altes Gesicht sah, wußte ich, daß sie an der Seite des Genies sicherlich kein einfaches Leben hatte. Ich stammelte eine Entschuldigung, weil wir unangemeldet in den Garten eingedrungen seien. Ich sagte, wir bewunderten das Werk ihres Mannes und wir hätten ihm so gern dankbar die Hand gedrückt. Wir spürten sogleich, daß sie uns verstand und verzieh. Eine sehr schlichte und sympathische Frau. Sie wirkte nicht wie die Frau eines berühmten Meisters, sondern eher wie eine vom Leben enttäuschte Bürgersfrau. Madame meinte schließlich, wir hätten es allerdings schlecht getroffen. Eben müßte die ganze Familie essen. Nein, warten könnten wir nicht. Wenn Monsieur Picasso überhaupt jemanden empfange, so nur vormittags. Sonst sei er für niemanden zu sprechen. Ob wir vielleicht noch einmal wiederkommen könnten? Wir sprachen von den Schwierigkeiten des Wiederkommens, erwähnten selbst den Fahrgeldmangel. Sie ließ uns freie Hand und schrieb uns die Adresse von Freunden auf, mit denen wir alles Weitere besprechen könnten ...

Die Namen, die Madame Picasso uns aufschrieb, waren uns vertraut. Es waren Madame Suzanne und Monsieur Georges Ramié. Dieses Ehepaar lebt schon seit Jahren in Vallauris. Sie sind die Eigentümer jener Töpferei ›Madoura‹, in der Picasso alle seine Keramiken brennt, und die sie in alle Welt versendet. Die beiden Ramiés sind großartige Menschen, Künstler und Handwerker zugleich: von jener Natürlichkeit und jenem Kameradschaftssinn, welche viele Künstler, Intellektuelle und Kunstfreunde verbinden. Diese Menschen, ganz gleich, ob sie in Amsterdam, Tokio, Buenos Aires oder Düsseldorf leben und schaffen, sprechen alle fast die gleiche Sprache, träumen alle fast die gleichen Träume und haben alle fast die gleichen Wünsche.

Ramiés haben eine alte Töpferei übernommen, innen und außen modernisiert, und sie sind nun eigentlich nicht allein in Vallauris, sondern beinahe in der gesamten französischen Künstlerwelt der Mittelpunkt des heutigen Keramikschaffens. Sie zeigten uns ihre Werkstatt. Wir konnten mit den Töpfern sprechen und uns erzählen lassen, daß sie gern mit Picasso arbeiten, weil er sehr kollegial sei. Und wir fanden bestätigt, was wir von anderer Seite erfahren hatten: daß nämlich Picasso über nichts lieber spricht, als über das Thema ›wie es gemacht wird‹. Von den großen Picasso-Tellern werden im Höchstfalle dreihundert Stück hergestellt. Er bemalt sie alle selbst. Wenn er sich helfen läßt, dann korrigiert er doch zumindest jedes Stück eigenhändig. Picasso hat auch ein Service zum Fischessen für zwölf Personen entworfen. Jeder Käufer eines Tellers oder eines Services erhält ein ausführliches Zertifikat, das die Echtheit bezeugt.

Nachdem wir uns, viele Zigaretten rauchend, mit dem Ehepaar Ramié näher bekannt gemacht hatten und unsererseits der Wunsch ausgesprochen war, Picasso zu sprechen, welcher durchaus Verständnis fand, wagte ich einen weiteren Vorstoß. Wir waren doch in Nizza mit Paul René Gauguin und seiner Frau Martha zusammen. Der junge Gauguin stand (wie ich aus Anlaß unseres Besuches bei Marc Chagall erzählt habe), von früh an in einer Abwehrhaltung gegenüber seinem Großvater. Er hatte jedoch von Jugend auf drei Vorbilder: den Freund des Großvaters, den Niederländer Vincent van Gogh, den Deutschen Paul Klee und den Spanier Pablo Picasso. Wenn Paul einem Manne unter den großen Zeitgenossen seine Arbeiten zeigen wollte, so war das nur Picasso. Konnten Ramiés eine Begegnung zwischen Picasso und dem jungen Gauguin arrangieren? Sie wollten ihr Bestes tun: »Übermorgen schon, am kommenden Sonnabend!« Im Falle Picasso könne man allerdings nie etwas versprechen, fügten sie hinzu. Wir täten auf jeden Fall besser, vorher anzurufen, um zu erfragen, ob etwas dazwischengekommen sei. Ich rief von Nizza aus an; die Prognose war gut.

Es ist tatsächlich nicht unproblematisch, Sohn oder Enkel eines großen Mannes zu sein und obendrein dessen Beruf auszuüben. Hier kam hinzu, daß Gauguin einem Meister gegenübertreten sollte, dessen Urteil er wirklich mehr schätzte als das anderer Künstler. Der urwüchsige, tapfere, phantasievolle Paul René benahm sich auf der Fahrt im Omnibus wie ein Schuljunge, der vor eine Prüfungskommission treten soll. In letzter Minute hatte er sich entschlossen, seine Arbeiten doch nicht mitzunehmen. Ich kehrte in unsere gemeinsame Wohnung zurück, nahm die Riesenmappe an mich. Notfalls wäre ich auch als der junge Gauguin aufgetreten, um ein Picasso-Urteil über diese Graphik zu erhalten.

Madame Ramié empfing uns in der Verkaufshalle der Töpferei. Dieser Raum ist ein umgebauter Stall eines jahrhundertealten provençalischen Gutes. Die alten dicken Wände sind noch dieselben. Auch das alte Giebeldach ist noch erhalten. Der Boden ist mit Fliesen ausgelegt. Wo einst an den Wänden die Krippen waren, stehen nun Regale für die Keramiken von maître Picasso und dem Ehepaar Ramié. Da wir zu viert waren, verabredeten wir, uns beim Eintreten Picassos in der großen Verkaufshalle zu verteilen, um das Treffen recht zwanglos zu gestalten. Unser Gespräch, mit dem wir uns die Zeit vertrieben, kreiste selbstverständlich nur um IHN. Das Ehepaar berichtete amüsiert, daß Picasso durch einen ›Zufall‹ nach Vallauris gelangt sei. Er hatte im Sommer 1946 in Golf Juan aus einer Laune heraus eine landwirtschaftliche Ausstellung besucht. Danach stieg er, um sich zu zerstreuen, nach Vallauris hinauf. Auf der Straße traf er die Ramiés. Sie luden ihn ein, ihre keramische Werkstatt zu besuchen. Damit hatte dieser neue Abschnitt des Picassoschen Schaffens begonnen.

Ramiés rühmten Picassos Fleiß: »Er arbeitet oft wie ein Rasender. Das keramische Werk, das Picasso seit 1946 geschaffen hat, ist so umfangreich wie die Produktion mehrerer bejahrter Keramiker zusammen.« Ich mußte hierbei an das denken, was sich als Hauptthema durch die Erinnerungen seines spanischen Jugendfreundes, des Dichters Jaime Sabartés zieht. Dieser schreibt: »Picasso arbeitet. Das ist seine Bestimmung ... Das, was ihn allein interessiert, das, was ihn allein begeistert, ist nur die Arbeit. Was Picasso ausschließlich will, ist: arbeiten. Alle Tage arbeiten! Wenn er nicht arbeiten kann, dann hat er auch zu gar nichts Lust. Dann ist er krank, schwer krank ...« Auch wenn sich Picasso in Vallauris mit den Arbeitern – so berichteten uns die Ramiés – über ihre persönlichen, familiären, wirtschaftlichen oder politischen Sorgen unterhält, empfiehlt er immer nur Arbeit als ›göttliches Allheilmittel‹.

Picasso hat früher nie viel von seinem Vater gesprochen. Sein Geburtsname ist Pahler Rinzy Picasso. Er hat den Namen der Mutter als Künstlernamen angenommen. Heute läßt Picasso seinem Vater, der Zeichner, Maler, Professor an einer Kunstakademie in Barcelona und schließlich Direktor eines Museums war, mehr Gerechtigkeit widerfahren. Er äußerte unlängst erheitert: »Wenn ich mich in allen Kunstrichtungen und Kunstmöglichkeiten zu Hause fühle, so nur deshalb, weil ich als Sohn eines Konservators alle Schulen mit der Kindermilch aufgesogen habe. Für einen Maler ist es so wertvoll, einen derartigen Vater zu haben, wie für einen künftigen Schriftsteller, wenn sein Vater Bibliothekar ist.« Vater und Sohn Picasso! Sie haben noch viele andere Berührungspunkte. Schon der Vater liebte es, Tauben zu malen und zu zeichnen. In seiner Kindheit und Jugend stellte Picasso Tausende von Tauben dar. »On revient toujours a son premier amour«, meinte Picasso einem Zoologen gegenüber, der die naturwissenschaftliche Exaktheit seiner ungezählten Taubendarstellungen rühmte.

Wir sprachen über ›Picasso und die Literatur‹. Dieser Spanier kann sich dessen rühmen, daß über ihn die meisten Bücher veröffentlicht worden sind, die man einem unserer Zeitgenossen gewidmet hat: sechshundert verschiedene Werke in allen Sprachen der Welt waren es schon bald nach dem Kriege. Gerade war sein bis dahin einziges eigenes Buch, ein Theaterstück, in einer wohlfeilen Ausgabe erschienen. 1935 hatte Picasso erstmals als ›Dichter‹ Aufsehen erregt. Er veröffentlichte damals in den ›Cahiers d'Art‹ einige Gedichte, die er in seiner spanischen Muttersprache geschrieben hatte. Wie sein Freund Jaime Sabartés erzählt, schrieb der dynamische Pablo schon als junger Mensch. Er versuchte sich seinerzeit sogar als Komponist.

Picassos Theaterstück ›Le Désir attrapé par la queue‹ (›Der Wunsch, beim Schwanz gepackt‹) wurde während des Krieges geschrieben. In der Pariser Welt-Uraufführung am 19. März 1944 (also während des Krieges!) wurde dieses Stück in sechs Akten vor einem geladenen Pariser Elite-Publikum von Jean-Paul Sartre, Albert Camus, Simone de Beauvoir, Michel Leiris und Raimond Queneau gespielt. Im Frühjahr 1950 fand die erste Aufführung von ›Desire Caught by the Tail‹ in London in geschlossener Gesellschaft statt. Auf Grund dieses ›succès de Scandale‹ übernahm das avantgardistische Watergate Theatre das Stück. Picassos Dramolett spielt im Studio eines Pariser Schriftstellers, der ›Großer Hunger‹ heißt und der in kulinarischer Terminologie eine Liebesaffäre mit ›Die Zwiebel‹ unterhält. Andere Rollen tragen die Namen ›Pastete‹, ›Brötchen‹, ›Das Schweigen‹, ›Fetter Schwanz‹, ›Magerer Schmerz‹, ›Die zwei Bow-Bows‹ usw. Als Picasso das Stück 1944 im besetzten Paris in drei Tagen schrieb, herrschten an der Seine Hunger, Kälte und Angst. Darum geht es auch in diesem Stück meistens um Lebensmittel. Das Stück endet damit, daß die Mitwirkenden vom Geruch von leckeren Bratkartoffeln überwältigt werden. Einige Kritiker in Frankreich und England wollten das Werk ernst nehmen. Das war gewiß falsch; denn Picasso selbst faßt dies ›Drama‹ als Unsinn auf. Er sagte es oft genug. Es ist genauso voller Witz, Frechheit, Humor und exzentrischen Visionen wie viele seiner Bilder und Plastiken. Picasso hat, indem er einen Satz Mark Twains aus dem ›Huckleberry Finn‹ zitierte, gesagt, daß jeder niedergeschossen werden müßte, der darin eine Moral suche. Es heißt, er habe dieses Stück nur geschrieben, »um gegen tierischen Ernst auf dem modernen Theater zu protestieren«.

Es war längst zwölf Uhr vorbei. Auf einmal sagte Madame Ramié, nun bestünde wenig Hoffnung, daß der maître noch käme; an sich käme Picasso jeden Tag zwischen elf und zwölf Uhr in die Werkstatt. Zum Lunch erwarte er einen berühmten Pariser Verleger, der ein neues Buch von ihm herausbringen wolle. Da sagte ich: »Der ist gewiß schon da.« Und ich erläuterte meine Mutmaßung. Im Bus von Nizza nach Golf Juan hatte ich einen Herrn und eine Dame beobachtet. Sie waren elegant gekleidet, trugen Bücher und Zeitschriften bei sich. Genau wie wir stiegen sie in Golf Juan aus. Im Scherz hatte ich zu meinen Begleitern gesagt: »Die gehen auch zu Picasso.« In Golf Juan nahmen sie sich ein Taxi und fuhren tatsächlich Richtung Vallauris, während wir liefen. Jetzt wußte ich genau, daß diese Leute unser Konzept verderben würden. Enttäuschung überfiel uns. Da flüsterte Madame Ramié ihrem Mann etwas zu. Er verschwand. Wir erzählten weiter, machten uns eigentlich aufbruchfertig. Auf einmal tat sich die kleine Tür zur Brennerei auf: Picasso trat herein.

Man erinnere sich meines Berichtes über die erste Begegnung mit ihm. Man erinnere sich irgendeines Bildes seiner klassizistischen Periode und stelle sich im Geiste daneben eines seiner wildesten, abstraktesten Gemälde vor. So wie sein Werk sich aufteilt in höchst unterschiedliche Welten, so hatten wir heute einen völlig anderen Picasso vor uns. Man glaubt gewiß, daß Picasso ein großer, schwerer Mann sei. Er ist klein, sehr klein. Ein Mann normaler Größe muß sich zu ihm hinabbücken, will er ihm Feuer für seine Zigarette geben. Dabei ist er kein ›Männchen‹, wie es etwa der Berliner Maler Adolph von Menzel war, der durch seine Illustrationen zu Kuglers ›Geschichte Friedrichs des Großen‹ unsere Vorstellung von jener Zeit mitbestimmt hat. Picasso macht einen sportlichen Eindruck. Vor zwei Tagen allerdings schien Picasso uralt, krank, erloschen, fast dem Grabe nahe. Heute dagegen hatten wir sofort den Eindruck: dieser kleine energische Mann mit seinem feurigen Temperament kann der unwahrscheinlichsten Taten fähig sein. Und welch guter Laune er war! Er lachte. Er sprach schnell und laut. Er drückte uns allen die Hand. Als er vor mir stand und mich begrüßte, sagte er: »An dein Gesicht erinnere ich mich! War es nicht vorgestern . . .?« Und gleich danach: »Und du bist also Gauguin?« Paul René sprach Picasso Katalanisch an. Picasso bereitete es großes Vergnügen, heimatliche Laute zu hören. Er antwortete in Katalanisch. Es fielen spanische Namen. Wir anderen wußten nur das eine, daß Picasso und der junge Gauguin sich über gemeinsame Freunde unterhielten. In Rücksichtnahme auf uns sprachen sie dann wieder französisch miteinander. Picasso plötzlich: »À propos, wer ist eigentlich Jean Gauguin?« Paul sagte: »Das ist ein Sohn meines Großvaters.« Picasso: »Also ein Onkel! Ich kenne Keramiken von ihm.« Und er beschrieb eine Reihe Arbeiten, die er von Jean Gauguin gesehen hatte und die ihn beeindruckt hatten.

Viele Fragen bedrückten mich. Aber ich wollte dem Meister nicht lästig fallen. Allein schon Picassos Gegenwart beantwortete viele Fragen. Die Hauptsache, daß er noch etwas zu Pauls Arbeiten sagte! Ich öffnete die große Mappe und zeigte Picasso Blatt für Blatt. Er ließ eine Reihe Holzschnitte passieren. Dann nahm er ein Blatt, hielt es dicht unter die Augen, besah sich die Rückseite, nahm ein zweites Blatt und unterzog es gleichfalls einer sorgfältigen technischen Prüfung. Schließlich bezeichnete Picasso drei Blätter, die er für besonders gut hielt. Spontan fragte er dann: »Hast du schon Keramiken gemacht?« Paul erzählte von seinen keramischen Experimenten in Banyuls-sur-Mer. »Warum willst du nicht hier arbeiten?« fragte Picasso. »Heute habe ich keine Zeit. Aber komm wieder. Dann werde ich dir mein Atelier zeigen.« Das war viel mehr, als Paul je erwartet hatte. Er strahlte.

Picasso war jetzt in so guter Stimmung, daß ich doch noch einige Fragen zu stellen wagte. Ich redete drauf los, forderte absichtlich seine Opposition heraus. Zu meiner Frage, ob er sich noch eine andere künstlerische Tätigkeit für sich vorstellen könne, erinnerte er daran, daß er mit dreißig Jahren die bildenden Künste aufgeben wollte. Damals wollte er Sänger werden. Jetzt reize ihn die Musik erneut. Er würde gern komponieren! Für ein Ballett selbst die Musik machen, das wäre etwas – gab er zu. »Wir werden sehen, was sich tut.« Und er sagte sein inzwischen so berühmt gewordenes Wort »Je ne cherche pas, je trouve.« (»Ich suche nicht, ich finde.«)

Er zündete sich eine Zigarette nach der anderen an, während er bei uns war. Voller Eleganz charmierte er eine Weile mit Martha Gauguin.

Plötzlich verabschiedete sich dann Picasso von uns allen und lief mit kleinen schnellen Schritten wieder davon, so wie er urplötzlich aus der Hintertür zu uns getreten war.

Inzwischen ist Paul René Gauguin nach Vallauris übergesiedelt, um hier zu arbeiten. Vor mir liegt ein Brief über seine Tätigkeit: »Du hast etwas Schönes angerichtet«, heißt es da. »Bald muß ich zwar Vallauris verlassen, aber ich werde wieder hierher zurückkehren. Ich habe einige große Teller und Krüge gemacht. Es ist unbegreiflich schön, hier zu arbeiten. Und doch eigentlich recht schwer. Am Anfang fühlst du dich wie ein Blinder, der auf einem stummen Piano spielt. Auch gibt es hier zu viele Farben. Und im Bannkreis von Picasso hast du es schwer im Umgang mit den Farben. Ich muß zugeben, daß man hier oben etwas unfrei wird. Ständig ist man versucht, ihn nicht nachzuahmen. Aber gerade dadurch kommt man nicht von ihm frei. Ich habe das Gefühl, daß sich bei mir persönlich etwas wiederholt, was sich heute in der gesamten europäischen Kunst abspielt, seitdem dieses Ungeheuer Picasso auf den Plan getreten ist. Dabei ist er selbst so liebenswürdig und macht es einem persönlich so leicht. Über drei kleine Krüge von mir sagte er charmant: ›Sie tanzen zusammen!‹ Du verstehst, er wollte damit sagen, daß sie eine gute Lösung dieses Formproblems seien. An sich führt Picasso keine persönlichen Gespräche. Am allerliebsten spricht er über handwerkliche Fragen. Gegenwärtig macht er Schmucksachen für Frauen und wieder Skulpturen. Ich bin überzeugt, daß er, obwohl er nicht mehr einer der Jüngsten ist, die Welt noch oft erregen und überraschen wird. Wenn man bei und mit ihm arbeitet, hat man den Eindruck: Die gesamte Kunst hat noch längst nicht alle ihre Möglichkeiten erschöpft.«

Paul René hätte hinzufügen müssen, daß er Schmucksachen aus Kunstharz mit einer Zahnarztbohrmaschine gemacht hatte. Picasso gefielen die Arbeiten und er ging bei Paul René Gauguin in die Lehre. Jene kleine Serie Schmucksachen für Françoise waren also Ergebnis unseres improvisierten Besuches.   (1950)

John Cowper Powys, der Universalist in Wales

»Es ist mir gleichgültig, ob ich Geld ver-
dienen werde. Es ist mir gleichgültig, ob
ich mir einen Namen machen werde. Es ist
mir gleichgültig, ob ich irgendein Werk
zurücklasse, wenn ich sterbe. Alles, was ich
wünsche, sind gewisse Empfindungen.«

J. C. P.

Seit dem Tode George Bernard Shaws nennt man John
Cowper Powys den Doyen der englischen Schriftsteller. Dabei
hat Powys Jahrzehnte warten müssen, ehe er sich durchsetzen
und wahre Anerkennung finden konnte. Heute allerdings genießt er sie. ›The Times Literary Supplement‹ stellte in einer
eingehenden Würdigung fest, daß sein Ruhm nun ein für allemal
gesichert sei: »Wir sind erschüttert von einer so starken Origi-
nalität, wie sie Mr. Powys eigen ist. Seine Bücher werden immer mehr gelesen, und in den vergangenen Jahren hat eine immer größere Anzahl bedeutender Kritiker begonnen, ihn zu bewundern, ja ihn sogar mit Dickens und Dostojewsky zu vergleichen.« Beispielsweise hat Theodore Dreiser Powys' ›Wolf Solent‹ als einen ›ewigen Schatz‹ bezeichnet und das Buch neben die
›Brüder Karamasow‹ gestellt. Man betont immer wieder, daß es
nicht leicht falle, zu entscheiden, welches von Powys' Werken das
bedeutendste sei. Die einen zollen ›Wolf Solent‹ das höchste Lob,
die anderen vergleichen ›A Glastonbury Romance‹ mit Tolstois
›Krieg und Frieden‹, wieder andere begeistern sich für seine
›Autobiography‹ und nennen sie die schonungsloseste Selbstent-
hüllung seit Rousseau und Goethe.

Es ist unmöglich, mit wenigen Worten etwas über den Inhalt
dieser weit ausholenden Bücher zu sagen oder gar den Autor
einzuordnen, zu katalogisieren: John Cowper Powys' Werk ist
vielschichtig. Es sei nur der Versuch gemacht, wenigstens einige
der Hauptideen des Dichters hervorzuheben.

So ist eine Mahnung für ihn charakteristisch: Die Menschen
sollten ihre Einsamkeit behüten, ihre gewohnten Kontemplatio-
nen auch auf dem Marktplatz, im Büro, in der Fabrik oder im
Geschäft fortsetzen. Man hat ihn mit D. H. Lawrence verglichen. Beide postulieren, daß die Weisheit der Sinne wesent-

licher sei als die Weisheit des Intellekts; beide glauben, daß christliche Liebe enerviert und die Menschen in ein müdes Herdendasein führt, in dem das Mysterium und die Schönheit des Lebens erniedrigt und vulgär gemacht werden. Für beide ist Weisheit etwas Kosmisches und Zeitloses, etwas, das wohl Laotse, Buddha, Plato und Christus einschließt, aber letzten Endes in einer viel weiter zurückliegenden Vergangenheit wurzelt. Powys hat von Dostojewsky gesagt, er habe seine Feder in seine Nerven getaucht. Dasselbe gilt von ihm. Er kämpft leidenschaftlich gegen das Zweckwissen und für die Imagination. Jeder Mensch soll seine eigene, unabhängige Welt haben.

Man darf indessen John Cowper Powys, obwohl er auch viele Essays und kritische Darstellungen geschrieben hat, nicht in erster Linie als einen Denker werten. Primär ist er Erzähler. Er selber will vor allem als Fabulierer genommen werden, allerdings als einer, dessen Fabeln durchdrungen sind von seiner Überzeugung, daß wir das Mysterium des Lebens unbefangen sehen müssen, ohne es mit dem Intellekt zu erfassen oder Dogmen darüber aufzustellen. Auf Grund seiner Lebenserfahrung interessieren ihn menschliche Schwächen am meisten. Alle seine ›Helden‹ sind schwache Menschen, und diese sind – wie er selber – gegen jegliche Grausamkeit. Im ›Wolf Solent‹ heißt es: »Je mehr sich die Menschen darüber klarwerden, was vorgeht, um so weniger Lebewesen werden gequält werden.«

John Cowper Powys wurde am 8. Oktober 1872 in Shirley, Derbyshire, geboren. Unter seinen Ahnen findet man die Dichter William Cowper und John Donne, jenen englischen Geistlichen und Dichter also, der mit seinen weltlichen und geistlichen Gedichten einer der sprachgewaltigsten englischen Lyriker ist. Sein Vater war Pastor, seine Mutter die Tochter eines Pastors. Seine Großmutter väterlicherseits hatte Schweizer Blut, während seine als besonders talentiert bezeichnete Urgroßmutter mütterlicherseits aus der Hamburger jüdischen Familie Livius stammte. Als sich der Dichter bei der Freien Akademie der Künste in Hamburg schließlich dafür bedankte, daß diese ihm ihre Plakette zugedacht hatte, erinnerte er daran, daß er, 22 Jahre alt, den ersten öffentlichen Vortrag seines Lebens in Hamburg gehalten habe. Als er nur drei Tage in Cambridge studierte, hielt er bereits einen Vortrag mit dem Thema ›Das entschleierte Cambridge‹. Seine Ausführungen erregten Aufsehen: ›Und deshalb wohl schickte man diesen tollen Burschen in die Hansestadt.‹

A Word about Rolf Italiaander of Hamburg from John Cowper Powys of Blaenau-Ffestiniog.

From my broad, clear, and most vivid impression of him when he came to present me with the Bronze Plaque of extreme honour from Hamburg I felt, being something of an analyst of my fellow men upon earth, that I had been sent by heaven a man after my own heart. I was aware at once that he possessed what I have always and shall always regard as the most important attribute that any of us human beings can possess, namely an affectionate and humorous delight in the

John Cowper Powys: Handschriftenprobe

Er ist der Älteste von elf Kindern. Mehrere seiner Geschwister wandten sich der Kunst zu. Sein Bruder Albert Reginald Powys war viele Jahre lang Sekretär der Gesellschaft zum Schutze alter Gebäude und schrieb Bücher über Architektur. Sein Bruder Littleton Charles Powys hat unter anderem eine Autobiographie geschrieben, in der er mancherlei über die Familie erzählt. Seine Schwester Gertrude war eine bekannte Malerin, seine Schwester Philippa Lyrikerin, und seine Schwester Marion war eine Expertin für Spitzen und hat darüber mancherlei publiziert. Berühmt als Schriftsteller wurden seine Brüder Llewellyn Powys

(1884-1939) und Theodore Francis Powys (1865-1954). Allen drei Brüdern rühmt man ein starkes poetisches Gefühl und eine leidenschaftliche Liebe für die Natur nach – und doch unterschieden sie sich voneinander grundsätzlich. Louis Marlow (alias Louis Wilkinson), ein alter Freund der Familie, betont in seinem Erinnerungswerk ›Seven Friends‹, daß es in der englischen Literatur vor den Brüdern Powys noch niemals vorgekommen sei, daß drei Brüder als Schriftsteller gleichermaßen bekannt wurden.

John Cowper Powys besuchte die Sherborne School und alsdann das Corpus Christi College in Cambridge. In seiner Kindheit und Jugend gab es mannigfaltige Probleme. Es fiel ihm nicht leicht, sein Schul- und Universitätspensum zu erfüllen. Er war ein eigenbrötlerischer Büchernarr. Die Zeit in Cambridge nennt er » Jahre eines ungleichgewichtigen und chaotischen Idealismus«. Wie Coleridge Shelley war er schon früh ein Rebell gegen die Gesellschaft, weil er immer darauf bestand, in seine eigene Vorstellungswelt flüchten zu dürfen. Eine Zeitlang träumte er davon, Zauberer zu werden. Er fragte sich, was denn ein Zauberer anderes sei als einer, der Gottes Realität in seine eigene Realität umforme, Gottes Welt in seine eigene wandle und Gottes Natur in seine eigene Natur umbilde. Schon als Knabe zeichnete er sich als guter Schauspieler aus. Er bevorzugte Dramen von Shakespeare. Als Student belud er selbst die kleinste Theaterrolle mit Philosophie – Plato, Spinoza, Schopenhauer, Nietzsche und Spengler hatten begonnen, ihn zu beeinflussen.

Auch er sollte Pastor werden; doch dagegen lehnte er sich energisch auf. So wurde er zunächst Lehrer, und zwar Nachfolger eines deutschen Professors an einer Mädchenschule in Brighton. In den neunziger Jahren, als Wilde, Whistler und Beardsley die Protagonisten der Londoner Künstlerkreise waren, begann er seine ›Odyssee als Philosoph‹. Er entdeckte selber – und mit ihm ein dankbares Publikum –, daß er ein hinreißender Vortragsredner war. Er brachte dafür das Genie des überlegenen Schauspielers mit, und man konstatierte, daß er seine Persönlichkeit zugunsten seiner Themen aufgab. Nicht er sprach über Philosophen und Dichter, sondern sie sprachen aus ihm.

Vierzig Jahre lang war er, vor allem in den USA, ein sehr erfolgreicher Interpret der Philosophie und Literatur. Seine Kritik wollte er als höchst persönliche Angelegenheit betrachtet wissen. So hat er in seinen Vorlesungen stets nur persönliche

Eindrücke von großen Autoren und ihren Werken vorgetragen. Er sprach immer ohne Notizen, alles war bei ihm Imagination und Intuition, gleichgültig, ob er über Homer und Rabelais, die Bibel und Nietzsche, Milton, Wordsworth oder Dickens sprach. Subjektiv, eigenwillig, ohne jede epische Regel sind auch seine Romane. Er bekennt, das Wichtigste sei bei jedem Schriftsteller seine eigentümliche Seele, was er in seinem Kopf habe, in seinen Nerven, in seinem Charakter, Blut und Temperament. Powys' Romanfiguren haben, wie er selber, exzentrische Gewohnheiten, Sinn für Einsamkeit, einen verzwickten Humor, eine phantastische Vorstellungskraft und einen Hang zur Erinnerung, die Jahrhunderte umschließen möchte.

Seine jahrzehntelange Vortragstätigkeit fand ihren Niederschlag in einer großen Anzahl kritischer Werke: ›The Menace of German Culture, a reply to Prof. Münsterberg‹ (1915); ›Visions and Revisions, a book of literary devotions‹ (1915); ›One hundred best Books, with commentary and an essay on Books and Reading‹ (1916); ›Psychoanalysis and Morality‹ (1923); ›The Religion of a Sceptic‹ (1925); ›The Meaning of Culture‹ (1929); ›Debate! Is modern marriage a failure?‹ (mit Bertrand Russell, 1930); ›In Defence of Sensuality‹ (1930); ›A Philosophy of Solitude‹ (1933); ›Dostojewsky‹ (1946); ›Rabelais‹ (1948). Hinzu kommen zahlreiche Sammlungen von Vorlesungen über Carlyle, Ruskin, Tennyson, Shakespeare, amerikanische Schriftsteller, über die Geschichte der Freiheit usw. Louis Wilkinson hat über 300 Briefe von Powys an ihn aus den Jahren 1935 bis 1956 herausgegeben, eine sehr fesselnde Briefsammlung. In seinem Oeuvre befinden sich außerdem eine bemerkenswerte Sammlung shortstories und fünf Bände Gedichte. Als Romancier begann John Cowper Powys 1915 mit ›Wood and Stone, a romance‹; es folgten ›Rodmoor, a romance‹ (1916); ›Ducdame‹ (1925); ›Wolf Solent‹ (1929); ›A Glastonbury romance‹ (1932); ›Weymouth Sands‹, a novel (1934); ›Owen Glandower‹ (1941); ›Porius‹ (1951); ›Atlantis‹ (eine Reise des Odysseus nach der Odyssee, 1954); ›The Brazen Head‹ (über Roger Bacon, 1956), und schließlich 1957 ›Up and Out‹ (Erzählung einer Reise zum Mond u. a. m.).

1934 kehrte er aus Amerika zurück, siedelte sich in Wales an und bemüht sich seitdem besonders um die Waliser Literatur, die ihn heute als ihren nationalen Genius feiert. John Galsworthy hat den Rat gegeben, ein Autor solle ›zuvor leben und erst dann schreiben‹. John Cowper Powys meint, daß dies die rechte Methode sei, um gut schreiben zu können, und er fügt hinzu, daß es ihm darum heute, da er auf die neunzig gehe, noch so leicht falle, zu schreiben. Er betrachtet sich selber nicht als einen Künstler, sondern als einen Darsteller dessen, was geschieht (ähnliches sagt er von Dostojewsky). Seinen Stil mag man gelegentlich als etwas lässig und locker empfinden, auch als breit; er will nichts Erzwungenes. Darum betont die englische Kritik, daß seine Bücher ›Geschichten des Weltgeistes‹ seien. Unter den unveröffentlichten Werken finden sich Horrorgeschichten, die Powys vor dem Ersten Weltkrieg geschrieben hat. Im Winter 1957/58 hat er ein Werk über Homers Ilias vollendet, ein neuer Roman wurde begonnen.

John Cowper Powys' Roman ›Wolf Solent‹ erschien als erstes seiner Bücher in deutscher Sprache (1930). Es war Hans Henny Jahnn, der den Mitgliedern der Hamburger Akademie vorschlug, John Cowper Powys die Akademie-Plakette 1957 zu verleihen, die als erster Autor Thomas Mann erhalten hatte. Es war ein ›Zufall‹, daß zur gleichen Zeit der Paul Zsolnay-Verlag, der den ›Wolf Solent‹ erstmals herausgegeben hatte, gerade die Neuausgabe vorbereitete. Doch erinnern wir uns an einen Satz aus dem ›Wolf Solent‹: ›Wenn der Zufall einmal Dinge in Bewegung gebracht hat, setzt eine Art von Schicksal ein, das der Mensch akzeptieren muß.‹ Ich unterstützte Jahnn als erster, Powys in Deutschland zu ehren. Ich war gerade mit einem Nachwort zum ›Wolf Solent‹ beschäftigt und wußte, daß vor allem die Akademie selber geehrt würde, wenn dieser Universalist aus Wales die Ehrung annahm. . . .

Die Neuausgabe des ›Wolf Solent‹ ist hervorragend geeignet, diesen bedeutenden englischen Epiker in den deutschsprechenden Ländern so bekannt zu machen, wie er es längst verdient. Jahnn schrieb vor einem Vierteljahrhundert, Powys beweise, daß es in unserer Zeit unter den englischen Schriftstellern Männer mit ganz großem Atem und wahrhaftigem Empfinden gäbe und daß dieser Roman Ausdruck einer Weltanschauung sei: »Powys, ob er es weiß oder ob es ihm noch verborgen ist, bekennt sich zu der gewaltigen Lehre der Harmoniker, die nicht nach dem Ursprung der Dinge, sondern nach ihrem Wesen, ihrem Dasein fragen. Nicht nach der Vergangenheit Gottes, sondern nach seiner Gegenwart. Denen das Gesetz mehr gilt als die Abstraktion von Gut und Böse.« Auch Max Brod hat schon

Der englische Romancier und Essayist John Cowper Powys in Blaenau-Ffestiniog, Wales

Nächste Bildseite: Die Tänzerin und Choreographin Dore Hoyer

1930 Powys ›einen der größten Autoren unserer Zeit‹ genannt. In seinem 1957 veröffentlichten Roman ›Rebellische Herzen‹ hat Brod den Engländer als ›zu Unrecht vernachlässigt‹ hervorgehoben.

Nachdem das Plenum der Hamburger Akademie beschlossen hatte, John Cowper Powys die Plakette zu verleihen, hatte ich als ständiger Sekretär den Dichter nach Hamburg einzuladen. Er konnte der Einladung nicht Folge leisten, da verschiedene Leiden dem Sechsundachtzigjährigen das Reisen unmöglich machten. Ursprünglich wollte Präsident Jahnn zusammen mit mir nach Wales reisen, um Powys die von Alfred Mahlau entworfene Plakette zu überreichen. Da H. H. Jahnn selber erkrankt war, gab er mir den ehrenvollen Auftrag, als sein Vertreter allein zu fahren.

1934 hatte sich der Dichter in Wales niedergelassen. Er lebte bis 1954 in Corwen. Blaenau-Ffestiniog, sein jetziger Wohnort, liegt in North Wales auf der Halbinsel Caernarvon. Das Klima von Wales ist recht rauh, es regnet sehr häufig. Von London aus reist man am schnellsten auf jener Eisenbahnlinie dahin, die Anschluß an das Fährschiff nach Irland (Dublin) hat. Die Reise dauert von London aus acht bis zehn Stunden – je nach den Anschlüssen. In Llandudno muß der Reisende in eine Kleinbahn umsteigen. Die meisten ziehen es jedoch vor, von Llandudno – oder bereits von Chester – aus ein Auto zu mieten, um damit die letzte Strecke bis Blaenau-Ffestiniog zurückzulegen. Autofahrten in North Wales gehören zu den abwechslungsreichsten in Großbritannien. Die Landschaft ist nicht nur bergig, sondern hat auch wundervoll gelegene Seen, Flüsse und Wasserfälle, weshalb man die Cambrian Mountains die ›britische Schweiz‹ nennt. Der Snowden ist der höchste Berg des Inselreichs (1085 m). Einige Berge sind unbewaldet und erinnern an die Rhön. Die herrlichen alten Schlösser oder Ruinen (Caerbarvon Castle ist 2000 Jahre alt!) sind typisch.

Der Reisende lernt unterscheiden, was englisch und was walisisch ist. Die sehr umgänglichen Waliser legen größten Wert darauf, nicht mit den Engländern verwechselt zu werden. Wales (walisisch: Cymru) wurde 1538 bis 1542 in der Zeit des Absolutismus Großbritannien einverleibt. Fährt man über die ›Grenze‹, wird man von einem Waliser sofort stolz darauf hingewiesen. Rein äußerlich merkt man den ›Grenzübergang‹ an Wegweisern und Plakaten. Viele sind in Walisisch und in Englisch beschriftet, dabei kommt neuerdings Walisisch immer an erster Stelle, da auch hier der Nationalismus stärker wird. Walisisch ist heute wieder – auch in der Schule – die erste Sprache, und Englisch gilt beinahe als Fremdsprache.

Das Walisisch oder Kymrisch ist als keltische Sprache eine dem Italienischen verwandte Sprache des Indogermanischen. Es heißt, daß Romanen Walisisch leichter verstehen könnten als Engländer. Aber so sehr ich mir auch Mühe gab, so schwer fiel es mir, diesen keltischen Dialekt zu begreifen. Nur als ich das Wort ›Fenestra‹ hörte, atmete ich erleichtert auf und wußte, daß vom Fenster die Rede war. Der Tonfall der Sprache mit seinen Rachenlauten erinnert an das Arabische. Der Ort Llandudno wird wie Chlandudno ausgesprochen (also mit einem ›Ch‹ wie in ›ach‹). Der Name David wird Dafydd geschrieben und Taffy ausgesprochen. ›I love you‹ heißt ›Yr wyf yn dy garn di‹. Einmal wollte ich telefonieren. Das gab ich auf, als ich feststellte, daß die Telefonnummer lautete: ›Penrhyndeudraeth 213‹. John Cowper Powys hatte ursprünglich die Absicht, nach einem anderen Ort zu ziehen. Er verzichtete darauf, als er feststellen mußte, daß er selber den Ortsnamen nur mühsam aussprechen konnte, geschweige denn dies von seinen Besuchern verlangen dürfe. Es scheint mir, daß dieser Ort den längsten und schrecklichsten Namen aller Orte auf diesem Planeten hat: Llanfairpwllgwyngyllgogerychwyndrobwyllandisiliogogogoch.

Die Waliser haben eine beachtliche Literatur. In den letzten Jahrzehnten ist sie durch Übersetzungen der Werke eines deutschen Dichters wesentlich beeinflußt und modernisiert worden – durch die Heinrich Heines! Powys' Freund, der Schriftsteller James Hanley, hat das Walisisch so gekennzeichnet: »Ein Wald von Worten wächst auf den Zungen von Walisern. Sie lieben Wörter und spielen dauernd damit!«

An die alten Römer erinnern zahlreiche Ruinen, Straßen und Brücken. Blaenau-Ffestiniog in Merionethshire zählte vor dem Zweiten Weltkrieg 14 000 Einwohner, jetzt nur noch 7000. Es hat einen bedeutenden Bergbau: Steinbrüche für Schiefer. Man spricht von ›der Welt größten Steinbrüchen unter Tage, die ohne Unterbrechung schon über zweihundert Jahre abgebaut werden‹. Früher wurde der Schiefer von Blaenau-Ffestiniog in alle Länder exportiert. Damals arbeiteten allein in einem Steinbruch zweitausend Bergarbeiter. Heute sind für die größte Bergbaugesellschaft nur noch tausend Männer tätig. Schiefer ist nicht mehr gefragt, weil Ziegel den halben Preis kosten. Das Arbeiten in den Schieferminen verursacht überdies Lungenleiden, und die Jugend von heute will sich Berufskrankheiten nicht aussetzen. »So leid mir die tragische Entwicklung dieses Städtchens tut«, sagte mir John Cowper Powys, »für mich hat sie den Vorteil, daß ich hier sozusagen auf dem Dorfe lebe. Dabei habe ich die Bequemlichkeiten einer kleinen Stadt.«

Der Dichter wohnt seit vier Jahren in einem der ortsüblichen grauen Reihenhäuschen, die nur aus zwei kleinen Zimmern bestehen. Im unteren Raum wohnt Miss Phyllis Playter, die seit über vierzig Jahren seine aufopfernde Lebensgefährtin ist – eine verehrungswürdige Amerikanerin mit einem Gesicht wie das einer edlen alten Indianerin. »Vielleicht stammt sie selbst von den Indianern ab«, sagte Powys schmunzelnd. »Sie kennt jeden Indianerstamm mit vollem Namen und dazu seine Geschichte.« Miss Playter ist eine gebildete alte Dame, die sich der modernen wie der klassischen Literatur und Philosophie widmete.

Eine kleine Stiege führt zum Zimmer des greisen Dichters, wahrlich ein winziger Raum. An den Wänden Bücherregale, vor dem Fenster eine Couch, auf der er den ganzen Tag über liegt, liest und schreibt. Nur vor dem Frühstück geht er ein Viertelstündchen spazieren. Sein Magenleiden schreibt ihm eine strenge Diät vor. Er lebt jeden Tag von vier rohen Eiern und einigen Glas Milch. Welches Opfer für diesen Mann, dessen Lebenselexier früher Whisky war!

Ich konnte ihn auf einem Morgenspaziergang begleiten. Er schreitet rüstig aus, spricht mit den Nachbarn, plaudert am liebsten mit Kindern, hebt ein Stück Bindfaden auf, das er vielleicht einmal brauchen kann, richtet umgeknickte Blumen hoch und liebkost zärtlich Tiere, die ihm über den Weg laufen. Meist geht er nur bis zu einem großen Stein auf einem Weg, von dem aus man eine wunderbare Aussicht über die eigenartig schöne Landschaft hat. Den Stein nennt er ›tapping stone‹: Er wird bei jedem Spaziergang viermal beklopft, und dabei murmelt der Dichter Unverständliches vor sich hin. Sehr schnell merkt man beim Umgang mit ihm, daß er auch im Alltag seine eigene Mythologie und Mystik hat. Er ist sich des zugleich Tragischen, Komischen und Absurden des Lebens bewußt.

Als ich das erste Mal bei ihm zu Besuch war, mußte ich mich ihm unmittelbar gegenüber ins volle Sonnenlicht setzen, da er nur noch auf einem Auge ein wenig sieht. Er studierte lange mein Gesicht und hielt mir währenddessen ein Kolleg über Augenbrauen und Mundwinkel. Auch hier hat er seine eigenen Ansichten: Reminiszenzen an seine Nurse. Er meinte, daß am wichtigsten für einen Menschen sei, was er als kleines Kind lerne. Wiederholt kam er auf den achten Lord Shaftesbury zu sprechen. Dieser war ein Sohn reicher Eltern, die dem Kind alles zu geben vermochten. Seine Nurse aber sagte dem kleinen Lord immer wieder: »Wichtiger ist, daß du vor allem anderen immer versuchst, gut zu sein.« Dadurch wurde dieser Lord einer der größten Philanthropen Englands. Er ging nicht nur in die Slums von London, um den Armen mit Geld zu helfen, sondern er wurde ihr Kamerad, Freund, Bruder. »Wie schlimm, daß das nur wenige können«, sagte Powys. »Deshalb helfen auch so viele gute Taten, die immerhin heute vollbracht werden, so wenig. Unsere guten Taten sind häufig nicht beseelt, sondern erstarren im Formalen.«

Der Sechsundachtzigjährige ist, auch wenn er den ganzen Tag über liegen muß, noch überaus temperamentvoll. Falls eine Äußerung oder Handlung seine Zustimmung findet, klatscht er in die Hände und ruft ›Hurra!‹. Er ist ein faszinierender Erzähler, hört aber auch gern seinen Besuchern zu. Alle Gebiete des menschlichen Strebens und Wissens beschäftigen ihn. Und er liebt Extreme! »Als Vortragender waren mir die liebsten Zuhörer: klassenbewußte Arbeiter, Juden, Mönche oder Nonnen. Wenn ich zu ihnen sprach, merkte ich, daß sie wirklich interessiert waren. Der Mittelstand hat eine klägliche Seele und einen bescheidenen Verstand. Er langweilt mich!« Den heutigen Adel kritisiert er scharf. Nur einen Adligen nimmt er aus, der übrigens auch in North Wales wohnt: Earl Bertrand Russell. »Aber vielleicht würde ich den auch nicht lieben, wenn er nicht ein so wunderbares Gesicht hätte.«

Er kam auf seine Besuche in Hamburg und Dresden im Jahre 1894 zu sprechen. Zu seinem Dresdener Auditorium gehörte die Frau des damaligen Kronprinzen, Luise von Toskana: »Außer Bertrand Russell ist sie die einzige adlige Person, die ich je bewundert und geliebt habe. Darüber habe ich mich sogar vergessen. Als ich mich von der Kronprinzenfamilie verabschiedete, wußte ich, daß ich diese wunderschöne Frau nie wiedersehen würde. Aber ich junger Student liebte sie doch so heiß! Meine Liebe wollte ich zeigen. Völlig vergessend, wer die junge Frau war, umarmte ich sie, packte ich sie, küßte ich ihre beiden

Arme und ihre Schultern. Dann bin ich, als ich aus meinem Traum erwachte, davongerast. Am nächsten Tag sah ich den Kronprinzen Friedrich August wieder. Ich war voller Angst, daß vielleicht auf Grund meines Verhaltens ein Krieg zwischen Sachsen und England ausbrechen würde. Der Kronprinz kam jedoch nur, um mir zu sagen, seine Frau habe mich ›charming‹ gefunden. Mein ›Überfall‹ habe gezeigt, daß die Engländer mehr Temperament hätten, als man gemeiniglich annimmt.« (Die Frau, die der junge Powys so leidenschaftlich verehrte, wurde später durch einen Skandal weltberühmt: Sie folgte dem Italiener Toselli, der ihr seine noch heute viel gespielte ›Serenade‹ widmete.)

Religionsfragen interessieren Powys sehr. Er ist kein Monotheist. Er ist Pantheist und Polytheist zugleich, glaubt an viele Götter, weshalb er die Religionen der Naturvölker immer wieder studiert. Die Kirchen hat er oft attackiert, den jüngst verstorbenen Papst Pius XII. bewunderte er. Er sah einmal in einem Film, wie Pius XII. während einer feierlichen Prozession vor einem schwerkranken Kind seine Träger aufforderte stehenzuleiben, um das Kind zu segnen. Powys berichtete: »Ich fühlte genau, was im Papst vorging. Er hat sich gesagt: Lieber Gott, seien wir ehrlich, es ist nur ein Zufall, daß ich Papst bin. Vergessen wir das also jetzt. Was bedeutet es auch? Als Mensch halte ich jetzt meine Hand auf das Haupt dieses kleinen Jungen, der so furchtbar krank ist... als verdammter Mensch, wie so viele andere auch, flehe ich dich an: Du, Gott, hilf doch diesem armen Jungen. Ich flehe nicht als Papst, nicht als Christ, sondern als ein Menschenwurm wie dieser Menschenwurm auch. Ja, verdammt noch mal, hab' doch endlich Mitleid mit deinen Würmern, die du geschaffen hast, du Gott. Du mußt deinen armen Würmern viel mehr helfen...«

Begeistert schilderte ich meine Eindrücke von der Fahrt durch die Berge mit den vielen Schafen. »Das ist das Land Johann Sebastian Bachs«, sagte John Cowper Powys. – »Wieso? Das verstehe ich nicht. Bach war doch nie in Wales!« – »Das wissen wir nur nicht. In Bachs pastoralartigen Sätzen kommen alle die Schafe dieser Berge vor. Er muß hier gewesen sein, glauben Sie mir nur!«

Ich erwähnte schon, daß er sich wie ein Kind zu seinen Emotionen bekennt und der Meinung ist, nur ihretwegen lohne es sich, zu leben und zu schaffen. Er ist froh, daß der Duke of Edinburgh, also Prinz Philip, ›einen menschlichen Ton an den englischen Hof und in die Hofsitten zu bringen versucht‹. Powys hat mitgewirkt, daß André Gide und Jean Cocteau Ehrendoktoren von Oxford wurden: »You know, Cocteau is my darling – und daß er den Humbug der Oxford-Zeremonien so leichtgenommen hat, ja sogar karikierte, ist in Oxford gewiß geschichtsbildend gewesen.«

Wir sprachen über einige bestimmte Frauen und stellten überrascht fest, daß sie zufällig alle Joan hießen und samt und sonders liebenswerte Wesen seien. »Das hat seinen Grund«, erklärte er mir. »Wir verdammten Engländer haben doch Jeanne d'Arc verbrannt. Dies bedauernswerte Mädchen war von besonderer Art. Sie hat sich offenbar gesagt: Die Engländer und Engländerinnen werden darunter sehr leiden, daß sie mich verbrannt haben. Darum hat sie mit dem Himmel einen Vertrag gemacht, wonach auf jeder Engländerin, die ihren Namen trägt, ein besonderer Segen ruhen soll. Die englischen Johannas sollen besser sein als die anderen Frauen Englands. Ja, ja, was so eine richtige Französin ist, die weiß selbst nach ihrem Tode noch, was sich gehört – schade, daß man das nicht von allen Frauen sagen kann.« Er seufzte und lachte verschmitzt.

Die deutsche Sprache hat er nie gelernt, jedoch zwei Goethe-Worte zitiert er häufig deutsch: »Alles Vergängliche ist nur ein Gleichnis ...« und »Im Ganzen, Guten, Schönen resolut zu leben ...«* Nur darauf käme es an, rief er aus und sagte immer wieder wie magische Formeln ›in the whole‹ und ›resolut‹. Es lag nahe, über die ›angry young men‹ der neuen englischen Literatur zu sprechen. Er freut sich, daß sie das sind. Er wünscht sich indessen, daß sie noch zorniger sein sollten. Ihre Zornesausbrüche seien meist zu milde und zu oberflächlich. Diese Kritik ist begreiflich, wenn man an den Mut denkt, den John Cowper Powys schon seit Jahrzehnten als Autor und Vortragender aufbringt. Dabei bereitete es ihm großen Spaß, daß ich ihn zum ›Vater der zornigen jungen Männer‹ ernannte. Als ich in einem

---

* Dieses Zitat stammt aus Goethes Gedicht »Generalbeichte«, und die betreffende Strophe lautet:
> »Willst du Absolution
> Deinen Treuen geben,
> Wollen wir nach deinem Wink
> Unablässlich streben,
> Uns vom Halben zu entwöhnen
> Und im Ganzen, Guten, Schönen
> Resolut zu leben.«

gemeinsamen Fernsehgespräch des BBC aus Anlaß der Überreichung der Plakette meinte, die englischen ›Nationalparcs‹ (Naturschutzgebiete) seien gewiß erfreulich, aber es wäre noch wichtiger, in England und überhaupt in der Welt mehr Nationalparks für die schöpferischen Menschen einzurichten, damit vor allem sie nicht aussterben, umarmte er mich zärtlich und schrie die Umstehenden an wie ein Politiker, der eine Wahlrede hält: »Ja, hört euch das alle an! So steht es um uns. Wir sind gefährdet. Aber ohne uns könnt ihr nicht sein.«

Immer, wenn ich ihm gegenübersaß, glaubte ich mich in die Akademie von Athen und vor Sokrates versetzt. Aber vielleicht ist er noch mehr mit dem Erzvater Abraham zu vergleichen.

Ungezählte Engländer horchten auf, weil der Patriarch das allererste Mal in seinem Leben eine Auszeichnung erhielt, und zwar nicht aus seiner Heimat, sondern aus dem Ausland. Aber vielleicht symbolisiert gerade dies die immense Bedeutung dieses überaus profilierten Genies und seine Ausstrahlung in die Weltliteratur unseres Jahrhunderts. John Cowper Powys gehört nicht den Engländern allein, sondern der Weltliteratur. Er wird mit seinem Werk viele überleben, die heute populärer sind als dieser unbeirrbare und bescheidene Einzelgänger.

(1958)

Der Dichter starb am 17. Juni 1963 in Blaenau-Ffestiniog, Wales.

Simon Vestdijk, der »Teufelskünstler« der Niederlande

*»Gehen Sie nicht auf Ihren eigenen Füßen
auf Wanderschaft.«*   S. V.

Auf dem fünfundzwanzigsten internationalen PEN-Club-Kongreß, der 1953 in Dublin stattfand, wurde ein wichtiger Beschluß gefaßt, der eigentlich schon längst fällig war. Der Essayist, Übersetzer und Dichter Roger Caillois teilte namens der UNESCO mit, daß eine aus je vier Mitgliedern der Länder mit einer wenig verbreiteten Sprache bestehende Kommission an die Arbeit gehen solle, um literarische Werke zur Übersetzung vorzuschlagen. Leider ist seitdem nicht allzuviel für die Literatur der kleinen Länder und ›kleinen‹ Sprachen geschehen. Der UNESCO wird sogar vorgeworfen, diese noch mehr als früher zu vernachlässigen. Immer wieder erfahre ich das auf meinen Reisen in vielen Ländern. Wenn die Proteste heute häufiger sind als früher, so deshalb, weil die kleinen Völker mehr denn je um ihre Existenz ringen und befürchten, durch die Großmächte immer mehr benachteiligt zu werden.

Wenn ich in ein Land mit einer kleinen Sprache komme oder vom Autor eines solchen Landes höre, überfällt mich stets Sorge. Die Autoren der Länder mit den großen Sprachen befinden sich in einem Vorgaberennen. Und niemand wird ihnen diese Vorgabe streitig machen können. Die Voreingenommenheit gegen Autoren aus kleinen Ländern ist erheblich, das Wort vom Provinzialismus schnell gesprochen – dabei gibt es Provinzialismen in Frankreich wie in Westdeutschland, in Großbritannien wie in den USA. Ja, ich habe heutzutage vielfach sogar den Eindruck, daß man sich in den kleineren Ländern mehr um ein zeitgemäßes Weltbürgertum bemüht als in den großen Ländern – etwa wie sich ein Kind aus einfacheren Verhältnissen auf der Schule oft mehr Mühe gibt als der Sohn oder die Tochter eines wohlsituierten Hauses. Eines steht fest: Die ›großen‹ Völker müssen mit den ›kleinen‹ rechnen, die ›großen‹ Sprachen mit den ›kleinen‹ – genau wie die Länder ihre Dialekte behalten müssen. Es war die irische Schriftstellerin Patricia O'Connor, die auf besagtem PEN-Club-Kongreß ausrief: »Ein Land, das seine Dialekte verliert, büßt seine Menschlichkeit ein.«

Man kann es Autoren kleiner Länder also kaum verdenken, wenn sie in ein größeres Land emigrieren oder gar den Versuch machen, in einer anderen, das heißt ›größeren‹ Sprache zu schreiben. Ich spreche in diesem Kapitel von einem niederländischen Schriftsteller, und so liegt es nahe, an Jan de Hartog zu erinnern. Er zählt heute zu den erfolgreichen Schriftstellern der Welt. Sein Roman der holländischen Schleppschiffahrt, ›Hollands Glorie‹, ist in alle Kultursprachen übersetzt worden, desgleichen sein Drama ›Schiff ohne Hafen‹, die Komödie ›Das Himmelbett‹ und andere Werke aus seiner Feder. Der gebürtige Amsterdamer war ursprünglich Seemann. Er lebt jetzt auf der englischen Isle of Wight und ist mit der ältesten Tochter des bekannten Schriftstellers J. B. Priestley verheiratet. Jan de Hartog ist nicht der erste niederländische Schriftsteller, der im Ausland lebt. Der Gründe dafür gibt es viele, freilich nicht immer sprachliche, sondern häufig auch persönliche; schließlich sind die Niederlande ein übervölkertes Land. Allgemein gesagt: in der Literatur hat die geistige Stärke der Niederlande bis heute noch nicht gelegen – trotz äußerst bemerkenswerter Leistungen zu allen Zeiten darf man das feststellen. Die Niederlande haben keinen Dante, keinen Shakespeare, keinen Goethe aufzuweisen. Der bedeutendste Dichter, Joost van der Vondel (1587–1679), der übrigens in Köln geboren wurde, dürfte außerhalb der Niederlande kaum dem Namen nach bekannt sein. Er lebte übrigens nicht von seinen zweiunddreißig Dramen, sondern vom Strumpfhandel. Wirtschaftliche Fragen mögen überhaupt immer wieder in den kleinen Ländern eine Rolle gespielt haben. Die meisten niederländischen Autoren sind auf Nebenverdienste angewiesen. Sie sind Ärzte oder Advokaten, Beamte oder Journalisten, Redakteure oder Verlagsangestellte oder, wenn sie Glück haben, Hochschullehrer (wie Anthonie Donker und Anton van Duinkerken). Im benachbarten Belgien leben A. J. Roothaert (Autor des Bestsellers ›Dr. Vlimmen‹), in Großbritannien de Hartog, Johan Fabricius, in Frankreich Jo Boer, in Südafrika Jan Gresshoff. Der unter dem Pseudonym Multatuli weltberühmt gewordene Eduard Douwes-Dekker zog nach Deutschland und starb in Ingelheim. Hollands größter Romancier, Louis Couperus, lebte in Java und Italien. Hier haben auch Arthur van Schendel und das Ehepaar Schaden-Antink jahrelang gewohnt.

Daß dies gelegentlich zu Verwirrungen führt, ist vielleicht begreiflich. Bei einem PEN-Kongreß in Kopenhagen waren etwa zwanzig Niederländer erschienen. Die Dänen wunderten sich, kannten sie doch nur einen ›Star‹: die Unterhaltungsschriftstellerin Willy (= Ly) Corsari. Eine charmante Frau, eine liebe Kollegin, eine spannende Erzählerin gewiß, gewiß – aber eine überragende Dichterin? ... Immerhin waren die dänischen Buchhandlungen voll von ihren Büchern und Bildern. Die restlichen neunzehn Autoren rubrizierten unter ›ferner liefen‹. Nun, der deutsche Literarhistoriker Paul Wiegeler nennt in seiner ›Weltliteratur‹ auch nur Joost van der Vondel und Jo van Ammers-Küller, die Verfasserin von Familienromanen, als namhafte niederländische Autoren.

Wer aber ist heute der interessanteste? Es ist fraglos Simon Vestdijk, seit langen Jahren mit Recht Nobelpreis-Kandidat. Menno ter Braak hat ihn Hollands ›Teufelskünstler‹ genannt. Als ›der Niederlande einzigen Meister‹ hat ihn Fokke Sierksma bezeichnet – und zwar sowohl hinsichtlich seiner Vielseitigkeit, seiner Virtuosität, seines Intellektes, als auch seines Gefühlsreichtums und seiner Produktivität.

Erst Anfang der dreißiger Jahre trat Simon Vestdijk auffallender in Erscheinung. Heute zählt seine Bibliographie schon über hundert Nummern. Er wurde 1898 in Harlingen geboren, studierte in Amsterdam Medizin, unternahm eine Reise als Schiffsarzt nach Indien, war einige Jahre literarischer Redakteur des ›Nieuwe Rotterdamse Courant‹ und widmete sich dann ausschließlich der Literatur. Simon Vestdijk hat sich auf fast sämtlichen literarischen Gebieten versucht. Über dreißig Romane, teils psychologischer, teils historischer Natur, liegen von ihm vor. Weiterhin gibt es mehrere Novellenbände von ihm und fünfzehn lyrische Werke. Simon Vestdijk hat aus dem Deutschen Bruno Brehm und Ludwig Tügel übersetzt, aus dem Englischen Edgar Allen Poe, R. L. Stevenson und die drei berühmtesten Bände von Conan Doyle. Sehr wichtig sind vor allem seine vielen Essays, die sich mit Theologie, Psychologie und Astrologie sowie immer wieder mit literarischen Themen beschäftigen. Seit Kriegsende hat er jedes Jahr mindestens einen Roman veröffentlicht. Den Amsterdam-Roman ›Der Arzt und das leichte Mädchen‹ habe ich ins Deutsche übersetzt. Deshalb hatten wir eine Korrespondenz begonnen; eine Operation, der er sich unterziehen mußte, hinderte mich daran, ihn während der Arbeit aufzusuchen. Erst nach seiner Gesundung war er wieder imstande, Besucher zu empfangen.

In einem am äußersten Rande des Dorfes Doorn (in dem Kaiser Wilhelm II. im Exil lebte) gelegenen Landhaus führt er seit 1939 ein zurückgezogenes Leben. Der Gartentür gegenüber beginnt der Wald. »Ohne ihn kann ich nicht schaffen«, sagte er zu mir. »Jeden Tag gehe ich hier spazieren, oder ich mache Ausflüge mit dem Rad.« Die ältere Dame, die den nun Sechzigjährigen betreut, versteht es vortrefflich, unliebsame Besucher fernzuhalten*. Und auch wenn man herzlich willkommen geheißen ist, braucht man einige Zeit, um Kontakt zu ihm zu finden. Er ist groß, schlank, dünn. Sein Gesicht wirkt sehr streng, beinahe abweisend, dabei kann er amüsant plaudern. Er liebt Scherze, er lacht gern herzlich. Und dennoch scheint sein Wesen asketisch zu sein. Hört er zu oder denkt er nach, hält er den Mund streng und fest verschlossen. Man spricht in den Niederlanden von einem ›Calvinisten-Mund‹. Als ich behauptete, er habe einen, lachte er. Seiner Natur nach ist er gewiß alles andere als ein Calvinist.

Ein Gespräch mit Simon Vestdijk gleicht einem Feuerwerk, wenn man nur jeweils an die rechte Zündschnur Feuer legt. Er weiß unwahrscheinlich viel, hat über alle Themen nachgedacht. Er ist ein ›Ganzheitsphilosoph‹. Die philosophische These, daß alle Erscheinungen des Weltalls in allgemeiner Wechselwirkung stehen, entspricht seiner Anschauung. Zu meiner Verwunderung kam er von Sartres Baudelaire-Essay schnell auf Jean Genet und Maurice Sachs zu sprechen, deren Bücher ihn offenbar sehr gepackt haben. Spricht er über einen katholischen Autor wie François Mauriac, so weiß er sogleich eine treffende Bemerkung über katholische Bevölkerungspolitik anzuknüpfen. Er gibt einem Gespräch unendlich viele Facettierungen – und ist doch selbst so wunderbar aus einem Guß.

Ich möchte es als einen Zufall ansehen, daß wir uns so lange über Religion unterhielten, auch wenn er selbst ein umfangreiches und vieldiskutiertes Werk über ›Die Zukunft der Religion‹ geschrieben hat. Wir hätten uns ebenso über mancherlei anderes aussprechen können. Sein Roman ›Der Arzt und das leichte Mädchen‹ behandelt die Liebe eines jungen Mediziners zu einem käuflichen Mädchen. Ich hatte dieses Buch deshalb gern übersetzt, weil ich wußte, daß es Vestdijk um alles andere ging, als

---

* Simon Vestdijk hat inzwischen eine junge Frau geheiratet und ist Vater eines Sohnes geworden. (Vgl. die Abbildung.)

darum, ein sensationelles oder gar pornographisches Werk zu schaffen, sondern eben um Existentielles. So war es vielleicht doch kein Zufall, daß unser Gespräch so lange um theologische Fragen kreiste.

Vestdijks Meinung nach wird eines Tages das Christentum verschwinden; dies ist ihm sogar willkommen. Was ihm allerdings nicht wünschenswert erscheint, ist, daß das Christentum forciert oder überhastet verschwindet; denn damit würde der historischen Kontinuität Gewalt angetan werden. Was ihm persönlich am Christentum so mißfällt, ist die Unverträglichkeit der Christen untereinander und gegenüber anderen. Er hat oft darüber geschrieben und meint, man könnte nicht genug darüber publizieren. Der Glaubenszwang des Christentums stört ihn: »Ich persönlich würde durchaus noch eine Zeitlang an die christlichen Wahrheiten glauben können, aber unter Zwang – nein! Mein Widerstand hat also keinen Bezug auf die Tat des Glaubens oder auf den Inhalt des Glaubens, sondern einzig und allein auf die Haltung der Gläubigen. Diese Haltung geht viel weiter als das, was man beim sozialen Menschen an Intoleranz findet – vom Mystiker spreche ich im Augenblick nicht. Der soziale Mensch ist aus praktischen Gründen intolerant. Und doch ist der soziale Mensch immer bereit, seine Theorien durch die Erfahrung korrigieren zu lassen. In der metaphysischen Religion jedoch ist keine Erfahrung denkbar, die korrigiert auftreten kann. Das Dogma gilt als über alle Empirie erhaben. Wichtig wäre für unsere Zukunft die Einsicht, daß über den Wert von jemandes Religiosität nicht entscheidet, was er sagt, denkt, bekennt, sondern einzig und allein, was er tut. Und davon sind wir noch weit entfernt. Ich möchte einen Satz aus meinem Buch ›Die Zukunft der Religion‹ wiederholen: Durch seine Flucht in den Himmel ist der Mensch für die Erde unbrauchbar geworden – und das ist bitter!«

Ich weiß nicht mehr, wie es sich zutrug, daß wir sodann auf sexuelle Fragen zu sprechen kamen. Vielleicht war der Ausgangspunkt sein eigener Roman, über dessen Übersetzungsschwierigkeiten wir anfangs gesprochen hatten. Er wandte sich mit scharfen Worten gegen die Desintegration der Sexualität innerhalb der christlichen Kultur: »Die Verdrängung der Sexualität, das besondere Tabu, das hier in Europa auf allem ruht, was mit dem Geschlechtlichen zusammenhängt, hat ohne Zweifel seine Wurzeln in der christlichen Religion – oder wenn man noch weiter zurückgehen will, in der jahvistischen Religion. Typisch christlich im Sinne des evangelischen Christentums ist diese Verdrängung sicherlich nicht. Ich kann mich jedenfalls nicht erinnern, daß sich unter den Äußerungen von Jesus eine befindet, die die Unterstellung rechtfertigt, daß er den Sexus als den Brunnen allen Übels ansah. Allerdings wird das schon bei Paulus anders, der doch die Ehe anbefahl, um der Hurerei willen. Ich bin überzeugt davon, daß die wenig beneidenswerte Situation des Christentums von heute besonders auf das Konto der sexuellen Heuchelei geht.« Simon Vestdijk sagte noch etwas anderes, das mich beeindruckte: »Der Eros ist heute in zwei Teile geschnitten. Die eine Hälfte wird toleriert, wird sogar zum Sakrament erklärt, die andere ist des Teufels.«

Wir sprachen über Künstler und Moral. Er stellte mir die Frage, die unter Künstlern immer wieder auftaucht: was nämlich wichtiger sei, die Schaffung eines Kunstwerkes oder das Glück eines Mitmenschen: »Wer ist bewundernswerter: der Künstler, der seine Frau betrügt und seine Kinder verwahrlosen läßt und seinen Eskapaden die Inspiration und das Material entlehnt, um einen unsterblichen Roman zu schreiben, oder jener, der im Interesse seiner Familie seine erotischen Neigungen im Zaume hält und dann lieber ein mittelmäßiges Kunstwerk schafft?« Es fiel uns beiden schwer, die rechte Antwort zu geben. Darüber waren wir uns allerdings beide im klaren, daß die Moral eines Künstlers eine andere Beurteilung notwendig macht als die eines Lehrers, Beamten oder Bankiers. »Diejenigen, die den Künstler mit ihren theoretisch schlecht fundierten und selten von Beschränktheit freizusprechenden ethischen Wünschen verfolgen, schaden ihm nicht, sondern spielen – gegen ihren Willen – dem Gott der Musen in die Hände, und zwar mehr als der Künstler vermutet und als sie selbst ahnen«, schloß Simon Vestdijk.

Von niederländischen Eltern wurde ich selber in Deutschland geboren. So wuchs ich mit der deutschen Sprache auf, und sie ist das Idiom, in dem ich mich ausdrücke, spreche, schreibe. Aber ich habe eine besonders starke Sympathie für das Niederländische, diese ›Sprache zwischen den Sprachen‹, reich an menschlicher Wärme – was sich auch wieder bei all jenen ausdrückt, die in dieser Sprache schreiben. Und aus dieser Erfahrung heraus meine ich, daß auch andere an einem Meister der niederländischen Sprache und Literatur wie Simon Vestdijk nicht länger vorübergehen sollten. (1954)

Melle, auf den Spuren von Hieronymus Bosch

»Ohne aus der Tür zu gehen,
kann man die Welt erkennen.
Ohne aus dem Fenster zu blicken,
kann man des Himmels Sinn erschauen.
Je weiter einer hinaus geht,
desto weniger wird sein Erkennen.
    Also auch der Berufene:
Er wandert nicht und kommt doch ans Ziel.
Er sieht sich nicht um und vermag doch zu benennen.
Er handelt nicht und bringt doch zur Vollendung.«

Es ist kaum anzunehmen, daß der Amsterdamer Maler Melle diese wundervollen Verse aus dem ›Taoteking‹ des Laotse kennt. Und doch will mir scheinen, daß sie über seinem Leben und Wirken wie ein Leitmotiv stehen könnten. Ich habe bei meinen Atelierbesuchen in Europa nur wenige Künstler angetroffen, die so introvertiert leben wie dieser ungewöhnliche Maler. Der Vierzigjährige ist in Amsterdam zu Hause; sein südlichster Reisepunkt war Rotterdam, der nördlichste Groningen. Ortswechsel ist ihm eine Qual. Er braucht ihn nicht. Das Modell der Natur interessiert ihn nicht. Er findet seine Vorstellung von der Welt über den Traum, über die Vision. Der Traum ist sein Universum. Für ihn gilt, was Frédéric Hagen über den französischen surrealistischen Dichter Paul Éluard schrieb: »Die Welt seiner Phantasie ist nicht aus Erfahrungen der realen Welt zusammengestückelt. Sie ist unendlich reicher als ein Puzzle möglicher Erfahrungen. Sie ist als physisches a priori unendlich vollständiger und einheitlicher als das a posteriori unserer Erfahrungen.«

Die ersten surrealistischen Dokumentationen von Soupault, Éluard, Breton und Aragon stammen aus dem Jahre 1924. Der Niederländer Melle, der mit vollem Namen Melle Johannes Oldeboerrighter heißt, aber als Künstler nur mit seinem ersten Vornamen zeichnet, begann sein Werk volle zwanzig Jahre später als die Pariser Avantgarde ...

An jenem ersten Abend, als wir zusammen waren, sagte er kaum ein Wort zu mir. Ich dachte: »Das kann ja gut werden!« Auch als wir uns an einem Sonntagmorgen das erste Mal in seiner Künstler-Wohnung gegenübersaßen, war er alles andere als gesprächig. Wären nicht eine Freundin und ein Freund von ihm – eine Tänzerin und ein Dichter – dabeigewesen, wäre ich mir vollkommen verloren vorgekommen. Die beiden merkten es und halfen in der ›Konversation‹ nach. Umsonst. Nun, ich wollte doch auch ihn, Melle, den Kunstkritiker und -Historiker mit Hieronymus Bosch vergleichen, zum Reden bringen.

Ich erzählte, berichtete, kritisierte. Melle schwieg. Ich wurde unruhig, fast ärgerlich. Sollte es mir auch diesmal nicht gelingen, ihn zum Reden zu bringen? Wie man im Falle von Schwerhörigen häufig immer mehr schreit, wenn man nicht verstanden wird, spricht man immer schneller, immer bildreicher, immer wilder, wenn man bei einem schweigsamen Gegenüber keine Reaktion spürt. Doch auf einmal geschah das Wunder, Melle sagte: »Und nun gehen wir in mein Atelier!« Sein Gesichtsausdruck wurde jetzt der eines normalen Menschen; bisher hatte er immer leicht gelächelt, ja, gegrinst: wie Shakespeares Narren grinsen – um der Wahrheit die Ehre zu geben: auch die Schizophrenen grinsen; hintergründig, irritierend, ja bedrohlich.

Wir kletterten in eine Bodenkammer. Ich blickte aus dem Fenster. Unter mir einer der schönsten Teile Amsterdams: die Amstel mit ihren breiten Ufern und den vornehmen alten Häusern im ruhigen und beruhigenden, typisch niederländischen Baustil. Melle rief mich an die Staffelei: »Hieran arbeite ich jetzt«, sagte er. »Ich arbeite sehr langsam. Jedes Bild braucht viel Zeit. Ich kann nicht hetzen. Alles muß wachsen. Im übrigen ist es mein schwerster Auftrag. Ein Bild für einen Blinden! Der Mann verlor langsam das Augenlicht. Vorher machte er noch mit seiner Pflegerin eine Weltreise. Nun hat er genug gesehen, ist völlig blind – und sieht trotzdem mehr als wir alle. Er hat eine grenzenlose Vorstellungskraft. Er läßt sich alles erklären: Komposition, Formen, Farben. Er erinnert sich an alles, was man ihm einmal erklärt hat. Manchmal steht er mit mir vor einem Bild, läßt seine Finger tastend – wie über einen atmenden Körper – darübergleiten und fragt: Warum macht der Maler dies nicht so, wäre es so nicht besser? Dieser Blinde hat mir schon viele Anregungen gegeben!«

Ich habe noch nie gehört, daß ein Maler ein Bild für einen Blinden malt. So etwas kann auch nur dieser seltsame Niederländer Melle tun. Er ist selbst der blindeste und sehendste Maler zugleich. Blind ist er für die moderne Welt der schnellen Autos, der nackten Mädchen, der Sex-Filme und Jet-Flugzeuge.

Melle: Einsamer Geiger (Federzeichnung)

Was er erschaut, sind andere Welten – Welten, die vor ihm nur wenige Künstler gesehen haben, die wenigsten aus dieser Zeit, die meisten aus früheren Jahrhunderten.

Melles Bild für einen Blinden: In der Mitte eine Mellesche Ausdeutung der Gestalt des Blinden. Darüber schwebt im Zustand eines Embryos, aber mit einem porträtähnlichen Gesicht, die Pflegerin. Obgleich alles ganz anders ist, denkt man unwillkürlich an eine Verschmelzung von Christuskind und Heiligem Geist. In verschiedenen Lagen schweben Landschaften, an die sich der Blinde erinnert und von denen er dem Maler erzählt hat. In der rechten Ecke fliegen in gespenstischer Komposition Ohren, abgeschnittene, abgetrennte, sich selbständig machende, große und kleine, schöne und häßliche Ohren – Ohren eben, die das ›Organ Nr. 1‹ der Blinden sind. ›Ach, und das Bild ist längst noch nicht fertig. Ich habe noch manchen Einfall dazu«, sagte Melle.

Melle, dieser geniale Maler, ist überreich an originellen Einfällen. Dabei ist er vollkommener Autodidakt. Aus einfachen Verhältnissen kommend, war er früher Typograph, der in den Abendstunden und in seiner sonstigen Freizeit zeichnete. Er begann mit der Feder zu zeichnen. Zuerst interessierten ihn vor allem soziale Themen. Arbeiten dieser Schaffensperiode erinnern an die Deutsche Käthe Kollwitz und an Th. Steinlen. (Er entwarf in dieser Zeit sogar zahlreiche Buchumschläge.) Kurz nach dem Kriege begann Melle mit der Ölmalerei. Melle hat nie eine Schule oder Akademie besucht, nie einen Lehrer gehabt, der ihn korrigierte. Er hat nie Kunstgeschichte studiert oder sich Gedanken über eine ›Richtung‹ gemacht. Er hat sich ganz einfach hingesetzt und gemalt: »Oh, ich habe viel zu spät angefangen«, sagte er zu mir: »Ich habe so viel zu erzählen. Sie erdrücken mich oft: die Visionen, die Bilder, die Geschichten ... Gewiß, ich freue mich, daß meine Bilder nach Paris reisen sollen, nach New York. Nun erhalte ich Einladungen in alle Teile der Welt. Ich will nicht fort. Ich habe Amsterdam bisher auch noch nie verlassen. Was außerhalb vor sich geht, interessiert mich nicht.«

Nichts, was Melle malt, liegt in der Ebene des Üblichen. Kürzlich setzte er sich einmal hin und malte sein erstes Selbstporträt, damit überhaupt sein erstes Porträt. Das Gesicht ist ganz Melle. Aber was hat er sich auf den Schoß gelegt? Einen Riesenfisch mit einem riesigen Genital. Dann porträtierte er seine Freundin. Auch hier wieder eine meisterliche Ähnlichkeit. Aber was sprießt der Dame aus dem Herzen? Eine schöne Blume. (Ich vergaß: Aus seinem Herzen, ich meine aus dem seines Porträts, schaut heiter und gutmütig eine Otter.) Vor ›Madame M‹ aber, wie das Frauenbildnis heißt, sitzen alle ihre Katzen, von denen es im Melleschen Haus sehr viele gibt.

Melle ist ein Erzähler, sagte ich. Man muß unter den modernen Malern suchen, weit, weit suchen, um einen solchen malenden Erzähler zu finden. Die Melleschen Ölbilder sind allesamt phantastische Erzählungen. Aus einer Ecke spricht Andersen zu uns, aus einer Edgar Allen Poe, dort Franzosen wie Lafontaine. Aber auch Mark Twain ist da und die alten Perser, die Chinesen, die Inder. Und de Coster, überhaupt alle Niederländer, die dichtenden und die malenden: Breughel, Memling und – ich muß mich wiederholen – Hieronymus Bosch. Von allen deutschen Malern kann man nur einen Melles Weggefährten nennen: Alfred Kubin. Melle versicherte mir, noch nie etwas von Kubin gesehen zu haben. Ich zeigte ihm einige Proben Kubin'scher Kunst aus dem von mir edierten Almanach ›... und ließ eine Taube fliegen‹. Er war davon sehr angetan. »Ja, das ist meine Welt«, sagte er. »Wie seltsam. Wir kennen uns nicht und sind doch verwandt. Ich müßte vielleicht doch mehr meine Kollegen studieren.«

Ich habe viele Namen zitiert, um Melle zu vergleichen, um ihn einzuordnen – nicht um der Ordnung willen, sondern nur, um sein Bildnis zu vervollkommnen. An sich läßt sich Melle nicht vergleichen. Er ist einmalig wie wenige Künstler der Gegenwart. Seine Phantasie ist grenzenlos im wahrsten Sinne des Wortes. Deshalb können ihn auch schnelle Autos oder Atomkräfte nicht interessieren. Die Welt, die er malt, von der er erzählt, kennt viel größere Geheimnisse und Überraschungen. Er ist nicht nur Metaphysiker. Er ist auch Chirurg, Anatom. Wie vielen Gestalten Melles ist die Haut abgezogen, zumindest teilweise, und man sieht nicht nur ihre Eingeweide, ihre Mägen und Herzen, es werden auch ihre Gefühle dargestellt, ihre Gedanken, heutige, vergangene und zukünftige. Und noch etwas anderes gibt seinen Ölbildern und Federzeichnungen einen unverkennbaren persönlichen Charakter. Das Sexuelle bekommt bei Melle einen besonderen Akzent. Männer, Frauen, Kinder, Krüppel, Verbrecher, Kranke, Affen, Elefanten, Seehunde, Fische, Vögel – alle haben sie ausgeprägte Geschlechtsmerkmale. So sind sie Treibende und Getriebene zugleich!

Melle ist das Gegenteil von einem abstrakten Künstler. Und doch findet nicht jedermann Zugang zu seinem Werk. Wer kann denn heute Märchen lesen, Sagen und Legenden, Fabeln und Parabeln anhören? (Wie viele haben Jean Cocteaus Kunstwerk ›La Belle et la Bête‹ wirklich verstanden und sich daran erfreut?) Nach Cocteaus Motto ›Heute übernatürlich, morgen natürlich‹ materialisiert Melle alle seine Träume. Innerhalb von wenigen Jahren entstand ein Œuvre von rund tausend Zeichnungen und rund zweihundert Gemälden, von denen die meisten sofort von Sammlern und Galerien aufgekauft wurden, nicht nur in den Niederlanden, sondern auch in Nord- und Südamerika, Westindien, Australien, Indonesien und Südafrika. Selbst die Skizzenhefte reißt man dem autodidaktischen Genie vom Amstelgestade jetzt aus den Händen. So ist sein Atelier ständig entblößt von seinen Werken. Nur das Bild, an dem er gerade arbeitet, kann er dem Besucher zeigen. Als ich ihn zum erstenmal außerhalb der Niederlande in der Galerie Rudolf Hoffmann in Hamburg ausstellte, konnte das nur dank des Entgegenkommens von einigen verständnisvollen Privatsammlern geschehen.

Es ist wichtig, sich zu vergegenwärtigen, daß Melle ein niederländischer Surrealist ist, unbeeinflußt von der französischen Schule. Er will von den traditionellen Künsten, wie sie aus Jahrtausenden überliefert sind, wenig wissen. Anders steht es mit Bosch! Hier sind Parallelen, die im niederländischen Volkstum und Wesen ihren Ursprung haben. Beider Eigenart, nämlich die freie phantastische Auffassung von Dies- und Jenseits und die Einführung barocker Phantasiegebilde von Erdensünden und Höllenstrafen, hat eine lebhafte Verwandtschaft. Auch sind Pieter Breughel und Charles de Coster geistige Brüder von Melle. Es gibt sogar eine innere Beziehung zur zeitgenössischen deutschen Dichtung, nämlich zu Hans Henny Jahnn, der ähnlich wie Melle lehrt: »Jeder soll nach seiner Konstitution leben!«

Eine Reihe von Gesetzen der Surrealisten Frankreichs sind durchaus auf den eigenwillig-einsamen Niederländer anzuwenden. So Paul Éluards Thesen aus dem ›Surrealistischen Manifest‹: »Wir brauchen eine Freiheit, aber eine Freiheit, die auf unsere tiefsten geistigen Bedürfnisse zugeschnitten ist und auf die natürlichsten und menschlichsten Forderungen unseres leiblichen Daseins ... Es ist wichtig, in unserem Vorgehen nichts anderes zu sehen als unser absolutes Vertrauen in das Gefühl der Revolte, der einzigen Quelle aller gültigen Dinge ... Die Idee der Revolution ist der beste und wirksamste Schutz des Individuums.« Auch André Bretons Sätze gelten hier: »Der Surrealismus beruht auf dem Glauben an die höhere Wirklichkeit gewisser, bis heute vernachlässigter Assoziationsformen, an die Allmacht des Traumes, an das unparteiische Spiel der Gedanken.« Oder Aragons Aufruf: »Es handelt sich hier darum, eine neue Erklärung der Menschenrechte herbeizuführen. Wir sind fest entschlossen, eine Revolution zu machen. Es ist ein Schrei des Geistes, der zu sich selbst zurückkehrt und verzweifelt entschlossen ist, alle Hindernisse zu zerschlagen. Im Notfall mit wirklichen Hämmern.« Was aber das Bekenntnis ›Wir haben nichts mit Literatur zu tun!‹ angeht, so ist doch wohl in Frankreich oft gesündigt worden. Am schlimmsten vielleicht sogar unter den Malern. Wo sich Max Ernst, der Kulturtheoretiker, Dichter und Maler, vielen Gefahren aussetzte, bleibt der Niederländer Melle immer sicher. Er schafft absolut aus seiner Vision und drückt sich völlig unliterarisch aus: Er ist immer bildender Künstler.

Darum scheint er mir zu denjenigen europäischen Malern und Zeichnern zu gehören, die der Forderung nachkommen, die mir Marc Chagall als ein zu beherzigendes Wort an die jüngeren Künstler-Generationen mitgab: »Wir müssen die Poesie neu entdecken! Nicht allein in der Literatur, auch in der Malerei! Und besonders bei uns in Europa!« Und noch ein letztes Wort. »Wenn Sie die Liebe lieben, werden Sie den Surrealismus lieben«, hieß es in den ersten ›Papillons Surrealistes‹. Dies Wort hat wohl kaum bei einem anderen dieser Künstler so viel Gültigkeit wie bei Melle.

(1950)

James Ensor, kurz vor seinem Tode

*»Seit die Belgier Rubens gehabt haben,
sind sie saturiert.«*   J. E.

Unter dem Eindruck der Todesnachricht von James Ensor stehend, schrieb ich am 22. November 1949 dieses Erlebnis nieder:

James Ensor war der erste zeitgenössische Maler und Graphiker, der mir – in meiner Gymnasiastenzeit – viel bedeutete. Zwei bewährte deutsche Kunsthändler führten mich an sein Werk heran: Herbert von Garvens, jetzt Bornholm, und Hanns Krenz, jetzt Berlin. 1927 veranstalteten sie in der Kestner-Gesellschaft in Hannover die erste repräsentative deutsche Ensor-Ausstellung. Herbert von Garvens war 1910 der eigentliche Entdecker von James Ensor. Er brachte ihn auf den Kunstmarkt. Seit zwanzig Jahren wollte ich Ensor sehen. Immer kam etwas dazwischen.

Nun war ich wieder in Brüssel. Ein Honorar von einer Zeitung reichte für eine Fahrt nach Ostende. Überdies fand dort gerade eine internationale Ausstellung ›Zu Ehren von James Ensor‹ statt. Es beteiligten sich: George Braque, Marc Chagall, Giorgio de Chirico, Salvadore Dali, Max Ernst, Paul Klee, Henri Matisse, Pablo Picasso. Als ich in Ostende ankam, wurde die Ausstellung bereits eingepackt. Ich berief mich auf die Reklame, die von einer Verlängerung sprach. Die Direktion meinte, andere Termine drängten. Ich ließ es nicht gelten, drohte sogar in meinem Ärger mit einer Pressefehde ›wegen unlauteren Wettbewerbs‹. Und tatsächlich wurden verschlossene Kisten geöffnet. Ich sah, was ich sehen wollte. Und ich wurde bald so trunken, wie gute Bilder trunken machen können. Vor allem sah ich neunzehn Ensors in so vortrefflicher Auswahl wie noch nie zuvor. In völlig unirdischer Stimmung lief ich am Ostender Badestrand entlang in die Rue de Flandre, wo Ensor, jetzt fast neunzigjährig, wohnte. Der Sohn eines englischen Vaters und einer flämischen Mutter ist die neunzig Jahre seines Lebens nie aus dem Gebiet Ostende–Brüssel herausgekommen. Und auch alle seine künstlerischen Ahnen sind Menschen aus dem niederländischen Raum: Hieronymus Bosch, Pieter Breughel, Herkules Seghers, nicht zuletzt Rembrandt.

Ich stand vor einem schmalen kleinen Haus. Unten ein Laden. Hier verkaufte Ensor noch vor ein paar Jahren ›Andenken an Ostende‹: bemalte Muscheln, Seeigel, Postkarten, Nippes, scheußliche chinesische und japanische Exportwaren, und vor allem Masken. Viel Kitsch jedenfalls. Jetzt war der Laden geschlossen. (Später erfuhr ich übrigens, daß das Ensorsche Haus im Zweiten Weltkrieg wiederholt bei Kriegshandlungen aus der Luft und zu Lande im hohen Grade gefährdet war, aber zum Glück verschont blieb.)

Ich klingelte an der Haustür. Ein Diener öffnete. Nein, jetzt könne ich den Meister nicht sprechen. Er müsse erst angezogen werden. Er sei krank. Was er denn habe? Das wisse niemand. Es sei gewiß Altersschwäche. Bald sei er neunzig. Daß er die neunzig noch erreiche, glaube le maître selber nicht. Er sage es täglich. Ich hatte plötzlich Angst, daß er mir noch am selben Tage wegsterben würde. Es war jetzt zwölf Uhr mittags. Um vier Uhr sollte ich wiederkommen. Ist man einem ersehnten Ziele sehr nah, dann können vier Stunden eine Geduldsprobe sein.

Glockenschlag vier Uhr war ich wieder da. Monsieur Auguste, der Diener, empfing mich sehr freundlich. Ein Pourboire tat das seine. Wir waren jetzt schon ›alte Bekannte‹. Er führte mich in jeden Winkel des Hauses. Ich sah Ensors Schlafzimmer, sah seine Küche, sah sein Badezimmer, sah seinen Salon, sah sein Atelier. Welch ein Atelier! Eine Art Salon. Mit einem Harmonium. Dieses liebte er sehr. Hieran hatte er sein Ballett ›Der Flirt der Marionetten‹ (1915) komponiert. Er hatte anfangs wenig Ahnung von Noten, spielte überhaupt nur auf den schwarzen Tasten. Also ließ er sich einen compositeur kommen. Ihm spielte er seine Ballettmusik vor. Der Komponist schrieb nieder, was der Meister vorspielte. Das Ballett wurde in Brüssel an der Staatsoper ein großer Erfolg. Ensor war sehr stolz darauf. Man nennt ihn heute offiziell den größten belgischen Maler seit Rubens, überhaupt einen der größten Maler unserer Epoche. Das interessierte ihn nicht. Aber sein Ballett! Er war ein verhinderter Dichter, ein verhinderter Komponist. Und er war ein liebenswertes Kind.

Ich sah selten so viel Verspieltheit in einem einzigen Hause. Baron James Ensor, der uns vom frühen Impressionismus bis zum Expressionismus und Surrealismus die kostbarsten Meisterwerke der Malerei und Graphik gegeben hat, liebte, privat, den Kitsch, das Komische, Bizarre, Skurrile, Blöde, Schiefe. Zum Beispiel: Aschenbecher mit nackten obszönen Meermädchen oder

Briefmarkendosen mit grienenden Teufelsköpfen. Nur einmal noch habe ich solchen Kitsch gesehen: im alten Berliner Stadtschloß in den Privaträumen der beiden Kaiser Wilhelm. Und Cocteau liebt ihn auch. Und Chagall. (Aber darf ich diese Namen so leichtfertig nebeneinanderschreiben? Hatten nicht die Kaiser mit ihrer Kitschliebe andere Ausgangspunkte als unsere Künstler? Nahmen jene nicht ernst, was diese amüsierte?)

Endlich war ich beim maître. Er ruhte in einem Lehnstuhl am Fenster seines Salons. Hier saß er schon seit Jahren jeden Tag ein paar Stunden und beobachtete mit Vergnügen das Leben auf der Straße, oder er las Journale. Diener Auguste hatte mich darauf aufmerksam gemacht, daß der maître jetzt nur noch französisch spräche. Flämisch habe er seltsamerweise plötzlich verlernt: »Oui, c'est très drôle!«

Ich sah selten einen vornehmeren Greis. James Ensor trug einen schwarzen Anzug mit einer Lavallière-Krawatte und einen Kneifer am Band. Im Knopfloch einen königlichen Orden. Sein schlohweißes seidiges Haar lag auf seinem Haupt wie Elfenhaar. Sein Vollbart war gepflegt und würdig. Wie mich Knut Hamsun an Wilhelm II. erinnerte, so Ensor an den Zaren von Bulgarien, der nach seiner Abdankung lange Jahre in Deutschland gelebt hatte. Ensor ist von seinem König in den Adelsstand erhoben worden. Er hätte geburtsgemäß von ältestem ›blauen‹ Blut sein können – jedenfalls wenn man von den alten Maßstäben der Menschenbeurteilung ausgeht; heute hat man gewiß von allem eine andere Sicht.

James Ensor begrüßte mich mit liebenswürdiger Galanterie. Ich setzte mich dicht neben ihn. M. Auguste hatte mir gesagt, ich solle dem maître immer ins Ohr sprechen. Er höre sehr schwer. Schriftsteller empfange er gern; denn er liebe Diskussionen. Dabei sei es gar nicht gut für ihn, es strenge ihn so an: »Wenn Sie mich nicht überzeugt hätten, daß Sie den maître seit langem verehren, hätte ich Sie bestimmt nicht vorgelassen. Vielleicht sind Sie der letzte, der M. le Baron spricht. Junger Mann, ich gebe Ihnen eine Chance für Ihre Memoiren«, fügte er, mit den Augen zwinkernd, hinzu. (M. Auguste, nochmals meinen Dank und Gruß Ihnen, seit zwanzig oder gar dreißig Jahren der letzte Diener dieses großen Meisters, der als einsamer Junggeselle und kinderlos lebte.)

Ich mußte James Ensor von meinen letzten Begegnungen mit Künstlern der Gegenwart erzählen. Wenn ich es genau betrachte, fragte er mich aus, nicht ich ihn. Der Greis nahm erstaunlichen Anteil an den künstlerischen Ereignissen der Gegenwart. Er wußte ungezählte Namen von Malern, Dichtern und Museumsdirektoren, was geradezu verblüffend war. Es ergab sich, daß ich wiederholt von europäischer Kunst sprach, von europäischem Geist, von europäischer Seele. Das fand er immer wieder ›admirable‹. Ich fragte ihn daraufhin, ob er denn kein begeisterter Belgier sei. »O ja«, sagte er, »aber seit die Belgier Rubens gehabt haben, sind sie saturiert. Wenn ich nicht als Belgier geboren wäre, hätte ich heute einen anderen Namen. So hatte ich nur – Schwierigkeiten! Wissen Sie (er beugte sich ganz nahe zu mir und flüsterte jetzt, als gälte es, keine Mitwisser zu haben), es war auch nicht klug von Ihnen, sich als Schriftsteller niederländische Eltern zu wählen. Die Niederlande sind kein Land für hommes de lettres. Für Maler – jawohl, mon dieu, wer zweifelt daran! Das größte Land der Maler! Für Schriftsteller aber – merde, monsieur, merde, merde . . .« Und er lachte laut, fast mephistophelisch, hustete darauf und wurde blau im Gesicht. Ich rief schnell M. Auguste. Der treue Diener sagte: »Nun ja, Sie sind der letzte. Höchstens noch Familienbesuche . . .«

James Ensor erholte sich langsam. Er sprach alsdann recht müde zu mir, und von nun an viel leiser. Als ich mich zurückziehen wollte, um ihn zu schonen, forderte er mich auf, unbedingt noch ein wenig zu bleiben. Er fuhr fort: »Mon ami, darf ich Ihnen ein geistiges Präsent machen: Kümmern Sie sich nie um Presse, Kritik, Kunstkritik oder Publikum! Schreiben Sie, was Ihnen Spaß macht, nur Ihnen selber. Jeder Künstler muß nur das tun, was ihm selber gefällt. Nur Rücksicht auf sich nehmen, keine Rücksicht auf andere. Dann schafft er sein Werk. Ich habe mich nie um andere gekümmert, um niemanden! Ich habe manche ›Richtung‹ mitgemacht. Nicht um der ›Richtung‹ wegen, sondern weil sie mir Spaß machte; plaisir, mon ami, plaisir, darauf kommt es an. Und es gibt viel zuwenig Gott. Plaisir, Liebe, Gott! Wir können nicht mehr niederknien, und das ist bitter! Sie sahen oben im Atelier mein großes Bild ›Christus in Brüssel‹? Bringen Sie Christus nach Amsterdam! Oder nach Berlin! Oder nach Paris! Oder nach London! Nicht den weichlichen Christus, den menschlichen, den heldischen! Unbeirrt, mon ami, unbeirrt. Hungern Sie ruhig, leiden Sie. Ich habe es auch getan. Es ist gut für den Künstler. Nur so wird sein Werk verklärt. Und er selbst . . . Das Wort Verklärung ist übrigens aus dem

Wörterbuch von heute gestrichen. Pauvres artistes! Pauvres hommes! ...« Ich wußte in diesem Augenblick, was der Dichter Albert Ehrenstein damit sagen wollte, als er schrieb, über dem Gesamtwerk von James Ensor könne dieser lateinische Spruch stehen: »Odi profanum vulgus« (»Ich hasse das gewöhnliche Publikum!«).

Wir saßen dann noch eine Zeitlang schweigend nebeneinander. James Ensor schloß die Augen. War er eingeschlafen? Nein, er nahm meine Hand in die seine; sie war kalt. Aber ich fühlte den Puls. Er ging sehr langsam, aber gleichmäßig. Nun tat sich eine Viertelstunde lang nichts mehr. Ich löste endlich meine Hand aus der des greisen Meisters, legte ihm seine Hand auf den Schoß zurück. Und da fielen meine Augen plötzlich auf seine letzten Zeichnungen. Sie standen nahe bei ihm auf der Kommode. Kinderzeichnungen à la Pünktchen-Pünktchen-Komma-Strich. Meine Erschütterung war vollkommen. Der größte belgische Künstler seit Rubens, nicht fortzudenken aus dem geistig-künstlerischen Geschehen des zwanzigsten Jahrhunderts, hochwillkommen geheißen in allen großen Galerien, an der Kunstbörse notiert wie die alten Meister, malte wieder wie ein kleines Kind. Er mußte schon wieder ganz nahe der Welt der Engel sein.

Und bald danach ist James Ensor für immer eingeschlafen. Wie ich hörte, empfing er keine Besucher mehr. Und noch eins: Es ist nicht wahr, daß James Ensor jetzt sein Denkmal in Ostende erhalten soll. Seine Geburtsstadt hat es ihm doch schon vor Jahren gesetzt! Er war bei der Einweihung selber dabei und schnitt übermütig Grimassen. Pour épater le bourgeois; denn er lebte als Revolutionär und Befreier.

(1949)

Michel de Ghelderode – oder die Restitution des Teufels

>*Meine Mutter gebar mich in ein Jahr-
hundert, das nicht das meine ist, worüber
ich mich sehr oft geärgert habe.* M. D. C.

Ein Ergebnis der Pariser Theatersaison von 1949/50 war die
längst fällige Entdeckung des belgischen Dramatikers Michel de
Ghelderode. Schon 1947 waren in dem kleinen, von Voltaire
eingeweihten ›Théatre de l'Œuvre‹ zwei Stücke von ihm gespielt worden: ›Le ménage de Caroline‹ und ›Hop Signor‹. So
wurde man auf den belgischen Dichter an der Seine aufmerksam.
Es folgten dann 1949 gleich drei Inszenierungen: ›Escurial‹, ›Mademoiselle Jaïre‹ und ›Fastes d'Enfer‹, das auf dem ›Concours
des Jeunes Compagnies‹ den ersten Preis erhielt. Inzwischen hat
›La Maison de l'Oeuvre‹ auch das populärste Stück von Ghelderode, ›Barrabas‹, aufgeführt, eine der eigenwilligsten Interpre-
tationen des Evangeliums. In jenen Jahren wurde der Dichter
viel besprochen; seitdem ist es wieder stiller um ihn geworden.

Wer ist denn Michel de Ghelderode? Eigentlich war er bis
1949 nur in Belgien bekannt. Selbst in den benachbarten Niederlanden wußten von ihm höchstens die Eingeweihten. Dabei
wird er schon seit zwanzig Jahren in den großen Lexika und
Literaturgeschichten geführt, wenn auch meist nur mit Namen
und ein paar Titeln.

Michel de Ghelderode ist flämischer Abkunft und wurde 1898
in dem Brüsseler Vorort Ixelles geboren. Sein Vater war ein kleiner Beamter in den Staatsarchiven, Michel das jüngste von vier
Kindern. Die Familie lebte in sehr bedrängten Verhältnissen.
Michel war schon früh ein Außenseiter. Abgesondert von der
Familie und von Freunden, verschrieb er sich bereits als Knabe
der Musik, Malerei und Literatur. Auch heute bilden diese Dinge
den Inhalt seines Lebens. Er ist ein begeisterter Kammermusi-
ker und musiziert allwöchentlich mit Freunden. Johann Sebastian Bach und Palestrina wird der Vorzug gegeben. »Warum?«
fragte ich ihn. Er antwortete: »Weil mein Hund diese Komponisten liebt. Mit geschlossenen Augen, lächelnd und mit der rechten Pfote den Takt schlagend, hört der Bastard zu. Bei allen
anderen Komponisten läuft er böse heulend davon!«

[handschriftliche Widmung:]

M. de Ghelderode

amical souvenir
à mon confrère et
ami I Fulianades

Bruxelles 1950

Ghelderode malt heute nicht mehr. Unter seinen Freunden befanden sich stets die größten Maler Belgiens, und er schreibt mit
Vorliebe über bildende Kunst. Die Zimmer seiner kleinen Wohnung sind außer mit Skulpturen, Muscheln, getrockneten See-
pferdchen, Schiffen in Flaschen, Ritterrüstungen, Marionetten,
javanischen Wajang-Puppen, alten Gebetbüchern und magischen
Geheimschriften über und über angefüllt mit Werken großer belgischer Meister wie James Ensor, Marcel Stobbaerts, Maurice
Cantens, Félicien Rops und de Bruycker.

Aber die Achse seines Lebens und Schaffens ist trotzdem die
Literatur. Er begann 1916 mit Charles de Coster gewidmeter
Prosa: ›L'Histoire comique de Kaizer Karel, telle que la per-
pétuèrent jusqu'a nos jours les gens de Brabant et de Flandre‹.
Er schrieb Geschichten, Legenden, Märchen, Parabeln. Schon
bald aber entdeckte er seine Vorliebe für das Theater. Es entstanden etwa fünfzig Dramen, die er zum Teil fünfmal um-
schrieb, weil er nie so recht zufrieden war. Eine Reihe von Dra-

men wurde gedruckt, der größte Teil auch in der französischen Fassung – denn der in Brüssel geborene Flame schreibt nur französisch – gespielt. Die Uraufführungen allerdings fanden meistens in Antwerpen am ›Vlamse Volkstoneel‹ statt, weshalb die Stücke ins Flämische übertragen werden mußten. Dieser seltsame Umweg scheint mir genau wie seine so späte Entdeckung für das Welttheater in Paris typisch für das Schicksal eines belgischen Genies unserer Zeit zu sein.

Es war schmerzlich für den Dichter, erst in einer Übersetzung den Weg zu seinem Publikum zu finden, wenn er auch wußte, daß es anderen Dichtern ebenso ergeht. Daß das Flämische in Belgien die gleichberechtigte Landessprache neben dem Französischen ist, konnte ihn nicht darüber hinwegtrösten. Im übrigen kann ein Stück in Antwerpen normalerweise nur viermal gespielt werden; acht Vorstellungen sind bereits ein ›Serienerfolg‹. Es kränkte den Dichter bitter, daß er nicht wie weitaus Geringere von anderen Ländern aufgenommen wurde. Hinzu kam wirtschaftliche Not, die ihn zwang, ähnlich wie sein Vater als Beamter in den Staatsarchiven zu arbeiten, nachdem er sich in früherer Jugend einmal kurze Zeit als Matrose versucht hatte. Der Dichter erkrankte lebensgefährlich. Man sagte, Unterernährung und Kohlenmangel im Winter wären die Hauptursachen. Am schlimmsten quälte ihn ein heftiges Asthma. Es schien unheilbar zu sein. Fast zehn Jahre, von 1939 bis 1948, vegetierte er erbarmungswürdig dahin, saß auf seinem großen Sofa, beschäftigte sich mit nichts mehr, stierte nur, wie auf den Tod wartend, in die Leere. (Seine Frau erzählte mir das alles.)

Michel de Ghelderode, diese an Balzac wie an Huysmans gleichermaßen erinnernde Persönlichkeit, hatte 1923 eine Brüsselerin, Jeanne-Françoise, geheiratet. Diese naive, schlichte, sehr mütterliche Frau mit einem goldenen Herzen liebt ihn abgöttisch. Wenn er in zwanzig Jahren fünfzig Theaterstücke schrieb, ungezählte Artikel über bildende Kunst und mancherlei Prosa, so geschah das alles ihretwegen; wenn der dem Tode Geweihte nicht starb, so auch nur ihretwegen. Seltenes Künstlerglück: sie schenkte ihm all die Harmonie, die er brauchte. Ich habe selten zwei so innig verbundene Menschen gesehen.

Aber nun ist auf einmal das große Glück in die Brüsseler Vorstadt Schaerbeck eingezogen, in der die Ghelderodes wohnen. Die Verwandlung des Dichters, der zehn Jahre lang ein lebender Leichnam schien, begann, als die Nachrichten von den

Pariser Sensationserfolgen eintrafen. Sie fand ihren vorläufigen Höhepunkt, als das Pariser Verlagshaus Gallimard einen Generalvertrag schickte. Die bedeutendsten Werke des Dichters werden in einer etwa acht große Bände umfassenden Gesamtausgabe erscheinen.

Der Dichter ist wiedergeboren! Noch tragen seine Züge den Stempel des durchstandenen Leides, des Wartens auf die Anerkennung in der Welt. Der Verlust der Zähne aus Vitaminmangel, Kiefererkrankungen aus gleichem Grunde, zwingen ihn zur Diät. Aber aus seinen Augen leuchtet nun Zuversicht. Ich wußte seit Jahren mancherlei über ihn. Als ich nun neben ihm saß und er meine Fragen beantwortete, mußte ich unwillkürlich an Fausts Wiedergeburt denken: »Die Träne quillt, die Erde hat mich wieder.« Er aber erzählte mir: »Mein Glaube, mich doch eines Tages durchzusetzen, war ungebrochen. Aber bald dreißig Jahre warten zu müssen, ist eine vom Teufel ausgesonnene Geduldsprobe. Eigentlich wurde ich doch nur von einigen Narren oder Fanatikern gedruckt, gespielt und gewürdigt. Ich werde all denen, die mich nie vergaßen, immer dankbar sein. Und doch hatte ich zu oft das bittere Gefühl, quasi nur als dichterische Kuriosität, als literarisches Monstrum geduldet zu sein. Ich wußte als Künstler früh, was ich wollte. Und doch empfand ich es als besondere Gnade, daß unser großer George Eekhoud (durch ›Das neue Karthago‹, den bedeutendsten Antwerpener Roman, in Deutschland bekannt) seit 1916 mein Freund war und ich von ihm den Impuls und die Weihe für die Dichtkunst erhielt. Auch Bouhélier, Maeterlinck, Strindberg und d'Annunzio standen, wenn auch nicht persönlich, so doch geistig bei mir Pate. Ich lernte viel vom Elisabethanischen Theater; Shakespeare, Marlowe, Webster, Ben Jonson – das waren meine ersten Idole. Ich habe mein Leben lang Calderon und Lope de Vega studiert und adoriert. Und dabei empfand ich diese Dichter nie nur als Künstler, ich fühlte mich ihnen verwandt als Mensch. Hier entdeckte ich meine Empfindungswelt wieder. Schauen Sie hier in meinem Zimmer herum. Wenig Bücher, n'est ce pas! Eigentlich habe ich nur ein paar Bücher meiner schreibenden Freunde, die sie mir schenkten. Philosophen und andere Theoretiker erst recht nicht!«

Ich muß an einen Satz aus seinem ›Christophe Colomb‹ denken: »Entschuldigt mich, daß ich so zerstreut bin und Euch von oben herab ansehe, aber ich komme aus einer anderen Welt, ich war nie aus Eurer Welt, ich gehe in eine andere Welt.« Und in seinem ›La Mort du Docteur Faust‹ heißt es: »›Ehrlich gesprochen, ich bin nicht auf meinem Platz, nicht in meinem Kostüm, nicht in meiner Epoche.« Welcher Einklang von Dichtung und Leben des Dichters!

Michel de Ghelderode hat wie viele Dichter – ich erwähnte es bereits – seine starke Beziehung zur Malerei. »Seine Dramatik ist von einem Maler geschaffen«, schreibt Jean Francis. Daher auch Ghelderodes zahlreiche Maler-Freunde. Sein berühmtester Freund und Gönner war James Ensor, der mir gegenüber seine Sympathie für Ghelderode erwähnte. Immer wieder schreibt heute die Kritik, die Welt Ghelderodes sei die Welt von Hieronymus Bosch, Breughel, Tellier, Jordaens. Einmal sagte er zu mir: »Ich kann mich Monate hindurch mit einem einzigen Meisterbild beschäftigen. Die dargestellten Kreaturen gewinnen in mir Leben, genau wie Kreaturen, denen ich leibhaftig begegnet bin. Deshalb heißt es bei den Stücken ›La Pie sur le Gibet‹ und ›Les Aveugles‹ ›Nach dem Bild von Breughel dem Älteren‹! Auch nach den ›Cappricios‹ von Goya habe ich ein Drama gedichtet. Und nach dem Bild ›Die Masken von Ostende‹ von Ensor, sowie nach Holzschnitten von Dürer.« Es ist demnach logisch, daß Ghelderode in seinen Regieanweisungen immer wieder auf berühmte Bildwerke Bezug nimmt. Er sagte zu mir: »Dadurch, daß ich kein Ideologe und kein Dogmatiker bin, sondern plastische Vorstellungen bei mir überwiegen, kam ich wohl auch über die Malerei zum Theater.«

Die fünfzig Dramen des Dichters entstanden ohne Ausnahme nie als Ergebnis von Überlegung oder als Konstruktion, sie sind allesamt visionär. Es bestehen fraglos tiefe Beziehungen zwischen seinem ›hysterischen Asthma‹ und seiner Schaffensweise. Es ist dabei völlig uninteressant, ob es sich hier um pathologische Vorgänge handelt. Jeglicher Schöpfungsprozeß ist nicht mit der Normal-Elle zu messen! Der Dichter selbst spricht darüber nicht. Seine Frau machte nur einige Andeutungen; intime Freunde des Hauses ergänzten das Bild.

Nach alledem ist zu sagen, daß der Dichter einen Großteil seiner Werke in einem Trancezustand, wie ein Medium, niederschreibt. Er verläßt dann tagelang den Platz auf seinem Sofa nicht, vor dem ein kleiner Tisch steht. Hunderte von Bogen Papier bedeckt er mit seinen Eingebungen. Wenn man ihn angesprochen hätte (aber niemand wagte es je), würde man wahrscheinlich keine Antwort erhalten haben. Der Dichter war nicht ›anwesend‹ (›weggelopen‹ – wie man so plastisch im Niederländischen sagt). Nach stundenlangem Schreiben bricht er plötzlich in sich zusammen, bekommt einen Asthmaanfall wie eine Kolik, verfällt manchmal in einen todähnlichen Schlaf, um plötzlich wieder aufzuwachen und weiterzuschreiben, als sei es das Selbstverständlichste von der Welt, so zu handeln. Seine Frau sagte: »Es war oft ungeheuerlich! Ich hatte eine Ur-Angst, als wäre ein Dämon in meinen Mann gefahren. Er nahm auch gar nichts zu sich in diesen Zeiten. Ich habe oft an Stigmatisierte denken müssen.«

Der belgische Dichter Frans Hellens schreibt, es käme ihm selbst bei den Dramen von Ghelderode immer vor, als begännen sie: »Ich will euch nun eine Geschichte erzählen. Es war einmal ...« Die meisten Werke von Ghelderode haben als Hintergrund Landschaften, wie man sie nur in Flandern kennt und die durch Charles de Costers ›Ulenspiegel‹, aber auch durch Verhoeven und Maeterlinck, in aller Welt bekannt sind. Die Zeit, in der Ghelderodes Dramen spielen, ist schlecht zu definieren. Es ist ›eine Zeit um Mittelalter und Renaissance‹. – »Das war eine gute Zeit«, sagte er zu mir, »eine dankbare Zeit für den Dramatiker. Es gab: la grande liberté. Aus unserer Zeit kann man doch nichts gestalten, da werden einem ununterbrochen die Hände gebunden. Zum Beispiel im 16. Jahrhundert war man sehr brutal und gewalttätig, aber man bekannte sich dazu, heuchelte nicht. Wir dagegen sind elende, erbarmungswürdige Sklaven unserer Zeit, die auch uns Künstler versklavt. Ich bin kein Sklave, will kein Sklave sein. Man wird wohl inzwischen gemerkt haben, daß mich weder Publikum noch Kritik kümmern, nur die Position des Menschen.«

Ein französischer Kritiker hat manifestiert: »Ghelderode bringt Zeit und Raum zum Einsturz.« (›La Mort du Docteur Faust‹ spielt im 16. und 20. Jahrhundert). Man muß dem hinzufügen: Er bringt auch alle menschliche Ordnung zum Einsturz. In seinen Werken sind aufs vitalste verbunden Waffen-Helden und waffenlose Heilige, Marien und Kokotten, Übermenschen und Trottel, Bauern und Kaufherren, Gebenedeite und Verdammte, kurzum alle Geschöpfe der Erde, des Himmels und der Hölle. Was seine Sprache angeht, so ist sie zugleich lyrisch und pathetisch-rhetorisch, meist sehr realistisch, drastisch und auch unverbildet (etwa wie bei Hans Henny Jahnn). »Ghelderode will den Skandal«, hat man geschrieben. Vielleicht muß ein Mann brutal werden, wenn er zwanzig Jahre lang nicht gehört wird.

Der junge belgische Schriftsteller Jean Francis, der sein Freund ist, schrieb ein Buch über ihn: ›Michel de Ghelderode, Dramaturge des pays de par-deça‹. Er formuliert es in einem seiner Essays so: »Der Durst! Das ganze ghelderodische Theater ist durch den Durst beherrscht, ein furchtbarer Durst, der die Knochen anfrißt, das Gehirn verbrennt und uns aus dem Fleische einen Gestank von Schwefel und Blut, eine ätzende Luft, die in der Kehle würgt, aufsteigen läßt.«

Während eine der Charakteristiken vieler Dichter dieser Zeit ist, daß sie ›ohne Gott‹ sind, befindet sich Ghelderode ›ununterbrochen auf dem Calvarienberg und ringt mit dem Herrn‹. Man hat ihn lange als einen orthodox-katholischen Dichter abgestempelt. Das war ein Fehler, über den er selbst empört ist. Wäre das nicht geschehen, hätten sich vielleicht schon früher weitere Kreise mit ihm beschäftigt. Ghelderode ist allen großen alten Religionen verpflichtet; seine Theologie ist etwa die eines Nathan des Weisen. Und gerade der katholischen Kirche hat er einige sehr harte Nüsse zu knacken gegeben. Dies führte bei den letzten Pariser Aufführungen dazu, daß der Erzbischof von Paris gebeten wurde, Ghelderode als einen hochgefährlichen Ketzer auf den Index zu setzen. Entsprechende Pamphlete waren bereits geschrieben. Dieser Kirchenfürst war indessen ein kluger Mann und schickte ein ganzes Kollegium von gelehrten Geistlichen in eine Aufführung von ›Fastes d'Enfer‹. Monsignore Feltin faßte seine Eindrücke in wenige Sätze zusammen: Der eigenwillige belgische Dichter sei sowohl als Künstler wie als Denker ein ganz großes Genie und vielleicht ein Christ wie wenige heute. Gewiß, der Teufel beherrsche sein Werk vielleicht mehr als Gott. Aber bei Bernanos sei das auch der Fall. Bernanos und Ghelderode hatten Kenner bereits gleichzeitig genannt. So durfte Paul Werrie bei einem Festakt des ›Journal des Poètes‹ für Ghelderode in Brüssel sagen: »Durch Sie wie auch durch Bernanos weiß man, daß der Teufel kein mythisches Wesen ist, berufen, den Kindern Angst einzujagen, sondern ein Wesen, das heute ebenso wie einst existiert. Sie haben das Verdienst, ihn restauriert, ihn wieder auf die Bühne gebracht zu haben. Ich weiß gar nicht, ob Sie an Gott glauben. Ich denke wohl. Aber einer Sache bin ich ganz sicher, daß Sie an den Teufel glauben. Für mich bedeutet das auch das gleiche. Es gibt ja keinen Teufel, wenn es nicht Gott gibt. Ihr inneres Kochen, Ihr innerer Dämon – das ist der Teufel!« Ich selbst habe bei Michel de Ghelderode mehr über Gott gelernt als in vielen heiligen Schriften.

(1952)

Madame Rostand und Madame Colette, zwei geliebte Damen aus Paris

»Ich stamme aus einem Lande, das ich längst verlassen habe.«   M. C.

Da war also der Salon von Madame Rostand. Duft gepflegter Parfums. Alte Möbel. Gute Ölbilder. Feine Pastelle. Edle Fayencen. Viel venezianisches Glas. Eine Kollektion nobel gebundener Bücher und Erinnerungen an viele berühmte Persönlichkeiten. Daß es so etwas in Paris noch gab! Immer wieder war ich betroffen. Hier war ›die gute alte Zeit‹ offenbar stehengeblieben.

Madame Rostand war die Witwe des großen Theaterdichters Edmond Rostand, den seine Versdramen als eine der großen Erscheinungen des neueren Welttheaters ausweisen. Da ist ›Chantecler‹, in dem die auftretenden ›Personen‹ die Tiere des Hühnerhofes und des Waldes sind, da ist ›La Princesse lointaine‹ und vor allem ›L'Aiglon‹, das Drama des vom Schicksal gezeichneten Napoleonsohnes; da ist das Drama des vielgewandten gascognischen Haudegens, ›Cyrano de Bergerac‹.

Edmond Rostand: 1918 starb er – genau fünfzig Jahre alt. Aber sein guter Geist ist in Frankreich durchaus noch lebendig. Und da war nun Madame Rostand. In Paris geboren und weltoffen, war sie mit ihrem Manne viel gereist. Sie sprach mehrere Sprachen. Beinahe mit allen großen Menschen ihrer Zeit hatte sie Umgang gehabt, und natürlich mit allen bedeutenden Künstlern der Jahrhundertwende. Sie war nun alt. Klein von Statur, war sie dennoch eine außerordentliche Erscheinung, die Lebendigkeit, Witz, Anmut in sich vereinte, was sie durch extravagante Kleidung noch unterstrich.

Einst, als sie noch Schauspielerin war, hatte Madame Rostand mit der besten Freundin ihres Hauses gemeinsam gespielt oder deren Rollen übernommen: Sarah Bernhardt. Schließlich hatte Madame Rostand Versbücher geschrieben, die sogar mit einem Literaturpreis ausgezeichnet wurden, sowie Theaterstücke und Kinderbücher. Alle diese Werke erschienen unter dem Pseudonym Rosamonde Gérard. Ihr Sohn Jean ist heute einer der vorzüglichsten wissenschaftlichen Schriftsteller Frankreichs: Philosoph und Biologe. Jean Rostands Biographie Charles Darwins und seine Geschichte der Biologie haben ebenso Aufsehen erregt wie seine Krötenforschungen – weshalb er oft Kummer in der Ehe hat. Welche Frau hat es gern, daß überall in der Wohnung Kröten herumhüpfen? Sein Bruder Maurice dagegen hat sich, wie sein Vater, das Theater erobert. Ein Welterfolg wurde sein Drama ›Der Mann, den sein Gewissen trieb‹, von dem Jules Romains gesagt hat, es atme den Geist des Sophokles. Maurice Rostands Erinnerungen, ›Confessions d'un Demi-Siècle‹, spiegeln ein halbes Jahrhundert französischer Kulturgeschichte. Seine Dramen ›Madame Récamier‹ und ›Der Prozeß Oscar Wilde‹ hatte er mir zur Übertragung ins Deutsche überlassen. Grund genug, um im Hause von Mama, mit der er zusammen lebte, so manchen ›Napoléon‹ zu trinken.

Es wurde nie über das Wetter gesprochen im Salon von Madame Rostand. Man bestürmte den Gast aber mit vielen Fragen. Wir sprachen häufig von gemeinsamen Bekannten in der internationalen Literatur- und Theaterwelt. Man beschwor hier gern die Vergangenheit: »Ja, diese Medaillen sind Geschenke von Gabriele d'Annunzio ... Oh, er verkehrte viel in diesem Hause. Einmal wollte er mit Vater ein Stück schreiben ... Maurice ist böse auf ihn: er nannte ihn ›ein Kind der Wollust‹ ... Mich können solche Scherze nur lachen machen ... Ja, und dieses Glas hier stammt von Ida Rubinstein ... Diese Locken schnitten wir Sarah Bernhardt ab ... Hier dagegen die Erstausgaben von Papas Dramen ... Oh, und diese Kassette? Jugendbriefe von Jean Cocteau!«

Und nie sprach man im Salon der Madame Rostand von Politik, mochte es in Paris oder in der Welt noch so unruhig sein. Typisch auch, daß sich in ihrem Hause nichts verwandelte. Es sollte der letzte international bekannte Salon an der Seine bleiben. Von Ninon de Leclos erzählt man, daß sie noch im Alter von neunzig Jahren den Männern den Kopf verdreht habe. Der Gast im Salon von Madame Rostand wußte nicht, wie viele Jahre die Frau des großen Dichters zählte. Sie hatte gewiß schon längst die Grenze des biblischen Alters erreicht. Es war jedoch völlig uninteressant, Genaues zu wissen. Wie konnte sie es mit der Jugend aufnehmen! Ach, es lag so viel darin, als Madame Rostand am Schluß einer Cocktailstunde einmal sagte: »Und nun wollen wir uns das junge Mädchen im ›Cabaret ABC‹ ansehen.« Sie meinte die vierundsiebzigjährige Mistinguette, die hier sang und tanzte. Wir – Madame, Maurice und ich – besuchten die Diseuse gemeinsam in der Garderobe. Das Gespräch der Freundinnen hörte sich an wie das Gezwitscher von Backfischen, die sich lange nicht gesehen haben. So ist mir Madame Rostand in der Erinnerung geblieben: eine alte Dame, die auch ein ›junges Mädchen‹ war.

> Du bist die Jüngste nicht,
> aber dein Herz ist jung.
> Du bist die Schönste nicht,
> aber dein Herz ist schön.
> Alte Frau, nahst schon der kalten Zone,
> aber dein Herz strahlt so viel Wärme aus.

Nahe dem Louvre, der Comédie Française und der Nationalbibliothek liegt das Palais Royal. Wie der Name sagt, einst königlicher Besitz – heute in zahllose Wohnungen und nach der Straßenseite hin auch in Geschäfte und Restaurants aufgeteilt. Zwei weltberühmte französische Dichter hatten hier jahrelang ihren Wohnsitz: Madame Colette und Jean Cocteau. Cocteau machte nicht allzuviel Gebrauch von seiner kleinen Pariser Stadtwohnung. Er lebte meistens in seinem Landhaus in Südfrankreich. Aber Madame Colette hatte sich hier häuslich eingerichtet. Nur im Sommer war sie für ein paar Wochen auf ihrem ländlichen Besitz.

Die Colette war nicht nur die bedeutendste Erzählerin Frankreichs, einer der besten Stilisten der französischen Sprache, sondern galt zeitlebens als ein Symbol des guten alten Paris. Obwohl aus der Bourgogne stammend, wurde sie in Paris das, was sie uns, den Freunden ihrer Bücher, heute ist: *die* Pariserin. Madame Colette liebte Paris über alle Maßen. Aber auch die Pariser liebten sie, die Schöpferin von ›Gigi‹, ›Mitsou‹ und vielen anderen äußerst kapriziös gezeichneten Gestalten.

Inmitten des Palais Royal gibt es einen schönen gepflegten Park mit Bänken für Spaziergänger und Spielplätzen für Kinder. Wie oft gingen Menschen durch diesen Park und zeigten zur Wohnung der Colette hinauf: »Da wohnt unsere Colette!« Und manchmal kamen Menschen vorbei und riefen Madame Colette einen Guten-Morgen-Gruß zu. Oder sie fragten, ob sie ihr ein paar Blumen hinaufbringen dürften. Oder ob sie vielleicht eine neue Katze haben wolle? Madame Colettes Leidenschaft für

Katzen, die sie auch in ihren Büchern geschildert hat, war stadtbekannt. Immer saß die Dichterin am selben Fenster auf einem bequemen Récamier-Diwan, von dem aus sie alles gut beobachten konnte. Sie winkte mit einem Chiffontuch oder warf ihren Freunden eine Kußhand zu. Einmal sagte sie zu mir: »Ach, sie sind so liebenswert, meine geliebten Pariser. Ein Leben ohne Paris ist für mich undenkbar.«

Madame Colette war schon über achtzig Jahre alt, als ich sie kennenlernte. Niemandem gegenüber verschwieg sie ihr Alter. Sie bezeichnete sich selbst als einen ›sehr alten Schriftsteller‹. Es ist kein Wunder, daß sie nach einem so abenteuerlichen Leben, das sie über den Beruf der Tänzerin und Schauspielerin zur Stellung der gefeierten Schriftstellerin, Präsidentin der Académie Goncourt, Mitglied anderer Akademien wie der Königlich-Belgischen Akademie und Commandeur der Ehrenlegion führte, sich schließlich viel Ruhe wünschte.

Die letzten zehn Jahre vor ihrem Tode forderte ihr kranker Körper bequemes Liegen. Aber sie haßte das Krankenbett. Und deshalb ließ sie sich jeden Morgen von ihrer treuen Pflegerin Pauline ankleiden und begab sich dann auf ihre Récamière. Ein besonders konstruierter englischer Tisch, den ihr die Prinzessin de Polignac geschenkt hatte, wurde über die Knie geschoben, und an diesem Tisch aß sie, schrieb sie, las sie tagsüber. Hier standen auch Telefon, Kofferradio und eine Obstschale. Mademoiselle Pauline, allen Gästen ihrer Patientin gegenüber immer mißtrauisch, war nicht die einzige Helferin der greisen Dichterin. Es gab in der übrigens sehr vornehm eingerichteten Wohnung der Madame Colette – mit vielen schönen Bildern und vor allem einer Bibliothek, in der beinahe alle Bücher in edles Leder gebunden waren – außerdem noch eine tüchtige Sekretärin. Und dann vor allem ihren Gatten!

Als Zwanzigjährige heiratete Madame Colette zum ersten Male – einen echten Pariser: M. Henri Gauthier-Villars, einen Kameraden ihres Vaters, der italienischer Herkunft war und während des Krieges in Italien bei der Schlacht von Malegnano als Berufsoffizier ein Bein verlor. M. Gauthier-Villars, Sohn eines angesehenen Pariser Verlegers, schrieb Musikkritiken und Bücher unter dem Pseudonym ›Willy‹. Es erschien eine ganze Serie von Büchern, die das Schicksal eines jungen Mädchens behandelten: ›Claudine auf der Schule‹, ›Claudine in Paris‹ usw. Später stellte sich heraus, daß alle diese Bücher gar nicht von

Colettes Mann, sondern von ihr selbst geschrieben waren. 1906 ließ sich Colette nach sechsjähriger Ehe von ihrem egoistischen Gatten scheiden und ging zum Kabarett und Varieté, um ihren Lebensunterhalt selbst zu verdienen. Schnell wurde sie hier in Paris und auch auf Tourneen in der Provinz bekannt. Was sie erlebte, schilderte sie in Büchern, wie etwa in ›Wir Komödianten vom Varieté‹.

1912 heiratete Colette den Politiker Henri de Jouvenel, der Chefredakteur des ›Matin‹ war. 1913 wurde ihr eine Tochter geboren, die kleine Bel-Gazou. Colette verließ jetzt die Bühne und widmete sich nur noch der Literatur als Feuilleton-Redakteurin und Journalistin beim ›Matin‹, machte Reportagen, schrieb Kritiken, Erzählungen. Sie begann jetzt vor allem ihr gewichtiges Romanwerk. In ihrem Œuvre befindet sich auch das Libretto für Maurice Ravels ›L'enfant et les sortilèges‹ und die zusammen mit Léopold Marchand geschriebene Bühnenfassung von ›La Vagabonde‹ und ›Chéri‹.

1935 heiratete Madame Colette nach neuerlicher Scheidung den Journalisten und Dramatiker Maurice Goudeket. Obwohl er an Jahren weitaus jünger war als sie, hinderte sie das nicht, in größter Harmonie im Palais Royal zusammenzuleben. Monsieur Goudeket hatte viel Mühe mit dem Œuvre seiner Frau (und hat diese Mühe erst recht seit Madame Colettes Tod). »Es ist eine schöne Arbeit«, sagte er zu mir, »und sie reißt nie ab. Colettes Bücher werden jetzt in alle Sprachen übersetzt. Aus verschiedenen Romanen sind Theaterstücke gestaltet worden. Immer wieder werden die Romane verfilmt. Einige der Filme schrieb Colette in den Hauptpartien allein. Wußten Sie, daß Colette an der französischen Fassung des berühmten deutschen Films ›Mädchen in Uniform‹ mitgearbeitet hat? ... Und nun sehen Sie sich mal so einen amerikanischen Vertrag an! Das sind richtige Bücher ...« Madame Colette warf ein: »Laß dich nur nicht irritieren, chéri.« Und sie fügte matt hinzu: »Und Neues werde ich ja nicht mehr schreiben.« Ihre Stimme wurde wieder kräftiger: »Ach, ich habe auch genug geschrieben. Viel zuviel für eine Frau ...«

Sie war wirklich überaus liebenswert! Kokett wie ein junges Mädchen reichte sie die Hand zum Kuß. Wie in der Jugend trug sie auch im Alter ihre Haare in der für sie so charakteristischen wuscheligen Frisur. Parisienne comme il faut, konnte sie bis zu ihrem Tode auf ein gehöriges Make-up nicht verzichten.

Ihre Lippen waren kräftig rot nachgezogen, und um ihre Augen hatte sie stets markante schwarze Linien. Der Akzent ihrer Sprache hatte den harten burgundischen Charakter. Ihre Umgebung nannte sie mes enfants. Ein Besucher, der ihr sympathisch war, wurde auch bald mit mon enfant tituliert. Wie ihre Bücher, so strahlte sie selbst eine große Zärtlichkeit aus. Sicherlich konnte sie aufbrausen. Aber immer wurde sie schnell wieder lieb und gütig.

Madame Colette hat einmal bekannt: »Ich stamme aus einem Lande, das ich längst verlassen habe.« Ja, das war es wohl, was ihren Reiz ausmachte. Sie verkörperte eine längst vergangene Zeit, eine beinahe sagenhafte gute alte Zeit. »Gebraucht nie die Worte der großen Warenhäuser!« sagte sie zu mir. »Das ist das Geheimnis. In das Reich der Kunst darf nicht das Profane ... und auch nicht ins Reich des persönlichen Lebens!«

Germaine Beaumont, früher ihre Sekretärin, heute selbst eine bekannte Autorin, schrieb eine Einleitung zu einer Anthologie ›Colette par elle-même‹. Darin heißt es: »Sie gleicht niemandem, und niemand gleicht jener Colette, die immer alles mit jungen Augen betrachtet hat, und die in sich eine große und alte Weisheit trägt, nicht aus Büchern erworben, sondern eine, die in ihrem tiefsten Innern ruht, eine scheinbar primitive und fast untrügliche elementare Weisheit, die ihren einzigartigen Stil außerhalb jeder Zeit und Mode genährt hat, eine Freude für die Gegenwart, ein Vorbild für kommende Zeiten und ein Zeuge für die frische, unmittelbare und dauernde Lebendigkeit der französischen Sprache.«

Weil ich eine ihrer Übersetzungen betreut und mit einem biographischen Nachwort versehen habe, besuchte ich sie häufig. Ja, ich war verliebt in sie – nicht nur in die Dichterin, nein, in den Menschen. Es war das Wesen der Colette, ihre Menschlichkeit, in die ich mich verliebt hatte – vielleicht besonders auch deshalb, weil sie in dieser Welt voll Unmenschlichkeit und Haß so selten ist. So viele Dichter sprechen heute von Humanität. Madame Colette hat nie darüber theoretisiert. Warum auch? Ihr Werk ist schlechthin ein leidenschaftliches Plädoyer für die Menschlichkeit. Sie ist Priesterin und Prophetin des Menschlichsten in einer unmenschlichen Zeit. Alles löste sich, wenn man in den magischen Zirkel der Madame Colette trat, alles vereinfachte sich, wurde Wärme, wurde Herz, wurde Gefühl.

(1952)

Jean Cocteau, der universale Zauberer

> *»Ich habe mein Leben der turnerischen Er-*
> *ziehung meines Inneren gewidmet, so daß*
> *ich meine Seele heranbildete wie ein Akro-*
> *bat seinen Leib.«*
>
> J. C.

Das letzte Mal traf ich ihn einige Monate vor seinem Tode, etwa im Januar 1963. Ich war bei Rostands zum Abendessen gewesen und in die Rue du Colossée geschlendert, um im ›Boeuf sur le toit‹ etwas zu trinken. Das ›Bœuf‹ hat seine große Zeit zwischen den beiden Weltkriegen gehabt. Manchen ›großen Abend‹ hatte ich in dieser Künstler-Klause im Kreise von Pariser Prominenz der Literatur und des Theaters erlebt. Diese Zeiten waren vorüber. Nur Plakate und Fotografien erinnerten an die glanzvolle Vergangenheit.

Gelangweilt trank ich meinen Cognac. Ein Barpianist klimperte lustlos sein Repertoire herunter. Gegen Mitternacht kam eine Gruppe vergnügter Leute herein, etwa zehn Personen. Sie nahmen am Tisch neben mir Platz, lachten, lärmten und tranken schließlich einem Manne zu, der klein und schüchtern zwischen den anderen saß; vorläufig konnte ich ihn nicht erkennen. Der Barpianist gab sich jetzt fraglos mehr Mühe als zuvor. Bald erschienen Künstler, die etwas vortrugen. Zunächst eine uralte Chansonette, die sich hier offenbar ihr Gnadenbrot ersang. Sie plärrte abgedroschene Pariser Chansons – weniger gut, mehr schlecht. Man applaudierte ihr aus Mitgefühl. Nach ihr erschien ein sehr gut aussehender junger Mann, der sich entschuldigte, noch nicht gut französisch sprechen zu können. Er sei erst kürzlich aus Mexico-City in Paris eingetroffen, immerhin wolle er doch versuchen, dem maître zu gefallen. Dem maître? Ich erhob mich, um mir jenen Mann anzuschauen, der hier gefeiert wurde. Es war Jean Cocteau. Ich war erfreut, ihn wiederzusehen.

Der junge Mann begann mit seinem Vortrag. Weil er sehr jung und sehr schön war, wirkte alles sympathisch, obwohl es mit seiner Kunst nicht weit her war. Außerdem wußte er nicht mit dem Mikrophon umzugehen. Das schepperte, die Stimme klang viel zu laut. Es war unerträglich. Dennoch applaudierte man ihm, eigentlich auch nur wie bei der Chansonette, aus Mitgefühl. Er spürte aber genau, daß er nicht besonders gefallen hatte. Er entschuldigte sich verlegen und sagte, er würde nun ein mexikanisches Lied singen.

Da stand Cocteau auf und ging zu ihm hin. Zunächst setzte der Dichter das Mikrophon beiseite, dann packte er den jungen Mann an den Schultern und hieß ihn, sich gerade hinzustellen. Er sagte ihm, er müsse besser durchatmen und machte ihm das vor. Der junge Mann lief rot an; er war sichtlich verlegen. »Hab keine Angst!« sagte Cocteau, »du kannst bestimmt viel mehr, als du bisher gezeigt hast. Das Mikrophon ist bei dir völlig überflüssig.« – »Aber ich habe immer mit Mikrophon gesungen«, sagte der junge Mann. »Das ist eben der Fehler«, sagte Cocteau. »Du bist ohne Mikrophon unsicher? Gut, dann stell dich neben den Pianisten, leg deine rechte Hand auf seine linke Schulter. Ihr bildet dann eine Einheit. Sie wird dich beruhigen. Du brauchst wirklich keine Angst zu haben!« Cocteau schien völlig vergessen zu haben, daß um ihn und den Mexikaner andere Menschen waren, die beide schweigend beobachteten. Cocteau führte Regie!

Der junge Mexikaner begann nun erneut zu singen: ein indianisches Volkslied. Es war großartig, wie er jetzt vortrug: völlig natürlich und daher absolut hinreißend! Nicht nur die Gruppe um Cocteau und ich waren begeistert. Es kamen jetzt sogar Menschen von der Bar und Kellner, und sie lauschten fasziniert. Der junge Sänger wurde mit Beifall überschüttet. Cocteau strahlte, als habe er selber Beifall empfangen. Der Mexikaner sang noch zwei weitere Lieder. Eines war besser als das andere. Als er sichtlich erschöpft war, holte ihn Cocteau an seinen Tisch.

Jetzt ging auch ich hinüber zu dem Dichter und begrüßte ihn. Wir hatten uns das letzte Mal in Deutschland gesehen. Er lud mich sofort an seine Tafelrunde ein und stellte mich seinen Freunden vor. Dann wurde über nichts anderes mehr gesprochen als über Chansons und das rechte Vortragen. Von da führte das Gespräch zur Schauspielerei, zum Theater. Es war doch wieder einmal bezaubernd, wie amüsant und zugleich klug Cocteau erzählen konnte!

Man hat nach seinem Tode geschrieben, Cocteau sei ein eitler Einzelgänger gewesen. Er habe nur immer sich selber in den Vordergrund gespielt. Das bezweifle ich. Cocteau brauchte seine Freunde, um der zu werden, der er geworden ist. Und er wußte das. Er war vielleicht einer der ersten Pariser Künstler, die das betrieben, was man heute Teamwork nennt. Cocteau war ein großer Erzieher, besonders dann, wenn er mit jungen Menschen zu tun hatte, die ihm gefielen. Man sollte ihm das nicht negativ anrechnen. Es gibt Opernregisseure, die nur mit bestimmten Sängerinnen erfolgreich arbeiten können. Gerade auch in der Kunst spielt der persönliche Kontakt eine entscheidende Rolle.

Cocteau erzählte mir an jenem Abend, daß er nur noch selten in das ›Bœuf‹ käme, dem er den Namen gegeben hatte. Aber heute sei ein besonderer Tag, und er freue sich, daß er mich gerade zu dieser Stunde hier traf: heute sei der Geburtstag des ›Bœuf‹. (Ich glaube, es bestand an diesem Tag vierzig Jahre.)

Es wurde wieder musiziert. Noch einmal sang die alte Chansonette, noch einmal sang der junge Mexikaner. Alsdann hielt Cocteau eine seiner entzückenden kurzen Ansprachen. Er brachte einen Toast aus auf das ›Bœuf‹ und das Paris zwischen den beiden Weltkriegen. Wehmut lag in seiner Stimme. Er wußte, daß eine große Epoche vorüber war. Man spürte aus seinen Worten aber obendrein, daß ihm bewußt war: seine eigene große Zeit war vergangen. Rückblickend, und weil Cocteau bald danach starb, kommt es mir heute vor, als habe ich Cocteau damals erlebt, wie er seinen ›Schwanengesang‹ auf die Vergangenheit vortrug.

Ich hatte Cocteaus Geheimnummer und durfte ihn anrufen, wenn ich in Paris war. Gern besuchte ich ihn in seiner Wohnung im Palais Royal, in dem auch Madame Colette wohnte. In meinem Reisejournal notierte ich mir im Jahre 1949:

In der Rue Montpensier wurde gebaut. Die Straße war aufgerissen. Es war schwierig, die Haustür zu erreichen. Auch hatte ich vergessen, in welcher Etage Cocteau wohnt. Obendrein war der Concierge spazierengegangen. Also wollte ich Madame Colette fragen. Plötzlich fiel mir ein, daß sie vor ein paar Tagen umgezogen war. Sie hatte ihren geliebten Jeannot verlassen und ihr Quartier um die Ecke aufgeschlagen. Während ich durchs Treppenhaus ging, öffnete sich plötzlich in einem Zwischengeschoß eine kleine Wohnungstür. Eine Frau mit Schürze fertigte einen Briefträger ab. Als dieser gegangen war, fragte ich nach M. Cocteau. »Das ist hier«, meinte Madame. Ich nannte meinen Namen, sagte, daß ich verabredet sei. Ich solle nur hereinkommen, sagte sie, M. Cocteau sei allerdings noch nicht da. Er käme aber sicherlich bald zurück.

mauvaise compagne, espèce de morte
De quels corridors
De quels corridors pousses-tu la porte
Dès que tu t'endors ? —

Je te crois quitter ta figure close
Bien fermée à clef
ne laissant ici plus la moindre chose
Que ton chef bouclé.

Je baise tes yeux et serre tes membres
mais tu sors de toi
Sans faire de bruit, comme d'une chambre
On sort par le toit.

Jean Cocteau

Ich wußte bereits von Cocteaus Haushälterin. Er erzählte gern von seiner Madeleine. Ich sagte ihr, daß ich sie vom Hörensagen längst kenne. Es schmeichelte ihr. Wir hatten sofort Kontakt, worüber ich sehr froh war. Ich wollte von der Haushälterin gern etwas über den maître hören. Wir standen im kleinen Flur. Türrahmen und Regale: rohes Holz, Neubau-Atmosphäre. In den Türfüllungen und an den Wänden: Schiefertafeln. Von oben bis unten vollgeschrieben. Mit Notizen. Mit Telefonnummern. Mit Buchtiteln. Zwischendurch auch Skizzen. Sofort war zu erkennen, was Cocteau selbst geschrieben hatte, was andere. Seine Handschrift ist unverkennbar. Madame Madeleine erzählte: »M. Cocteau braucht diese Tafeln. Er findet sie sehr praktisch. Notizzettel verliert er immer. Und er hat doch immer so viel im Kopf! Sehen Sie, in jedem Zimmer haben wir diese Tafeln. In jeder Türfüllung. Deshalb liegt auch bei uns überall Kreide herum.« – »Wieviel Zimmer haben Sie denn hier?« – »Ach, wenig, zu wenig, Monsieur! M. Cocteau ist ja anspruchslos. Sehen Sie, hier, die Toilette und das Bad. Hier sein Schlaf-, Eß- und Arbeitszimmer. Hier ein Gastzimmer – typisch für ihn, daß es größer ist als sein eigenes Zimmer. Und hier der wichtigste Raum für ihn: unsere Küche!«

Es gibt viel Licht in der Küche Jean Cocteaus! Sonst: einen Tisch mit vier Stühlen in der Mitte. Ein Buffet und einen großen Herd. Auch wieder alles wie bei einem ›Normalverbraucher‹ in einem Neubau – dabei handelt es sich hier um eines der guten alten Pariser Arrondissements. Das viele Licht irritierte mich! Aber das sei wichtig, sagte Madame Madeleine: »M. Cocteau hält sich meistens in der Küche auf, wenn er zu Hause ist. Ach, haben Sie eine Ahnung: er ist der unkomplizierteste Mensch auf Erden. Wir essen sehr einfach. Trinken einfachen Landwein. Und nie werde ich ihn hier los. Ich koche, er schreibt. Ich bügele, er malt. Ich wasche, er zeichnet. Ich putze Gemüse, er liest oder er denkt sich etwas aus. Wir sind eine komische Familie. Ja, ja, wir leben meistens in der Küche. Wie viele Pariser Kleinbürger! Aber M. Cocteau braucht wohl solche Gemütlichkeit. Ich sagte ja schon, er ist sooo anspruchslos.«

Ich muß nun sein Zimmer ansehen, ehe er kommt. Eine kleine rotüberzogene Couch, auf der er schläft! Dahinter ein vollgepfropftes Bücherregal. Davor ein Tischchen mit Bibelots: Geschenke seiner Verehrer und Verehrerinnen. Gegenüber ein verstellbarer kleiner Zeichentisch und ein anderes Tischchen mit viel

Post darauf. »Das ist wirklich alles?« frage ich. – »Ja, das ist alles«, sagt Madame Madeleine. Sie schaut selbst erstaunt auf, erstaunt und eigentlich entsetzt zugleich. »Nicht wahr, Sie begreifen das auch nicht? Aber M. Cocteau sagte immer, er braucht nicht mehr!« – »Wo schreibt er denn?« – »Meistens hier auf der Couchkante sitzend ... Nur bei größeren Zeichnungen oder Entwürfen benützt er den Zeichentisch oder die Wandtafel an der Wand!« – Ach ja, da ist auch eine solche große schwarze Tafel. Und darauf in weißer Kreide, in einer Linie gezogen, das Profil von Jean Marais.

Madame Madeleine und ich haben auf der Couch des maître Platz genommen. Ich bin sehr berührt von der einfachen Lebensführung dieses universalen Zauberers, der nun schon seit Jahrzehnten zu der künstlerischen Avantgarde Europas gehört und jetzt sechzig Jahre zählt! Seine Haushälterin muß meine Gedanken erraten haben: »Entschuldigen Sie, bitte, wenn ich etwas sage«, meint sie. »Ob Sie ihn wohl ganz gelegentlich beeinflussen könnten? Wissen Sie, es gibt doch Wunder. Vielleicht bringen Sie ein Wunder zustande – etwas, was seinen Freunden und (sie stöhnt vernehmlich) mir bisher nicht gelang.« Welches Geheimnis wird wohl gelüftet? Sie fährt fort: »Man sollte M. Cocteau einmal energisch sagen, er müsse mehr Sorgfalt auf seine Kleidung verwenden. Wenn ich nicht aufpasse, trägt er täglich denselben Anzug. Er kauft keine neue Wäsche, trägt am liebsten gestopfte Socken. Nein, es geht nicht so weiter, daß er wie ein schlechtbezahlter Arbeiter dahergeht. Er ist schließlich ein Genie, er hat den künstlerischen Ruhm Frankreichs vermehrt!«

Ich lächle. Ich drücke ihr freundschaftlich die Hand. Sie ist so dankbar. Sie fährt fort, von Cocteaus Sorglosigkeit und Unbekümmertheit zu sprechen. Und plötzlich beginnen ihre Augen zu leuchten. M. Cocteau hat ihr Fotos von seinen letzten Tourneen durch Ägypten, Amerika und Westdeutschland geschenkt. Stolz zeigt sie mir die Bilder. Jean Cocteau hat ihr auch erzählt, wie sehr er gefeiert worden ist. Es hat ihm so gut getan. Er ist allen so dankbar, den Freunden in Kairo, in New York, in Hamburg und Berlin. »Ja, aber gerade deshalb darf er keine gestopften Socken mehr tragen!«, beharrt Madame Madeleine.

Es klingelt stürmisch. »Ach, ich erschrecke immer so, wenn sie so laut klingeln«, sagt die Haushälterin. »Ich denke immer, sie hatten ein Autounglück.« – »Fährt er neuerdings selbst seinen Wagen?« Madeleine lacht: »Sie meinen M. Cocteau? Nein, er

chauffiert gottlob nicht. Er sagt selbst, er kann nur Bäume um-
fahren oder gegen Wände sausen. Nein, Monsieur Doudou fährt
so schnell.« – »Und das alles in gestopften Socken!« kann ich
mir nicht verkneifen hinzuzufügen. – »Sie haben recht«, sagt
Madame Madeleine. »Und das in gestopften Socken!« Wir lachen
beide.

Da kommt Jean Cocteau etwas atemlos die Treppen herauf.
Er begrüßt uns: »Man muß immer wissen, wie weit man zu
weit gehen darf. Aber manche Leute wissen das nicht!« Er erzählt von einem Verkehrssünder. Dann nehmen wir in der Küche
Platz. Sein Freund Doudou reicht Zigaretten herum. Madame
muß Kaffeewasser aufsetzen. Jean Cocteau berichtet von seinen neuesten Plänen. Er ist wirklich ein Zauberer. Die kleine
Wohnung wird weit. Die Kleine-Leute-Küche ist vergessen. Geführt von diesem einzigartigen Gärtner, der in der einen Hand
einen Spaten hält (ohne daß er die Erde berührt, öffnet sie sich)
und in der anderen Hand die Leier des Orpheus (ohne daß er
die Saiten anschlägt, beginnt sie zu tönen) . . .

Bereits als junger Gaststudent an der Sorbonne lernte ich ihn
kennen. Es war Anfang der dreißiger Jahre. Cocteau war damals schon eine europäische Berühmtheit. Aber erst dieser Tage
realisierte ich mir sein Alter. Wenn man früher sechzig war,
ging man vielleicht zitternd am Stock, wurde ›Großväterchen‹
tituliert und mit entsprechender Ehrfurcht behandelt. Es ist
schön, daß es heute so wenig ›alte Leute‹ gibt. Dieser sechzigjährige Cocteau jedenfalls gehört zu den jungen Leuten. Gewiß,
sein Gesicht zeigt einige Falten, am Hinterkopf lichtet sich das
Haar, die Schläfen sind ein wenig grau. Trotzdem strahlt er wie
ein Jugendlicher. Er ist ›nur‹ Künstler und alles andere als ein
Sportsmann. Und doch muß man sagen: er ist eine sportliche
Erscheinung. Seine Schritte und die Bewegungen seiner Arme wie
seines Körpers sind elastisch, federnd, leicht. Cocteau hat wunderschöne, schlanke Hände und Finger. Bei alten, gotischen Figuren bewundert man solche Hände. Derartig ausdrucksvolle
Hände habe ich sonst nur noch einmal bei einem Lebenden gesehen: bei Papst Pius XII. Leider nur weiß Cocteau, daß er
schöne Hände hat.

Cocteau wirkte deshalb wie ein junger Mensch, weil er im
Geist und Gemüt jugendlich ist. Er hat auch alle guten und
schlechten Eigenschaften eines jungen Menschen. Meinethalben,
Künstler dürfen alt werden. Bertrand Russell, Carl Sandburg,

André Gide wirkten und wirken auch als alte Menschen reizvoll; in ihrer Alterswürde zwangen sie zu Demut und Verehrung. Der sechzigjährige Cocteau ist anders. Ihn kann man nicht
verehren und bewundern wie einen alten Meister, ihn muß man
bestaunen als einen ewig jungen Dichter: Was heißt denn jung
sein? Vor allem dies: Spannkraft besitzen, ständig auf der Suche
sein, noch kein endgültiges Ziel haben, tapfer und unbeirrt sein.
Jean Cocteau huldigt in all seinen Werken diesen Eigenschaften, und er verkörpert sie wie kaum ein zweiter Sechziger. Und
Jean Cocteau hat Anfeindungen und Spott zum Trotz nie aufgehört, Jugend und Schönheit zu lieben: sei es, um sich selbst
daran zu entzünden, sei es, um Jugend und Schönheit in seinen
Kunstwerken überzeugend darzustellen. Und immer hat der
sechzigjährige Dichter den zwanzigjährigen Freund neben sich.
Das meiste, was um ihn vorgeht, wird der Jüngling, ein junger
Bergarbeiter, nicht begreifen. Aber er spürt gewiß eines: Seine
Anwesenheit gibt seinem älteren Freund, dem gefeierten Dichter,
Kraft. Immer ruhen die Augen des Älteren auf dem Jüngeren.
Dieses lautere Bekenntnis Jean Cocteaus zur Freundschaft in-
mitten einer Welt von Heuchelei und Lüge ist vielleicht einer
seiner bemerkenswertesten Züge. Er gibt Menschen, die um die
Freiheit noch ringen, ein Beispiel. Er spricht nicht wie andere
von menschlicher Freiheit, sondern gibt sich einfach selbst als ein
freier Mensch.

(1963/1949)

Jean Genet und die ›Blumen des Bösen‹

»Gott: mein innerliches Gericht. Die Hei-
ligkeit, die Vereinigung mit Gott. Sie wird
da sein, wenn das Gericht aufhören wird,
das heißt, wenn der Richter und der Ge-
richtete vereint sind. Ein Gericht teilt das
Gute und das Böse. Es spricht das Urteil
aus, erlegt eine Strafe auf. Ich werde dann
aufhören, der Richter und der Angeklagte
zu sein.«   J. G.

Als ich das erste Mal, blutjung noch, Büchners ›Woyzeck‹ las, erschütterten mich die Worte: »Wer am meisten sündigt, betet am meisten.« Ich entdeckte den Sonnengesang des Franziskus von Assisi für mich. Dieser Sohn eines reichen Tuchhändlers, der zum asketischen Ordensstifter wurde, interessierte mich vor allem, weil er zunächst ein großer Sünder war, ehe er ein Heiliger wurde. Und dann war da die Erfahrung des Dichters Charles Péguy: »Der Sünder ist mitten im Herzen des Christentums ... Niemand weiß in den Dingen des Christentums so genau Bescheid, niemand außer den Heiligen.« Mit diesem Thema setzen sich die gläubigen Dichter der Gegenwart mit Vorrang auseinander: Georges Bernanos, François Mauriac, Evelyn Waugh, Graham Greene, T. S. Eliot, Gertrud von le Fort und andere. Ob aber nicht unsere Zeit den Heiligen verschlossen ist? Ob die Sünder für Gott und göttliche Gnade Beweise erbringen sollen? Auch unter dieser Perspektive möchte man mein Interesse für Jean Genet sehen.

Nehmen wir das Biographische voraus: Am 16. Juli 1948 richteten Jean Cocteau und Jean-Paul Sartre gemeinsam einen Brief an den Präsidenten der Französischen Republik, M. Vincent Auriol: »Herr Präsident, wir haben uns entschlossen, unsere Zuflucht zu Ihrer hohen Autorität zu nehmen, um einen Gnadenerlaß zugunsten eines Schriftstellers zu erbitten, den wir alle bewundern und verehren: Jean Genet. Wir verkennen nicht, daß sein Werk eine Randerscheinung der Literatur und nicht für den Mann von der Straße bestimmt ist; aber das Beispiel von Villon und Verlaine veranlaßt uns, Sie um Ihre Unterstützung für einen sehr großen Dichter anzugehen. Im übrigen haben wir vernommen – ohne daß Jean Genet selbst davon gesprochen hat –, daß es zu seiner letzten und definitiven Verurteilung gekommen ist, weil er sich entschlossen hat, ein Vergehen von Jean Decarnin, gefallen auf den Barrikaden der Befreiung, zu seinen Lasten zu nehmen, damit dessen Name nicht beschmutzt wird. Das ist ein weiterer Grund für unsere Hochachtung und hat uns zu unserem Schritt gedrängt. Das ganze Werk von Jean Genet entrückt ihn einer Vergangenheit flagranter Vergehen. Und eine definitive Verurteilung würde ihn wieder in das Böse stürzen, von dem ihn sein Werk befreit hat. Wir bitten Sie inständig, Herr Präsident, wenn irgend möglich, eine schnelle Entscheidung zu treffen, um einen Mann zu retten, dessen ganzes Leben nur noch Arbeit ist. Genehmigen Sie, Herr Präsident, die Versicherung unserer Dankbarkeit und unsere Gefühle tiefsten Respekts. gez. Jean Cocteau, gez. Jean-Paul Sartre.«

Darüber hinaus boten Sartre und Picasso an, für Jean Genet ins Gefängnis zu gehen, falls der Präsident der Republik nicht Gnade vor Recht ergehen lasse. Der Präsident gab dem Ersuchen statt. Genet mußte nicht zwei Jahre ins Gefängnis. »Allerdings darf er nicht rückfällig werden.«

Wer ist dieser Jean Genet? Er wurde am 19. Dezember 1910 in Paris in der Rue d'Assas geboren. Sein Vater ist unbekannt. Seine Mutter, Gabrielle Genet, ließ das uneheliche Kind im Stich. Die öffentliche Fürsorge brachte ihn bei Bauern in der Morvan unter. Ein Dorfgeistlicher lehrte ihn die Anfangsgründe des Schreibens. Sehr frühreif, fiel der blasse Knabe ›mit dem dämonischen Blick dem Bösen anheim‹. Aber gleichzeitig keimte in ihm und entwickelte sich der brennende Wunsch, ein Heiliger zu werden. Heiligkeit: das ist also eines der Leitmotive von Jean Genets bisheriger Existenz. Was versteht er selbst darunter? Im ›Tagebuch des Diebes‹ schreibt er: »Ich nenne Heiligkeit nicht einen Zustand, sondern das moralische Verhalten, das mich führt ... Ausgehend von den elementaren Prinzipien der verschiedenen Morallehren und der Religionen erreicht der Heilige sein Ziel, wenn er sich von den Prinzipien löst. Wie die Schönheit und die Poesie – mit der ich sie vergleiche – steht die Heiligkeit ganz auf sich. Ihr Ausdruck ist original. Jedenfalls scheint es mir, daß ihre einzige Basis der Verzicht ist. Ich vergleiche sie darum auch noch mit der Freiheit. Aber vor allem will ich ein Heiliger sein, weil das Wort die höchste menschliche Haltung ausdrückt, und ich werde alles tun, sie zu erreichen.«

Mit fünfzehn Jahren kommt Jean Genet in das gefürchtete ›Maison de Correction Mettray‹ bei Fontevrault. Aus der Besserungsanstalt reißt er aus, schlägt sich nach Nordafrika durch, um in die Fremdenlegion einzutreten. Nach einigen Tagen flieht er unter Mitnahme der prallgefüllten Koffer eines Offiziers. Sein vorläufiger Stützpunkt wird Spanien. (Und Jean Cocteau sollte ihm später den Spitznamen ›Le petit Genet d'Espagne‹ geben.) In Barcelona wird er ›Caroline‹: Er verkauft seine Jugend an denjenigen, der gerade nach ihr verlangt. In Gibraltar läßt er sich von englischen Soldaten verpflegen. Insgesamt drei Jahre vagabundiert er durch Spanien. Als er die französische Grenze überschreitet, wird er verhaftet und ins Gefängnis gesteckt. Hier findet er zum ersten Male Ruhe und Frieden, Besinnung und Freundschaft.

Nachdem er seine Strafe abgesessen hat, geht Jean Genet wieder auf Wanderschaft. Nirgends hält es ihn. Er will die Welt sehen! Es treibt ihn von Land zu Land. Er lernt Italien kennen, Albanien, Serbien, Österreich, die Tschechoslowakei, Polen, Belgien, Holland und Hitler-Deutschland. (Er spricht daher etwas Deutsch.) Mal übernimmt er Gelegenheitsarbeiten. Mal stiehlt er. Mal läßt er sich aushalten. Jean Genet lebte damals unter etwa fünfzehn verschiedenen Namen. Er wurde 1937 und 1943 dreizehnmal zu Gefängnis verurteilt und aus fünf Ländern ausgewiesen. Das Raffinement seiner Gaunereien wurde trotzdem immer größer. Genet schaltete sich in internationale Gangsterorganisationen ein. In Jugoslawien handelte er mit Sacharin, in Polen mit falschen Zlotys, in Antwerpen mit Juwelen und Kokain. In Antwerpen war es auch, wo seine Liebe zum ersten Male eine beständigere Form annahm. Vorher hatte er keinen Sinn für Bindungen; er war kontaktarm. Hier an der Schelde verliebte er sich in einen Burschen ›unsterblich‹. Er liebte ihn auch noch, als dieser heiratete und eine Tochter hatte. Später, als berühmter Schriftsteller zu Geld gekommen, kaufte er seinem Freund Lucien ein Haus an der Côte d'Azur. Die Familie des Freundes bringt eine Konstante in sein Dasein . . .

1942 ist Jean Genet erneut in Paris. Er wird am Seineufer, nahe der Kathedrale Notre-Dame, ›Bouquiniste‹. Er ist ein eigenwilliger Buchhändler! Er verkauft nur, was ihn selbst interessiert. Zu zwei jungen Schriftstellern, die in seinen Kästen stöbern, spricht er eines Tages enthusiastisch über Marcel Proust: »Das ist ein Autor, den man im Gefängnis oder im

Krankenhaus lesen muß!« Die beiden horchen auf. Wer ist dieser Buchhändler? fragen sie sich und gehen zusammen mit ihm Wein trinken. Am folgenden Tag zeigt der Buchhändler den beiden Kunden das Manuskript eines Gedichtes von sich selbst, zur Erinnerung an den mit zwanzig Jahren hingerichteten Mörder Maurice Pilorge, den er im Gefängnis liebte: ›Le condamné à mort‹. Die beiden Autoren sind begeistert von dieser Dichtung. Sie zeigen das Manuskript Jean Cocteau. Dieser – ›Schutzpatron der enfants terribles‹ genannt – erklärt: »Hier ist ein neues Genie!« Cocteau hat mit sicherem Instinkt schon manchem Genie den Weg geebnet. Das literarische Paris beschließt, sich den Namen des neuen Protegés von Cocteau zu merken.

Im selben Jahr, erneut beim Diebstahl ertappt, verfaßt Jean Genet im Gefängnis von Frêsnes seinen ersten Roman: ›Notre Dame des Fleures‹, einem Meuchelmörder gewidmet. Der Dichter hat noch ziemliche Mühe, Prosa zu schreiben. Er kennt das Handwerk des Schriftstellers noch nicht. Später bekannte er: »Von meiner schriftstellerischen Arbeit zu sprechen ist ein Pleonasmus. Allein die Idee, ein literarisches Oeuvre zu schaffen, ließ mich mißmutig mit den Achseln zucken. Trotzdem übermannte mich der unwiderstehliche Drang, zu schreiben. Meine einzige Hilfe war anfangs die Grammatik von Claude Augé. Besondere Schwierigkeiten machten mir die Partizipien. Verdammt, es war eine mühsame Sache! Mit der linken Hand blätterte ich ständig in der Grammatik, mit der rechten schrieb ich!« Und so wurde in einem französischen Gefängnis ein neuer Dichter geboren, dem heute selbst seine Widersacher eine große Könnerschaft zusprechen müssen. Im ›Carrefour‹ schrieb Moran Lebesque: »Jean Genet ist unwiderlegbar ein großer Schriftsteller. Er handhabt die französische Sprache in bewundernswerter Weise. Er hat einen originalen, kräftigen, strengen Stil und einen bemerkenswerten Sinn für Bilder. Er ist ein bedeutender Analytiker der Gefühle und der Leidenschaften.« Selbst sein leidenschaftlichster Gegner, François Mauriac, muß zugeben, »daß Jean Genet ein Schriftsteller ist, ja, daß er den Anspruch auf den Titel Dichter hat«.

Im Juli 1943, in der Zeit der Besetzung Frankreichs, wurde Genet wiederum vor Gericht zitiert. Er war erneut erwischt worden, als er aus der Auslage einer Buchhandlung im Quartier Latin Bücher stahl. Genet wurde als ›krankhaft veranlagt‹ freigesprochen. In seiner Verteidigungsrede sagte Genet zu dem bestohlenen Buchhändler: »Ich habe Ihnen das Geld wieder abgenommen, das Verlaine hätte verdienen müssen und das Sie ihm gestohlen haben.« Cocteau trat als Zeuge auf. In die erwartungsvolle Stille des Gerichtssaales hinein erklärte er, daß er den Angeklagten für einen der größten lebenden Schriftsteller Frankreichs halte. Und 1947 erinnerte sich Cocteau seines Appells vor Gericht. In ›La Difficulté d'Étre‹ schrieb er: »Jean Genet, den man eines Tages als einen Moralisten betrachten muß, wie paradox es auch sein mag, weil man die Gewohnheit hat, den Moralisten und den Menschen, der uns die Moral predigt, zu verwechseln, sagte mir vor einigen Wochen dieses zutreffende Wort: ›Es ist nicht genug, seine Helden leben zu sehen und sie zu beklagen. Wir müssen ihre Sünden auf uns nehmen und die Konsequenzen tragen.‹ ... Ich habe es erlebt, daß Genet sich weigerte, mit einem berühmten Schriftsteller bekannt gemacht zu werden, dessen Immoralität ihm verdächtig schien.«

Jean Genet hatte inzwischen die Feder nicht mehr aus der Hand gelegt. Zunächst erschienen seine Schriften in clandestinen Luxusausgaben zu 500 bis 1000 Exemplaren. Die Preise dieser Bücher stiegen sehr schnell und brachten dem Autor große Honorare ein. Jean Genet interessierte sich auch für die Bühne. Darius Milhaud schrieb die Musik zu seinem Ballett ›Adame Miroir‹. Es wurde kreiert durch die größten Tänzer Frankreichs: Roland Petit, Serge Perrault und Wladimir Skouratoff. (Choreographie: Mlle Jeannine Charrat.) Genet schrieb Theaterstücke. ›Les Bonnes‹ wurde in einer Dekoration von Christian Berard 1948 im ›L'Athenée‹ unter Louis Jouvet uraufgeführt. Ein Jahr später folgte, gleichfalls in Paris, am ›Theatre des Mathurins‹, das Stück ›Haute Surveillance‹. Handelte es sich bei dem ersten Stück um ein Drama unter Frauen, so spielte das zweite nur unter Männern. Ein Kritiker schrieb: »Bei Genet werden die Geschlechter strikt auseinandergehalten!« ... Alle Werke von Genet gehören zu denen, deren Inhalt man nicht nacherzählen kann, ohne sie zu trivialisieren. Kennt man sie nicht, so genügt es vielleicht, daß man zur Einführung einen Satz aus dem ›Tagebuch des Diebes‹ weiß: »Mein Talent ist die Liebe, die ich für diejenigen empfinde, die die Welt der Gefängnisse und der Zuchthäuser bilden.«

Als Jean Genet in Paris aufgeführt wurde, kam er zum ersten Mal mit der breiteren Öffentlichkeit in Berührung. Er fürchtete sie, er bangte vor den Journalisten. Ein Gejagter und Gehetzter,

*où sont donc les allumettes, dans cet appartement,
que j'y mette le feu pur voir flamber toute
cette littérature et que n'y demeure que,
ce qui résiste au feu: l'amitié.
Jean Genet*   *5 septembre 5]*

Gästebucheintragung von Jean Genet:
Wo sind doch in dieser Wohnung die Streichhölzer, damit ich Feuer
anstecken kann, um in Flammen aufgehen zu sehen alle diese Literatur,
und damit nichts übrig bleibt als das, was dem Feuer widerstehet:
die Freundschaft.

wechselte er alle paar Tage sein Hotel. Obwohl sie ihm oft die
Freiheit raubten, liebt er die Flics. Er behauptet, viele Freunde
unter ihnen zu haben. Die Journalisten dagegen haßt Genet. Es
macht ihm nichts aus, es mit ihnen zu verderben. Er hat sie ge-
ohrfeigt und geboxt, wenn sie ihm lästig wurden. Inzwischen
malte Jean Cocteaus Freund, Jean Marais, ein Ölbild von Genet.
Seine Büste wurde in Auftrag gegeben. Jean Genet wurde Mitglied der Jury des ›Prix du Tabou‹. Im Juli 1947 wurde er selbst,
ohne seine Kandidatur angemeldet zu haben, mit dem ›Prix de
la Pléiade‹ ausgezeichnet. Sein neuester Förderer wurde der
Essayist und Dichter Jean Paulhan, Cheflektor des Verlages
Gallimard. Preisgekrönt wurden von der Pléiade Genets Theaterstücke. Gegen 162 Einsendungen mußte sich dieser ›poète
maudite‹ im Wettbewerb der Pléiade behaupten. Er siegte. In
der Jury befanden sich u. a. Marcel Arland, André Malraux,
Raymond Queneau, Jean-Paul Sartre, Albert Camus, Paul
Éluard. Cocteaus Einsatz war gerechtfertigt. Damit nicht genug.
Sartre begann Prosastücke Genets in seiner Zeitschrift ›Les temps
modernes‹ zu publizieren. ›La Nef‹ und ›Les cahiers de la Pléiade‹ folgten. Fernand Pouey von der Radio-Diffusion Française
bestellte einen Vortrag bei dem Dichter. Dieser wählte sich das
Thema: ›L'enfant criminel‹. Der Vortrag wurde von der Zensur
gestrichen. Paul Morihien veröffentlichte ihn daraufhin zusammen mit dem Ballett ›Adame Miroir‹ als Buch.

Jean-Paul Sartre, nun seit längerem mit Genet befreundet,
schreibt einen 800 Seiten umfassenden Essay über ihn: ›Saint Ge-

net – Comédien et Martyr‹. Sartre definiert: »Diese rohe Poesie ist der gewaltige Versuch, das Geweihte aus dem Schiffbruch des ungeweihten Menschen zu retten.« Fragmente aus seinem Essay veröffentlicht Sartre in den ›Temps modernes‹. Daraufhin entwickelt sich eine leidenschaftliche literarische Fehde. Zum Wortführer der Gegner Genets und Sartres macht sich François Mauriac im ›Figaro‹ und im ›Figaro Littéraire‹. Mauriac prägt das Wort vom ›L'excrementialisme‹. Die bekanntesten französischen Publizisten ergreifen die Feder. Es geht nicht mehr um Genet allein, es geht um ›das Böse an sich‹.

Robert Kanters schrieb in der ›Gazettes des lettres‹: »Die große und einzige Frage, die aufs neue gestellt wird, lautet: Kann die Ästhetik als eine Berufungsinstanz für die Ethik wirksam sein? ... In unserer Zivilisation wachsen die Blumen des Bösen am besten; das ist eine Frage des Klimas, für das der Künstler nicht verantwortlich ist ... Die Freiheit für den Menschen gibt es nicht ohne die Freiheit für den Künstler, und die Freiheit des Künstlers enthält die Freiheit des Kunstwerkes, seine Autonomie, das heißt: sich nur auf sein eigenes Gesetz stützen und nicht auf eine politische oder moralische Regel. Der Dichter ist in seinem tiefsten Wesen ein Bürger der Welt. Er ist zwar an sein Milieu und an seine Epoche gebunden, an das ökonomische System, an die politischen und nationalen Konflikte, aber er ist auch ein Mann der Umstände ... Daß man verpflichtet ist, an diese Banalitäten zu erinnern und sie zu wiederholen, ist das Zeichen einer viel ernsteren Gefahr für unsere Zivilisation, als es alle Ausschweifungen von Jean Genet sind. Unser literarischer Streit ist nicht ohne Wichtigkeit: Man kann einem Mann das Recht auf das Wort nicht beschneiden, und besonders nicht einem großen Schriftsteller, ohne den Sinn unserer Freiheit und unseres Lebens in Frage zu stellen ... Wenn man einen literarischen Vergleich anstellen will, muß man sagen, daß Jean Genet seit Marcel Proust der am hellsten sehende und mutigste Erforscher der immer brennenden Ruinen von Sodom ist, die stets noch in unseren Städten und in unserer ganzen Welt emporragen ... Genets Werk wird in den Geheimfächern der Bibliotheken bleiben, im Gegensatz zu denen Prousts. Auf jeden Fall aber, so scheint es mir wenigstens, wird Genets Werk weiterleben: etwa wie der schockierende und schmerzliche Bericht eines Archäologen, der den Mut gehabt hat, eine Säule der abgebrannten Stadt auszugraben.«

Jean Genet ist jetzt einundvierzig Jahre alt. Er ist etwas ruhiger geworden. Gern lebt er ein paar Monate im Jahr in dem seinem Freund Lucien Sénémaud geschenkten Haus an der Côte d'Azur. Eigentlich hat er keine Aufenthaltserlaubnis für Paris. Aber selbst subalterne Beamte respektieren an der Seine das Genie. Jean Genet lebt augenblicklich in einem guten Hotel im Quartier Montmartre in der Nähe des Place Pigalle. Sein Fenster sieht auf einen uralten Friedhof. Er liebt diese Aussicht. Manchmal studiert er die alten Gräber. Manchmal legt er Blumen auf den Grabhügel der ›Dame aux Camélies‹ nieder. Er ist ein merkwürdiger Romantiker, dieser verrufene Poet; ein Melancholiker. »Aber was ist Melancholie anderes als zurückgesunkene Inbrunst«, sagte André Gide. Im ›Tagebuch‹ bekennt Genet: »Meine Liebe ist triste.«

Pariser Freunde und Kollegen warnten mich vor einer Begegnung mit Genet. Mit bourgeoisen Vorurteilen sollte ich abgehalten werden, ihn zu treffen. Jedenfalls sollte ich keine Uhr mitnehmen, die Brieftasche zu Hause lassen; er kenne Taschenspielertricks. Er sei ruchlos und hemmungslos wie kein zweiter, auch jähzornig. Einen seiner Verleger wollte er wegen einer Meinungsverschiedenheit ermorden, erzählte man mir. Er sei grausam. Er würde eines Tages als Meuchel- oder Lustmörder enden. Ich nahm an, daß ich kein interessantes Objekt sei, und ließ mich nicht abhalten, ihn aufzusuchen.

Als ich in seinem Hotel zum ersten Male anrief, war der Dichter gerade ausgegangen. Ich hinterließ meine Telefonnummer. Gleich nach seiner Rückkehr rief er mich an. Eine angenehm melodische Stimme! Die Höflichkeit eines perfekten Gentleman! Meine Verwirrung war vollkommen. Jean Genet empfing mich bald danach in seinem Hotelzimmer. Meine anfängliche nervöse Scheu verschwand schnell. Er war von Beginn unseres Gespräches an natürlich und herzlich. Er ließ aus der Hotelbar Cognac kommen. Wir nahmen auf seiner Bettcouch Platz. Neben uns lag ein bildschöner junger Sportsmann.

Jean Genet ist von kleiner Statur. Er bevorzugt sportliche Kleidung: Rollkragen-Pullover und Lumberjacks. Als wir später gemeinsam zum Montmartre gingen, trug er elegante Handschuhe und einen geschmackvollen Schal. Ich verstehe, daß Picasso ihn und er Picasso liebt. Das abenteuerliche Leben hat ihn nicht robust und sportlich gemacht. Im Gegenteil: Genet ist zart, fast grazil. Seine Schritte, seine Bewegungen und sein Händedruck sind sanft. Jean Genets Stimme ist tenoral. Er spricht leise. Manchmal überschlägt sich seine Stimme. Sein Teint ist blaß, seine Stirn sehr hoch, seine blonden Haare trägt er kurz. Seine Lippen sind wunderbar geschwungen. Seine Augen sind von höchster Wachsamkeit; Hunde, die viel geschlagen worden sind, sind derart auf der Lauer. Von der Seite gesehen, hat seine Nase einen tiefen Sattel; sie ist ihm bei einer Schlägerei gebrochen worden.

Als ich mich in seinem Zimmer umsah, entdeckte ich erstaunlich kühne erotische Wandzeichnungen. Aber diese Bilder waren ästhetisch. »Stört Sie meine Galerie?« fragte mich Jean Genet. – »Warum?« fragte ich zurück. »Aber was sagen die Kellner, die Sie bedienen, die Zimmermädchen, die hier sauber machen?« – »Man kennt mich doch!« antwortete Genet. »Ich liebe es auch nicht, Theater zu spielen. Ich hatte keine Gelegenheit, es zu lernen. Ich gebe mich in meinen Büchern, wie ich bin: ohne Schminke und Perücke. Warum soll ich im Leben etwas vortäuschen? Wem es nicht paßt, der soll fernbleiben.«

Ich fragte nach Details aus seinem Leben, die mir noch nicht deutlich waren, erkundigte mich nach dem Schicksal einzelner ›Helden‹ seiner Bücher. Da geschah etwas sehr Seltsames. Jean Genet stutzte. Er sah mich betroffen an: »Woher wissen Sie das alles, was Sie da erzählen und fragen?« – Ich lachte. »Aus Ihren Büchern! Beispielsweise schreiben Sie selbst im ›Journal du Voleur‹ von Lucien.« Jean Genet konnte sich kaum erinnern. Er blieb verblüfft. Ein Mann, der ein Kind gezeugt hat, das ihm nach zwanzig Jahren, groß, stark und reif geworden, zum ersten Mal als sein eigen Fleisch und Blut vorgestellt wird, kann nicht verwunderter sein. Was er jetzt schreibe, wollte ich wissen. Jean Genet hat seit vier Jahren nichts mehr geschrieben: »Es hat mich nichts mehr interessiert«, sagte er. »Damals mußte ich schreiben. Jetzt reizt es mich nicht!« – »Haben Sie keine Pläne?« – »Gewiß, ich hatte Pläne. Ich wollte einen ›Heliogabal‹ schreiben. Aber wenn ich nochmals anfangen sollte zu schreiben, dann hat das mit meinem bisherigen Werk nichts zu tun. Dann wird das alles ganz anders. Ich habe mich in meinen bisherigen Schriften von meinem bisherigen Leben entlastet. Jenes Leben und jene Bücher – alles liegt weit hinter mir.« Ich mußte an den jungen Rimbaud denken, der als Jüngling unsterbliche Kunstwerke schuf und später in Äthiopien als Kaffee-Exporteur, Waffenschmuggler, Kolonist lebte, als habe er nie etwas anderes getan.

Eines aber fesselt Jean Genet jetzt: der Film! Nicht natürlich der marktgängige Film. Einen kleinen Film hat er schon gedreht. Er heißt ›Chant d'Amour‹ wie eines seiner Gedichte. Es ist wieder eine Gefängnisgeschichte. Ein Achtzehnjähriger und ein Mann mittleren Alters liegen in zwei benachbarten Zellen. Sie wollen sich lieben. Der Film zeigt in surrealistischer Interpretation ihre reale Welt und ihre erotischen Vorstellungen. Wegen seiner Kühnheit kann er nur in geschlossener Gesellschaft gezeigt werden. »Hiermit beginnt ein neuer Abschnitt des Films überhaupt.« Wenn er wieder Geld hat, wird sich Jean Genet eine Filmkamera kaufen und dann mit Menschen drehen, die er auf der Straße trifft und die ihm gefallen; ohne ›Stab‹, ohne Scheinwerfer, ohne Kulissen. Die neorealistischen Filme Italiens sind nach seinem Gusto.

Man muß sich beim Zusammensein mit Jean Genet immerzu wundern. Er hat erstaunliche Kenntnisse auf allen Gebieten. Und dabei hat er keine reguläre Schule besucht; nicht gelernt, wie andere Kinder lernen. Er ist jedoch ein besessener Leser. Als ich ihn besuchte, lagen auf seinem Nachttisch Schriften von Nietzsche und dem Biologen Jean Rostand. Proust verzaubert ihn noch immer. Montherlant lehnt er als ›le plus imbécile de France‹ ab. François Mauriac sei ein ›gamin‹. Dagegen liebt er Sartres Gefährtin Simone de Beauvoir sowie Madame Colette; er ist mit beiden befreundet. Und er liebt alle Artisten.

Robert Merle hat aus Anlaß von Oscar Wildes fünfzigstem Todestag in den ›Temps modernes‹ geschrieben: »Weit vor und weit besser als Gide hat Wilde eine metaphysische Deutung dessen gegeben, was vor ihm nur eine Krankheit der Lust war. Er hat diese Erscheinung präpariert und angekündigt, die so wichtig und charakteristisch für unsere Zeit ist: das Auftreten der Homoerotik in der Literatur. Wenn ich nicht fürchtete, der Ironie verdächtig zu werden – und ich lege keine in meine Worte –, würde ich nicht zögern, ihn einen Pionier zu nennen!« Genet lehnt André Gide ab: »Gides Immoralität scheint mir verdächtig. Ich liebe die Richter nicht, die sich liebevoll über die Verurteilten beugen.«

Aus unserem Gespräch und auch aus späteren Begegnungen mit ihm und Berichten seiner Freunde über ihn glaube ich folgendes ableiten zu können: Das Immer-dienen-Wollen, Immer-helfen-Wollen, Immer-opfern-Wollen ist einer seiner ausgeprägtesten Charakterzüge. Dieser Prozeß, der ihn fast zwei Jahre neue Kerkerhaft kostete und in dem er doch nichts anderes tat, als die Schuld eines anderen auf sich zu nehmen, ist typisch für ihn. Will er noch immer ein Heiliger werden? Auch aus seinen erotischen Bekenntnissen weiß man, daß er stets der sich Hingebende ist. Er ist keine Eroberernatur, er ist ein Verführer. Viele Homophile lehnen ihn scharf ab. In einer einschlägigen niederländischen Zeitschrift war zu lesen: »Genet dient unserer Sache gar nicht. Im Gegenteil, er kann unseren Interessen mit solchen Schriften nur schaden; denn man muß bedenken, daß die ›Normalen‹ uns meistens nach den Schlechtesten der Unseren beurteilen.« Der niederländische Dichter Joh. C. P. Alberts, eine Persönlichkeit ähnlich wie Jean Genet, polemisierte in der Amsterdamer Wochenschrift ›Elsevier‹ gegen Genets ›Gefühlsgenossen‹: »Das ›Verkehrte‹ kann sich so hoch entwickeln, daß es besser ist als das mittelmäßige ›Gute‹ und sogar beinahe vollkommen wird. Trotzdem bleibt es verkehrt. Wie kommt das? Das Verkehrte bleibt verkehrt, aber das Hochentwickelte ist vorzüglich. Wenn das Hochentwickeln das Gute betroffen hätte, dann wäre das Resultat vollkommen gewesen.« Ich berichtete Jean Genet von der scharfen Kritik, die er in homophilen Kreisen findet. Er erwiderte, er glaube nicht an eine entscheidende Einwirkung der Literatur auf das Leben. Literatur und Leben seien zwei nicht zu vereinende, unabhängige Welten. Sie hätten nichts miteinander zu tun. Durch ein Buch sei noch nie einer schlecht geworden – es sei denn, er habe schon die Anlage dazu gehabt. Er kam abermals darauf, daß er als Knabe ein Heiliger werden wollte: »Das Schicksal führte mich deshalb diesen bestimmten Weg. Lucifer ist mein ...« Er beendete diesen Satz nicht. Ich ahnte, was er sagen wollte: Satan erst mache den Erzengel sichtbar! Das Böse dürfe nicht vernichtet, es müsse erkannt werden.

Auch ich glaube, daß Jean Genet ein bedeutender Moralist ist. Er ist viel progressiver als viele andere Dichter, die heute in Mode sind. Gewiß sei er kein Moralist in der Linie Montaigne, La Bruyère, Laclos oder Gide, schrieb der früh verstorbene junge Philosoph Jean-Jacques Rinieri in einem Essay, aber Genet gehöre »in die Linie, die von Villon zu Proust führt, dabei Racine, Sade, Baudelaire und Rimbaud berührt: die der ›poètes maudits‹, deren Ethik sich mehr auf eine Metaphysik als auf eine Psychologie gründet. Wenn man ihn mit einem christlichen Schriftsteller vergleichen will, dann ist es Bossuet, an den er denken läßt, nicht Pascal oder Bernanos, nicht Claudel«. Einmal erwähnte ich Genet gegenüber einen Satz, den mir Hans Henny Jahnn in ein Widmungsexemplar hineingeschrieben hat: »Noch nie hat die Pornographie ein Volk ruiniert, wohl aber seine Sittlichkeit!« Genet lächelte zufrieden und verwies mich auf eine Antwort, die er dem Korrespondenten eines großen Blattes gegeben hatte: »Man kann die Literatur entweder als Askese oder als eine Feier betrachten. Ich versuche ein Werk zu schaffen, das zugleich eine moralische Demarche und eine Feier ist. Im Erotismus kann ich die unerhörtesten und reichsten Dekors und Vorwände zum Feiern und – warum es nicht aussprechen? – zur Ausschweifung und Befreiung entdecken. Ich will dabei versuchen, diese Feier vor der Vulgarität zu retten – oder vor dem, was man leichtfertig Pornographie nennt – durch einen Stil, den diese moralische Demarche – oder Askese, wie das modische Wort lautet – aufzeigt.«

Wir sprachen vom Stehlen. Im ›Tagebuch‹ schreibt Genet: »Das Wort Dieb determiniert denjenigen, dessen prinzipielle Aktivität der Diebstahl ist. Es präzisiert, indem es alles, was nicht Dieb an ihm ist, eliminiert. Es vereinfacht ihn. Die Poesie entsteht aus seinem größten Bewußtsein seiner Qualität als Dieb.« Achtmal stahl Jean Genet Bücher. Das letzte Mal wollte er eine Prachtausgabe von Verlaine stehlen. Vorher handelte es sich um Originalausgaben von Proust, Rimbaud, Cocteau und Léon Bloy. Auch diese Tatsache scheint mir nicht unerheblich für eine Skizze seines Charakters. Man spricht vom ›heiligen Krieg‹. Ob man nicht mit demselben Recht von ›heiligen Diebstählen‹ sprechen kann? Falls Genet als Dieb rückfällig wird, muß er außer der neu zu verhängenden Strafe auch die durch das Einschreiten von Cocteau und Sartre ausgesetzten zwei Jahre absitzen. Als ich das feststellte, murmelte er: »Ja, wenn ich rückfällig werde ...« Als Oscar Wilde im Zuchthaus zu Reading saß und Werg zupfte, fragte der berühmte Schriftsteller Frank Harris die Welt: »Wird die Zivilisation niemals Menschheitsideale erfüllen? Wird der Erdenbürger stets die Sünden, die er nicht begreifen kann und die ihn nicht in Versuchung führen, am strengsten bestrafen? Hat Jesus umsonst das Kreuz auf sich genommen?« Diese Frage ist noch nicht beantwortet.

Der Literarhistoriker Gaëton Picon hat in seinem großartigen ›Panorame de la Nouvelle Littérature Française‹ geschrieben: »Ich glaube, man darf behaupten, Genet weiß, daß er eine vollkommene Ausnahme bildet, und will das auch sein. Die

skandalösesten und absonderlichsten Werke waren bisher fortwährend Dialoge zwischen der Ausnahme und der Regel, ein
Versuch der Ausnahme, in Frieden mit der Regel zu leben oder
sich im Verhältnis zu ihr zu definieren. Der sexuell Geplagte
bei Sade versucht, sich für den Menschen auszugeben und aus
seiner Besessenheit eine gültige Moral zu ziehen. Die ›Confessions‹ von Rousseau heben die Klagen dessen hervor, der sich
von den Menschen abgesondert fühlt, aber nicht aufhört, sich
mit ihnen vereinigen zu wollen. Die Verteidigung der Pädera-
stie bei Gide ist der Versuch einer moralischen Rechtfertigung.
Die Perversität, die Jouhandeau vorführt, verbindet den Menschen mit Gott und Satan. Bei Genet aber fühlt sich die Ausnahme nicht zu der Norm hingezogen: sie wendet sich an die
Ausnahme, versucht nur, sie zu überhöhen... Trotzdem ist
uns dieses Werk nie gleichgültig... Das Frappanteste bei Genet
ist die Unschuld seines Geständnisses. Befreit von jeglichen Ge-
wissensbissen, von aller nachchristlichen Pathetik, und deshalb
auch vom Tragischen, von der Auflehnung gegen das Schicksal
und das Unheilbare, hat sein Werk nichts Verworfenes... Das
kommt daher, daß dieser ›skandalöse‹ Autor ein Dichter ist...
Genets biegsame und leichte Prosa, zeremoniell und einfach, mit
Anmut feierlich und hoheitsvoll gelassen, ist eine der schönsten
unserer Zeit. Aber die Poesie ist hier noch etwas anderes als nur
die Fähigkeit, mit Worten zu spielen. Das Laster ist für ihn ein
Mittel, sich mit dem Übernatürlichen zu verbinden: Es ist die
Tür, die Zugang zu dem geweihten Universum gibt...«

Jean Genet hat uns inzwischen mehrfach in Hamburg besucht,
seit ich dieses schrieb. Stets war er ein Gast in unserem Hause
wie andere auch. Nur die Bibliothek störte ihn. Wie man nur
mit so vielen Büchern leben könne, fragte Genet und sagte
emphatisch, er suche nach den Streichhölzern, um die Bibliothek,
nein, möglichst mein ganzes Appartement mit seinen Bildern,
Plastiken und Möbeln in Brand zu stecken – nur die Freundschaft solle dem Feuer Widerstand leisten. Ich bat einige Freunde
zu einem Treffen mit Genet bei mir, darunter Oberstaatsanwalt
Ernst Buchholz. Genet gab zu, daß er einem Staatsanwalt noch
nie privat gegenübergesessen habe. Er lachte, als er auch noch
den bequemeren Fauteuil hatte als der Oberstaatsanwalt. Die
Diskussion kam gut in Gang. Plötzlich aber sprang Genet auf,
machte eine verächtliche Geste zu uns allen. Was wir eigentlich
von ihm wollten? Warum er bei dieser Tafelrunde bleibe? Wel-

ten trennten uns doch. Und er müsse zugeben, er verachte uns alle. Danach, in kleinem Kreis, war der Dichter wieder von bestrickendem Charme. Einmal sagte er: »Eigentlich ist es unglaublich! Ich fahre mit einem regulären Paß und mit einer bezahlten Fahrkarte, wohne in einem bürgerlichen Hotel, Prominente laden mich ein, schicken mir ihr Auto. Das ist alles ganz neu für mich. Aus einem asozialen Dasein habe ich in ein soziales hinübergewechselt. Das ist seltsamer als vieles, was sich bisher in meinem Leben zugetragen hat.«

(1952)

Klaus Mann – zu lange unterschätzt

»Es ist ein langes Suchen und Wandern.«
K. M.

Wenige Monate vor seinem Freitod im Jahre 1949 sah ich ihn
das letzte Mal. Es war in Amsterdam in einer kleinen Pension
gegenüber dem Stedelijk Museum. Wir sprachen über gemeinsame Freunde und unsere Arbeiten. Er interessierte sich damals
für den niederländischen Bilderfälscher Han van Meegeren, der
in seinem Atelier in Amsterdam, Keizersgracht 321, u. a. Vermeer van Delft so vortrefflich kopiert hatte, daß außer Hermann Göring auch namhafte niederländische Experten ein Opfer
seiner Fälscherkunst (vierzehn ›klassische holländische Meisterwerke‹!) geworden sind. Klaus Mann hatte in den USA über Han
van Meegeren Artikel veröffentlicht. »Für mich ist er ein neuer
Cagliostro«, sagte er. »Ich bin fasziniert von diesem Mann.
Möchte einen Film über ihn schreiben. Hollywood zeigt sich interessiert.«

Klaus Mann erzählte, daß er seine Erinnerungen ›Der Wendepunkt‹ zweimal geschrieben habe, zunächst englisch, dann deutsch.
»Eine komische Sache, sich selbst zu übersetzen. Sprachlich sehr
reizvoll. Die zweite Fassung eines Buches wird meistens besser.
Ich habe mich selbst auch schon aus dem Deutschen ins Englische
übertragen. Mein Vater schreibt natürlich nur deutsch und wird
von anderen übersetzt. Er spricht gut englisch und hält in den
angelsächsischen Ländern Vorträge in englisch, die er allerdings
wie deutsche Vorträge abliest.« Vom ›Zauberer‹ kamen wir zu
Onkel Heinrich, zu seinem ehemaligen Schwager, dem Lyriker
W. H. Auden und zu J.-P. Sartre. Ich war wie bei früheren Begegnungen begeistert von Klaus Manns Wissen und seiner eleganten, kosmopolitischen Art zu erzählen.

Immer wieder fielen seinerseits harte Worte über Deutschland. Aber als ich ihn einlud, im Auditorium maximum der
Hamburger Universität einen Vortrag zu halten, lenkte er ein.
Dieses Angebot interessierte ihn. »Ob jedoch jemand kommen
wird?« fragte er mißtrauisch. »Unsere Familie ist doch zur Zeit
noch sehr umstritten daheim.« Wir würden dafür sorgen, daß es
keinen Ärger gäbe und daß er mit den rechten Menschen zu-

sammenkäme, sagte ich. »Das wäre doch sehr erfreulich«, sagte Klaus Mann. »Ich würde wirklich gern zu deutschen Studenten sprechen. Mir mal vieles von der Seele reden. Vielleicht kommen wir doch wieder zusammen, wir: die bösen Emigranten und die, die doch alle mitmachten.« Ich schlug ihm auch vor, alle seine Essays, Aufsätze und Reden in einem Sammelband herauszugeben. Nun war er noch begeisterter. Wir besprachen, wie ein solcher Band angelegt werden könnte. Alles schien in bester Ordnung. Und immer neue Pläne kamen uns in den Sinn. Klaus Mann gefiel mir viel besser als vor dem Kriege. Er hatte zu sich selbst gefunden. Ja, so schien es mir jedenfalls. Ganz plötzlich indessen war es mir, als fiele er in sich zusammen. Ein völlig anderer Mensch saß nun vor mir. Er begann zu stottern und beinahe wirr zu reden: »Wovon sprechen wir eigentlich?... Wie konnte ich nur vergessen!... Wissen Sie denn gar nicht?... Hat Ihnen denn nicht Jef Last erzählt? Oder Wolfgang Cordan?« Und dann berichtete er verzweifelt von den Sorgen, die er hatte. Es waren sehr viele Sorgen. Er sollte sich irgendwelcher Vergehen schuldig gemacht haben. Die Polizei befaßte sich damit. Er, der Sohn Thomas Manns, hatte Polizeiverfahren! Nun war ich verwirrt. Er begann zu trinken. Der Rest seiner Beichte war beinahe irres Gestammel.

Bald danach sagte er in Briefen aus London und New York die in Hamburg bereits gebuchten Vorträge ab, ›Geschäfte unaufschiebbarer Art‹ hätten ihn plötzlich zur Rückkehr nach Amerika gezwungen. Und dann kam die Meldung aus Cannes, er habe seinem Leben selbst ein Ende bereitet. Es war am 22. Mai 1949; er war kaum dreiundvierzig Jahre alt geworden. Ich war verständlicherweise besonders bestürzt nach dieser äußerst harmonischen letzten Begegnung. Und die verschiedenen Arbeiten, die uns neu verbinden sollten... Als Erika Mann und Fritz Landshoff beim Querido Verlag in Amsterdam mit einem Vorwort von Thomas Mann ein Buch zu seinem Gedächtnis vorbereiteten, wurde ich eingeladen, einen Beitrag zu verfassen. Ich lasse ihn folgen. Besonders freue ich mich, daß mein vor zwanzig Jahren gemachter Vorschlag, sein essayistisches Werk ›schleunigst zusammenzufassen‹, inzwischen von Martin Gregor-Dellin verwirklicht worden ist. Klaus Mann hat sich ein neues Publikum in Deutschland erworben. Er findet heute vielleicht sogar mehr Beachtung als in der Weimarer Republik. Das hat er verdient.

Der Tod von Klaus Mann bedeutet für die Weltliteratur einen wahrhaft schmerzlichen Verlust. Ich sage bewußt nicht: für die deutsche oder europäische Literatur. Ich sage bewußt auch nicht: für die amerikanische Literatur, obwohl Klaus Mann die letzten Jahre seines Lebens amerikanischer Bürger war und vornehmlich in englischer Sprache schrieb. Gewiß, es ist üblich, von der Weltliteratur immer nur zu sprechen, indem man sich an Dante, Shakespeare, Molière, Goethe oder Vondel erinnert. Wir müssen jedoch endlich verstehen, daß es auch eine lebende Weltliteratur gibt: zeitgenössische Schriftsteller und Werke, die ihrem ganzen Wesen und Gehalt nach nicht mehr national oder kontinental einzuordnen sind, sondern eben nur noch global.

Schon die dichterischen Versuche des Siebzehnjährigen, seine ersten essayistischen und journalistischen Beiträge sind unverkennbar die eines Weltbürgers – oder, wie man in Erinnerung an die ›Oh-Mensch!‹-Dichtung und besonders an Franz Werfel sagen könnte: Er war schon damals ein ›Weltfreund‹.

Als blutjunger Student bin ich ihm zuerst begegnet: zuletzt wenige Wochen, ehe er freiwillig »jene dunklen Pfade beschritt, von denen wir nicht wissen, wohin sie führen«. Er hat zeitlebens Gegner gehabt, die sich wohl vor allem an seiner äußeren Lebensform stießen, der scheinbaren Mühelosigkeit seines Daseins. Von früher Jugend an lebte er in Hotelzimmern; davor, ein eigenes Heim zu besitzen, schien ihm zu grauen; meistens war er auf Reisen, und immer war um ihn eine Luft des Wechsels, der Unruhe, des Abenteuers. Und doch gab es außer seiner eigenen produktiven Arbeit etwas Konstantes in ihm: sein leidenschaftliches Interesse am Schicksal der zeitgenössischen Literatur und seine unermüdliche Bereitschaft, ihr schöpferisch und kritisch zu dienen und sie gegen alles Hindernde, Feindliche, Reaktionäre zu verteidigen. Wer, wie ich, von je der Literatur ergeben war und viel unterwegs gewesen ist, vermag die Zahl der Schreibenden kaum zu nennen, die ihm auf allen Wegen begegnet sind. Auch an illustren Namen kann es seiner Kollektion nicht fehlen. Ziehe ich aber heute die imaginäre, höchst empfindliche Goldwaage zu Rate, die mir anzeigt, was der oder jener von allen, die ich gekannt und beobachtet habe, bewußt und dienend als ›Weltliterat‹ geleistet hat, so wiegt keiner schwerer als der leidenschaftliche Freund, Förderer, Kritiker und Herausgeber der zeitgenössischen Weltliteratur: Klaus Mann.

Man mag darüber streiten, welches seiner vielen Bücher das

Der belgische Dichter Michel
de Ghelderode in Brüssel

Vordere Bildseite: Selbstbildnis
des in Amsterdam lebenden
Malers Melle

Der belgische Maler James Ensor
in seinem Atelier in Ostende

Maurice Rostand und seine
Mutter, die Dichterin
Rosamonde Gérard

Jean Cocteau zu Besuch bei
Madame Colette in Paris

Der französische Dichter
Jean Genet am Seineufer
in Paris

Der niederländische Schriftsteller Simon Vestdijk mit
seiner Familie in Doorn

gelungenste und wichtigste ist, ob seine frühe Alexander-Phantasie, sein Tschaikowsky-Roman, die Gide-Biographie oder seine englisch geschriebene und von ihm selbst ins Deutsche übertragene Lebensgeschichte ›The Turning Point‹. Mir persönlich erscheint sein essayistisches Werk – all diese Aufsätze, Glossen und Studien zur Weltliteratur, verstreut in den besten Zeitungen und Zeitschriften vieler Länder – am belangreichsten, und ich liebe es am meisten. Einiges davon gibt es nur auf deutsch, anderes nur englisch, wieder anderes existiert im Druck nicht in den Sprachen, die Klaus Mann schrieb, sondern nur in schwedischen, spanischen, italienischen Übersetzungen: Emigrantenlos. Man sollte diese Arbeiten schleunigst zusammenfassen, und es wird sich zeigen, daß Klaus Mann einer der besten Beobachter des lebendigen literarischen Weltgeschehens gewesen ist.

Ich besitze noch seinen ersten Essayband ›Auf der Suche nach einem Weg‹, 1931 in Berlin erschienen und mir damals vom Verfasser geschenkt. Daß ich mir dies längst vergriffene Buch durch all die Jahre der Wirren bewahrt habe, freut mich besonders. Denn nicht nur beweist die Sammlung, daß schon der Fünfundzwanzigjährige vorzüglich schrieb (seine Aufsätze über Bücher und Begegnungen mit Dichtern sind noch immer so persönlich reizvoll, wie sachlich zutreffend): Auf diesen Seiten bewährt sich auch und vor allem die seltene Mittlergabe eines Autors, dem mehr als den meisten daran gelegen war, die Völker geistig und seelisch einander näherzubringen.

Die Zeitschriften, die Klaus Mann nach seiner Flucht aus Nazi-Deutschland in Holland und Amerika herausgab, sind mir bisher nur in einzelnen Nummern vor Augen gekommen. Doch jede Nummer erhellt aufs neue des Herausgebers Sinn und Spürsinn für das Wesentliche, das er fand, wo immer das Schicksal ihn hinverschlagen hatte, und das er nutzte, um »Brücken zu schlagen der Liebe und des Verstandes«.

Von seiner Gide-Biographie war schon die Rede. Sie erschien nach dem Zweiten Weltkriege, zu einem Zeitpunkt also, da Gides Bedeutung allgemein anerkannt und sein Weltruhm etabliert war. Man tut aber gut daran, sich zu erinnern, daß in allen deutschsprachigen Ländern schon der neunzehnjährige Klaus Mann mit wahrer Besessenheit für Gide geworben hat. Damals war dieser sehr wenigen dort bekannt. Und wenn heute sein Werk auch in Deutschland, Österreich und der Schweiz seinen festen und hohen Platz hat, so bleibt wichtig, daß Klaus

Mann als einer der allerersten auszog, um ihm diesen Platz zu erkämpfen.

Zu seinen schönsten Aufsätzen gehört das letzte, was er uns geschenkt hat, der Essay ›Die Heimsuchung des Europäischen Geistes‹. Vor mir liegt das englisch geschriebene Original, wie es, gekürzt und ›redigiert‹, in der amerikanischen Monatsschrift ›Tomorrow‹ erschien, sowie die authentische Übersetzung von seiner Schwester Erika in der ›Neuen Schweizer Rundschau‹. In diesem erschütternden Dokument zeigt Klaus Mann noch einmal sein ganzes erstaunliches Wissen, die wägende Gerechtigkeit seines Urteils, all seine Einsicht, Teilnahme, Kameradschaftlichkeit und Treue in Dingen der Literatur und ihrer Träger.

Die Situation der europäischen Intellektuellen, ihre Ratlosigkeit und Ohnmacht, ihren blinden Fanatismus, die entsetzliche Einsamkeit eines jeden, der an ihm nicht teilhat, den tödlichen Haß, mit dem sie einander begegnen und verfolgen, – all dies sieht Klaus Mann mit der leidenden Klarsicht eines, der dazu gehört, aber auch mit der undefinierbaren Überlegenheit des Scheidenden, dessen letzter Blick minutiös genau das Einzelne in sich aufnimmt, während er doch schon, wie aus einiger Höhe, das Ganze umfängt. Es ist eine schlimme, unwirtliche Landschaft, die er uns zeigt. Trotzdem liegt Glanz auf ihr. Denn sie atmet, was wir noch einmal spüren: die Lauterkeit seines Herzens, die Helligkeit seines Geistes, den Ernst seiner Bemühungen und (dies ist kein Widerspruch) die große und schöne Leichtigkeit seiner reichen Begabung.

Er ist gegangen, es litt den Treuen nicht mehr bei uns. Aber die Verzweiflungsworte, die er in jener Abschiedsbotschaft einen jungen schwedischen Philosophie- und Literaturstudenten sprechen läßt und die seiner eigenen Verzweiflung Ausdruck verleihen angesichts der ›Heimsuchung‹ und Ohnmacht des Geistes, sind nicht die letzten, die fallen. Nach einer Pause und »mit einem schwachen und scheuen Lächeln, das sein nachdenkliches und junges Gesicht hell macht«, sagt schließlich der Fremde: »Erinnern Sie sich an das, was der große Kierkegaard uns gesagt hat? ›Der unendliche Verzicht ist die letzte Stufe vor dem Glauben; wer dorthin nicht gelangt ist, kann keinen Glauben haben‹, und: ›Daher die Möglichkeit des Glaubens selbst in diesem Leben, aber . . . kraft des Absurden, nicht durch den menschlichen Verstand.‹«

(1949)

Gustaf Gründgens: Auf der Schaukel

> »*Wir sind über die Fragwürdigkeit schau-*
> *spielerischen Ruhmes und schauspielerischer*
> *Unentbehrlichkeit 1933 schon einmal er-*
> *schreckend belehrt worden, und auch ich*
> *habe darin meine persönlichsten Erfahrun-*
> *gen. Und es wird auch nicht mehr als der*
> *einzelne Schauspieler sein, der das Gesicht*
> *des Theaters zu bestimmen imstande ist,*
> *sondern es wird immer das Ensemble der*
> *Schauspieler sein, das dem Theater sein*
> *Gesicht gibt.*«   G. G.

Er sollte längst die Plakette der Freien Akademie der Künste
in Hamburg erhalten. Alle Mitglieder hatten ihn gern, schätzten
ihn als Künstler. Er hatte Hans Henny Jahnns Tragödie
›Thomas Chatterton‹ in einer großartigen Inszenierung herausgebracht. Das konnten wir ihm nie vergessen. Zwei unserer Architekten, Helmut Hentrich und Rudolf Lodders, hatten ihm
seine Wohnungen in Düsseldorf beziehungsweise in Hamburg
eingerichtet. Auch das verband. Er war noch nicht unser Mitglied,
sollte es aber werden. Er war ein ungemein vielschichtiger Mensch.
Viel wird noch über ihn zu schreiben sein. Zum erstenmal sah
ich ihn in Leipzig mit seiner damaligen Frau Erika Mann, seinem Freund und Schwager Klaus Mann und der Freundin Pamela Wedekind. Sie spielten Klaus Manns ›Revue zu Vieren‹. Es
war keine Meisterleistung. Spötter schrieben: »Hier können Familien Theater spielen.« Herbert Ihering donnerte: »Es war an-
maßend, das Stück zu schreiben, anmaßender, es aufzuführen –
am anmaßendsten wäre es, darüber zu schreiben.« Die vier
Freunde amüsierte das alles. Unbekümmert und vergnügt tum-
melten sie sich über die Bretter und durch ihre dank berühmter
Väter begünstigte Jugend.
In Berlin sah ich ihn zusammen mit Willy Haas bei der Premiere von Ferdinand Bruckners ›Verbrecher‹. Haas sagte mit
seinem sicheren Instinkt für alles, was mit dem Theater zu tun
hat: »Den Namen Gründgens muß man sich merken. Er scheint
ein Komödiant. Er ist viel, viel mehr!« Willy Haas hat ihn wohl
als einer der ersten erkannt und ihm eine große Zukunft voraus-

gesagt. Der Schauspieler und der Kritiker wurden erst später persönlich bekannt, als das Schicksal sie beide nach dem Kriege nach Hamburg verschlug.

Wir bewunderten ihn als Hamlet. Wir jungen Leute mochten ihn aber auch als Kabarettisten und in der Operette ›Lieselotte von der Pfalz‹. Er sang: »Gräfin, ach Gott, was sind wir vornehm . . .« Er konnte spotten wie kein zweiter. Sein Charme und sein Witz gefielen nicht nur uns jungen Künstlern und Intellektuellen. Seine heiteren Schallplatten waren ein großer Erfolg. Er hatte damals hellblonde Haare und trug meist einen hellen Trenchcoat, auf Taille. Er sah darin aus wie einer der Ganoven in dem unvergessenen Fritz-Lang-Film ›M‹, in dem er auch mitspielte. Er hatte Spaß daran, ein Bürgerschreck zu sein. Er trug ein Monokel am Band. Er war frivol, lasziv, herausfordernd.

Als das ›Dritte Reich‹ begann, war es zunächst still um ihn. Er wartete ab. Seine besten Freunde emigrierten. Er blieb und begründete es damit, er könne sich nur in der deutschen Sprache erfüllen, nicht englisch oder französisch spielen. Göring berief ihn 1934 an die Preußischen Staatstheater. Er wurde Staatsrat, Professor, Generalintendant des Schauspielhauses in Berlin. Freunde in der Emigration nannten ihn einen Verräter. Er wurde beschimpft. Zurückgebliebene dagegen freuten sich. Sie wußten, er würde niemanden und nichts verraten, auch wenn er nun plötzlich ein Amt hatte, hochtrabende Titel. Auch der Umgang mit den Mächtigen würde ihn nicht verändern. Er würde ein Außenseiter bleiben.

»Wie machen Sie es bloß, sich zu halten?« fragte ich ihn einmal bei einem Zusammensein mit Ralph Arthur Roberts. Dieser kaisertreue Kavalier wollte es auch brennend gern wissen. Gründgens' Antwort: »Wir müssen besser intrigieren als die anderen. Darauf kommt es an.« Lächelnd fügte er hinzu: »Bis wir sie wegintrigiert haben!«

Er machte in Berlin großartiges Theater. Er wurde sehr bald ein ganz anderer, als er früher war. Er wurde geistig, ernst, wußte immer genau um seine Aufgabe als Bewahrer und Erneuerer. Jawohl, er war oft ›aasig‹, wie sein Freund Klaus Mann das nannte. Er war oft schwierig im Umgang, neurotisch, launisch, an der Grenze der Hysterie. Aber er offenbarte sich auch immer wieder als ein herzensguter Mensch. Er war hilfsbereit, half allen, die verfolgt wurden, ging immer wieder zu Görings Frau und bat um Schutz oder Hilfe für andere. So war er eine

Macht, aber eine Macht zum Guten. Viele haben ihm ihre Freiheit oder ihr Leben zu verdanken.

Alle, die unter ihm gearbeitet haben, wissen, dem bourgeoisen Geschwätz zum Trotz, daß er nicht nur ein hinreißender Schauspieler und Regisseur war, sondern auch ein exzellenter Chef. Darum wurde er geliebt. Selbst von solchen, die sein unbürgerliches Leben nicht begriffen, zu dem er sich immer freimütiger als andere bekannte. Er kniff nicht, war echt, geradeheraus. Er war eine Persönlichkeit, wie es sie selten am deutschen Theater gab.

Am meisten schadeten ihm eigentlich seine Freunde. Otto Zarek, Dramaturg bei Max Reinhardt, schrieb bissig über ihn in dem Roman ›Begierde‹. Dann ließ sich der französische Nazi-Autor André Germain giftig über ihn aus, ausgerechnet er, dem der Schauspieler ursprünglich ein Entrée in Berlin verschafft hatte. Schließlich verfaßte sein ehemaliger Freund und Schwager Klaus Mann in enttäuschter Liebe und in grenzenlosem Haß gegen das Dritte Reich, der durchaus zu begreifen war, den Roman ›Mephisto‹ über ihn. In den letzten Jahren wurde damit in Mitteldeutschland wieder Stimmung gemacht. Er wußte es zu verhindern, daß der Roman in der Bundesrepublik erschien.

Die meisten, die über ihn geschrieben haben, erfaßten ihn nicht völlig, nur eine seiner vielen Seiten. Immer dichtete man ihm gern Sensationelles, Mysteriöses, ja, selbst Gemeines an. Letztlich verlief sein Leben bürgerlich wie das anderer Künstler. Wie jeder Mensch sehnte er sich nach Harmonie, Liebe, Glück. Nach der Scheidung von Erika Mann war er mit Marianne Hoppe verheiratet. Sie blieben bis zu seinem Tod herzlich befreundet. Kinderlos, adoptierte er den jungen Kollegen und Freund Peter Gorski.

Klaus Mann schenkte mir den ›Mephisto‹-Roman in Amsterdam. Ich schmuggelte ihn nach Deutschland ein. Ich war so fasziniert, daß ich das Buch im Zug Amsterdam–Berlin las. In Osnabrück trat ein Mann ins Abteil und setzte sich mir gegenüber. Er lächelte mir zu, wie das Reisende oft automatisch tun. Plötzlich wußte ich, wer es war. Ich las doch gerade über ihn: »Herr von Muck ...« murmelte ich, betroffen, dem vom Staat so gefeierten Dichter plötzlich gegenüber zu sitzen. Mein Gegenüber verlor sein Lächeln, wurde frostig und sagte scharf: »Hanns Johst ist mein Name.« Ich wünschte mir, der Zug möchte explodieren. Was hatte ich da angerichtet? Gottlob faßte ich mich und sagte: »Ich wollte nur wissen, ob Sie das Buch schon kennen, in dem Sie auch vorkommen.« – »Natürlich«, sagte der Dichter, der vor dem Schauspieler Intendant der Preußischen Staatstheater gewesen war. Gottseidank stieg er auf der nächsten Station aus. Ich erzählte ›Mephisto‹ diese Episode. Er schrie vor Lachen. »Immer besser intrigieren«, sagte er, »besser als die anderen!«

Gegen Ende des Krieges traf ich ihn in Wehrmachtsuniform. Er hatte sich wohl freiwillig gemeldet. Die Theater waren geschlossen. Er wollte etwas tun wie die anderen. Bestimmt hätte man ihn freigestellt. Er wollte sein Schicksal mit dem der anderen verbinden, in der anonymen Masse untergehen und vergessen. Er war jetzt sehr bitter, hoffnungslos. Er sagte: »Vielleicht hätte man doch nicht mitmachen sollen. Aber wir konnten doch nicht alle emigrieren.«

Nach dem Kriege sah ich ihn wieder, als er aus russischer Gefangenschaft gekommen war. Es war in Berlin-Nikolassee. Er war sehr gealtert und schien sehr einsam. Er hatte in den Russen so etwas wie Befreier gesehen. Aber nun hatten sie ihn eingesperrt, weil vor seinem Intendantentitel das Wörtchen ›General‹ stand. Generäle gehörten hinter Gitter.

Wiedersehen in Düsseldorf. Die Krise war überwunden. Er war aufgetaut. Wir tauschten Erinnerungen aus. Ich erzählte ihm, wie 1946 im Berliner Titaniapalast in meinem damaligen Ensemble Marlene Dietrich aufgetreten war (ich leitete zeitweise eine Theatergruppe, die für Engländer und Amerikaner spielte). Er blühte auf. Wir sprachen über die schöne Zeit während der Weimarer Republik, den Leichtsinn und die Frechheiten der Jugendjahre. Wie er beispielsweise in einem weißen Frack mit Marlene auf einem großen Ball in Berlin Unter den Zelten erschienen war. Er hatte jetzt Distanz zu allem.

Und wir sprachen viel über das Gegenwartstheater. Ich hatte mich inzwischen in Hamburg mit Hans Henny Jahnn angefreundet, er kannte ihn noch aus seiner früheren Hamburger Zeit, bevor er nach Berlin kam. Jahnn hatte ihn mehrfach gebeten, ein Stück von ihm zu spielen. Er war traurig, keine Resonanz bei ihm zu spüren. »Sie müssen irgend etwas für Hans Henny Jahnn tun«, sagte ich. Er antwortete: »Ich kenne jede Zeile von ihm. Glauben Sie mir, ich kenne selbst seine ungeschriebenen Stücke. Ich liebe ihn nämlich sehr. Aber er ist unspielbar. Das alles ist kein Theater. Jedenfalls nicht solches Theater, wie ich es mir vorstelle. Nur sagen Sie ihm das nicht. Ich liebe ihn wirklich. Aber vielleicht kommt doch noch die Zeit, daß ich für ihn etwas tun kann. An gutem Willen fehlt es nicht.«

Ich bat ihn, einen Beitrag für die Monographie zu schreiben, die ich zu Jahnns 6o. Geburtstag im Rahmen der Veröffentlichungen der Akademie herausgab. Keine Antwort aus Düsseldorf. Inzwischen übernahm er als Generalintendant das Hamburger Schauspielhaus. Er war nur wenige Tage hier, da rief er mich an und fragte, wieweit das Jahnn-Buch sei. »Es ist im Druck«, sagte ich. »Können Sie den Druck aufhalten?« fragte er. Ich zögerte mit einer Antwort. »Bitte, tun Sie es«, sagte er. »Ich möchte gern etwas für Jahnn schreiben. Ich liefere morgen ab.« Ich rief Hans Henny an. Ja, ich sollte den Druck anhalten: »Gustaf muß dabei sein.«

Und dann kam die Uraufführung des ›Thomas Chatterton‹. Willy Haas hatte sicherlich recht, wenn er schrieb, daß dies eine der genialsten Inszenierungen war, die Gründgens je produziert hat. Besonders weil auch der ›Chatterton‹ kein Theaterstück comme il faut ist. Es war ein Theaterabend, der unter die Haut ging. Nie wieder wird diese Tragödie so gespielt werden wie unter seiner Regie. Hans Henny Jahnn wußte es. Er war dem Regisseur und Intendanten ungemein dankbar.

Kurz vor Gründgens' Abgang vom Hamburger Schauspielhaus sah ich seinen Philipp. Diese Interpretation des alten Schillerschen Helden hat mich mehr erschüttert als alle seine sonstigen Rollen, die ich während dreißig Jahren sah. Andere mögen anders darüber denken. Für mich war es einer der größten Theaterabende der Nachkriegszeit. Und ich wußte eines: Wie er sich da über das Gebetpult wälzte, sich quälte, um Gerechtigkeit rang – das war nicht gespielt, das war eine Szene aus seinem Leben. Nein, er war nicht nur Mephisto. Diese Rolle hat ihn berühmt gemacht, gewiß. Aber vielleicht nur deshalb, weil das Publikum gern seinen Spaß hat mit dem Teufel. Er war viel mehr Philipp als Mephisto.

Trotzdem muß ich noch eine lustige Episode erwähnen. In New York amüsierten mich die amerikanischen Plakate für die Faust-Aufführung. Man sah Mephisto auf einer Schaukel, übrigens sehr eindrucksvoll gezeichnet. Ein derartiges Plakat für das Goethesche Drama hatte es wohl bisher noch nicht gegeben. Ich fragte ihn, was er dazu sage. Er lächelte: »Auf der Schaukel, lieber Freund, nur auf der Schaukel läßt es sich überhaupt aushalten! Man darf nur nicht abstürzen!«

Unser letztes Gespräch galt exotischen Völkern, deren Theater, Tanz und Musik. »Wenn ich frei bin«, sagte er, »will ich zu den Exoten. Keine Schminke mehr, keine Kulissen, keine Komödie, kein Esprit ... Exoten – das ist die Hoffnung. Unkompliziert sein! Ich glaube, nur mit denen kann man noch lachen und natürlich sein.« Nun starb er plötzlich auf einer gesegneten Insel im Pazifik. Wir hatten auch von den Philippinen gesprochen. Selbst vom ›Manila-Hotel‹, in dem er seinen letzten Atemzug tat und wo ich kurze Zeit zuvor gewesen war. Um ihn waren jetzt Sonne, Palmen, Hibiskus, blaues Meer, braune Menschen voller Schönheit und Grazie. Er war nur sehr kurz unter den liebenswerten Filipinos, und doch wird er von ihrem Charme erfaßt gewesen sein, selbst wenn er bereits vom Tode gezeichnet war.

Sein Tod hat nichts Exotisches oder Geheimnisvolles, wie man schrieb. Ich finde ihn beneidenswert, daß er in einer Welt starb, nach der er sich so sehr gesehnt hatte. Großartig rundete sich sein Leben ab. Wie beziehungsvoll, daß er ausgerechnet auf den nach Philipp II. genannten Philippinen starb! Er war eben viel mehr als ein Komödiant – wie man ihn gern nannte – und konnte deshalb gar nicht in der Kulisse sterben. Er schied von uns in einer Traumwelt, wie er sie sich daheim künstlich schaffen mußte: durch sein großes Herz und seinen klaren Verstand, durch seine Persönlichkeit, die so reich facettiert war. Mancher Nachruf auf ihn machte mich lächeln. Nie hat das Andenken an einen Schauspieler ganze Zeitungsseiten gefüllt. Er hat sich über so manches geärgert, was törichterweise über ihn geschrieben worden ist. Mit seiner letzten Presse konnte er wahrlich zufrieden sein. Ich höre seine Stimme: »Vielleicht haben wir eben doch besser intrigiert!« Dabei war er gar kein Intrigant. Nur hatte er sich häufig gegen die Muffigkeit und Verlogenheit seiner Umwelt zu verteidigen. Das schärfte seinen Verstand und förderte allerdings auch seinen Witz. Der ständige Kampf mit der Mitwelt aber half mit, ihn zu dem zu machen, was er war: ein Genie des Theaters.

(1963)

Helene Ritscher, die Witwe von Edwin Scharff

*»Ich liebe die Kunst
wie die Religion.«*

H. R.

Wenige Wochen vor ihrem Tode (27. November 1964) war
Ilonka bei uns im Bauernhaus in Rade. ›Krona‹, die Witwe des
Malers Fritz Kronenberg, hatte sie herausgefahren. Die kleine,
zierliche alte Dame sah infolge grauen Stars sehr schlecht und
ging am Stock. Aber ihre Bresthaftigkeit merkte man ihr kaum
an. Sie hatte außer einem großen Herzen einen ungewöhnlichen
Willen. Wie eine Gutsherrin schritt sie langsam durch das nieder-
sächsische Fachwerkhaus, danach durch den Garten, freute sich
hier über irgend etwas oder kritisierte dort und amüsierte sich
mit den Schafen. Sie liebte das Landleben. In ihrem hohen Alter
litt sie noch mehr als früher darunter, daß sie jetzt meistens in
einer großen Stadt leben mußte; denn in Kampen auf Sylt hatte
sie keine Haushaltshilfe mehr. Auch sehnte sie sich mehr denn je
zuvor nach der ungarischen Heimat. Ein junger österreichischer
Architekt war mit uns. Beim Kaffeetrinken fragte ich ihn beiläufig, woher er stamme. Er sagte: »Aus Eisenstadt!« Da riß
Ilonka die Augen auf und sah den Tischnachbarn böse an, als
habe er die infamste Gemeinheit gegen sie geschleudert. Dann
ballte sie die Hand zur Faust, auf die sie ihr Kinn stützte, und
machte einen verkniffenen Mund, als wollte sie ihn nie wieder
öffnen.

Alle am Kaffeetisch Sitzenden befiel Beklemmung. Uns war
frostig zumute. Wir verstanden nicht, was geschehen war. Nach
längerem Schweigen fragte ich: »Ist dir nicht wohl, Ilonka?«
Sie antwortete: »Laß nur. Es ist schon gut.« Wieder wagte eine
Weile niemand, etwas zu sagen. Plötzlich erhob sie sich und
sagte – als ehemalige Schauspielerin hatte sie manchmal eine thea-
tralische Art –, den Blick zur Decke gerichtet: »Das ist es eben,
was ich nicht ertragen kann. Da sagt dieser Herr: Eisenstadt. Dabei heißt doch mein Heimatort Kismarton. Nein, diese Welt ist
nicht mehr die meine!« Dann setzte sie sich wieder. Nun wußten
wir wenigstens, was sie verstimmt hatte. Uns wurde leichter ums
Herz. Die Konversation nahm langsam wieder ihren Fortgang,

schließlich beteiligte sie sich auch selbst daran, und der Zwischenfall wurde vergessen.

Wir ließen sie von ihrer Kindheit und Jugend in Ungarn plaudern. Jetzt blühte sie auf, wurde heiter, übermütig. Sie erzählte, daß sie viele Bräuche der Heimat ihr ganzes Leben lang beibehalten habe. Kokett hob sie ihren Rock, löste ihre langen Wollstrümpfe und zeigte uns, daß sie in den Kniekehlen gegen Rheumatismus ungewaschene Schafwolle trug. Zwischen der Unterwäsche und der Haut des Oberkörpers dagegen hatte sie ein schwarzes Katzenfell. Sie war jetzt eine Bauersfrau, welche Jüngeren gute alte Geheimnisse anvertraute. Auch ihr bewährtes Rezept, im Hause, und sogar im Bett, häufig eine Schafwollmütze zu tragen, ist allen an Kopfschmerzen oder Rheumatismus Leidenden zu empfehlen.

Erhebliche Schwierigkeiten hatte Ilonka mit ihren Augen. Nur riesige Buchstaben konnte sie in den letzten Jahren lesen. Sie hatte viele Kapazitäten konsultiert, sich aber nicht zu einer Operation entschließen können. Statt dessen hatte sie sich, als sie ein paar Monate vorher in ihrem Kampener Haus war, Meerwasser in Flaschen füllen lassen. Damit wusch sie sich mehrfach am Tag die Augen aus. Solches Wasser (»Jodhaltig, jodhaltig!«) schickte sie mir in die Augenklinik, weil sie glaubte, auch dem Freunde damit helfen zu können.

Sie war ein selten treuer Mensch, sehr anhänglich, immer bereit zu helfen. Wochenlang rief sie in der Klinik Tag für Tag an und fragte die Schwestern, wie es mir ginge. Nie ließ sie sich mit mir verbinden, weil sie nicht stören wollte. Jeden Nachmittag kamen die Schwestern und richteten nur aus: »Ilonka hat angerufen und wünscht alles Gute!« Auch die Schwestern hatten Ilonka gern, obwohl sie nur ihre Stimme kannten. Ich lernte sie nach dem Kriege durch Edwin Scharff kennen, als ich seine Graphikmappe ›Pferde und Reiter‹ zusammenstellte und herausgab. Hans Spegg und ich wohnten einen Sommer lang neben ihnen in Kampen auf Sylt. Als wir unsere Lebensmittelkarten verloren hatten, konnten wir regelmäßig bei Scharffs essen. Dabei hatten auch die Freunde nicht viel in der Speisekammer.

Sie war Edwin Scharff eine unvergleichliche Lebensgefährtin. Ihre Kinder liebte sie ›närrisch‹. Sie hatte viele Ideale, die heute als altmodisch gelten. Flirts vor der Ehe kannte sie nicht, lehnte sie ab. Sie war puritanisch und liberal zugleich. Denn nie hätte sie es sich erlaubt, anderen in ihr Privatleben hineinzureden.

*Helene Ritscher. Kreidelithographie von Oskar Kokoschka (1912)
von einem Plakat des Akademischen Verbandes für Literatur und
Musik in Wien, anläßlich eines Vortrages von Frank Wedekind
(Wedekind-Woche)*

»Nur wenn du tolerant bist, kannst du das Leben überhaupt ertragen«, sagte sie. Von sich und ihren Nächsten forderte sie allerdings, was sie ›ein diszipliniertes Leben‹ nannte. Scharffs hatten
dieses Kampener Friesenhaus vor allem deshalb gekauft, weil in
seinem Hof ein wundervoller alter Baum stand, den Edwin sehr
liebte. Für die Erhaltung des Baumes und für sein Gedeihen hat
Ilonka jahrzehntelang gekämpft wie um ein Kind. An der Grenze
des Grundstücks stehen überdies einige alte Ulmen. Sie sollten
von einem Nachbarn gefällt werden. Auch für die Erhaltung
dieser Ulmen führte sie einen Kampf wie Michael Kohlhaas.
Womit sie ganz recht hatte; denn Sylt ist sehr arm an Bäumen.
Sie schrieb Brandbriefe an die Kultusminister von Schleswig-
Holstein und Hamburg. Sie bemühte Rechtsanwälte, Parteiführer, Pastoren. Als man für die Wünsche der alten Dame kein Verständnis hatte, zog sie sich eines Tages ihr schönstes Kleid an und
erschien in der Hamburger Baubehörde bei dem damals amtierenden Oberbaudirektor Werner Hebebrand mit einem Veilchen-

sträußchen und trug ihm verzweifelt und kämpferisch zugleich ihre Wünsche vor. Ihre stehende Rede war: »Bis wohin meine Ulmen reichen, soll auf Kampen nichts verändert werden.«

Nach dem Tode Edwin Scharffs bezog sie eine kleine, moderne Wohnung nahe den Hamburger Kammerspielen in der Straße, die ›Rutschbahn‹ heißt. Die Bewohner der Straße sammelten Unterschriften und wollten, daß die Straße umbenannt werde. Als einzige wehrte sie sich dagegen. »Rutschbahn ist ein herrlicher Name für eine Straße«, plädierte sie. Im übrigen sei das ganze Leben eine Rutschbahn. Wieder wendete sie sich an viele Amtspersonen und kämpfte. Vorläufig hat die Straße ihren Namen behalten. Sie war stolz darauf, dazu beigetragen zu haben.

Nach einem Herzanfall brachte ihr Sohn Peter, der Bühnenbildner, sie in ein Krankenhaus, über das ich ihr einiges erzählt hatte. Als sie nach der nächtlichen Einlieferung am Morgen erwachte und die Wirkung einer Injektion vorbei war, fragte sie die Schwester, wo sie denn sei. Als der Name gefallen war, sprang sie aus dem Bett, zog sich an und sagte: »Hier bleibe ich keinesfalls. Hier habt ihr meinen Freund Italiaander geärgert.« Ilonka ließ sich, so krank sie war, in ein anderes Krankenhaus verlegen. Nein, eine bequeme Frau war sie nicht. Sie war katholisch. Aber auf ihre eigene Weise. Im katholischen Krankenhaus, in dem sie schließlich starb, verwahrte sie sich gegen das zu viele Singen der Schwestern. »Bei diesem ewigen Geplärre kann man nicht seinen Frieden mit Gott machen«, sagte sie. Zunächst staunte man immer, wenn man sie so drastisch und oft auch rechthaberisch reden hörte. Sie war eigenwillig, aber sie überzeugte. Sie war eine unvergleichliche Persönlichkeit. Wir, die wir sie gut kannten, liebten sie sehr. Über ihren Weggang kann uns nichts trösten.

›Weggang‹, schreibe ich. Sie hatte eine eigene Art zu formulieren. Das Wort ›Tod‹ vermied sie. Wenn sie etwas über die Zeit nach dem Tode Edwins erzählte, begann sie immer: »Als der Scharff gegangen war ...«

Als ich (am 8. November 1964) im Radio gehört hatte, daß ihr geliebter Schwiegersohn Kurt Hirschfeld, der Regisseur und Intendant des Zürcher Schauspielhauses, gestorben war, rief ich sie an. Ich wollte nur wissen, ob sie die schlimme Nachricht schon bekommen hatte. Sie fragte: »Kannst du sofort kommen?« Ich tat so, als wüßte ich nicht, warum. Aber dann kam der Satz: »Der Kurt ist doch gegangen ...« Ich blieb in jener Nacht lange bei ihr. Sie sagte, sie sei nun die nächste. Ich ließ sie wieder aus ihrem Leben erzählen, was sie so gern tat. Wir kannten alle diese Geschichten schon, hörten sie indessen immer wieder gern. Für Ilonka war es wie ein Untertauchen in eine schöne Traumwelt.

Mit achtzehn Jahren kam Helene Ritscher aus Kismarton nach Wien, studierte hier Musik und Schauspielkunst. Einer ihrer ältesten lebenden Freunde aus jener Zeit war der Schauspieler Rudolf Forster. Er berichtete mir nach ihrem Tode: »Sie war im Wiener Konservatorium die Lieblingsschülerin ihres Lehrers Roempler. Sie verblüffte ihn und uns Schüler durch ihre grandiose Begabung. Sie erlebte sozusagen vom Blatt alle dramatischen Akzente jeglicher Art.« Sie hatte schon früh Erfolge an der ›Burg‹. Dann kam sie nach Berlin, später nach München. Wenn sie an der Isar angekündigt wurde, war das Haus sofort ausverkauft. Sie hatte eine große Anhängerschaft. Dabei machte sie sich rar. Sie wählte nur Rollen, die sie Wort für Wort vertreten konnte. Ich hätte gern manchmal mitgeschrieben, wenn sie von Otto Brahm und Albert Steinrück, von Hugo von Hofmannsthal oder Heinrich Mann erzählte. Das wollte sie nicht. Dann verstummte sie. Wie viele Erinnerungen hat sie mit ins Grab genommen. Doch eine Geschichte ist mir in der Erinnerung haften geblieben.

Sie spielte in der Uraufführung von Molnars ›Liliom‹. Tag für Tag veränderte sie selbst ihren Text. Immer neue Briefe gingen an ihren Landsmann Molnar mit der Bitte, ihre Textänderungen zu genehmigen. Molnar grollte zunächst über die Eingriffe der eigensinnigen Schauspielerin, gab aber immer wieder nach. Er sah ein, daß sie recht hatte, wenn sie auf Abänderungen bestand. Auch in ihrer Schauspielkunst war sie unbequem. Aber man respektierte sie stets.

Wenn sie eine neue Rolle lernen mußte, verschaffte sie sich viele Bücher, um sich mit dem Drama, seinem Thema und natürlich auch mit dem Dichter genauestens vertraut zu machen. Als sie die Marie in Büchners ›Woyzeck‹ zu spielen hatte, reizte sie zwar die Aufgabe, aber sie wußte nicht, wie Huren sind und leben. In diesem Zusammenhang war es, daß sie mir erzählte, sie habe nie einen anderen Mann als Edwin Scharff gehabt. »Du hast aber die Rolle übernommen?« fragte ich. »Ja«, sagte sie, »aber erst nachdem ich mich mit den Münchner Huren in Verbindung gesetzt hatte. Ich besuchte solche Frauen, sprach mit ihnen, erklärte ihnen, warum ich so neugierig sei, trank mit ihnen Kaffee – und dann konnte ich schließlich die Marie überzeugend spielen.«

Einer der allerersten, der sie in ihrer spontanen Genialität erkannte, war Herbert Ihering. Ich danke ihm, daß er in seinen alten Kritiken nachforschte und schließlich eine Kritik entdeckte, die er am 21. Dezember 1911 in der Berliner ›Schaubühne‹ Siegfried Jacobsohns veröffentlichte. Ihering schrieb seinerzeit: »Im Schiller-Theater ist es die geniale, ungelenke Begabung Helene Ritschers, die ihre Umgebung weit hinter sich läßt. Helene Ritscher ist das beunruhigendste Talent des Nachwuchses. In ihr schlummern gefährliche Energien, die nach den gewagtesten Rollen verlangen. Ihr ganzes Wesen fiebert wie unter einem gewaltsamen Druck nach Entladung. Über ihren Gliedern liegt es wie eine unerträgliche Starre und Spannung, die sich im nächsten Augenblick lösen wird. Ihre Stimme zittert vor mühsamer Verhaltenheit und befreit sich stoßweise in grellen, schrillen Schreien. Ihre Kunst, unfertig, unausgegoren, hat etwas Unerwartetes, Überfallendes, Explosives. Dieses unregelmäßige, dämonische Temperament, diese von ihrer Rolle wie besessene Schauspielerin gehörte an Stelle des Fräulein Terwin zu Reinhardt. Am Schiller-Theater würde sie selbst dann fehl am Orte sein, wenn diese Bühne ihrer Aufgabe, vornehme und erste Volkskunst zu bieten, noch mit der früheren Sicherheit gerecht würde.«

Auch Alfred Kerr schenkte der Debütantin schon früh seine Aufmerksamkeit. In dem 1917 in Berlin erschienenen 5. Band seiner gesammelten Schriften ›Die Welt im Drama‹ schrieb Kerr: »Fräulein Ritscher sagt ›bälohnän‹ und ist aus Ungarn; aber ein Talent.« Kerr an anderer Stelle: »Fräulein Ritscher gab die junge Frau. Einst wundervoll bei Strindberg. Dann lang im Gedächtnis haftend bei Hans Kayser ... Jetzt schien sie gezähmt. Sie spricht allmählich deutsch; nicht mit der Betonung auf der ersten Silbe, ungarisch. Sie spricht eine hiesige Sprache. Doch sie lasse sich das Urwüchsige der ersten Überraschung und der ersten Herrlichkeit nicht schwinden. Nicht bürgerlich werden! Nicht in Reih und Glied rücken. Sondern Melodie haben – das ist alles. Und keine Furcht auf den Brettern haben: das ist noch mehr als alles.« Der Theaterkritiker und Chefredakteur Hermann Sinsheimer gedenkt in seinen Erinnerungen ›Gelebt im Paradies‹ Helene Ritschers. Im Anschluß an eine Betrachtung über Elisabeth Bergner schreibt er: »Vor ihr schon und nach ihr war am

Staatstheater Helene Ritscher der Bergner im Wesen nicht unverwandt. Von den halberwachsenen Mädchen in Strindbergs ›Ostern‹ zu Shaws ›Cleopatra‹ und ›Pygmalion‹ war sie eine hinreißende Darstellerin triebhafter Wesen bis zu den Fabel- und Traumwesen in Hauptmanns ›Schluck und Jau‹ Sie war, ein seltener Fall, weder rollenhungrig noch erfolgssüchtig: mit drei Rollen im Jahr war ihr Bedarf gedeckt. Sie war neben der Bühne eine mindestens ebenso starke Persönlichkeit wie auf ihr.« Eine große Bewunderung hegte Oskar Kokoschka für sie. Im Juni 1957 schrieb er ihr eine Widmung: »Für die erste und herrlichste Darstellerin meiner Dramen, Helene Ritscher-Scharff, in Dankbarkeit und liebender Bewunderung.«

Zu ihren alten Freundinnen gehörte die Witwe Frank Wedekinds, die erste Lulu in Wedekinds ›Büchse der Pandora‹. Frau Tilly Wedekind war so liebenswürdig (obwohl sie selbst sehr leidend ist, sie starb am 21. April 1970 im Alter von 84 Jahren), mir auf meine Bitte hin einige Erinnerungen aufzuschreiben. Hier folgen sie:

»Ilona! Nun bist Du auch nicht mehr! Wie habe ich mich gefreut, wenn ich Deine Stimme am Telefon hörte, wenn Du mich aus Hamburg anriefst oder gar in München warst! Wie lange kennen wir uns nun schon? Ein Leben lang! Ich wohnte zwanzig Jahre in der Prinzregentenstr. 50 – 10 Jahre mit Frank, 10 Jahre noch nach seinem Tod. Und Du wohntest Widenmayerstraße 50, erst allein, später mit Edwin Scharff. Zuerst sah ich Dich auf der Bühne. Als Cleopatra in ›Cäsar und Cleopatra‹ mit Steinrück als Cäsar. – Eine Stimme vom Felsen herab: ›Alter Herr‹, und dann kam ein kleines, zierliches Persönchen herunter – es blieb mir unvergeßlich! Was hatte sie für eine Ausdruckskraft, was für eine Grazie, welchen Charme! ›Pygmalion‹ wieder mit Steinrück. Der Gegensatz zwischen seiner wuchtigen Persönlichkeit und ihrer zerbrechlichen Zierlichkeit! Und wie urwüchsig sie war! Mit welch eisernem Fleiß sie – die Ungarin – die deutsche Sprache beherrschte!

Dann trafen wir uns häufig an der Elektrischen, Linie 30 (heute 20), wenn sie zur Probe fuhr und ich in der Stadt Besorgungen hatte. Dann war ihre Tochter Teta unterwegs, Peter, ihr Sohn, war schon da. Ich besuchte sie, sie fühlte sich nicht wohl; sie war allein – Scharff war verreist –, und wir kamen so ins Plaudern, daß ich nach Hause telefonierte, daß ich über Nacht bei Ilona bliebe. Und die letzten Jahre trafen wir uns immer wieder. Kaum war sie in München, rief sie an, kam zu mir zu Tisch oder ich zu ihr, oder wir aßen auswärts, oft auch mit meinem Schwager, Intendant H. C. Müller, der damals öfter in München spielte. Oder ich besuchte sie bei ihrem Sohn Peter, und wir saßen auf der herrlichen Terrasse in der Sonne. Wir erzählten uns von den Wechselfällen in den letzten Jahren. Von der schweren Zeit unter Hitler. Wedekind war verboten. Scharff hatte Arbeitsverbot, und sie waren von Berlin über Düsseldorf in Hamburg gelandet. Häufig waren sie in Kampen auf Sylt, wo sie ein Haus hatten. Eines Tages kam ein junger SS-Mann, um zu kontrollieren, ob Scharff auch nicht arbeitete. Ilona war allein; sie empfing den jungen Mann und sagte zu ihm: »Junger Mann, ich könnte Ihre Mutter sein«, und sie hielt ihm unverblümt das Verabscheuungswürdige seiner Mission vor. Er war beeindruckt von soviel Zivilcourage und zog ab. Und nun kommst Du nicht mehr nach München – kleine Ilona! Ich vermisse Dich sehr!«

Zu Ilonkas kleinem Freundeskreis in Hamburg gehörte die Verlegerin Hilde Claassen. Sie erinnert daran, daß Helene Scharff-Ritscher von Menschen, die ihr besonders gut gefielen, sagte: »Der ist aus meiner Gass'.« Hilde Claassen weiß auch eine Geschichte aus der Jugend Ilonkas zu berichten: »Es war am Wiener Burgtheater. Ilonka begann dort ihre Karriere mit einer kleinen Rolle in ›Wilhelm Tell‹: Als im vierten Akt der Aufführung des ›Wilhelm Tell‹ der Landvogt auf die Bühne ritt, scheute sein Pferd und versuchte auszubrechen. Da fiel ihm eine kleine Hand in die Zügel und brachte das Pferd mit einer einzigen Geste zum Stehen. Und dann hörte man die anklagende Stimme der jungen Armgart, die, während sie mit der einen Hand das Pferd, mit der anderen ihre Kinder festhielt, die ganze Zeit hindurch vor dem Tyrannen stand und auch später nicht, wie es der Text fordert, vor ihm in den Staub fiel: ›Nein, nein, du kommst nicht von der Stelle, Vogt, bis du mir Recht gesprochen. Falte deine Stirn, rolle die Augen, wie du willst. Wir sind so grenzenlos unglücklich, daß wir nichts nach deinem Zorn mehr fragen.‹ Einer der Großen – Josef Kainz oder Alexander Moissi? – fragte nach der Aufführung die Debütantin, woher sie die Macht beziehe, Rosse zu bändigen. ›Aus Ungarn, wo ich zu Haus bin‹, antwortete ihm die Kleine.«

Um Edwin Scharff und der Kinder wegen gab sie die erfolgreiche Bühnenkarriere auf. Ach ja, die Ehe mit Edwin Scharff!

Der Schriftsteller Klaus Mann,
Sohn von Thomas Mann

Der Schauspieler und Regisseur
Gustaf Gründgens

Der norwegische Maler
Bendik Riis und sein
Monumentalgemälde
»Castraktion«

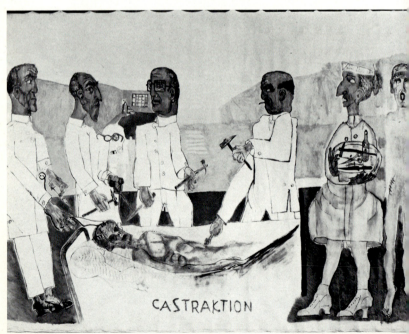

CASTRAKTION

Unser Freund war kein unkomplizierter Mensch. Er wie Ilonka haben mir häufig von jenem furchtbaren Tag erzählt, als ihm im Jahre 1938 (ebenso wie Emil Nolde und Karl Schmidt-Rottluff) Arbeitsverbot auferlegt wurde. Eines Nachmittags kam Edwin früher als sonst aus der Düsseldorfer Akademie nach Hause. Ilonka fragte: »Du kommst so früh heute?« Edwin antwortete: »Ich bin fristlos entlassen, darf nicht einmal mehr einen Pinsel oder einen Meißel anrühren.« An jenem Tage bekam sie ihren ersten Herzinfarkt, unter dessen Nachwirkungen sie lange Jahre schwer litt.

Sie zogen sich damals nach Kampen auf Sylt zurück. Das alte Friesenhaus, das sie erwarben, bauten sie mit eigenen Händen zu einer einzigartigen Eremitage aus. Wenn es bloß so erhalten bliebe, wie diese beiden großen Künstler es vollendet und eingerichtet haben! Es ist ein Kleinod auf dieser Insel. Unvergeßlich sind all die Abende, die wir hier gemeinsam verbrachten. Nach dem Kriege konnte Edwin Scharff endlich wieder arbeiten; er wurde von Friedrich Ahlers-Hestermann an die Landeskunstschule in Hamburg berufen. Aber es scheint mir, daß Ilonka an dem Neubeginn keine rechte Freude mehr hatte. Sie war innerlich verletzt, verwundet. Und solange Scharff lebte, schien sie mir älter als nach seinem Weggang. Sie hatte das Theater aufgegeben, um vollkommen Edwin Scharff zu dienen. Sie muß unter dem Verbot unsagbar gelitten haben, weil sie einerseits ihren Beruf sehr liebte und andererseits ihn eben deshalb aufgegeben hatte, um Scharff in seiner künstlerischen Entwicklung beizustehen. Mit seinem Weggang fiel sicherlich eine große Verantwortung von ihr. Und daher wohl wirkte sie nun jünger, lockerer und beschwingter. Wie alt mag Ilonka wohl geworden sein? Niemand weiß es so recht. Es geht die Legende, sie habe ihre Papiere alle paar Jahre verändert. Sie mag über achtzig gewesen sein. Vielleicht ging sie auf die neunzig? Aber das ist alles gleichgültig bei einer so ungewöhnlichen Frau, wie sie eine war.

Auch zu ihrem Namen noch ein Wort. Ihr ungarischer Taufname war Ilona. Auf der deutschen Bühne nannte sie sich Helene. Edwin nannte sie Ilonka wie Vater und Mutter. Nur wenige Freunde durften sie gleichfalls Ilonka nennen. Auch darin war sie eigen.

Wir, eine Handvoll Freunde, die vertrauten Kontakt mit dieser großen alten Dame aus Ungarn hatten, bewahren die Erinnerung an sie als einen höchst seltenen Schatz. Es ist schwer, ihre unwiederholbare Persönlichkeit auf wenigen Seiten zu umreißen. Einmal eben war sie eine ungarische Herrin vom Lande, dann die blutvolle Komödiantin oder die zärtlichste, mütterlichste Freundin. In die deutsche Kulturgeschichte geht sie ein als die aus Ungarn stammende Schauspielerin, die auf dem deutschen Theater große Gestalten vorbildlos kreierte und spielte, nicht allein, weil sie die schauspielerische Begabung im Blut hatte, sondern weil sie ein Charakter mit einem klaren Weltbild war. Dann war sie obendrein die Lebensgefährtin eines der großen deutschen Bildhauer dieses Jahrhunderts, Mutter seines Sohnes Peter, des Bühnenbildners, seiner Tochter Tety, der Witwe Kurt Hirschfelds.

Ilonka, du mußtest weggehen, wie uns allen das eines Tages beschieden sein wird. Und doch spüren wir noch immer deine lebendige Gegenwart. Hab Dank, daß du uns deine Freundschaft geschenkt hast! Und das ungarische Rezept mit der Schafwolle und mit der Wollmütze werden wir immer gern anwenden. Die vielen Tauben der Rutschbahn warten allerdings vergebens, daß sich das Fenster öffne und Ilonka ihnen Körner auf den Balkon streue. (1965)

Jamine Roy, der Maler aus Bengalen
Eine Huldigung
zu seinem fünfundsiebzigsten Geburtstag

»Seht, so bin ich:
Ayamaham bho!«

Von Indien bin ich unmittelbar nach Afrika geflogen. Augenblicklich sitze ich in einem großen Garten am Kongo. Hibiskus und Jasmin erinnern mich an die Gärten Indiens, an denen ich mich während der letzten Wochen so sehr erfreut habe. Mein Gepäck ist noch nicht in Afrika eingetroffen. Das ist bedauerlich; denn ich soll meine Gedanken über indische Kunst der Gegenwart und insbesondere über Jamine Roy niederschreiben. Unter den gegenwärtigen Umständen kann ich nur Impressionen skizzieren, also ohne meine am Ort gemachten Notizen berücksichtigen zu können.

Sowie ich nach Indien kam, sah ich mir, wo immer ich Gelegenheit dazu fand, Kunstausstellungen an. Ich war verwirrt von all dem, was da geboten wurde. Sehr schnell konnte ich feststellen, daß die heutigen indischen Maler einen vortrefflichen Sinn für Farben haben. Oft beweisen sie sogar ein delikates Raffinement wie die französischen Künstler. Und doch befriedigte mich nicht alles, was ich zu sehen bekam. Zu viele der Graphiken und Ölbilder waren den großen europäischen Meistern der alten und neuen Zeit nachempfunden. Besonders deutlich wurde mir dies, als ich in New Delhi die 32. Kunstausstellung der All India Fine Arts & Crafts Society besuchte. Ich erinnere mich, in meinem Katalog vermerkt zu haben: »Viel Nachempfundenes. Man denkt an Miró, Klee, Feininger, Poliakoff, Kirchner, Moore, Sutherland sowie an die französischen Naiven. Nur etwa zehn Prozent indische Motive.«

Mich störte auch die Überzahl der abstrakten und gegenstandslosen Bilder. Ich sammle selbst abstrakte und nonfigurative Kunst, bin daheim von Graphiken einiger Meister des Abstrakten umgeben. Trotzdem sehe ich keinen rechten Sinn darin, daß heutzutage in aller Welt – offenbar nur, weil es Mode ist – vor allem in dieser Weise gemalt wird. Die abstrakte und gegenstandslose Malerei entwickelte sich in Europa im Laufe eines kulturellen Prozesses. In anderen Ländern malt man meistens nur so, weil man glaubt, andernfalls nicht up to date zu sein. Wenn ich als Ausländer nach Indien komme, möchte ich nicht so gern eine Kunst sehen, die ich heute überall in Europa, selbst in der Provinz, betrachten kann, sondern eine Kunst, die für das Land, also in diesem Falle für das faszinierende Indien, typisch ist. Lange suchte ich danach vergeblich: so in Bombay, Madras, Delhi wie in Calcutta. Gelegentlich sah ich ein ansprechendes Bild, geboren aus indischem Geiste, verwurzelt im Indischen oder mit indischen Motiven. Ich war dann immer beglückt. Die meisten dieser Bilder sah ich übrigens in einer Ausstellung des Grand Hotel in Calcutta, vielleicht die beste Ausstellung, die ich überhaupt in Indien zu sehen bekam. Nach allem, was ich erlebt hatte, sehnte ich mich nach einer Begegnung mit Master Jamine Roy, von dem ich schon wiederholt gehört hatte, dessen Werk und Persönlichkeit mir jedoch bisher nur vage Begriffe waren.

Ich suchte zweimal sein Atelier in East Calcutta in der Dehi Serampore Lane auf und ließ mich von seinem Sohn und seinem Enkel umherführen. Sie waren sehr herzlich und gütig und hatten viel Geduld mit mir. Sie holten selbst Bilder hervor, die nicht allen Besuchern gezeigt werden. Ich konnte mir also recht bald einen Überblick über das Werk des alten Masters verschaffen. Aufschlußreich war mir, zuerst seine frühen Versuche aus jener Zeit, da er die Akademie in Calcutta besuchte, zu sehen. Er kopierte damals van Gogh und Rembrandt. Er tat das nicht viel anders als europäische Kunstschüler. Erfreulicherweise gab er schließlich diese Anlehnungsversuche auf, besann sich auf sein Indertum und vor allem auf die Tradition Bengalens. Sofort wurden nun seine Bilder hochinteressant, bekamen Kraft, strahlten aus, ergriffen, zwangen zum Nachdenken, zeigten, daß hier etwas fortgeführt wurde, was schon seit Jahrzehnten bestand.

Ich glaube zu wissen, daß einige junge Inder Jamine Roys Kunst als ›zu einfache Volkskunst‹, als ›einfältige Folklore‹ ablehnen. Bei meinem zweiten Besuch waren gleichzeitig einige Europäer anwesend, die anscheinend nicht viel mit dieser Kunst anzufangen wußten. »Was soll das!« riefen sie aus. »Solche Motive kennen wir doch von den alten Tempeln, aus der Volkskunst, aus der dekorativen Malerei in offiziellen Gebäuden.« Was für ein merkwürdiger Einwand! Warum sollen wir bei einem alten Meister nicht Anklänge finden an schon Gesehenes, an Klassisches?

Ich nannte Jamine Roy einen Meister. Ja, in meinen Augen ist er das, und ich bin beglückt, nun sogar zwei seiner Meisterwerke in meine eigene Sammlung einreihen zu können. Für mich ist die Begegnung mit Jamine Roys Bildern genauso wichtig wie die mit den Dichtungen Rabindranath Tagores, den ich als sehr junger Mensch in Deutschland getroffen habe und der ein Freund Jamine Roys gewesen ist. Überhebliche Snobs in Europa belächelten schon damals Tagore, und in manchen Kreisen wird er heute als ›absolut überholt‹ abgelehnt. Tagore hat nicht allein eine einmalige Bedeutung für Indien, sondern auch für die außerindische Welt. Aus Tagores Werk spricht das ewige Indien – abgesehen davon, daß er zu den großen Erziehern seines Volkes gehört. Auch aus Jamine Roys Bildern spricht das ewige Indien, obwohl seine Kunst wohl vor allem im bengalischen Volkstum wurzelt. Gewiß, Jamine Roys Kunst ist gelegentlich unausgeglichen, einige Werke sind weniger gelungen als andere. Doch so etwas können wir bei jedem Künstler feststellen. Nie hat ein Künstler ausschließlich Meisterwerke geschaffen.

Ich hatte die große Freude, mich mit dem über siebzigjährigen Meister zweimal unterhalten zu dürfen. Künstler und Schriftsteller reden mit Ausländern so häufig von Honoraren, von Agenten, von Verkaufsrechten im Ausland. Er dagegen sprach nur vom Menschen, wie sehr er sich freue, daß ich, aus Europa kommend, ihn aufsuchte, wie sehr er der menschlichen Begegnung im rein Menschlichen immer wieder entgegenhungere. Er sagte, Regierungen und Organisationen seien wichtig, aber entscheidend seien die persönlichen Kontakte.

Ich war ergriffen, als er mir in seinem zeitlosen, weißen Gewand gegenübersaß. Ich war tief beeindruckt von seinem wunderbaren Kopf. Es waren ganz einfache Worte und Sätze, die er mir sagte. Indessen, alles Große ist einfach, unkompliziert, ungezwungen; und eben auch dadurch ist es bleibend. Jamine Roy ist ein ›naiver‹ Mensch, und sein Werk spiegelt naiv die indische Welt wider. Indien, in einem gewaltigen Umformungsprozeß begriffen wie so viele andere Länder Asiens und Afrikas, sollte sich glücklich preisen, einen so ›naiven‹ Künstler wie ihn heute noch zu besitzen. Er hat den Realismus von Kindern, wie sie vereinfacht er Farben und Formen. Wir preisen dies bei manchem berühmten Meister. Warum es nicht bei Jamine Roy gut-

Jamine Roy: Federzeichnung von Helmut Müller-Celle

heißen? Jamine Roy führt mehr als andere in Indien fort, was in früheren Jahrhunderten in Indien begonnen wurde, und er bildet damit zugleich den Übergang von der alten zur neuen Welt.

Unsere gesamte Welt und besonders auch die Welt der Kunst krankt daran, daß sie häufig so radikal mit der Tradition bricht. Jamine Roy weiß um die Notwendigkeit der Kontinuität. Ich sehe in ihm keinen provinziellen Maler, sondern überhaupt den nationalen Maler Indiens. Ich wünsche ihm Schüler, Nachfolger. Es ist im Interesse der bengalischen Kunst, der indischen Kunst und im Interesse der Weltkunst. Nur das Verwurzelte, das Originale hat bleibenden Wert! Jamine Roy ist ein Prophet des ewigen Indien. Und so grüße ich heute als Europäer voller Ergebenheit und Dankbarkeit diesen anmutigen, würdigen, edlen alten Künstler Bengalens, nein, Indiens, und ich wünsche ihm noch viele Schaffensjahre, damit nicht allein die Museen Indiens, sondern die Museen der Welt durch seine eigenwillige Kunst weiterhin bereichert werden können. Die Götter werden ihm ein glückliches Lächeln schenken. Sie werden Jamine Roy segnen.

(1962)

Boris Pasternaks Witwe, ein Besuch in Peredjel'kino

*»Man muß über diese Welt so schreiben,
daß das Herz erstarrt und die Haare zu
Berge stehen.«*   B. P.

Eine halbe Autostunde von Moskau entfernt liegt das Schrift-
stellerdorf Peredjel'kino. Die meisten Häuser stehen zwischen
Nadelbäumen und Birken. Schon seit vielen Jahren leben hier
zahlreiche junge und alte Schriftsteller in ihren Datschas. Einige
Berühmte will ich nennen: den Epiker Konstantin Fedin, den
sibirischen Erzähler Wsewolod Iwanow (entdeckt von Maxim
Gorki), den Lyriker Ilja Selwinskij, den Autor heute schon klas-
sischer Kinderbücher Kornej Tschukonski. (Verstorben ist inzwischen der Dramatiker Pogidin.) Ob sie sich nicht gegenseitig stör-
ten, fragte ich einen der Kollegen im Clubhaus. »Ach nein«,
wurde mir geantwortet. »Es ist ganz einfach, weil alle dafür sorgen, einander nicht zu treffen.«

Weltberühmt wurde Peredjel'kino durch den Dichter Boris
Pasternak. Er lebte hier, litt hier, starb hier.

Ehe mich Moskauer Freunde nach Peredjel'kino fuhren, spielten sie mir ein Tonband vor. Boris Pasternak sprach zwei Gedichte. Leider kann ich nicht Russisch; dennoch hatte ich Freude
an diesen Versen. Ich hörte seine jugendliche, etwas altmodisch
pathetische Stimme. Danach hörten wir ein Interview mit Boris
Pasternak. Er gab es in zwei Sprachen: in Deutsch und in Französisch. Leicht kamen ihm die Worte von den Lippen. Er sagte,
ihn als alten Mann interessiere die Form weniger, mehr der Inhalt der Dichtungen. In Goethes Faust stünde allerdings allerlei
Abrakadabra, das er auch nur als solches übersetzen konnte.
Deutlich hörte man Spott aus seiner Stimme ... Es hat doch
etwas überaus Bewegendes, die konservierte Stimme eines Toten zu hören. Es war mir nun, als sei ich Pasternak selber begegnet. Er war mir jetzt noch näher als durch seine Schriften.

Schon einmal übrigens war er mir menschlich sehr nahe gekommen. Es war 1960 in Samarkand, in Sowjetasien. In einem
Hotel-Vestibül sah ich in einer Zeitschrift Bilder von der Beerdi-
gung Pasternaks. Die Russen legen ihre Toten in einen offenen
Sarg. So werden sie zum Friedhof getragen. Erst kurz vor der

Sinaida Pasternack (Bleistiftzeichnung von Helmuth Westhoff)

Beisetzung wird der Sarg geschlossen. Mit Ergriffenheit sah ich diese Bilder. Der schöne Kopf des Dichters war in allen Einzelheiten zu erkennen. Schließlich wurde ich zu einer Fahrt zur Universität abgerufen. An einer Straßenkreuzung mußte unser Auto halten. Ein Trauerzug zog an uns vorbei. Im offenen Sarg lag ein junges Mädchen. Ich sah ihr feines Gesicht. Plötzlich nahmen ihre Züge die von Boris Pasternak an. Es schien mir, als würde ich Augenzeuge der Bestattung des Dichters des ›Dr. Schiwago‹ . . .

Der Besitz der Pasternaks liegt am Rande von Peredjel'kino. Es war ein kalter Wintertag. Die Wege und Fluren waren von hohem Schnee bedeckt. Ein Moskauer Freund sagte: »Hier beginnt der Besitz der Pasternaks. Übrigens wird es Sie interessieren: Er züchtete hier nicht etwa Blumen, sondern Kartoffeln. Er liebte den Anbau von Kartoffeln. Das war so eine Art Marotte von ihm.«

Wir hielten vor seiner Datscha. Ein müder alter Schlittenhund kam uns entgegen. Wir stiegen eine schadhafte Holztreppe hinauf. Schnell konnte ich feststellen: Alles an diesem Haus war schadhaft, reparaturbedürftig, vernachlässigt, windschief, ohne Farbe. Durch die kleine Küche traten wir ins Wohnzimmer. An den Wänden viele herrliche Zeichnungen. Der Vater des Dichters, Leo Pasternak, war ein bedeutender impressionistischer Maler und Graphiker. Seine Akte, die hier hingen, hatten etwas kraftvoll Renaissancehaftes. Nachdem wir die Mäntel abgelegt hatten, traten wir ins Musikzimmer. Ein großer Flügel füllte das Zimmer fast völlig aus. In einer dunklen Ecke saß Frau Pasternak: klein, zart, leidend, schwarz gekleidet, ein weißes Krägelchen um den dürren Hals. Frau Pasternak sprach weniger gut deutsch als ihr Mann, der in Marburg studiert hatte. Manchmal mußte übersetzt werden.

Ich war nur gekommen, um einmal in diesem Haus zu sein, in dem der große Mensch und Künstler Boris Pasternak gelebt hat. Es bestürzte mich zu sehen, wie krank die Witwe, Frau Sinaida Pasternak, war, wie vergrämt auch, und ich war sehr vorsichtig in der Wahl meiner Worte. Jedoch ermunterte sie mich liebenswürdigerweise, Fragen zu stellen. Ich wollte wissen, ob es noch ungedruckte Manuskripte gäbe. Sie antwortete: »Ja . . . Aber wir haben Zeit mit der Veröffentlichung . . .« Natürlich waren wir bald bei seinem Roman ›Dr. Schiwago‹. Ob sie wüßte, in wie viele Sprachen er übersetzt sei, fragte ich. »Ach, in alle großen Sprachen«, sagte sie, »aber auch in kleine – und sogar in Hindi.« – »Hat dieser Welterfolg Ihren Mann nicht glücklich gemacht?« – »Ja und nein! Es gab doch so zahlreiche Mißverständnisse, viel völlig sinnlose auch.« Ich ahnte, was sie meinte. Die Sowjetunion ist wohl für einen westlichen Menschen kaum je wirklich zu begreifen. Rätsel bleiben immer. Stalin beispielsweise wußte genau, daß Boris Pasternak ihn ablehnte. Und doch dürfte niemand in jenen dramatischen Jahren Boris Pasternak so geschätzt, bewundert, geliebt und schließlich geschützt haben wie Stalin. Wenn Stalin nicht gewesen wäre – vielleicht wäre der Lebensabend des Dichters noch katastrophaler geworden?

War er denn katastrophal? Es wird immer deutlicher. Neben Vladimir Majakowski und Alexander Block gilt Pasternak als einer der großen Lyriker Rußlands in diesem Jahrhundert. Obwohl viele meinen, ›Dr. Schiwago‹ sei überschätzt worden, halten andere diesen Roman für bedeutender als den ›Stillen Don‹ von Michael Scholochow. Als Nachdichter, also Übersetzer, der Dramen Shakespeares und Kleists, von Goethes Faust und der Lyrik Verlaines und Rilkes ist Pasternak unumstritten. Er gehört auch deshalb zu den großen Erscheinungen der russischen Gegenwartsliteratur. Und daher verziehen viele seiner Landsleute Pasternaks Eigenwilligkeiten, sein Einzelgängertum. Der Westen indessen, häufig sensationshungrig – auch wo es fehl am Platze ist –, spielte den ›Fall Pasternak‹ hoch. Wiederholt habe ich in der Sowjetunion gehört: »Nicht sein Volk stürzte ihn in schweres Leid, sondern der Westen, der einen Märtyrer suchte, ein Opfer vielleicht sogar, um seine eigenen Unzulänglichkeiten zu verdecken.«

Nach allem, was vorgefallen ist, sollte man in der Datscha Pasternaks kaum mehr über Politik sprechen. Aber langsam kamen aus dem Munde der alten kranken Witwe Anklagen. Beriefen wir uns im Westen nicht häufig auf eine hohe Moral? Hätten wir ein Recht darauf, andere der Verletzung der Moral anzuklagen? Sie bezweifelte es. Das Manuskript des Buches ihres Mannes gelangte in den Westen. Der italienische Verleger Giangiacomo Feltrinelli in Mailand sah eine Chance, die Zeitumstände brachten ihm sogar reiche Chancen. ›Dr. Schiwago‹ wurde ein Weltbestseller und brachte dem Autor schließlich den Nobelpreis. Gewiß, er durfte ihn nicht annehmen, weil der Westen ein Politikon daraus machte. Aber niemand verwehrte es Pasternak in seinem eigenen Lande, auf legalem Wege seine Honorare zu kassieren. Doch der Copyrightbesitzer Feltrinelli berief sich offenbar darauf, klagte die Witwe, daß die Sowjetunion nicht der Berner Urheberrechtskonvention angeschlossen sei, und folglich brauche den Erben nichts bezahlt zu werden. Pasternaks Werke dürften im Westen in vier bis fünf Millionen Exemplaren verbreitet sein. »Aber Sie sehen ja selbst, wie wir hier leben.« – »Wie denn, haben Sie noch immer kein Geld bekommen?« fragte ich. Frau Pasternak: »Zu Lebzeiten hat Boris etwas erhalten, aber es war nur wenig. Seitdem ist von den Schiwago-Honoraren kein Rubel in unser Haus gekommen. Alle entsprechenden Bemühungen waren umsonst.«

Die Witwe Boris Pasternaks kann in ihrer kleinen Moskauer Stadtwohnung leben von dem, was die sowjetischen Ausgaben ihres Mannes heute noch einbringen. Pasternaks Dramen-Nachdichtungen werden gespielt. Es erscheinen Neudrucke seiner epischen und lyrischen Werke, wenn auch meist lediglich in kleinen Auflagen. Frau Pasternak bekommt allerdings nur einen Teil der Honorare. Aus seiner ersten Ehe lebt noch ein Sohn, ein weiterer Sohn stammt aus ihrer Ehe mit dem Dichter. Und dann ist da obendrein die Geliebte, Olga Iwinskaja, der vielleicht seitens des Dichters auch finanzielle Zusicherungen gemacht worden sind*. Ob sie juristisch tatsächlich Ansprüche hat, ist in Moskau umstritten. Allerdings sind die drei rechtmäßigen Erben großzügig. Sie respektieren die Gefühle des toten Dichters. Aber das ist auch nicht das Entscheidende. Wie sagt das russische Sprichwort: »Um des Bären Fell braucht man nicht zu streiten, wenn man es nicht hat.«

Braucht Pasternaks Witwe Geld? Sie bekommt ihre kleine Pension wie jeder Sowjetbürger. Der Staat gewährt ihr, was ihr zusteht. Sicherlich würde sie noch mehr erhalten, wenn sie einen Antrag stellen würde. Aber die alte kranke Witwe hat auch ihren Stolz. Und ihre Pläne: »Ich will hier in der Datscha in Peredjel'-kino sterben, nicht in der Moskauer Wohnung. Ich will bei ihm bleiben. Jeder Gegenstand hier verbindet mich mit Boris. Ich möchte, daß die Datscha erhalten bleibt. Meinen Sie nicht auch, es wäre wunderbar, wenn hier zu seinem Andenken ein Museum entstehen würde?«

Ja, sehr schön wäre das! Peredjel'kino hat seinen Ruhm bekommen durch Pasternak – wie Weimar durch Goethe und Schil-

* Vgl. die Anmerkungen auf S. 414–416.

ler. Dazu will Frau Sinaida Pasternak die ihr zustehenden, ihr jedoch vorenthaltenen Honorare verwenden.

Wir steigen hinauf ins Arbeitszimmer des Dichters. Seine Arbeitsbibliothek steht in Moskau. Hier in Peredjel'kino sind vor allem jene Bücher, die in seinen letzten Lebensjahren und nach seinem Tod eingegangen sind. Ich versuche, die sowjetischen und die ausländischen Ausgaben seiner Werke, vor allem die des ›Dr. Schiwago‹, zu zählen. Es sind zu viele, folglich gebe ich es auf. An den Wänden hängen wiederum Zeichnungen des Vaters des Dichters, hier handelt es sich um Illustrationen zu Leo Tolstois ›Auferstehung‹. Neben dem Schreibtisch: ein Stehpult wie im Arbeitszimmer Goethes in Weimar. An die Wand gelehnt: ein Foto Nehrus mit einer verehrungsvollen Widmung für den Dichter. Unter einer Glasglocke: der Gipsabguß der schönen Hand des Meisters. Unter einer anderen Glasglocke: seine Totenmaske. Er hatte einen wundervollen Kopf. Er war seinem Äußeren nach der Idealtyp des Dichters – so wie er in Schulbüchern beschrieben wird. Ich kann mich von der Totenmaske kaum trennen, bleibe in Gedanken versunken lange vor ihr stehen.

Endlich trete ich ans Fenster und blicke über die tief verschneiten Felder von Peredjel'kino. Es ist ein sehr stimmungsvoller Ort – und geradezu heimatlich anmutend. »Am anderen Ende, auf dem Hügel dort, liegt er nun«, sagte Frau Sinaida leise. Sie muß jetzt sehr, sehr einsam sein. Mich friert.

Mit den Freunden mache ich einen Spaziergang zum Dorffriedhof. Wir stampfen durch den hohen russischen Schnee. Die Nadelbäume wirken jetzt am Spätnachmittag gespenstisch. Dazwischen aber lächeln zarte Birken. Schwierig ist es, im Schnee den Friedhofshügel zu erklimmen. Boris Pasternaks Ruheplatz liegt zwischen Gräbern von Christen und Rotarmisten. Er hat ein schlichtes Denkmal. Es ist ein heller, bearbeiteter Stein mit einem Relief seines Kopfes. Ein Freund räumt den Schnee beiseite. Am Fuße des Sockels liest man in kyrillischen Buchstaben den Namenszug des Dichters in Faksimile.

Es dunkelt immer mehr. Nun schaue ich vom Friedhof hinüber zum Haus, in dem die einsame kranke Witwe auf uns wartet. Ein Freund sagt: »Als wir ihn damals hierher brachten, waren Tausende von Menschen dabei. Sie können es sich nicht vorstellen, die Autobahn zwischen Moskau und Peredjel'kino war wegen Überfüllung gesperrt. Tausende von Autos waren unterwegs. Die Vorortzüge waren überfüllt. Alte Menschen kamen, Studenten, Schüler, Offiziere, Beamte, das gesamte diplomatische Korps der Hauptstadt. Es war mir, als weinte die Welt um Boris Pasternak.«

Rußland liebt seine Dichter. Auch Boris Pasternak hat es sehr geliebt. Es liebt ihn noch heute. Wir alle haben Grund, ihn zu lieben. Wir alle haben Grund, an ihm vieles gutzumachen ...
Diese Pasternak-Gedenkstätte in Peredjel'kino, welche die Witwe schaffen will, wäre ein Kulturmonument, wo sich Ost und West, Nord und Süd versöhnt im Geiste eines großen Dichters und Weltbürgers die Hand reichen könnten ...

Aber wer wird sich darum noch kümmern? Im Juli 1966 erlag Sinaida Pasternak ihren Leiden, fünf Monate nach meinem Besuch in Peredjel'kino.

(1966)

Dag Hammarskjöld, der einsame Wolf

»Nur wer hört, kann sprechen.«
D. H.

In dem gewaltigen UNO-Gebäude in New York befinden sich die Amtsräume des Generalsekretariats. Das Personal der Vereinten Nationen setzt sich aus Männern und Frauen beinahe aller Völker und Rassen zusammen. Es kann geschehen, daß der Hauptportier, der den Besucher am Hauptportal begrüßt, ein Amerikaner ist, die Telefonistin, die den Besucher anmeldet, eine Chinesin und der Fahrstuhlführer ein Inder oder Nigerianer. So ist man, wenn man den monumentalen Wolkenkratzer der UNO besucht, sofort in einer tatsächlich internationalen, vielrassigen und überkonfessionellen Atmosphäre. Hinzu kommt, daß man in den Fahrstühlen, in den Gängen, in den Büroräumen fast alle Sprachen der Welt zu hören bekommt. Von der achtunddreißigsten Etage des UNO-Hauptgebäudes aus, dort, wo der Generalsekretär seinen Sitz hat und wo seine Assistenten, die stellvertretenden Generalsekretäre der UNO, amtieren, hat man einen großartigen Ausblick über New York. Weil das ›United Nations Building‹ am Rande des East River liegt, kann man die ganze Stadt, besonders Brooklyn, vor sich ausgebreitet sehen, und das ist auch für denjenigen, der ihn schon kennt, immer wieder ein wahrhaft überwältigender Anblick.

Ich hatte mit Ralph Bunche, dem Friedens-Nobelpreis-Träger vom Jahre 1950 und einem der meist dekorierten Neger der Welt (dessen Freundschaft ich mich schon seit über fünfzehn Jahren erfreue), zum wiederholten Male über die Unruhen in Afrika gesprochen, insbesondere über die chaotischen Verhältnisse im Kongo. Bunche meinte, ich müsse meine Gedanken über die Bildung einer Konföderation anstelle eines Einheitsstaates auch dem Generalsekretär vortragen, und deshalb gingen wir zu Dr. Hammarskjöld. Es war Mitte August 1961, kurze Zeit, ehe er erneut in den Kongo flog, wo er schließlich sein Leben ließ. Hammarskjöld hatte die amerikanische Ausgabe meines Buches über afrikanische Staatsmänner und Politiker durch Ralph Bunche erhalten, bedankte sich dafür und sagte mir, warum es ihn interessiere. Wenn es meine Absicht gewesen wäre, hätten wir nur über dieses Buch oder schlechthin nur über Literatur gesprochen. Aber mein drängenderes Thema war in dieser Stunde das seine: der Kongo und die Maßnahmen, die in Katanga umgehend ergriffen werden mußten, um dem Bürgerkrieg Einhalt zu gebieten und um die Provinz dem Kongo wieder anzuschließen.

Hammarskjöld war fünfundfünfzig Jahre alt. Wenn er sich ereiferte oder lächelte, wirkte er wie ein Vierziger. Er konnte allerdings auch älter als sechzig aussehen. Er machte manchmal einen müden, zermürbten, abgekämpften Eindruck, wenn er eine kleine Zigarre schmauchte. Ja, er wirkte gelegentlich leidend. Er hatte, soviel ich weiß, kein inneres Leiden. Fraglos litt er jedoch seelisch, und damit auch körperlich, an den katastrophalen politischen Zuständen in der Welt, speziell an den Wirren in Afrika. Dieser selbstlose Mann war unzufrieden mit dem, was er selber – und damit die UNO – in Afrika bisher erreicht hatten. Er hätte so gern endlich Frieden und Wohlstand in Afrika erblühen sehen. Er war viel gereist, kannte die ganze Welt, liebte indessen vornehmlich Afrika und die Afrikaner. Es war sicherlich schicksalhaft, daß er in Afrika den Tod fand und nicht etwa in Amerika oder gar in seiner schwedischen Heimat. Er hat häufig betont, das Schicksal der Welt sei eng mit dem des erwachenden Afrikas verbunden. Auch das seine war es.

Dag Hammarskjöld war Junggeselle. Er hatte zwar gute Freunde, aber wenn er nicht seinen diplomatischen und staatsmännischen Verpflichtungen als ›der Welt Staatsbeamter Nummer eins‹ nachgehen mußte, lebte er einsam, in selbst auferlegter Isolierung, fast ausschließlich mit seinen Büchern und seinen Schallplatten von Bach und Vivaldi. Platon hat in seiner ›Politeia‹ vorgeschlagen, Philosophen sollten die Welt regieren. In Dag Hammarskjölds Wesen war ein stark philosophischer Zug. Er meditierte viel, lebte häufig kontemplativ. Daraus resultierte seine beinahe übernatürliche Willenskraft und Leistungsfähigkeit.

Im UNO-Gebäude kann es zuweilen recht hektisch zugehen. Selbst ein Besucher wird von der Emsigkeit und Geschäftigkeit schnell angesteckt. Als sich hinter uns die Türen geschlossen hatten und wir in bequemen Sesseln saßen, unsere Augen durch die Fenster auf das sonnenüberflossene New York gerichtet, war Stille in diesem Raum, und unser Gespräch verlief ruhig. Dag Hammarskjöld trug einen leichten, hellen Sommeranzug, war zwanglos und sprach, wenn auch verhältnismäßig schnell, ohne alle Phrasen, die man sonst so leicht von Staatsmännern und

Der nordamerikanische Schriftsteller Langston Hughes, Senior
der Dichter schwarzer Rasse
in den USA

Der Schriftsteller James Baldwin
mit der New Yorker Schau-
spielerin Claudia McNeill

Der mexikanische Maler Jesús
Reyes Ferreira in seinem Hause
in Mexico-City

Der italienische Lyriker
Guiseppe Ungaretti in Hamburg

Politikern hört. Ich spürte sofort das Geistige und Religiöse seiner Natur. Ich fühlte eine Besessenheit für sein einmaliges Amt, gewissermaßen der oberste Staatsmann unter allen Staatsmännern zu sein, der Mann, der die Interessen aller Völker der Erde miteinander in Einklang bringen sollte, ein verantwortlicher Führer der größten Weltorganisation, die bisher bestanden hat: der United Nations Organization, gegründet im Jahre 1945 als Nachfolgeorganisation des Völkerbundes und wie jener eine Vereinigung von Staaten zur Sicherung des Weltfriedens und zur Förderung der internationalen Zusammenarbeit. Als ein Mann ohne offiziellen Auftrag war ich jetzt bei der UNO. Ich war hier als ein Schriftsteller, der immer noch den Glauben in sich trägt, daß der geistige Mensch den Gang der Welt entscheidend beeinflussen kann. Wenn ich mich wohl fühlte in der Umgebung dieses ›Mister H‹ – wie er auch genannt wurde –, so deshalb, weil ich spürte, daß Hammarskjöld an die Vorherrschaft des Geistes glaubte wie ich selber. Und Dag Hammarskjöld war ein überaus wohlunterrichteter und offener Mann. Es fielen vielerlei Namen von bedeutenden und unbedeutenden Männern und Frauen, die mit Afrika zu tun hatten. Er wußte über den Werdegang der Betreffenden, ihre Verbindungen und Absichten Bescheid.

Nein, dieser Mann konnte nicht verheiratet sein. Frau und Kinder, eine Familie, hätten ihn von seinen Aufgaben abgelenkt, ihn irritiert und absorbiert. Er hatte etwas von einem Mönch und Ritter zugleich. Friedrich Nietzsche schrieb, daß es zwei Formen des männlichen Lebens gäbe, die erstrebenswert seien: das mönchische und das ritterliche Leben. Dag Hammarskjöld vereinte Mönch und Ritter in sich. Dabei verlangte er rücksichtslos von sich selber über alle Maßen viel. Er war ein sehr harter Arbeiter, und seine Mitarbeiter und Freunde hatten es oft sehr schwer mit ihm. Der Dichter W. H. Auden erzählt folgende Begebenheit: Auden hatte Hammarskjöld verschiedentlich in New York getroffen und sich mit ihm über moderne Dichtung unterhalten. Der Dichter war tief beeindruckt, daß der Staatsmann Hammarskjöld neben seinen vielen Aufgaben in der UNO immer wieder Zeit fand, sich für die Entlassung des in einer Irrenanstalt lebenden Dichters Ezra Pound einzusetzen. Eines Tages nun rief Hammarskjöld W. H. Auden in New York vom UNO-Sekretariat aus an und fragte, ob er innerhalb von zwei Tagen die Dankrede des französischen Diplomaten und Dichters St. John

Perse übersetzen könne, die dieser bei der Verleihung des Nobelpreises zu halten beabsichtigte. Auden sagte: »Ich weiß nicht recht, wie ich das bewerkstelligen soll, denn ich bin überaus beschäftigt.« Hammarskjöld antwortete mit etwas Sarkasmus in der Stimme: »Ich selber habe die schwedische Übersetzung gemacht, und ich bin eigentlich auch sehr beschäftigt.« Einen anderen Kommentar hatte er nicht zu geben, und nun hatte Auden sich zu entscheiden.

Eine andere bezeichnende Geschichte hat mir einmal in Accra (Ghana) der Ire Connor O'Brien erzählt, der für kurze Zeit UNO-Bevollmächtigter in der Katanga-Provinz war. O'Brien hatte, und zwar nicht einmal unter seinem eigenen Namen, ein Buch ›Maria Cross‹ geschrieben. Dieses Werk hatte weder etwas mit der UNO noch etwas mit Afrika, Politik oder Diplomatie zu tun. Es war eine Sammlung von kritischen Essays über eine Gruppe französischer und englischer christlicher Schriftsteller. Hammarskjöld kannte dieses Buch. Er liebte es, und nur deshalb wählte er den Autor für die Mission in Katanga aus. O'Brien schreibt in seinen Erinnerungen, Hammarskjöld dachte und fühlte über Literatur genauso wie über Politik. »Er glaubte mit einer beinahe mystischen Intensität von Überzeugung, daß diese beiden Gebiete tatsächlich eins wären und dieselben Qualitäten erforderten. Er hätte sonst nicht über eine Anekdote von Danton gelacht, der, als Fabre d'Eglantine ihn um eine Stellung gebeten hatte, die folgende ausgezeichnete Antwort gegeben haben soll: ›Sie sind Dichter? Gut, dann mache ich Sie zum Marineminister.‹«

Dag Hammarskjöld wurde am 29. Juli 1905 in der südschwedischen Stadt Jönköping als Sohn des damaligen Präsidenten des Oberlandesgerichts für Jötaland und international bekannten Rechtsgelehrten Hjalmar Hammarskjöld geboren. Er besuchte das Gymnasium in Uppsala und begann im Alter von achtzehn Jahren, nachdem er cum laude (außer im Turnen!) sein Abitur bestanden hatte, sein Studium an der Universität von Uppsala, das er später in Stockholm fortsetzte. Schon nach zwei Jahren bekam Hammarskjöld seinen ersten akademischen Grad für seine erfolgreichen Studien der Volkswirtschaft, der französischen Literaturgeschichte und der Philosophie. Zwei Jahre später konnte er sich in Nationalökonomie habilitieren, und weitere zwei Jahre später legte er sein juristisches Staatsexamen ab. Für alle diese Examina brauchte er nur zwei Drittel der Zeit anderer

Studenten. 1933, im Alter von nur achtundzwanzig Jahren, wurde er Dozent für Volkswirtschaft an der Stockholmer Universität. Aber das Lehramt scheint ihm nicht zugesagt zu haben. Er war schon seit 1930 Sekretär einer Untersuchungskommission für Arbeitslosenfragen und wurde 1935 Beamter der Schwedischen Staatsbank, bis er im Alter von einunddreißig Jahren ständiger Sekretär des schwedischen Finanzministers wurde.

1951 wurde Dag Hammarskjöld schwedischer Minister ohne Portefeuille und Stellvertretender Außenminister. Seine Hauptaufgabe bestand darin, den schwedischen Außenminister auf dem Gebiet der internationalen Zusammenarbeit und Wirtschaftspolitik zu beraten. Schließlich wurde Hammarskjöld am 7. April 1953 Generalsekretär der UNO und damit Nachfolger des ersten Generalsekretärs, des norwegischen Politikers Trygve Lie. Dag Hammarskjöld erwarb auf diesem Posten in kürzester Zeit hohes Ansehen, wenn er auch bald zahlreiche Gegner hatte. Von allen Seiten war er der Kritik ausgesetzt. Er war ein ›whipping boy‹ (›Prügelknabe‹) der internationalen Politik. Einmal griffen ihn die Ägypter an, einmal die Israeli. Heute wurde er angeklagt, den Kommunisten gegenüber zu freundlich zu sein, morgen beschimpften ihn die Sowjets als ›Lakai der Imperialisten‹.

Trotzdem verstand es dieser ausgezeichnete Diplomat immer, die Mitte zu halten. Selbst die scharfen Angriffe Chruschtschows gegen seine Person ertrug er mit stoischer Ruhe. Hammarskjöld betrachtete sich selber in erster Linie als Vermittler. Im September 1957 wurde er einstimmig zum zweiten Male für fünf Jahre zum höchsten Beamten der UNO gewählt.

Sicherlich hatte es Hammarskjöld im Blut, der Welt Erster Staatsmann zu werden. Er war zum Diplomaten geboren. Mitglieder seiner Familie, die zum ältesten Beamtenadel Schwedens gehört, spielten während der letzten zwei Jahrhunderte im öffentlichen Leben Schwedens als Staatsbeamte immer wieder eine bedeutende Rolle. Das Interesse für Literatur und Philosophie dürfte Dag Hammarskjöld von seiner Mutter geerbt haben, die mit dem berühmten schwedischen Dichter Carl Jonas Love Almquist verwandt war. Zu seinen Lieblingsautoren gehörten Thomas Wolfe, T. S. Eliot, Hermann Hesse und Thomas Mann. In seiner Wohnung in der Park Avenue von New York City lebte er meist allein. Nur sporadisch lebte ein Freund mit ihm. Er selber hat gesagt: »Wenn wir zu unseren tieferen Gefühlen kommen, müssen wir allein sein, müssen wir den Him-

Dag Hammarskjöld (Zeichnung von Helmuth Westhoff)

mel und die Erde fühlen und die Stimme hören, die in uns
spricht.« In New York nannte man ihn gelegentlich scherzhaft
den ›einsamen Wolf‹. Er sprach sieben Sprachen und las alle
Werke möglichst im Original. Als er von einer anstrengenden
diplomatischen Mission aus Nahost nach New York zurückflog,
beschäftigte er sich im Flugzeug mit der Übersetzung eines Werkes von Albert Camus ins Schwedische. Einen Tag, ehe er nach
dem Kongo flog, versprach er einem schwedischen Verleger die
Übersetzung des Werkes ›Ich und Du‹ des jüdischen Dichters
und Philosophen Martin Buber. 1954 wurde er Mitglied der Kö-
niglich Schwedischen Akademie, und es war vorgeschlagen worden, daß er 1963, nach Ablauf seiner zwei Amtsperioden bei
der UNO, Ständiger Sekretär der Schwedischen Akademie werden sollte.

Ich erzählte, daß er, der auch ein harter Arbeiter war, von

seinen Mitarbeitern viel forderte. Er setzte auch viel voraus. Journalisten waren nicht immer zufrieden mit ihm. Er machte in Pressekonferenzen manchmal nur Andeutungen und sagte dann »und so weiter und so weiter« – als ob alle so Bescheid wissen müßten wie er selber. Sehr treffend ist sicherlich auch die Bemerkung, die ein Schwede über ihn gemacht hat: »Er erinnert mich an eine Jet; wenn wir ihr Geräusch hören, ist das Flugzeug schon weit entfernt.« Wenn er auch gelegentlich kühl und reserviert war, so hatte er doch immer ein persönliches Interesse an allen Mitarbeitern der UNO. Sie zählen etwa viertausend Personen aus siebzig verschiedenen Ländern. Sie waren seine Untergebenen, aber er behandelte sie wie Freunde. Als Hammarskjöld in die UNO einzog, sagte er, er wolle sämtliche UNO-Beamte persönlich kennenlernen. Sein Assistent meinte skeptisch, dazu brauche er gewiß zwei Monate. Hammarskjöld benötigte dafür zwei Wochen. Er erfüllte sie alle immer wieder mit Begeisterung und Optimismus. Dabei war er nie oberflächlich, eben weil er sich so gut und gründlich informieren ließ. Man sagte über den ›Premierminister der Welt‹, er wisse mehr als alle Experten. Einmal schlug ein Land einen Beamten vor, den Hammarskjöld jedoch nicht für kompetent hielt und daher ablehnte. Jene Regierung schlug daraufhin einen anderen Beamten vor. Auch dieser sagte Hammarskjöld nicht zu. Fünf Vorschläge mußte die Regierung machen, bis Hammarskjöld endlich mit der Wahl des Delegierten einverstanden war. Jenes Land hatte sich die Sache zu einfach gemacht; in der Folge sandte es nur noch erstklassige Männer nach New York in die UNO.

Er unternahm zahlreiche Reisen in alle Teile der Welt. Selbst in ausgefallenen Angelegenheiten griff er geradezu genial und mit absoluter Fachkenntnis ein. Nach dem Krieg um Suez (1956) galt es, den Suezkanal von den Schiffswracks zu säubern. Es war Hammarskjöld, der eine niederländische und eine dänische Firma herausfand, die mit schnellem Erfolg die Aufgabe ausführen konnten. Experten hatten geschätzt, daß die Unternehmung mindestens sechs Monate dauern und vierzig Millionen Dollar kosten würde. Dank der Umsicht und des Einfühlungsvermögens von Hammarskjöld brauchte man für die Säuberung des Suezkanals noch nicht fünf Monate, und die gesamte Operation kostete nicht einmal acht Millionen Dollar. Er hatte für die UNO über dreißig Millionen Dollar eingespart. Man hat sich in der UNO häufig gefragt, wie er diese Leistungen immer wieder vollbrachte. Eine Erklärung ist, daß Dag Hammarskjöld nicht nur ein Politiker und Staatsmann war, sondern auch ein Philosoph und künstlerischer Mensch mit einem besseren Blick für die Realitäten des Lebens, als sie ein Spezialist hat, der häufig nur sein Gebiet kennt und darüber hinaus nichts anderes. Der Begriff ›Weltbürger‹ ist durch Scharlatane so häufig mißbraucht worden. Hammarskjöld dagegen war ein vorbildlicher Weltbürger. Er war ein schwedischer Patriot, trotzdem war seine Heimat nicht nur Schweden, Skandinavien, sondern die Welt. Überall fühlte er sich zu Hause. Aus jedem seiner Sätze konnte ich das spüren, wenn ich mit ihm zusammen war. Einmal besuchte er Neuseeland, und sein Gastgeber, ein bedeutender Amateurbotaniker, zog mit Hammarskjöld in die Berge. Es erwies sich, daß Hammarskjöld die Flora Neuseelands besser kannte als der Botaniker. Als ›Mr. H.‹ das Museum von Damaskus besuchte, setzte er seine Begleitung dadurch in Erstaunen, daß er alte Inschriften gleich auf den ersten Blick identifizieren konnte. 1954 wurden in der Chinesischen Volksrepublik elf amerikanische Piloten ins Gefängnis geworfen. Sie waren der Spionage während des Korea-Krieges angeklagt. Hammarskjölds Ratgeber meinten, er müsse eine Note an die rotchinesische Regierung richten. ›Mister H.‹ überdachte die Situation und entschied schließlich, daß eine diplomatische Note hier nichts ausrichten würde. Es war ihm klar, daß er persönlich nach China reisen mußte. Er setzte sich ins Flugzeug, besprach die Angelegenheit mit Tschou En-lai und erwirkte die Freilassung der Piloten.

Während der Kongokrise war die Weltöffentlichkeit gelegentlich mit der UNO und ihrem Generalsekretär unzufrieden. Aber es war doch nicht die UNO, welche die katastrophale Situation im Kongo heraufbeschworen hatte. Die Belgier gaben den Kongolesen die Unabhängigkeit, ohne sie darauf vorbereitet zu haben. Für das Chaos war also keineswegs die UNO verantwortlich, sondern die belgische Verwaltung. Immerhin war es ein Erfolg Dag Hammarskjölds, daß er im Kongo eine internationale Truppe und eine internationale Beamtenschaft einsetzen konnte. Internationale Gremien gehörten überhaupt zu seinen Lieblingsideen. »Je mehr alle Organisationen in der Welt internationalisiert werden«, pflegte er zu sagen, »um so weniger nationale Reibungsflächen bekommen wir, und um so besser werden sich die Völker vertragen. Die Kriegsgefahren werden verringert.«

Im September 1961 flog er erneut nach der Republik Kongo.

Obwohl er von belgischer wie von sowjetischer Seite in übelster Weise angegriffen worden war, nahm er sich abermals mit seiner bekannten Unermüdlichkeit der Probleme des Kongo an. Unterwegs verunglückte er – es war die Nacht vom 17. zum 18. September 1961 – auf dem Fluge von Léopoldville nach Ndola in Nordrhodesia mit einer viermotorigen DC-6B. Dag Hammarskjöld starb, wie er lebte, in diplomatischer Aktion für den Frieden. Er besiegelte sein Werk mit seinem Leben. Vielleicht hat niemand so viel in der Nachkriegszeit für den Frieden getan wie er. Am 24. Oktober 1961 verlieh das Nobelkomitee des norwegischen Storting Hammarskjöld posthum den Friedensnobel-Preis für das Jahr 1961. Der schwedische Botschafter in Norwegen, Rolf Edberg, der den Preis für Hammarskjöld entgegennahm, sagte in seiner Ansprache bei der Preisverleihung, Hammarskjöld habe vor allem an die unsichtbaren Brücken geglaubt, auf denen sich die Menschen als Menschen treffen könnten, jenseits der Grenzen aller Ideologien, Rassen und Nationen. In diesem Glauben hätten wir alle dem großen Toten nachzueifern. Er hob noch einen Satz aus dem letzten Artikel hervor, den Dag Hammarskjöld geschrieben hat und in dem es heißt, daß Rückschläge in den Bemühungen, ein Ideal zu verwirklichen, kein Beweis dafür seien, daß Ideale falsch seien. Unter den Flugzeugtrümmern im afrikanischen Busch fand man in Hammarskjölds Handgepäck die ersten zwölf übersetzten Seiten von Martin Bubers ›Ich und Du‹ und ein kleines Buch von Thomas von Aquin über das Leben Christi. Zwischen Seiten, die er offenbar gerade noch gelesen hatte, lag eine Abschrift seines Schwurs als Generalsekretär der UNO.

Erfahrungen während einer Gastprofessur in den USA hatten meine Ansichten von der Welt damals ziemlich durcheinander gebracht. »Bleiben Sie dem Leben offen, und Sie werden blitzschnell eine Einsicht in den Lebenszustand von anderen erhalten«, sagte mir Dag Hammarskjöld. Ich habe den Grundsatz dieses Weltbürgers seitdem oft angewendet.

(1962)

Langston Hughes,
ein Kreuzfahrer für die Menschenrechte der Neger
Ein Nachruf

»Was wird mit dem vertagten Traum?«

L. H.

Am 1. Oktober 1964 erhielt Langston Hughes, der amerikanische Dichter afrikanischer Abstammung, aus der Hand von Martin Beheim-Schwarzbach, Vizepräsident Klasse Literatur der Freien Akademie der Künste in Hamburg, die Plakette dieser Akademie für das Jahr 1964, und er wurde gleichzeitig zum Ehrenmitglied ernannt. Bei dieser Feierlichkeit wurde eine zweite Plakette dem israelischen Schriftsteller Max Brod verliehen, der aus Gesundheitsgründen nicht anwesend sein konnte; stellvertretend für ihn nahm sein Prager Jugendfreund Willy Haas die Auszeichnung entgegen. Das Auditorium maximum der Alma Mater Hamburgensis war voll besetzt. Der Sänger Lawrence Winters sang Blues von Langston Hughes, und Diana Hinz trug deutsche Nachdichtungen von Versen des Poeten vor, die er selbst in der englischen Urfassung las. Ich erinnere deshalb an jenen einzigen Hamburg-Besuch des nordamerikanischen Negerdichters, weil er – wie Hughes oft sagte – zu den schönsten Erinnerungen seines Lebens gehörte.

Der Dichter aus Harlem hatte in den letzten zwei Dezennien in seiner nordamerikanischen Heimat endlich einige Auszeichnungen und Ehrungen erhalten. Aber daß sein Oeuvre von etwa vierzig Büchern nun auch in Europa anerkannt wurde, erfüllte ihn mit Dankbarkeit. Er kannte sich gut aus in der jüngsten deutschen Geschichte, und er sagte in der Hamburger Universität: »Ich erhalte die Plakette und die Ehrenmitgliedschaft dieser Akademie gleichzeitig mit dem Dichter einer Rasse, die genauso wie die meine über ein Jahrzehnt lang in Deutschland in schmählicher Weise verfolgt wurde – zwei Rassen, die sogar Millionen Blutopfer bringen mußten. Heute werden Max Brod und ich dekoriert. Welch eine Wandlung! Es ist eine Wandlung, die wieder einmal hoffen läßt. Ich habe mein Leben lang gehofft, daß eine Zeit kommen werde, in der die Menschen nur noch Menschen und nicht mehr rassische Merkmale bewerten.«

Langston Hughes war keineswegs ein Träumer, er war ein Realist, ein Moralist, ein Poet, der sehr zielbewußt schrieb. Er war dies alles aus dem Geist eines neuen Humanismus, aus dem Geist einer ökumenischen Brüderlichkeit, wie sie unsere Welt bislang noch nicht kennt, wie sie aber die zukünftige Welt eines Tages praktizieren muß, wenn sie nicht zugrunde gehen will. Die Welt von heute ist die einer großen Nachbarschaft. Nachbarn

Tomorrow

We have tomorrow
Bright before us
Like a flame,
Yesterday
A night-gone thing,
A sundown-name,
And dawn-today
Broad arch above
The road we came.
We march!

Langston Hughes

brauchen sich nicht zu lieben, sie haben aber die Pflicht, gegenseitig ihre Menschenwürde zu achten. Den größten Teil seines Lebens hat der amerikanische Neger Langston Hughes sich dieses Idealzustandes nicht erfreuen können. Weil er indessen wußte, daß es die einzige Möglichkeit ist, falls die Welt nicht in Haß und Streit untergehen soll, wirkte er mit einer langen Reihe wichtiger poetischer und schriftstellerischer Werke zugunsten dieser neuen Gesinnung. Er war ein Kreuzfahrer für die Menschenrechte und die Menschenwürde der Neger. Er half aber auch den Negern, ihre Identität zu entdecken und damit ihr Selbstbewußtsein, das ihnen in den Jahrhunderten der Sklaverei genommen worden war, zurückzugewinnen.

Mit Bedauern müssen wir allerdings heute, da wir zu seinem Gedenken zusammengekommen sind, feststellen, daß er, obwohl er mancherlei, was er erstrebte, erreicht hat, oft auf einem einsamen Posten stand und kämpfte. In den letzten Jahren hat es sich dieser große Humanist gefallen lassen müssen, daß er ein ›Uncle Tom‹ genannt wurde, also ein Neger, der wie in der Ära der Sklaverei buckelte – was er weiß Gott nicht getan hat. Aber die Zeiten der Geduld der Neger sind vorbei und damit die Zeiten der Kompromisse, wie sie dieser gütige und religiöse Dichter zunächst erstrebte.

Wie sieht es denn in diesen USA der Gegenwart aus? Selbst Martin Luther King, ein alter Freund von Langston Hughes, hat sich mit der Black Power Movement identifiziert und den Vertretern der White Power Movement für dieses just begonnene Jahr 1968 sogar einen überaus harten Kampf angesagt. Dr. King, sicherlich noch immer der prominenteste der nordamerikanischen Negerführer, bislang ein Vertreter des passiven Widerstandes im Sinne Gandhis, hat trotzdem schon längst nicht mehr jene gewaltige Gefolgschaft, die er einst besaß. Die meisten amerikanischen Neger von heute, besonders die junge Generation, folgen lieber einem LeRoi Jones oder einem Stokely Carmichael – um nur zwei Namen aus der Reihe der aggressiven Negerrechtler zu nennen, die keinerlei Kompromisse mehr kennen. Und selbst ein verbindlicher und pazifistischer Schriftsteller wie James Baldwin wird in seinen Äußerungen gegenüber den Weißen immer unversöhnlicher. Spricht man heute in New York, wo Langston Hughes die letzten Jahrzehnte gewohnt hat, mit Negern, dann bekommt man den Eindruck, als gebe es für sie nur noch eine Lösung, nämlich zu den Waffen zu greifen; und manchmal kann man es ihnen sogar nicht verdenken. Denn es gibt viele Weiße, die für die nächste Zukunft ein Blutbad prophezeien, das jenem nicht nachstehen soll, dem einst Millionen Indios zum Opfer gefallen sind.

Welche entsetzlichen Zukunftsperspektiven! Und sie gehen auch uns Europäer an; denn wir sind die Verbündeten der Nordamerikaner. Langston Hughes lebte und wirkte für eine ›Free World‹, in der der Mensch nur mit menschlichen Maßstäben gemessen wird und nicht nach Hautfarbe, Rasse, Glaubensbekenntnis oder irgendwelchen Dogmen und Ideologien. Sein gesamtes Werk ist zugleich eine Chronik der Negergeschichte der USA. Langston Hughes starb am 23. Mai vergangenen Jahres (1967), und wir haben die Pflicht, uns dieses von einem hohen Ethos beseelten Mannes, unseres Freundes, immer wieder zu erinnern ...

Am 1. Februar dieses Jahres (1968) wäre Langston Hughes sechsundsechzig Jahre alt geworden. Er wurde in Joplin im Staate Missouri geboren. Immer wieder wies er in seinen Schriften stolz darauf hin, daß sich unter seinen Ahnen neben Afrikanern auch Schotten, Franzosen, Juden und Cherokee-Indianer finden. Der Vater war Jurist, die Mutter Lehrerin. Als junger Mann verdiente sich Langston sein Geld als Englischlehrer in Mexiko. Dann verdingte er sich bei der Seefahrt und lernte als Seemann Westafrika und Europa kennen. Wie andere Dichter auch, hatte er noch mancherlei andere Berufe, ehe er zu schreiben begann. Nach seiner Wanderzeit studierte er in Pennsylvania an der Lincoln University, die ihm vierzehn Jahre später den ersten seiner drei Ehrendoktortitel verlieh. 1926 publizierte er, sofort mit großem Erfolg, seinen ersten Gedichtband ›The Weary Blues‹ und offenbarte sich als ein Nachfolger – nicht etwa Nachahmer – Carl Sandburgs und Walt Whitmans. Er machte sich schnell einen vorzüglichen Namen als Lyriker, Librettist, Dramatiker, Romancier, Kurzgeschichtenerzähler, Essayist, Herausgeber von Anthologien und als Redner. Die meisten seiner Bücher wurden in zahlreiche Sprachen übersetzt; auch in der Bundesrepublik sind Bücher von ihm erschienen. Langston Hughes war ein Autor aus Passion. Am Schluß seines biographischen Werkes ›Ich werfe meine Netze aus – Abenteuer eines Lebens‹ heißt es: »Literatur ist ein großes Meer mit vielen Fischen darin. Ich warf meine Netze aus und zog sie wieder ein. Und das ist auch heute noch mein Gewerbe.«

Langston Hughes schrieb, weil er sich mitteilen mußte. Als Neger in den USA hatte er viel leiden müssen. Er litt bis zu seinem Ende im New Yorker Polyclinic Hospital vor einem Jahr. Infolge der Zuspitzung der rassischen Auseinandersetzungen in New York konnten ihn viele seiner Freunde und Gefährten in dem Negerviertel Harlem nicht mehr besuchen. Deshalb verzog der herzkranke Poet in ein Hotel in Manhattan, wo er bis zuletzt noch alle diejenigen sehen konnte, die er trotz der gegenwärtigen wechselseitigen Verfolgungen der beiden Rassen noch sehen wollte. Zu seinen ergreifendsten Gedichten gehört: ›Verfolgter in Amerika‹.

> worte gibt es wie *freiheit*
> süß und wunderbar im mund.
> freiheit singt in meinem herzen
> jeden tag und jede stund.

> worte gibt es wie *freiheit*
> die bringen mich fast um.
> wüßtest du, was ich erlebt hab',
> dann wüßtest du, warum.

Andere Negerdichter verloren über dem Leid häufig ihren Humor, Langston Hughes nicht. »Ich lache, um nicht zu weinen«, pflegte er zu sagen. »Ich liebe: Wagners Tristan, Ziegenmilch, kurze Romane, lyrische Gedichte, Hitze, einfache Leute, Schiffe und Stierkämpfe. Ich liebe nicht: Verdis Aida, Pastinaken-Gemüse, lange Romane, Epen, Kälte, angeberische Leute, Autobusse und Brücken.« Seine drei Bände Geschichten um den Harlemneger Jesse B. Simple – eine Mischung von Till Eulenspiegel und Schwejk – gehören zum Hausschatz nordamerikanischen Humors; leider sind sie wegen des für Ausländer nur schwer verständlichen Negerslangs kaum zu übersetzen ...

(1968)

Als Langston Hughes in Hamburg die Plakette erhielt, wohnte er bei uns. Er war ein anpassungsfähiger Hausgast. Was mir besonders angenehm auffiel, war, daß er sich, im Gegensatz zu manchem seiner Landsleute, weder salopp noch nonchalant benahm. Seine vielen Reisen durch die Welt hatten ihn zu einem umgänglichen Weltbürger werden lassen, bei dem die Herkunft unwichtig war. Er wurde überall sehr herzlich willkommen geheißen. Aber ich verstand doch mehr und mehr, warum die neuen Generationen amerikanischer Neger Männern seines Schlages heute mit Mißtrauen begegnen. Ebensowenig wie die Zionisten wollen jene eine Assimilierung. Sie wünschen sich das Bekenntnis zu Afrika, ein Bekenntnis, das allerdings meistens auf recht tönernen Füßen steht; denn ihre Vorfahren sind doch zum größten Teil bereits vor langer Zeit nach den beiden Amerika gekommen.

Um den Anschluß an den neuen Geist nicht zu verlieren, machte Langston Hughes Kompromisse. So hatte er irgendwo erfahren, daß jener Matrose, der im Mastkorb des Flaggschiffes des Columbus gesessen habe, ein Neger gewesen sein soll. Er schloß sich jener Hypothese an, Amerika sei »von einem Neger entdeckt« worden. Langston gab es nicht zu, aber ich spürte es deutlich, daß er sich bei dieser Hypothese nicht recht wohlfühlte, und daß es ihm völlig gleichgültig war, ob da ein Neger oder ein Iberer im Mastkorb gesessen hatte. Er war ein aufrichtiger Bewunderer der europäischen Kultur. Ihm zu Ehren wurde im ›Brahmskeller‹ ein Essen gegeben. Inmitten der historischen Möbel fühlte er sich behaglich und hörte immer wieder mit rührender Begeisterung einer alten Spieluhr zu.

Immer, wenn ich in New York war, besuchte ich den Freund in der 127. Straße in Harlem. Langston lebte mit einer alten Tante und einem jungen Sekretär inmitten der Harlemer Klein-Bourgeoisie, inmitten von kleinen Kaufleuten, Handwerkern, Beamten und Angestellten. Die Straße war alles andere als sauber. An warmen Tagen stank es nach Abfall. Um so mehr freute es einen, wenn man in sein kleines, schmales Haus eingetreten war. Wie war hier alles blitzblank und wohlgeordnet! Seine Bibliothek und seine Diskothek waren katalogisiert, seine Manuskripte und Korrespondenzen wurden in metallenen Kassetten, sorgfältig registriert, aufbewahrt. Bei keinem anderen Schriftsteller habe ich eine solche fast schon pedantische Ordnung angetroffen. In der Wohnung hingen an den Wänden Erinnerungsstücke an seine Reisen und an Persönlichkeiten, denen er begegnet war. Über seinem Bett hingen von ihm selbst gemalte Porträts von Kwame Nkrumah (Ghana) und Nnamdi Azikiwe (Nigeria), die damals beide Staatspräsidenten waren und mit denen er, wenn mich meine Erinnerung nicht täuscht, gemeinsam studiert hatte. Die Porträts zahlreicher weißer Persönlichkeiten hingen außerdem in seiner Wohnung.

Er war durchaus populär in Harlem, und viele Menschen, die er selber gar nicht kannte, grüßten ihn voller Respekt, wenn er durch die Straßen ging. Wir besuchten gemeinsam Buch- und Kunsthandlungen, Restaurants, Bars und Gemeindehäuser oder Kirchen der zahllosen Denominationen. Eines Tages bat er mich, in einem Künstlerclub einen Vortrag zu halten. Ich war der erste Weiße, der hier sprach und sicherlich auch der letzte, weil die Weißenfeindlichkeit rapide zunahm. Nur ein Langston Hughes konnte es durchsetzen, daß ein weißer Schriftsteller vor einem ausnahmslos schwarzen Publikum sprach. Heute ist das nicht mehr möglich in Harlem, und vielleicht wird es auch nie wieder möglich sein.

Von seinem Tod hörte ich in Buenos Aires, und ich schrieb damals ein Requiem auf ihn, das in den USA in einem Gedenkbuch für ihn erschienen ist. Als ich im Herbst 1967 wiederum in New York war, besuchte mich im Hotel ein gemeinsamer Freund. Als er in mein Zimmer trat, hatte er bereits Tränen in den Augen, er setzte sich in einen Stuhl und weinte. Ich ahnte den Anlaß nicht und versuchte dennoch, Raul zu trösten. Als er sich etwas beruhigt hatte, fragte er mich zunächst, warum ich ausgerechnet in diesem Hotel wohnte, ich hätte doch sonst immer um die Ecke am Central Park mein Quartier gehabt. Ich sagte: »Dort war diesmal kein Zimmer frei, und deshalb hat man mich hier einquartiert.« Raul antwortete: »Das ist höchst seltsam; denn in diesem Hotel, auf dieser Etage, und genau deinem Zimmer gegenüber lag Langston Hughes in den Wochen vor seinem Tode.« Sehr häufig habe ich es in meinem Leben beobachtet, daß mein Schicksal immer wieder bestimmte Bezüge herstellt, und eigentlich bin ich froh darüber. Auch daß Langston Hughes nicht in Harlem sterben konnte, sondern entfernt von seinem Wirkungskreis, ist symptomatisch. Mit ihm endete eine Epoche des amerikanischen Negertums. Nun geben die Radikalen den Ton an. Die Weißen tragen schuld.

(1968)

James Baldwin, Pastorensohn aus New York-Harlem

*»Die Hautfarbe ist keine menschliche oder
persönliche Wirklichkeit, sie ist eine politische Wirklichkeit.«*   J. B.

Eines Tages erschien er bei mir völlig unerwartet, zusammen
mit seinem deutschen Verleger Heinz Ledig-Rowohlt. Ich war
gerade aus der Augenklinik entlassen worden. Er war der erste,
durch den ich wieder Verbindung zu meiner beruflichen Arbeit
aufnahm. Wir hatten sofort einen starken menschlichen Kontakt, sprachen wie alte Bekannte oder sogar Freunde. Umgeben von Büchern und Kunstwerken aus fernen Ländern, sagte
er: »Hier fühle ich mich zu Hause.« Dabei spürte ich, daß ihn
die afrikanischen Exponate weniger interessierten.

Auch bei den späteren Besuchen bei mir sprach er mich nie auf
Afrika an. Er war selbst in Afrika gewesen, sah aber diesen
Kontinent kritisch, fast ablehnend. Das scheint mir in seinem
Fall aufschlußreich zu sein. Andere Afroamerikaner stellen
heute eine meistens äußerst künstliche Beziehung zu Afrika her.
Baldwin fühlt sich als Amerikaner. Sein Buch ›Schwarz und
Weiß‹ hat den Untertitel ›Was es heißt, ein Amerikaner zu sein‹.
Er muß Amerika, das seine Heimat ist, sehr lieben. Deshalb
kämpft er so leidenschaftlich um dieses Amerika. Langston
Hughes, von dem Baldwin viel gelernt hat, gehört einer älteren
Generation an. Er hat mehr dieses ›afrikanische Gefühl‹, wie
Langston Hughes das nannte, unterdrückte es jedoch zugunsten
eines kosmopolitischen Engagements. Auch dies ist bezeichnend
für die Situation der Menschen dunkler Hautfarbe in den USA.
Baldwin selbst sieht den Unterschied. Dabei empfindet er sich
als zwischen zwei Epochen stehend. Er meint, daß seine Generation, genau wie die früheren, bislang versagt habe. Obwohl er
einundvierzig Jahre alt ist, hört er nun auf the kids, also die
Jungen.

James Baldwin ist selber ein großer Junge. Er bezeichnet sich
als ›einen ehemaligen Straßenjungen‹. Auf der Straße wuchs er
auf, weil er sich im Hause seines Vaters, eines Harlem-Pastors,
nicht wohl fühlte. Als er vierzehn Jahre alt war, wurde er von
einem Älteren verführt. Er sagte selbst: »Damals schon wurde

ich Mann.« Er war sehr einsam. Er fühlt sich von der Natur vernachlässigt, weil er klein und grazil ist. Obwohl er gut proportioniert und kräftig gebaut ist, hat der Vierzigjährige den Körper eines Knaben.

Jimmy und sein Verleger saßen in meiner Bibliothek vor Bücherborden in dunklen Möbeln. Ich mußte damals erst wieder sehen lernen; der Besuch strengte mich sehr an. Ich schloß vorübergehend die erschöpften Augen. Einmal probierte ich beide Augen aus und stellte fest: Ich konnte Baldwin nicht mehr sehen, nur noch den helleren Kopf von Heinz Ledig-Rowohlt. Ich empfand die Situation als grotesk, Neger nicht mehr erkennen zu können. Ein Seufzer muß mir über die Lippen gekommen sein. Jimmy fragte, was mich bedrücke. Ich sagte: »Um ehrlich zu sein, im Augenblick kann ausgerechnet ich Neger nicht mehr erkennen. Und Heinz wirkt nur noch wie eine helle Chimäre. Ob das eine tiefere Bedeutung hat, weiß ich nicht.« Als Jimmy ging, umarmte er mich und küßte, wie in einer Zeremonie, meine Augen: »Ich wünsche Rolf, daß er bald wieder sehen kann«, sagte er. Ich war jetzt ganz dicht vor ihm und erkannte zum erstenmal seine sehr ausdrucksvollen Augen. Sie stehen etwas hervor; sie sind sehr auffallend. Ich kenne nur wenige Menschen, die derartig lebendige Augen haben. Allerdings muß man sich Zeit nehmen, sie zu studieren. Ist man mit ihm allein im Gespräch, wird man von den Augen fasziniert. Ihre lebhaften Bewegungen unterstreichen, was der Mund sagt, das Herz fühlt, das Hirn denkt.

Ein paar Monate später trafen wir uns wieder in Hamburg. Er war zur Aufführung seines Musicals ›Amen Corner‹ gekommen. Als wir uns nach der Premiere wiedersahen, sagte er: »Ich komme dich besuchen.« Für den nächsten Tag lud ich zwei der Schauspielerinnen seines Ensembles ein, Helen Martin und die berühmte Heroine des amerikanischen Negertheaters, Claudia McNeil. Ich sagte den beiden Damen, sie sollten Jimmy mitbringen, falls er nichts anderes vorhabe. Er kam nicht allein. Er brachte viele andere Schauspieler mit, außerdem einige seiner Verehrer, so einen evangelischen Pastor aus Ghana, einen Medizinstudenten aus Nigeria, einen Maler aus Trinidad, verschiedene Deutsche, darunter die Schriftsteller Ullrich Sonnemann und Hubert Fichte. Der Wein wurde zur Bowle verlängert, die Würstchen verschwanden kleingehackt im Kartoffelsalat. Unsere Freundin Imke witzelte, sie käme sich vor wie der Naza-

least two things, for it is not humanly possible for it to mean what it
says. It means that Tony has never lied to me, though I have often watched
him ~~struggling to~~ lie to himself; but it also means something much
more difficult to capture ~~precisely~~ which is that some people are liars
and some people are not. To be ~~a steady~~ ~~cynical~~ liar — demands
a concentration, a/consciousness of ~~when~~ and of ~~how~~, and a relentless
~~gift for~~ calculation — which must also be exceedingly swift — which
is only to be found in those complex creatures
who know themselves to be complex. One one level, all statesmen are liars,
and, on another, all artists are : each is lying with a certain aim in
mind, gauging this effect in the eyes of others, shifting, it would seem,
with the wind, with his eyes fixed on the kingdom he must conquer. Smiling,
he arrives, and smiling he leaves : but nothing will ever deflect him. This
is not so for the innocent. Hence, the irreducible loneliness of both the
innocent and the irreducibly corrupt. Between them is a no-man's land, rarely,
if ever, traversed.

       During all this time, Hollywood had been banging on the door.
I had not yet signed a contract, but I had agreed to do the movie. I was due in
~~Therefore,~~ In February, approximately thirty days late, I left Tony Hollywood in January
in the hands of our lawyer and my publisher, and flew back to London,
to pick up the ticket which Columbia Pictures had waiting for me there.

James Baldwin: Aus dem Manuskript eines Essays

rener, der doch auch mit zwei Broten Tausende speisen mußte.

Jimmy hielt sich zunächst in einer Ecke auf. Er sprach meist
mit der Protagonistin seines Stückes, der körperlich überdimen-
sionalen Claudia. Einige Male legte er seinen Kopf an ihren Busen. Es sah aus wie eine antike Darstellung von Mutter und
Kind. Der kleine Jimmy wirkte neben der gewaltigen Frau fast
wie ein Baby. Ich sagte ihm dies später, und er meinte: »Meinen
Vater habe ich früh verloren. Mutter lebt noch. Mütterlichkeit
bedeutet mir sehr viel, mehr als Fraulichkeit.« Und er erinnerte
mich daran, daß er zweimal verheiratet war, einmal sogar im
Alter von achtzehn Jahren. Als stellungsloser Jüngling noch
hatte er geheiratet. Beide Ehen gingen auseinander. » Jetzt brauche ich Freunde«, sagte er, »starke Freunde. Ich brauche Halt.
Das Leben wird für mich immer schwieriger. Manchmal scheint
es mir, ich könne es gar nicht mehr bewältigen.«

Der kleine grazile Mann litt unter Harlem, unter ganz

Amerika; er hat es wiederholt selbst geschrieben. Er hat wiederholt das Gefühl gehabt, Amerika nicht mehr respektieren zu können; deshalb floh er nach Europa, lebte er in Paris, lernte hier schreiben, verfaßte hier seine ersten Essays, die nach französischen Vorbildern angelegt sind, und schließlich seine Erzählungen, Novellen und Romane. Er verkehrte sehr bald mit den Großen der Literatur, des Theaters, der bildenden Kunst. Aber das Nachkriegsfrankreich war nicht jenes Frankreich, das er von der Literatur her kannte. Frankreich und besonders Paris enttäuschten ihn. »Nun war ich völlig am Ende«, sagte er, »ich wußte überhaupt nicht mehr weiter. Alles in meinem Leben schien schiefzugehen. Schließlich ging ich nach Amerika zurück, wurde zum Rebellen, zum Bürgerrechtskämpfer, der ich noch heute bin. Ab und an wohne ich in Istanbul. In der Türkei läßt es sich für unsereinen gut leben.«

»Du hast viel mit deinem Schreiben für deine eigene Rasse, aber auch für die Weißen getan«, sagte ich. – »Es ist mir alles so leid«, entgegnete er. »Ich würde viel lieber nur über die Liebe schreiben, über die Schönheit, würde viel lieber nur ein Mensch ohne alle Gêne sein, also mich ausleben. Aber dann würde vielleicht meine Generation noch mehr versagen.« Seine Augen traten noch mehr hervor, als sie es üblicherweise tun. »Ich muß also kämpfen«, sagte er, »ich muß, ich muß, ich muß: Dabei ist mein Feld viel zu klein. Bürgerrechte – das ist nur ein Ausschnitt aus den Problemen der heutigen Gesellschaft. Immerhin spiegelt sich darin auch das, was sich in bezug auf Amerika in Kuba, in Vietnam, in St. Domingo abspielt.«

James Baldwin, der ehemalige Straßenjunge, der nie eine Universität besucht hat, der Autodidakt ist, ein geistiger Selfmade-Man, ist unwahrscheinlich intelligent. Aber es ist keine Büchergelehrsamkeit, die er besitzt, er hat eine natürliche Intelligenz, die auf Lebenserfahrung beruht. Und er hat Visionen, er sieht Zusammenhänge, die anderen verborgen sind.

Ich bin sehr angetan von einer bestimmten Szene in seinem großartig konzipierten Roman ›Eine andere Welt‹. In diesem Buch agieren Weiße und Schwarze, die erotischen Beziehungen gehen kreuz und quer durch die Geschlechter. Aber selbst wenn ungewöhnliche Liebesakte dargestellt werden, wird es nie obszön. So freimütig Baldwin ist, so ist ihm doch auch das Sexuelle fast ein heiliges Unterfangen. Er ähnelt darin Jean Genet. Um eine sehr eindrucksvolle Szene hervorzuheben: Zwei

Männer treffen sich, alte Freunde. Den einen hat der Leser als einen den Frauen zugetanen Mann kennengelernt, den anderen als einen Homophilen. Eines Abends verfallen sich die beiden Männer; ihre gemeinsame Nacht und der darauffolgende Tag werden geschildert. Die Szene ist eine der großartigsten in der modernen Literatur. Zwei Menschen bedeuten sich etwas und kennen nicht das, was die sogenannte Moral als Grenze angibt. Ich sprach mit Jimmy über diese Szene und rühmte sie. Er sagte: »Ich bin beglückt, daß du gerade von dieser Szene sprichst. Ich halte sie für die wichtigste in meinem ganzen bisherigen Werk. Es geht hier auch gar nicht mehr um die Liebe, es geht um die Aufhebung falscher Gesetze, um die Entkriminalisierung aller Gefühle, kurz: es geht mir darum, an diesem Beispiel zu zeigen, was wirklich Liebe der Menschen untereinander ist oder sein kann.«

Nach und nach gingen an jenem Abend die meisten der Gäste. Es blieben die zwei Schauspielerinnen Helen und Claudia zurück, die zunächst eingeladen waren, einige deutsche Freunde und der Pastor aus Ghana. Der Morgen brach bereits an. Draußen war es nun fast so hell wie im Zimmer. Wir alle waren zwar müde, aber wir konnten uns nicht trennen. Es herrschte eine wunderbare Harmonie, ein Gedankenaustausch, der anregte, ein Gedankenaustausch, der immer wieder von James Baldwin durch gute Bemerkungen gewürzt und vorangetrieben wurde.

Wann immer James Baldwin Gelegenheit hat, zieht er die Schuhe aus. Auch in einer Botschaft kann der Augenblick kommen, da er im Smoking ohne Schuhe herumläuft. Bei anderen mag das unpassend erscheinen, nicht bei ihm. Auch an diesem Abend zog er die Schuhe aus. Gewisse Beklemmungserscheinungen überfallen ihn plötzlich, und er wird ihrer mit den Schuhen ledig. Diesmal war es wohl der Wunsch nach Bequemlichkeit. Die Krawatte wurde gleichfalls abgelegt, desgleichen die Smokingjacke. Das weiße Hemd wurde ihm auch unbequem; mitten in der Unterhaltung zog er es aus. Unter dem Smokinghemd trug Jimmy ein blau-weiß gestreiftes Unterhemd, wie es manchmal Matrosen anhaben. Wiederum hätte das vielleicht bei anderen unangenehm gewirkt; nicht bei James Baldwin.

Wir saßen nebeneinander auf dem Sofa. Eine Weile stützte er sich auf mich; ich legte meinen Arm um ihn. Schließlich lag er auf meinem Schoß wie ein kleiner Bruder, der bei seinem großen Bruder Zuflucht sucht. Da war nichts mehr von einem berühmten amerikanischen Schriftsteller, nichts von einem internationalen Bestseller-Autor: Ein Mann lag da, der müde war, es sich gemütlich machte, sich wie zu Hause fühlte. Ich streichelte seinen Kopf. Er zog die Beine an; die Strümpfe waren inzwischen auch zu Boden gefallen. Es schien mir, als würde er noch kleiner, als er ist, und ich spürte vor allem dies: Er hatte Geborgenheit gesucht und gefunden. Nun war die Welt in Ordnung. Ich fragte später meine und seine Freunde, ob das Verhalten im Gästekreise etwa unschicklich war. Niemand fand etwas dabei. Es war alles so natürlich, wie es nur sein konnte.

Als die anderen gingen, wollte er bleiben. Wir bereiteten ihm ein Bett, er legte sich nackt hinein. Ein Naturbursche, dem nichts in der Welt fremd ist, der – ich muß es wiederholen – nichts mehr als Geborgenheit sucht. Am nächsten Tag war er wieder bei uns. Wir sprachen über den vergangenen Abend. Jetzt war er bei uns wie einer, der wie ein Familienmitglied dazugehört. Wenn man mit ihm zusammen ist, vergißt man, daß er ein amerikanischer Neger ist. Er wird zum Nächsten, zum Bruder. James Baldwin schreibt über die Liebe jenseits der Geschlechter, der Rassen, der Nationalitäten. Er hat diese Liebe in sich, strahlt sie aus, lebt sie. Insofern scheint er mir eine neue Art Mensch zu sein. Er, der einstige Straßenjunge aus Harlem, redet nicht viel von Weltverbrüderung, von Weltbürgertum. Er lebt es, und zwar nicht aus Programmgründen, sondern weil dies ganz einfach in ihm steckt. Daher liebe ich diesen Jimmy Baldwin. Meine Freunde, die ihn in diesen denkwürdigen Tagen miterlebt haben, sagten alle übereinstimmend: »Selten oder sogar noch nie sind wir einem Fremden, einem Andersrassigen begegnet, dem wir sofort vollkommen zugetan waren.« Der sehr aufgeschlossene weiße katholische Geistliche Thomas Merton in den USA, der sich zu den farbigen Bürgerrechtskämpfern geschlagen hat, spricht von der Botschaft der Rettung der Menschen, die gerade die Schwarzen Amerikas vorzutragen haben. James Baldwin lebt uns diese Botschaft vor.

(1964)

Jesús Reyes Ferreira, der fromme Exzentriker

>*Wenn ich den Tod treffe, werde ich ihm
>rote Blumen in die Haare stecken. Leider
>nur hat er keine Haare.«*   J. R. F.

Wir haben nun einige Bilder von Jesús Reyes Ferreira in unserem Haus hängen. Jeder schaut sofort fasziniert hin, wenn er
an ihnen vorüberkommt; dabei kennt in Europa fast niemand
seinen Namen. In Mexiko dagegen ist er jetzt schon so etwas wie
ein Klassiker. Auch in den USA genießt er, zumindest in den
Kreisen der Experten, immer mehr Ansehen. Seine eigentliche
Zeit wird noch kommen; er ist unübersehbar.

Ich will zunächst kurz unsere Bilder erwähnen. Auf dreien
sind nur Blumen abgebildet, leicht und unbekümmert hingetupfte Blumen. Sie haben altmodische Farben, zum Beispiel
herrscht auf einem Bild dunkles Veilchenlila vor. Obwohl die
Blumen leicht abstrahiert sind, erinnern sie farblich etwas an
jene getrockneten Blumen von Biedermeier-Bouquets. Dann
sind da zwei Bilder mit kämpfenden Hähnen. Wie die Gefiederten aufeinander zuspringen! Wie sie die Federn sträuben! Diese
Kampfhähne haben die Dynamik von aufeinander losgehenden
Stieren. Auch einen Christus von Jesús Reyes Ferreira besitzen
wir. Braun lehnt der nackte Leib (vielleicht nach der Kreuz-
abnahme) an einer weißen Wand. So etwas wie ein blauer Bal-
dachin schwebt über dem Nazarener. Rechts unten im Bilde wieder Blumen: blau und rot hingetupfte Rosen. Das beste Bild von
ihm zeigt einen gehörnten, geschwänzten Teufel (in Schwarz),
der mit einem Tod (in Weiß) fröhlich Menuett tanzt; zwischen
beiden wiederum hingetupfte modische Rosen, die aus dem dun-
kelblauen Hintergrund fast schrill hervorleuchten. Kein angeneh-
mes Motiv freilich, aber ein äußerst suggestives Bild, von dem
jeder Beschauer äußerst betroffen ist. Als Hans Spegg diese Arbeit dem fünfundachtzigjährigen Meister abkaufte, sagte er, es sei
sein einziges in Öl gemaltes Bild und außerdem sein letztes Bild
überhaupt. Er würde niemals wieder mit Öl malen; es strenge
ihn zu sehr an. Aquarellieren sei viel leichter. Was solle es überhaupt, das Malen? Er habe doch in seinem Leben so viel gemalt.
Er bereite sich jetzt auf seinen Tod vor. Seine alte Schwester,

die ihn versorgt, würde vielleicht auch nicht mehr lange leben. Seinen irdischen Besitz erhalte ein mexikanisches Kloster; dort wüßte man vielleicht seine Hinterlassenschaft am meisten zu schätzen.

Eigentlich kamen wir durch ein Mißverständnis zu ihm. Ich suchte auch in Mexiko-City – ebenso wie in anderen Städten – nach naiven Malern. Da sagte der Buchhändler Roberto Kolb, der so viel Gutes für die deutschsprachige Literatur in Mexiko leistet, er kenne einen Naiven und brachte uns daraufhin zu dem alten Herrn. Gleich nachdem ich bei ihm die ersten Bilder gesehen hatte, fragte ich Senhor Kolb, ob er sie für naiv halte. Roberto Kolb bejahte es. Ich erwiderte, daß das wohl Ansichtssache sei. »Für mich jedenfalls ist das, was dieser fraglos ungewöhnliche Mann schafft, höchstes Raffinement, das sich zwar in einer gewissen Bescheidenheit naiv gibt, aber es in Wirklichkeit gar nicht ist.«

Jesús Reyes Ferreira wurde 1882 in Guadalajara geboren, besuchte nie eine Akademie, erhielt niemals Unterricht im Malen oder Zeichnen. Er arbeitete eine Zeitlang in einer Druckerei, später in einem Geschäft mit Malutensilien. 1927 siedelte er, der nie verheiratet war, nach Mexiko-City über und richtete sich hier mit seiner gleichfalls unverheirateten Schwester einen Hausstand ein. Im Museo de Arte Moderna wurde erstmals 1962, demnach als er bereits achtzig Jahre alt war, eine große Ausstellung seines Gesamtwerkes veranstaltet; kleinere Ausstellungen in Mexiko selbst und im Ausland waren allerdings vorangegangen. Erst jetzt erfuhr die Öffentlichkeit, daß er ein hochgeschätzter Freund weltbekannter Maler wie Diego Riveira, José Clemente Orozco, David Alfaro Siqueiros und Marc Chagall war, die früher als die installierte Kritik seine erhebliche Bedeutung innerhalb der neuen Kunst Mexikos entdeckt hatten. Nur ein Kritiker hatte seine Einmaligkeit früh erkannt: der aus Berlin stammende und in Mexiko in der Emigration lebende deutsche Kunsthistoriker Paul Westheim.

Das Haus des greisen Künstlers, mitten in der Hauptstadt Mexikos gelegen, hat außen häßliche Ziegel, und es sieht mehr wie eine kleine Fabrik als wie ein Wohnhaus aus; eigentlich abstoßend. Sobald man indessen in dieses Haus eintritt, kommt man aus der Verwunderung nicht mehr heraus. Bruder und Schwester haben hier in den vielen Zimmern, die sich über zwei Etagen erstrecken, ein Zauberreich errichtet. Man vergißt sofort die Außenfassade und fühlt sich wie in eine Traumwelt versetzt. Die vielen Zimmer sind angefüllt mit Bildern, Plastiken, Büchern, Vasen, Steinen, getrockneten Wurzeln und Früchten sowie Pflanzen. Es gibt offenbar nichts auf Erden, was dieser skurrile Maler nicht sammelt. Und keinen Kontinent vernachlässigt er in seinem Sammeleifer: Neben seinen eigenen Bildern stehen kostbare blaue chinesische Krüge oder verwitterte Südseestatuen mit riesigen Phallen, oder es hängen neben seinen Bildern bizarre afrikanische Holzmasken. Daneben in allen Räumen immer wieder Stapel von Zeitungen und Zeitschriften, und immer wieder Stapel von Büchern. Seltenste handkolorierte Inkunabeln liegen zwischen billigen, zerlesenen Taschenbüchern. Viel Staub auch über den unermeßlichen Kostbarkeiten; doch der gehört nun einmal in solch ein nicht alltägliches Milieu.

Es ist dem Besucher sofort klar, daß Jesús Reyes Ferreira ein ungewöhnlich introvertierter Mann ist. Und er sagte zu mir: »Ich bereite mich jetzt auf das Sterben vor. Wissen Sie übrigens, daß das eine äußerst schwierige Aufgabe ist?« – »Ein gläubiger Katholik wie Sie kommt doch sicherlich in den Himmel!« meinte ich. – »Ich bin keineswegs so sicher«, entgegnete er. »Da ist doch noch die Hölle ... ja, die Hölle. Was stellen Sie sich eigentlich unter der Hölle und unter den Teufeln vor?«

Die Hölle und die Teufel wurden dann von ihm noch häufig in unseren Gesprächen erwähnt. Sie scheinen den alten Maler wirklich genauso zu beschäftigen wie der Tod. Das Haus hat einen Patio, in dem nicht allein prachtvolle hohe Palmen wachsen, sondern auch Kakteen, Orchideen und andere herrliche Blumen. Zwischen all dem für uns Europäer exotisch wirkenden Grün hat der Maler Plastiken aufgestellt. In einer Ecke sahen wir einen Totenschädel mit einer Schüssel Reis und daneben wiederum Blumen. Hängt dieser fromme Exzentriker vielleicht gar dem Kult eines Naturvolkes an, das den Toten Speisen anbietet?

Er erzählte immer wieder, daß er nur naive und primitive Kunst schätze. Er stellte fest, daß sehr oft nur schwierig zwischen naiv und primitiv eine Grenze zu ziehen sei. Er sprach von seiner großen Sympathie für die traditionelle und folkloristische Kunst Mexikos. »Ohne sie ist mein Schaffen undenkbar«, bekannte er. »Meine Wurzeln stecken in Mexiko, Luftwurzeln jedoch habe ich überall in der Welt – auch im Himmel und in der Hölle, ja, ja, natürlich in der Hölle.«

Er streichelte einen afrikanischen Fetisch, wedelte sich mit einem indischen Fächer frische Luft zu (denn es war ungemein schwül), um uns alsdann seltene Bücher über Teufelsaustreibung und das Martyrium von Heiligen zu zeigen. Er flüsterte jetzt, als täte er etwas Böses. Dieser Maler beschäftigt sich mit Dichtern und Philosophen aller Jahrhunderte und aller Völker. Die beinahe grenzenlose Weltschau seines Besitzers verklärt sein Haus in der mexikanischen Hauptstadt. Er ist eine spanisch-barocke Persönlichkeit mit einer starken Neigung zur Poesie. Daß er die Künste aller Jahrhunderte und aller Völker zu einer neuen Kunst verschmelzen kann, zu der Kunst des Jesús Reyes Ferreira, das macht seinen Zauber aus. Ich meine, einen solchen Mann sonst nirgendwo in den beiden Amerikas getroffen zu haben. Und wenn ich bei ihm war, dachte ich unwillkürlich an James Ensor in Ostende und Michel de Ghelderode in Brüssel – an jene zwei Künstler aus Flandern und Wallonien also, die wie er katholisch waren und auch so ganz aus dem Rahmen des üblichen Katholizismus herausfielen. Und bei allen dreien hat die intensive Beschäftigung mit Gott zur Beschäftigung mit den Teufeln und mit der Hölle geführt . . .

Der hochgewachsene, schlanke Mann mit seinen lodernden Augen und dem weißen Spitzbart saß auch manchmal während unseres Zusammenseins mitten in der Unterredung plötzlich stumm in einem Sessel und blickte traumverloren vor sich hin, als suche er etwas Bestimmtes. War er wieder von Teufeln geplagt? Und doch glaube ich, daß auch in ihm eine große Lust steckt, ein Jubel über die Herrlichkeiten des Lebens. Die Blumen überall auf seinen Bildern sind Symbole seiner Freude. Einmal lief er mitten aus einem Gespräch fort an eine seiner vielen Staffeleien und zauberte auf ein dunkles Bild mit dem Antlitz des Nazareners, einem blutenden Kreuz und einem Totenschädel ganz schnell wiederum ein paar Blumen in so herrlichen Farben, wie nur er sie aus seinen Tuben hervorbringen kann.

Die große Ausstellung im Museo de Arte Moderna in Mexiko wurde ›El Mundo de Jesús Reyes Ferreira‹ genannt, also ›die Welt des Jesús Reyes Ferreira‹. Hier wurde ausdrücklich hervorgehoben, daß es sich bei diesem Werk nicht nur um eine Ansammlung von Bildern handelt, sondern um eine ganz bestimmte Welt; seit dieser Retrospektive ist er mit einigen Bildern auch in der Dauerausstellung dieses Museums vertreten.

Die Begegnung mit Jesús Reyes Ferreira bedeutet deshalb einen neuen Akzent in meinem Leben, weil ich hier einen Künstler getroffen habe, der sich um nichts anderes kümmert als um die Verwirklichung seiner selbst in seiner Kunst infolge eines unaufhörlichen Ringens nicht allein um das Göttliche, sondern auch um das Anti-Göttliche, das andere glauben negieren zu können. Als wir das Bild ›Teufel und Tod‹ abholten, sagte der Maler verschmitzt: »Der Tod da, das bin ich. Ja, dieses Bild ist sozusagen ein Selbstporträt. Auch als Toter werde ich mit dem Teufel ringen. Das macht mir ganz einfach Spaß, und das wird mir immer Spaß machen.« Dieser Greis wirkte jetzt wie ein Jüngling, der das Leben noch vor sich hat.

(1967)

Tibor Déry, der die schönste Liebesgeschichte schrieb

> *»Wenn wir jemand anderem eine unserer*
> *bösen Erinnerungen erzählen, verlieren sie*
> *so viel an Gewicht, wie die Schadenfreude*
> *des Zuhörers zunimmt.«*   T. D.

Tibor Dérys Erzählung ›Liebe‹ ist vielleicht die schönste Liebesgeschichte dieses Jahrhunderts:

Ein Mann muß ins Gefängnis (er weiß nicht warum). Sieben Jahre ist er inhaftiert, davon anderthalb Jahre in der Todeszelle. Als er entlassen wird (er weiß nicht warum), geht er zunächst durch Budapest, fährt mit einer Straßenbahn und schließlich mit einem Taxi nach Buda, nach Hause. Die Hauswartsfrau erzählt ihm, daß seine Frau zwar noch in der alten Wohnung lebe, aber sie habe vier Untermieter. Sie sei mit ihrem und seinem Sohn ins Dienstmädchenzimmer gezogen. Der Entlassene geht in seine Wohnung, die nun von fremden Leuten bewohnt ist, und wartet auf seine Ehefrau. Natürlich ist sie überrascht, ihn zurück zu haben, als sie von der Arbeit heimkehrt. Aber sie ist so beglückt, wie es nur eine große Liebende sein kann. Immer wieder sagt sie: »Mein Einziger, mein Einziger, ich habe auf dich gewartet.« Das Wiedersehen der beiden liebenden Eheleute in Buda wird nur auf drei Seiten beschrieben. Aber es ist so voller einmaliger Innigkeit, daß man davon tief aufgewühlt wird. Kurz gegen Ende der Geschichte erfährt man noch, daß sie ihn sich nackt auf das Laken niederlegen ließ, warmes Wasser, ein Stück Seife, zwei Handtücher holte und ihn dann wusch, ›den ganzen Körper vom Scheitel bis zur Sohle‹. Dann kommt dieser Dialog: »Wirst du dich wieder an mich gewöhnen?«, fragte er. – »Mein Einziger«, sagte sie. – »Schläfst du heute Nacht bei mir?« – »Ja«, sagte sie. – »Und wo wird er schlafen?« (›er‹ ist der kleine Sohn). »Ich bette ihn auf den Fußboden«, sagte sie. »Er hat einen tiefen Schlaf.« – »Bleibst du die ganze Nacht bei mir?« – »Ja«, sagte sie, »alle Nächte, solange wir leben.«

In der Taschenbuchausgabe hat diese Liebesgeschichte nur elf Seiten. Wenn man sie gelesen hat, ist einem, als sei man mit einem ganzen Leben konfrontiert worden. Man vergißt die beiden Gestalten nie, den politischen Häftling und seine Frau, die auf ihren Einzigen gewartet hat. Und fast etwas eifersüchtig denkt man an ihr Glück.

Tibor Déry stammt aus einer großbürgerlichen Familie in Budapest und ist Sozialist. Er bekennt sich noch immer dazu, obwohl ihm seine sozialistischen Genossen schwer zugesetzt haben. Nachdem er schon unter Admiral Horthy im Gefängnis saß, wurde er von der kommunistischen Regierung 1957, nach dem Scheitern des ungarischen Aufstandes, wiederum verurteilt: erst zum Tode, dann zu neun Jahren Zuchthaus; schließlich wurde er nach drei Jahren begnadigt. Warum Menschen in einem sozialistischen Staat verurteilt und schließlich, wenn sie Glück haben, begnadigt werden, wird manchmal undurchsichtig sein, zumindest für uns im Westen. Déry wurde zur persona ingrata, nicht nur weil er von der Parteilinie abwich, sondern weil er über der Parteilinie nie das Menschliche, das Individuelle vergißt. Sein Freund Georg Lukács betont immer wieder, daß es bei Tibor Déry vor allem um ›den Kampf um die menschliche Substanz‹ ginge. Daher kommt es auch, daß dieser Sozialist keine sozialistische Literatur schreibt. In allen sozialistischen Ländern gibt es Menschen wie Tibor Déry. Und überall haben sie es sehr schwer. Doch vielleicht werden sie auch in den nichtsozialistischen Ländern als Häretiker angesehen. Wir haben noch kein Gefühl dafür, daß man durchaus sozialistische Ideen mit humanistischen verbinden kann. Da wachsen neue Menschen heran, für die vielleicht die Zeit noch nicht reif ist – weder hüben noch drüben.

Die Hamburger Akademie hatte Tibor Déry die Ehrenplakette für das Jahr 1968 zuerkannt. Wir wollten ihn nach Hamburg einladen, da er sowieso bereits in West-Berlin war. Ein ungarischer Paß mit einem Visum für West-Berlin genügt aber nicht, um die Einreise-Genehmigung in die Bundesrepublik zu bekommen. So mußten viele ungarische und bundesrepublikanische amtliche Hebel in Bewegung gesetzt werden, um den Dichter und seine Frau in Hamburg begrüßen zu können.

Wir kannten uns nicht persönlich, nur vom Telefon her; denn auch mit Budapest hatte ich wegen der Grenzschwierigkeiten telefonieren müssen. Ich holte ihn vom Flugzeug ab, er winkte mir sogleich zu. Ich fragte ihn, wieso er mich erkannt habe. Er sagte: »Das ist meiner Frau zu danken. Sie hat ein Bild von Ihnen gesehen und Sie beschrieben. Es stimmte alles. Und so wußten wir beide, jener Mann da konnten nur Sie sein.« Diese beiden Eheleute sind unwahrscheinlich aufeinander eingespielt.

Ich mag meine Handschrift nicht, ich fürchte, sie verrät alle meine Schwächen, deren Enthüllung ich mir selbst vorbehalten möchte.

Tibor Déry ist über siebzig, seine Frau mag fünfundzwanzig Jahre jünger sein. Das ist nicht genau zu sagen, auch völlig unwichtig. Er ist klein, schmal, zierlich. Sie um einen halben Kopf kleiner, und man kann sie sich, die ehemalige Schauspielerin, sehr gut als Lady Macbeth, in ihrer Lieblingsrolle, vorstellen. Aber nachdem ihr Mann verurteilt wurde, bekam sie Auftrittsverbot: Sippenhaft. Seitdem hat sie nie wieder Theater gespielt. Der Dichter will es auch nicht. Sie soll immer bei ihm sein. Seine Frau ist bei ihm in der Wohnung in Budapest, im Landhaus am Plattensee und auf Reisen. Sie ist eine praktische Frau, umsichtig, dabei ungarisch temperamentvoll. Er selber sagte von sich: »Wenn ich nicht Böbe (so ihr Kosename) hätte, wüßte ich manchmal gar nicht, wo ich bin und welche Jahreszeit oder welcher Tag es ist.«

Die Akademie gab einen Empfang für ihn im Hotel ›Atlantic‹. Ich bat ihn, bei Tisch eine kleine Rede zu halten. Wie gern

BN.
1969

hätten wir etwas über das kommunistische Ungarn gehört, über seine Einstellung zum Sozialismus. Aber er darf sich vielleicht nur frei bewegen, wenn er nicht über politische Fragen spricht; darum schweigt er zu solchen Problemen. Ist es ihm zu verargen? So sprach er bei Tisch über seine Beziehungen zu Deutschland. Die deutsche Sprache hatte er von seiner Wiener Mutter gelernt; er spricht sie auch mit Wiener Akzent. Wegen einer Knochentuberkulose wurde er als kleiner Knabe mehrfach operiert, und er war zur Genesung anderthalb Jahre in einem Krankenhaus auf Norderney. Danach war er ›Zögling des Instituts Schmidt in St. Gallen‹. Die Mutter versuchte ihm die deutschen Klassiker nahezubringen. Ins Wirtschaftsbuch schrieb sie neben die Abrechnungen Sprüche von Goethe und Schiller.

So spürt man bei allem, was er sagt und schreibt, seine Traditionsgebundenheit. Er ist ein Erzähler, der an die große Tradition europäischer Erzähler wie Dickens anschließt. Von ihm

hat er viel gelernt. Auch von Marcel Proust, von dem er jahrelang alltäglich einige Seiten gründlich gelesen hat. »Deutschland
hat wenig gute Erzähler gehabt«, sagt er. Seiner ganzen Natur
nach liegt Tibor Déry das Erzählen. Und so benutzt er auch
jetzt noch Stoffe aus der Vergangenheit. Er erzählte mir von
seinem neuen Roman, einer satirischen Darstellung des Lebens
des Heiligen Ambrosius, der im 4. Jahrhundert nach Christus
Bischof von Mailand war. Gewiß, Tibor Déry ist weitschweifig
als Erzähler. Sicherlich spielt jetzt auch sein Alter eine Rolle.
Alte Herren haben Zeit zu erzählen. Aber hat nicht gerade das
einen besonderen Reiz in einer hastigen Zeit?

Als wir durch das Hamburger Hafenviertel fuhren, erzählte
er ziemlich breit, was er hier früher gesehen und erlebt hatte.
Wir besuchten am Fischmarkt das ›Atelier Walter Mensch‹, wo
Mobiles aus Metall ausgestellt waren. Diese beweglichen Kunstwerke sagten ihm nichts. Einige Mobiles um uns herum bewegten sich hastig. Er fürchtete sie; sie machten ihn nervös und reizbar. Ich sagte: »Das ist wie in einer Alchimistenwerkstatt!« Er
antwortete: »Ja, es ist hier wie bei einem Faust des 20. Jahrhunderts. Mich ängstigt das ungemein.« Er wandte sich Colla-
gen zu, die amüsant und versponnen waren. Diese Kunst entsprach ihm mehr. In einem Raum der Galerie stand ein Musik-
instrument, von dessen Metallwalze alte Seemannslieder erklan-
gen. Das machte ihm Spaß. Er lachte. Als seine Frau mit meinem
Freund Polka tanzte, wurde er recht vergnügt, und er wollte
jetzt unbedingt an der Elbe spazieren gehen.

Die Hafenluft atmete er tief ein. Ich fragte ihn, ob er wie ich
Salz auf der Zunge spüre. Er bejahte es. Seine Frau sagte: »Ich
spüre nur das Rouge auf den Lippen.« Er fügte hinzu: »Hier
haben Sie den Unterschied zwischen einer Frau und einem Dichter.« Ich erzählte ihm von den Menschen in den kleinen Häusern
in Oevelgönne, vor denen wir spazieren gingen und in denen
heute alte Fahrensleute wohnen. »Hier könnte ich auch leben«,
bekannte er. »Auf den Strom schauen, die Schiffe vorbeifahren
sehen und darüber nachdenken, wer da alles drauf ist und was
die Leute auf den Schiffen alles tun: Das würde meine Phantasie
sehr beflügeln.«

Dabei ist Tibor Déry ein langsam denkender Mensch. Er ist
so empfindlich, daß jeder Mensch, aber auch jedes Kunstwerk,
überhaupt jedes Wesen, jeder Gegenstand, alles, was er wahr-
nimmt, ihn ergreift. Ich wollte ihm in meiner ethnologischen

Sammlung Kunstwerke aus Asien, Afrika und Lateinamerika zeigen. Er sagte: »Ich suche mir nur einige wenige heraus, die mich ansprechen. Darüber wollen wir dann reden. Mehr will ich nicht sehen.« Und so geschah es auch. Er verstrickt sich gern in Details. Nun, das tut er auch in seiner Epik, die manchmal etwas ›altfränkisch‹ wirkt. Aber das ist nun einmal die eigene Welt dieses Dichters und Denkers, der den Versuch macht, das Überlieferte mit neuem Gedankengut zu verbinden und als großer nationaler Schriftsteller Ungarns gilt.

Haben ihn die sehr harten Jahre im Zuchthaus gebrochen? Er klagt nicht. Die Sache ist nun ausgestanden. Aber sie wurmt ihn doch sehr, diese Verurteilung! Sie erfolgte zu Unrecht; und das hat ihn am allermeisten getroffen. Und nun stellt er immer wieder Fragen. Die Welt gibt ihm viele, viele Rätsel auf, die er nicht lösen kann. Sein wichtigstes Werk heißt ›Der unvollendete Satz‹. Am Schluß dieses fast tausend Seiten starken Romans steht ein unvollendeter Satz. Sein eigenes Leben empfindet er als einen unvollendeten Satz, als ein Fragment. Er versucht, sich damit abzufinden.

Als er am Abend jenes Tages in Hamburg die Plakette erhalten und die Laudatio vernommen hatte, sprach er ganz kurz über sein Schaffen. Er sagte, der Künstler sei kein antwortender, sondern ein fragender Mensch. Der Künstler stelle alles in Frage. Er müsse alles in Frage stellen, und so werde der Künstler immer ein Mann der Opposition sein. Mehr sagte er nicht über sich selber. Aber gerade dieses wenige war aufschlußreich für sein Leben und Wirken. Und nun wurde deutlich, daß er sowohl in der sozialistischen wie in der kapitalistischen Welt eine andere Funktion hat als andere. Drüben wie hüben glauben doch alle, auf alles eine Antwort zu wissen. Er nicht. Sicherlich wüßte er gern die Antwort. Aber alles bleibt für ihn offen. Und so begibt er sich, um den Boden nicht unter den Füßen zu verlieren, auf den Boden der individuellen menschlichen Beziehungen. Vom ersten Augenblick an, da ich ihm begegnete, spürte ich diese exzeptionelle menschliche Wärme, diese fast fanatische Sympathie für den Mitmenschen. Er gebraucht nicht die zu oft mißbrauchten Worte Brüderlichkeit, Menschlichkeit, Solidarität. Er lebt sie unaufdringlich, zurückhaltend, auch hier immer fragend. Sein Fragen ist Suchen, Suchen nicht nur aus Verzweiflung, sondern aus Hoffnung, fast möchte ich schreiben: aus Glauben. Es ist etwas Evangelisches in diesem Werk des ungarischen Epikers.

Tibor Déry ist sehr korrekt angezogen. Er hat die Eleganz eines Engländers. Auch seine Frau ist sehr elegant. Sie sagten beide, sie liebten Hamburg mehr als Frankfurt oder München, weil Hamburg etwas Englisches habe, etwas Korrektes, Sauberes, was es anderwärts nicht gäbe. Er liebt gutes Essen, überhaupt hohe Kultur im Alltag. Vielleicht bricht sich hier seine großbürgerliche Vergangenheit wieder Bahn. Vielleicht kommt es auch daher, daß er so lange gelitten hat; denn wenn er auch nach drei Jahren Kerker begnadigt wurde, so hatte er doch zunächst noch Veröffentlichungs- und Reiseverbot. Da er nun schreiben, veröffentlichen und reisen kann, genießt er, was sich ihm bietet, sehr. »Warum soll ein Sozialist nicht ein Auto haben dürfen? Ein Haus? Überhaupt Besitz?« fragt er. »Eigener Besitz macht froh und auch stolz. Ich wünsche auch jedem unserer Arbeiter privaten Besitz, an dem er Spaß hat – oder, wenn Sie ein anderes Wort vorziehen: Freude.« Daß er sich zu dieser Art Sozialismus bekennt, macht sein episches Werk so reich und unterscheidet es von den Werken anderer, die sich mehr an Doktrinen gebunden fühlen. Es ist zu begreifen, daß Tibor Déry nicht allein zu den größten Erzählern unseres Jahrhunderts gerechnet wird, sondern auch zu den großen Denkern. In Tibor Dérys Werk sind Ansätze zu einer geistigen Welt, die sich erst noch entwickeln muß. Gewiß, er stellt die Welt in Frage. Aber auch ein Satz, der in den Tagebüchern von Henry Millers ehemaliger Gefährtin Anaïs Nin steht, könnte von Tibor Déry stammen: »Ich bin sehr damit beschäftigt, zu lieben.«

(1968)

Giuseppe Ungaretti, vier mal zwanzig

»Ich erleuchte mich durch Unermeßliches.«

G. U.

Zu seiner ersten öffentlichen Vorlesung in Hamburg im Februar 1968 verspätete er sich etwas. Das Publikum wurde unruhig. Aber sobald er den Saal betrat, veränderte sich hier etwas. Der kleine, gebückt gehende Herr lächelte aus lustigen, kleinen Augen und erfüllte den Saal sogleich mit Würde, und die bislang verstimmten Zuhörer (verstimmt, weil sie so lange hatten warten müssen) applaudierten. Sein Generalkonsul erwähnte die Akademie und daß in ihr alle Künste vereint seien. Ungaretti sagte: »Alle Künste gehören zusammen. Wir müssen noch darüber sprechen.«

Im Scheinwerferlicht des Fernsehteams nahm er Platz. Er ist so klein, daß sein Kopf kaum über den Tisch ragte. Er war zunächst gelangweilt, aber als Kultursenator Gerhard Kramer, der ihn begrüßte, vom Deutschen ins Italienische überwechselte, horchte der Dichter auf. Die freundliche Geste des Senators, ihn in seiner eigenen Sprache anzureden, gefiel ihm sehr. Er antwortete mit lateinischer Eleganz, und man spürte sofort: Das Reden fällt ihm leicht. Er legte ein Bekenntnis zur Poesie ab.

Während ein Professor Professorales ›zur Einführung‹ vortrug, war er wieder gelangweilt. Ich beobachtete ihn genau. Er war mit seinen Gedanken nicht in Hamburg, vielleicht in Alexandria, wo er geboren wurde und seine Jugendjahre verbracht hatte (›nur wenige Schritte von den Zelten der Beduinen entfernt‹), oder in Rom, wo er derzeit wohnt. Vielleicht dachte er auch an Brasilien, das er so liebt und das ihm eine zweite Heimat geworden ist.

Endlich war es soweit, daß der Archipoeta, der Erzvater der modernen italienischen Dichtung, seine Gedichte vorlesen konnte. Es war mir möglich, ihn gut zu beobachten, weil ich ihm in kurzer Entfernung gegenüber saß. Die anderen werden leider wenig von ihm gesehen haben. Als er las, hob er die Manuskriptseiten nicht auf und sein Gesicht befand sich fast über der Tischplatte. In seinen einleitenden Worten sagte er, er sei nicht achtzig Jahre alt, wie man vor vierzehn Tagen bei einem Festakt der Regierung in Rom behauptet habe, sondern vier mal zwanzig Jahre alt – und das sei ein erheblicher Unterschied. Er sagte das wie ein Lausbub, und wenn er las, hatte er bei heiteren Stellen wieder etwas Lausbübisches, so ernst er sein konnte, wenn das Thema eines Gedichtes dies bedingte.

Ungaretti ist nicht nur ein Dichter, er ist auch ein Schauspieler. Allerdings kein moderner Schauspieler, sondern einer der altmodischen Art. Er trug seine Gedichte mit unzeitgemäßem Rezitatorenpathos vor. Er las sie nicht, er sang sie mit einem wohltönenden Bariton. Er rollte das R und sein O tönte wie ein Gongschlag. Ich mußte an den unvergessenen ›Vortragskünstler‹ Ludwig Wüllner denken. Einem anderen hätte ich wahrscheinlich ebensowenig wie die vielen Zuhörer dieses Pathos abgenommen. Doch auf Grund seines eleganten Vortrages und seines Charmes und seiner Anmut geriet ich über sein Vorlesen geradezu in Verzückung. Wirklich, es war eine Wonne, ihm zuzuhören.

Da las er zum Beispiel das Gedicht ›Peso‹:

Quel contadino si affida alla medaglia di Sant'Antonio e va leggero Ma ben sola e ben nuda senza miraggio porto la mia anima

Dieses kleine Gedicht wurde bei ihm zu einem Drama, fast zu einer Tragödie. Man sah den Bauern, und man sah schließlich den Dichter. Immer wenn Giuseppe Ungaretti ein Gedicht auf italienisch gelesen hatte, wurde es von Rolf Nagel, der ein guter Sprecher von Lyrik ist und dieses Fach auch unterrichtet, deutsch gelesen. Das war nun ein seltsames Phänomen! Ingeborg Bachmann hat die Verse sicherlich exzellent übertragen; trotzdem hatte man beim deutschen Vortrag das Gefühl, ein völlig anderes Gedicht zu hören. Es lag nicht nur daran, daß Ungaretti sein Gedicht sang und der Rezitator es sprach – vielleicht etwas unitalienisch hart, zu wenig melodiös. Es kam wohl vieles zusammen; und es zeigte sich wieder einmal, Gedichte sind kaum übertragbar:

Dieser Bauer
vertraut sich der Medaille
des heiligen Antonius an
und geht leicht einher
Aber recht allein und recht nackt
ohne Blendung
trage ich meine Seele einher

Der alte Dichter war erst am Nachmittag aus Turin eingetroffen. Trotzdem war er frisch und las unbekümmert über anderthalb Stunden. Das vorgesehene Programm war bald abge-
wickelt, aber er hatte augenscheinlich solche Freude an seinem
Tun und an der Resonanz des entzückten Publikums, daß er in
seinen Papieren, die offenbar vollkommen durcheinander waren,
herumkramte und auf italienisch erklärte, dieses und jenes Gedicht müsse er nun auch noch lesen. Er gab Erklärungen, die selbst
wir, die wir ganz in seiner Nähe saßen, kaum mehr vernehmen
konnten. Er brabbelte vor sich hin, wie Alte das zuweilen tun.
Wiederum wäre das bei einem anderen peinlich gewesen. Hier
war es das nicht. Die Unordnung und das Brabbeln gehörten
zu seinem Auftritt.

Eine Buchhandlung bot zwei seiner in deutscher Sprache erschienenen Bücher an. Über hundert Exemplare waren im Nu
verkauft, was in Hamburg etwas heißen will. Und so mußte der
Dichter fast noch eine Stunde lang Autogramme geben. Er schrieb
nicht nur seinen Namen hinein, sondern jeweils eine persönliche
Widmung für den Betreffenden. Es war wiederum eine wahre
Lust, ihn dabei zu beobachten. Er sonnte sich in seinem Glück,
und seine glückliche Stimmung übertrug sich auf uns alle. Für
andere wäre er wahrscheinlich ein kleines krummes Männchen
gewesen. Für uns, die wir ihn erlebten, war er ein Dichter, wie
man ihn sich vollendeter nicht vorstellen kann.

Er wollte mich besuchen. Ich fragte, ob ich andere dazu bitten solle. Er verneinte. Er sagte: »Wir wollen nur uns genießen.
Es soll eine Stunde des Genusses sein.« Bestrickend, wie er das
sagte und wie man sofort empfand: Er meinte es genauso. In
seiner Begleitung befand sich eine schöne junge Frau, auch Ita-
lienerin, zu Haus aber in São Paulo und zum brasilianischen
Freundeskreis Ungarettis gehörend. Während seiner Schlußbe-
merkungen nach seiner Lyriklesung erzählte er, daß er zu seinem achtzigsten Geburtstag ein kleines Luxuswerk als Privatdruck herausgegeben hätte. Aber nur eine Hälfte stamme von
ihm, die andere von einer schönen, jungen Frau. Während der
Vorlesung saß sie neben mir, und erst dadurch, daß sie, als er
ihr Komplimente machte, verschämt den Kopf neigte, merkte
ich, wer sie war. Sie war es bestimmt nicht gewohnt, daß man
ihr in aller Öffentlichkeit huldigte. Ich bat sie dennoch, aufzu-
stehen und sich vor dem Publikum zu verneigen. Sie tat es, und
der alte Herr, ihr Freund, strahlte, als wolle er sagen: Ihr seht

also, auch ich weiß noch mit schönen jungen Frauen umzugehen.

Sie kamen also am nächsten Tag beide zu mir, begleitet vom
Direktor des Istituto Italiano di Cultura, Livio Olivieri. Nach
einer kurzen Begrüßung stürzte der Dichter, ohne den Mantel
abzulegen, auf eine afrikanische Plastik zu, die eine wohlge-
formte nackte Afrikanerin darstellt. Er ließ sie sich reichen:
»Che Bellezza!« rief er aus. Er streichelte den Busen und das
Gesäß der Holzplastik, und man hatte das Gefühl, er streichele
eine lebende Frauengestalt. Nun ging er zu den naiven Bildern
aus Haiti. Er begeisterte sich an den Farben. Er ging zu den
archäologischen Exponaten aus Guatemala und Peru und gab
mit einer außerordentlichen Fachkenntnis Erklärungen ab. Seine
Begleiterin beteiligte sich und bewies ebenfalls erstaunliches Wissen über indianische Kulturen.

Wir hatten Mühe, ihm den Mantel abzunehmen. Ihn interessierte nur die Kunst. Er sah sich eine Reihe Bilder von modernen
Meistern an. Wieder bezeugte er universelles Wissen. Er kannte
das Holzschnittwerk des Japaners Saito. Ich spürte, daß er für
gegenstandslose Kunst weniger Interesse hatte, er lobte allerdings ein Werk meiner pakistanischen Freundin Rummana aus
Karachi. Aber dann stürzte der kleine Mann, der mir jetzt mehr
und mehr wie ein Faun vorkam (oder wie eine skurrile Gestalt
aus einer Shakespeare-Komödie) auf einen meiner brasilianischen
naiven Maler zu. Wieder brach er in Jubel aus. Das Bild ist von
einem achtzehnjährigen Mulatten aus Pernambuco gemalt: Fernando E. Pinto. Der Jüngling lebt sehr zurückgezogen, wird mit
der Welt nicht fertig und hat sich deshalb in der Art der naiven
Maler als Heiligen Sebastian selber dargestellt. Sechs Pfeile
durchbohren seinen Körper; Blut schießt in greller Farbe aus
dem Körper. Ungaretti sagte: »Seht, wie er leidet, wie er sich
quält. Aber überseht nicht, er leidet gern. Er ist ein Masochist.
Das Bild ist religiös und obszön zugleich. Wie oft liegt neben
dem Heiligen das Obszöne, das Allzumenschliche.« Er kam gar
nicht los von diesem brasilianischen Bild. Er streichelte über den
Körper und gab seine Eindrücke wieder. Schade, daß wir nicht
auf Tonband aufgenommen haben, was er sagte. Es war wie ein
Gedichte von Ungaretti. Es gab noch viele andere Bilder und
Plastiken zu sehen. Aber immer wieder kehrte er zu diesem
naiven Sebastian zurück. Allerdings tat es ihm auch eine Nimba
aus Guinea an. Zart streichelte er auch darüber, und wiederum
war es uns, als begänne die Skulptur plötzlich zu leben.

*L' amore più non è quella tempesta
Che nel notturno abbaglio
Ancora mi avvincea poco fa
Era ic insonnia e le mani,*

*Bu ligina da un faro
Vino un va tranquillo
Il vecchio capitano*

Giuseppe Ungaretti

Ich hatte eine Anzahl brasilianischer Naiver in der Bibliothek hängen. Nun wendete er sich diesen zu, da er selbst erneut
vor einer Brasilienreise stand. »Hier sehen Sie die Wurzeln
einer neuen Kunst«, sagte er. »Wir müssen zum Realismus zurückkehren, und von da aus kann erst eine Zukunftskunst entwickelt werden. Die Abstrakten sind in eine Sackgasse geraten.«
Ich erzählte von Auseinandersetzungen, die ich in São Paulo
gehabt hatte, berichtete, daß meiner Meinung nach die brasilia-
nische Kunst von heute der Welt wenig zu bieten habe, weil

sie nämlich ihre Wurzeln verleugne; die Wurzeln seien das indianische, europäische und negroide Erbe. Ungaretti hatte in einem Sessel Platz genommen. Nun erhob er sich und sagte: »Genauso ist es! Die Brasilianer wollen eine Weltkunst produzieren – und sind nur Epigonen. So geht es nicht. Aber leider machen wir in Europa den gleichen Fehler. Wir verleugnen auch unser Erbe, amerikanisieren uns, eignen uns fremde Substanzen an und werden daher eines Tages vielleicht verloren sein, weil wir nicht amalgamieren, sondern uns beherrschen lassen.«

Jetzt sank er erschöpft in seinen Sessel zurück und trank ein großes Glas Sekt in einem Zuge aus. Seine Begleiterin wollte ihn bremsen. Der Achtzigjährige war doch bereits seit elf Uhr morgens unterwegs; jetzt war es sieben Uhr abends. Er war in der Kunsthalle gewesen, hatte eine Hafenrundfahrt gemacht, hatte viele Gespräche geführt und fühlte sich nun fast beleidigt, als man meinte, er müsse doch einmal ausruhen. »Dafür habe ich keine Zeit«, sagte er. Und hatte er denn nicht gesagt, wir wollten bei mir zusammenkommen, um zu genießen? Er schlürfte wie aus Protest gegen uns, die wir um seine Gesundheit besorgt waren, ein zweites Glas Sekt und strahlte uns wiederum – wie bei seiner Vorlesung – lausbübisch an. Wie er genoß! Wie er das Leben liebte, das Leben, die Kunst, die Poesie als Königin aller Künste!

Erst als Student war er von Ägypten nach Italien gekommen. Nach dem Studium arbeitete er im Außenministerium. Später ging er als Professor mit seiner Familie nach Brasilien. Nach dem Zweiten Weltkrieg kehrte er nach Rom zurück, wo er nun an der Universität einen Lehrstuhl für Poetik erhielt. Bis zum Alter von siebzig Jahren hielt er Vorlesungen über Poesie. Sein Hauptwerk ist lyrisch. Er hat auch vielerlei Lyrik übersetzt, denn er spricht vorzüglich Spanisch, Portugiesisch, Englisch, und in Französisch hat er sogar 1919 ein Bändchen Gedichte veröffentlicht. Nach Gabriele d'Annunzio gilt er als der größte Lyriker Italiens, gefolgt von Eugenio Montale und Salvatore Quasimodo. Neben großartigen Versen findet man auch bei ihm schwache. Warum denn nicht? Ein Künstler kann nicht nur Meisterwerke produzieren. Seine erzählende Prosa (›Reisebilder‹) bietet nicht sehr viel. Er ist eben ein Erzlyriker. Und als Wegbereiter und bedeutendster Repräsentant der modernen italienischen Lyrik ist er längst in die italienische Literaturgeschichte eingegangen.

Jahrzehntelang hatte er mitsamt seiner Familie schwer zu kämpfen: »Sie ahnen nicht, wie wir gelitten haben. Wir waren sehr arm, und das war schrecklich. Ich konnte weder meine Kinder noch meine Frau ernähren. Sie fragten mich, ob ich, falls ich wiedergeboren würde, nochmals als Dichter zur Welt kommen wolle: Selbstverständlich! Ich kann mir für mich nichts anderes vorstellen, als Poesie zu schreiben. Gewiß, ich mußte Prosa schreiben, um wenigstens etwas zu verdienen, als Redakteur wirken, als Professor. Aber es gibt nichts Wunderbareres, als einen Vers zu gestalten, mit Worten zu arbeiten. Reimereien interessieren mich nicht. Es kommt mir darauf an, jedem Wort einen neuen Sinn zu geben. Die Ausdruckskraft einzelner Wörter neu zu entdecken – darin sah ich und sehe ich noch heute meine Aufgabe.«

Woher nimmt er diese Kraft, der kleine, untersetzte Mann, der so viel gelitten hat? »Ich liebe das Leben fanatisch«, sagte er. »Und ich liebe die Liebe. Es gibt nichts Besseres als lieben. Und sehen Sie, deshalb werde ich geliebt. Ich weiß genau, daß ich ein sehr alter Mann bin, mit mancherlei Gebrechen. Und doch bin ich nicht achtzig Jahre – wie es im Lexikon heißt. Und das eben wissen zumindest meine jungen Freunde!« Es ist erstaunlich, wie viele junge Italiener den alten Dichter lieben. Seine Korrespondenz mit jungen Menschen könnte jeden Tag seines Lebens ausfüllen. Sicherlich liebt man ihn gerade auch wegen seiner Bejahung des Lebens und seines starken Bekenntnisses zu Eros und Sexus. Er ergriff eine balinesische Plastik aus Holz, die einen jungen Gott darstellt. Es ist eine Plastik des Phallus-Kultes. Dem jungen Gott wachsen Phallen aus den Füßen, aus den beiden Knien, aus den Armen, aus den Ohren, aus dem Kopf. Emphatisch sagte der Dichter: »Wie herrlich, wie beneidenswert, das ist Fruchtbarkeit!« Er streichelte inbrünstig auch über diese Figur. Plötzlich betrachtete er sehr genau den Rücken des Gottes: »Sehen Sie, hier ist selbst das Gesäß fruchtbar. Alles muß fruchtbar sein. Ich kenne da keine Kompromisse.« Ein Pan-Erotiker ist dieser italienische Lyriker Giuseppe Ungaretti.

Natürlich sprachen wir über Politik. Er liebt die Jugend von heute auch deshalb, weil sie um jeden Preis Neues will. Er teilt ihr Mißtrauen gegen alle Einrichtungen dieser Zeit. Er ist wiederholt in sozialistischen Ländern gereist und möchte gern nach Kuba. »Wissen Sie«, sagte er, »der Hauptmangel unseres gegenwärtigen Establishments ist die grenzenlose Ungerechtigkeit auf allen Gebieten. Die Jugend will Gerechtigkeit! Sie weiß von den Eltern und aus der Literatur, daß es bisher nie Gerechtigkeit gegeben hat. Dessen ist sie leid. Ich bin es auch. Ich bin kein Kommunist. Aber ich begreife das, was die Kommunisten wollen. Ich war in der Sowjetunion, und mancherlei dort paßt mir nicht, liegt mir nicht, will ich nicht. Und doch muß ich sagen: Die Welt wird keineswegs zugrunde gehen, wenn sie sozialistisch wird. Diejenigen, die das nicht wollen, sollen nicht nur protestieren, sondern sollen endlich mit den alten Ungerechtigkeiten und der alten, falschen Ordnung aufräumen. Tun sie es nicht, dann werden sie von einer neuen Zeit hinweggefegt werden. Es ist dann auch nicht schade um sie. Gewiß, die Jungen von heute gebrauchen in ihrer Kritik manchmal törichte Worte, und auch ihre Handlungsweisen sind nicht immer gerecht. Und doch sollten wir dafür Verständnis haben. Sie haben Angst vor der Zukunft. Wieso sollten sie nicht? Wir leben wieder am Rande großer Kriege. Sie wollen keinen Krieg. Sie wollen ein Leben ohne Sorgen und ohne Ungerechtigkeit. Wenn ich diese Jungen von heute liebe, so deshalb, weil ich Verständnis für sie habe und ihnen recht gebe.«

Als er den Vortragssaal betrat, verklärte er die Atmosphäre. Als er nun bei mir in der Bibliothek saß, glaubte ich in einem Raum zu sein, den ich noch nicht kannte. Giuseppe Ungaretti hatte ihn verklärt mit seiner Bejahung des Lebens, mit seiner Adoration aller Liebe, mit seiner Lust an Schönheit und Poesie. Ein ungewöhnlicher Mann, dieser vier mal zwanzig Jahre alte große italienische Lyriker. Seine Werke werden heute in alle Sprachen übersetzt. Er ist ein Mittler zwischen allen Kulturen. Wir sprachen kurz, ehe die Gäste sich verabschiedeten, noch über Marinetti, den Begründer des Futurismus in Italien. Dessen politische Einstellung teilte er gewiß nicht, äußerte aber Bewunderung für seinen Experimentierwillen und auch dafür, daß er durch seinen wohlhabenden Vater, einen Bankier, viel für die Förderung der Kunst ausgab.

Seine Pläne? »Ich muß jetzt nach Skandinavien. Diesen Teil Europas kenne ich viel zu wenig. Dann werde ich ein halbes Jahr an die Columbia Universität in New York gehen, um Vorlesungen über Poesie zu halten. Dann habe ich Freunde in Brasilien zu besuchen.« Er stand auf, eilte durch den Raum und ging noch einmal zu diesem naiven Sebastian: »Und ganz dringend muß ich diesen jungen Maler in Pernambuco aufsuchen. Sein Leid, das er dargestellt hat, bedrückt mich. Ich muß ihn sehen, muß ein Bild von ihm haben und muß ihn streicheln, lange streicheln. Ich bin überzeugt, er ist sehr einsam. Er braucht Liebe, viel Liebe.« Als die drei gegangen waren, setzte ich mich in den Sessel, in dem der Dichter lange gesessen hatte. Ich versuchte, noch einmal alles zu hören, was er gesagt hatte. Ich kam lange, lange nicht von ihm los.

(1968)

Guiseppe Ungaretti starb am 3. Juni 1969 in Mailand im Alter von 82 Jahren. Von den Nachrufen, die ich zu Gesicht bekam, berührte mich der des Lyrikers Karl Krolow, in dem es heißt: »Manche Gedichte Guiseppe Ungarettis wirken wie Versuche, einem verlorengegangenen Klang, einer verschütteten Musik nachzugehen.« Genau das hatte mich auch bei der Begegnung mit dem Dichter selbst fasziniert. Er repräsentierte eine Welt, der heutzutage immer seltener zu begegnen ist, weil sich das Mittelmaß immer mehr durchsetzt.

Dore Hoyer, eine konsequente Tänzerin

»Ich möchte ein Schwert sein.«
D. H.

Ein Künstlerleben war immer problematisch, zu allen Zeiten. Ist es heute noch schwieriger, sein Dasein als Künstler zu bestehen? Vielleicht. In früheren Zeiten hatten die Menschen noch einen Sinn für das, was sie Künstlerromantik nannten. Die Gegenwart ist härter, unbarmherziger. Die Künstler wissen es. Und schon mancher hat deshalb seinem Leben selbst ein Ende gesetzt. Alle noch so gutgemeinten Worte nutzen in solchen Fällen nichts, wenn nämlich ein Künstler glaubt, er habe nichts mehr zu geben. Klaus Mann war nicht davon abzubringen, auszuscheiden. Auch nicht Dore Hoyer, die letzte große Vertreterin des Ausdruckstanzes.

Die Tänzerin und Choreographin Dore Hoyer war eine der eigenwilligsten Persönlichkeiten, denen ich begegnet bin. Einmal war sie im Kreise vieler Menschen bei mir zu Gast. Ich hatte sie aus den Augen verloren. Plötzlich sah ich sie allein in einer Ecke sitzen. Sie hatte eine große Sonnenblume aus einer Vase genommen, hielt die Blume weit von sich und starrte sie an. Ein höchst merkwürdiger Anblick, sehr theatralisch. Als ich auf Dore Hoyer zuging, erschrak sie, und es schien mir, als brauchte sie Zeit, um zu registrieren, wer ihr gegenüberstand. »Geht es Ihnen nicht gut, Dore?« fragte ich sie. Sie sagte: »Sehr gut. Ich sprach mit dieser Blume.«

Dore Hoyer hatte wenig menschlichen Kontakt. Sie konnte ihn haben. Sie suchte ihn mitunter. Aber sie wollte auch allein sein. Sie quälte diejenigen, die sie verehrten und liebten. Sie machte Freundschaften kaputt. Sie hatte eine zerstörerische Natur. Es war ein natürlicher Ablauf, daß sie ihr eigenes Leben zerstörte.

In Buenos Aires erzählte mir ein prominenter Kritiker diese Geschichte: Er hatte Dore Hoyer sehr bewundert. Was sie auf der Bühne dargeboten hatte, gehörte zum Größten, was er je zum Thema ›German Dance‹ gesehen hatte. Nach der Vorstellung ergab es sich zufällig, daß er Dore Hoyer traf. Das beglückte ihn. Er nahm ihre Hand und küßte sie galant – und bestimmt

Dore Hoyer: Gedicht, entstanden während der Indien-Tournee

unaufdringlich. Nur Verehrung wollte er zeigen. Dore riß die
Hand weg. Er lächelte verlegen und wollte ihr nun in den Mantel helfen. Daraufhin gab sie ihm eine kräftige Ohrfeige. Er tau-
melte zurück. Der arme Señor war sehr blamiert. Dore Hoyer
wurde von einer Freundin darauf aufmerksam gemacht, daß sie,
die doch die Presse brauche, den prominentesten Kritiker geohr-
feigt habe. Dore antwortete: »Wenn du ihn auch noch verteidigst,
will ich nichts mehr von dir wissen.«

Sie war einsam und wollte das. Auch ihr Sterben war, ich
muß es wiederholen, konsequent.

Etwa vier Wochen vor ihrem Tode hatte Dore Hoyer noch einen großartigen Erfolg in Berlin. Der Tanzkritiker Klaus Geitel schrieb: »Sie ist die letzte der großen Einzelgängerinnen des freien Tanzes, die gesamtdeutsches Renommee besitzt. Sie allein trägt noch die Erinnerung an die hohe Zeit des Ausdruckstanzes über die Bühne: Mit ungebrochener Intensität stürzt sie sich in die Leere, die sich um sie breitet – ein Fabelwesen des Tanzes. Tatsächlich hat Dore Hoyer, die jetzt im Berliner Theater des Westens auftrat, in ihrem zähen Anspruch an sich selbst nur einen Rivalen auf den Tanzbühnen der Welt: er heißt Nurejew. Zu seiner Kunst bildet die ihre beharrlich und mächtig den Gegenpol.« Diese Kritik ist ihr kurz vor ihrem Sterben am Telefon vorgelesen worden und hat sie offensichtlich gefreut.

Der Tänzer ist wie kaum ein anderer Künstler abhängig von seinem Körper. Dore Hoyer hat bis zuletzt einen heroischen Kampf mit ihrem Körper geführt. Schon vor Jahren hatte sie sich eine Verletzung an einem Knie zugezogen. Mitunter versagte es, dennoch überwand sie Schwäche und Schmerzen immer wieder. Ihr letzter Tanzabend in Berlin mußte verschoben werden, weil das Knie geschwollen war. Oscar Fritz Schuh sagte mir zu, aufgrund des großen Berliner Erfolges einen Tanzabend mit ihr im Hamburger Schauspielhaus zu veranstalten. Zuerst freute sie sich, dann wollte sie nicht mehr: Sie hielt es für unmöglich, noch einmal aufzutreten. Und sie hatte immer gesagt: »Wenn ich nicht mehr tanzen kann, kann ich nicht mehr leben.«

Weil sie geschätzt wurde, versuchte man immer wieder, ihr zu helfen. In Hamburg wurde ihr ein Lehramt angeboten, ebenso in Berlin. Sie hätte bis zu einer Pensionierung durchaus ein gutes Einkommen gehabt. Jedoch, sie konnte nur tanzen oder nicht mehr leben. Am 30. Dezember 1967 telefonierte sie noch mit Hamburger Freunden sowie mit ihrem Bruder in Hannover. Sie ließ sich einen neuen Arzt nennen, notierte sich die Adresse. Dem Bruder fiel nur nachträglich auf, daß sie sich diesmal mit den Worten ›Leb wohl‹ verabschiedet hatte. Das hatte sie sonst nicht gesagt.

Dore Hoyer bewohnte im Berliner Westen eine kleine möblierte Wohnung. Sie bereitete ihren Abgang gewissenhaft vor. Sie packte ihren kleinen Besitz in Pakete und Koffer und schrieb darauf, wer dies oder das erhalten solle. Sie bedachte Schülerinnen mit Andenken. Sie schrieb einige wenige Briefe, die sie neben sich legte, und dann nahm sie das Gift, das ihrem Leben ein Ende bereitete. Es paßt völlig zu ihrem Wesen, daß man bis heute nicht weiß, was sie eigentlich genommen hat; man fand weder ein Fläschchen noch sonst einen Behälter, in dem das Gift gewesen sein kann. Aus ihren hinterlassenen Briefen ist zu schließen, daß sie am 30. Dezember 1967 abends, vielleicht auch am 31. Dezember, aus dem Leben geschieden ist. Sie war zu Weihnachten zu Freunden nach Frankfurt gefahren und hatte bis in den Januar hinein bleiben wollen, war aber weit früher zurückgekehrt. Eine Berliner Freundin, die sie noch in Frankfurt wähnte, aber den Schlüssel zu Dores Wohnung hatte, fand sie am 4. Januar.

Geboren war sie 1911 in Dresden, und sie konnte, wenn sie wollte – ebenso wie Harald Kreutzberg –, köstlich sächseln. Sie war eine Schülerin der Palucca und gehörte eine Zeitlang der Gruppe von Mary Wigman an, aber sie erkannte schon früh, daß nur der Solotanz ihrem Wesen entsprach. In den letzten Jahren hatte sie vorübergehend zwei Gruppen in Argentinien, danach eine in Berlin. Aber was sie auszusagen hatte, konnte sie nur im eigenen Tanz darstellen. Diese Erfahrung machte auch Günther Rennert mit ihr, als sie (1949-1951) an der Hamburger Staatsoper als Ballettmeisterin tätig war und dort vorzeitig wegging. »Ich muß selber tanzen!« Manche billigten Dore Hoyer nur widerwillig zu, daß sie eine große Begabung sei, aber sie taten es, auch diejenigen, die eigentlich nicht viel übrig hatten für den ›German Dance‹.

Welche Ausstrahlung hatte sie auf der Bühne! Sie war einzigartig, vornehmlich in ihren tragischen Tänzen. Weltberühmt wurde ihr ›Bolero‹ nach Ravel. Rückblickend möchte ich meinen, dieser Drehtanz war ein Symboltanz für ihr eigenes Leben: Sie drehte sich immer um sich selber und war auch nur dann in Einklang mit sich. Ein tragischer Mensch? Ja. Eine Individualistin? Ja. Und das wußten nicht allein ihre zahlreichen deutschen Verehrer und Verehrerinnen, sondern auch die im Ausland. In Argentinien hatte sie Riesenerfolge, auch in Nordamerika und auf einer Tournee, der letzten ihres Lebens, durch Goethe-Institute in Indien. ›Auf schwarzem Grund‹ hieß einer ihrer Zyklen. Ihr Leben spielte sich auf einem schwarzen Grund ab, und der Brief, den sie den Freunden hinterließ, ihr Abschiedsbrief, macht es uns allen, die wir sie nicht allein verehrten, sondern liebten, noch einmal deutlich. Der Brief wurde neben dem Leichnam der Tänzerin gefunden. Der Bruder stellte ihn den Freunden zu:

»Ich erinnere mich,

seit meiner frühesten Kindheit ist in mir das Gefühl großer Verlassenheit.

Immer fühlte ich mich ausgestoßen aus der Gemeinschaft mit anderen Kindern. Als ich zur Schule ging, steigerte es sich. Ich blieb Außenseiterin.

Und doch liebte ich den einzelnen Menschen. Ja, ich suchte seine Freundschaft. Eigentlich war ich in fast jeden Menschen, der sich mir näherte, verliebt, mein ganzes Leben lang.

Viel Liebe und echte Freundschaft begegnete mir. Aber es bedeutete nicht das Höchste für mich.

Das Höchste und Heiligste war mir mein Schaffen. Der Tanz nahm mich mit Leib und Seele in Besitz. Nur in ihm konnte ich mich dem anderen, der Gemeinschaft mitteilen, nur im Tanz fühlte ich mich verbunden mit der Welt und mit dem Leben. Tanz wird nur vor Menschen zur Sprache. Und wenn ich nicht auf der Bühne stand, so bereitete ich, tanzend, diesen Höhepunkt des gemeinsamen Erlebens vom Podium zum Zuschauerraum monatelang und jahrelang vor – allein in vier Wänden.

Es war mir nicht beschieden, oft die Bühne zu betanzen in meinem langen solistischen Tanzleben. Meinen ersten Solo-Abend gab ich am 1. März 1933, als Hitler die Macht antrat, die auch ich unliebsam zu spüren bekam bis 1945. Meinen letzten Solo-Abend bekam ich am 18. Dezember 1967 mit einem, nun erwiesen, restlos verbrauchten Knie. Damit bin ich an das Ende gelangt. Damit fühle ich mich ausgestoßen aus der Gemeinschaft als dienendes Glied. Ich kann nicht anders, als selbst den Schlußstrich zu ziehen.

Dore Hoyer.«

Bendik Riis – der Picasso der Naiven?

*»Warum soll ich nicht zeigen, daß ich die
Leiden anderer Leidender mitleide?«*

B. R.

Es war einmal ein norwegischer Maler. Er saß an einem kalten Wintertag in seinem Zimmer am Fenster und stellte Betrachtungen über den vielen Schnee und seine Auswirkungen an. Er sah Schneehühner und Enten, die er gern mochte, überhaupt vielerlei Vögel. Ob es die Gefiederten wohl jetzt besonders kalt haben? fragte sich der Maler. Er legte alle seine Kleider ab, lief nackt in den Wald und stellte fest, daß es tatsächlich sehr kalt ist, wenn man keinen Schutz gegen Schnee und Eis hat. Den Maler überfiel großes Mitleid mit den Vögeln; er kehrte in sein Zimmer zurück und schrieb, nachdem er sich wieder angezogen hatte, einen Brief an seinen König. Darin bat er den norwegischen Souverän, er möge sich doch bitte der armen, frierenden Vögel annehmen. Es schmerzt den Künstler noch heute sehr, daß der norwegische König seinen Brief niemals beantwortet hat.

Es war der Maler Bendik Riis, der dieses Erlebnis hatte und einen Brief an den König schrieb. Und dies ist eine der vielen bizarren Geschichten, die sich die wenigen Eingeweihten erzählen. Es sind tatsächlich nur sehr wenig Menschen, die diesen norwegischen Künstler persönlich kennen. Als im Dezember 1969 in der ›Oslo Kunstforening‹ zum erstenmal eine größere Ausstellung des nunmehr 58 Jahre alten Künstlers gezeigt wurde, war er selber anwesend. Stolz saß er in einem Sessel und beobachtete all diejenigen, die sich seine Bilder ansahen. Auf Befragen sagte der Maler, daß er seine Bilder gern zeige. Er meinte: »Warum soll ich nicht zeigen, daß ich die Leiden anderer Leidender mitleide?« Wenn allerdings Ausstellungsbesucher ihm die Hand geben wollten, um sich bei ihm für seine teils doch recht ungewöhnlichen Bilder zu bedanken oder sich von ihm zu verabschieden, wich er sofort ängstlich zurück. Bendik Riis gibt niemandem die Hand. Er hat Furcht vor Bazillen. Vor ein paar Jahren waren diese Ängste sogar so stark, daß er zwei Paar Handschuhe übereinander anzog, wenn er sein Zimmer verließ. Er trug auch immer, fein säuberlich eingewickelt, sein eigenes

Eßbesteck und seine eigene Serviette bei sich. Als Riis noch ein Zimmer in einem Privathaus hatte und noch nicht, wie nun seit ein paar Jahren, in einem Pflegeheim lebte, sammelte er daheim allen Schmutz in Tüten, die an der Zimmerwand übereinandergestapelt wurden. Selbst wenn er sich die Fingernägel geschnitten hatte, bewahrte er die abgeschnittenen Teilchen in Tüten auf. Das alltägliche Problem der Sauberkeit ist für ihn zur überwertigen Idee geworden, seine Beziehung zur Reinlichkeit ist abnorm. Eine Toilette kann er nicht benutzen, falls andere Menschen im Hause sind. Daß der Mensch überhaupt eine Toilette benutzen muß, empfindet er als peinlich. Furcht bereiten ihm gleichfalls rote Teppiche; nie betritt er sie.

Es soll hier von einem Künstler und von seinen Bildern die Rede sein. Aber weil es sich um einen ungewöhnlichen Meister und um entsprechend ungewöhnliche Bilder handelt, müssen gleich eingangs einige symptomatische Details aus dem privaten Leben des Malers Bendik Riis erzählt werden. Seine Biographie ist mit wenigen Daten zu umreißen. Er wurde am 20. November 1911 in Frederikstad geboren, wo er als ein ausgezeichneter Schüler die Schule absolvierte. Schon als sehr junger Mensch interessierte er sich für die bildende Kunst; sein Lebensziel war, Maler zu werden. So nahm Bendik Riis Unterricht bei dem Bildhauer und Kunstmaler W. S. Dahl, dessen Atelier in der Altstadt von Frederikstad lag. Nachdem Riis seine erste Einführung in die schönen Künste erhalten hatte, zog er nach Oslo. Hier studierte er zunächst auf der Kunst- und Handwerksschule bei Per Krogh und Karl Høgberg, später auf der staatlichen Kunstakademie bei Axel Revold und Georg Jacobsen. Riis beteiligte sich nur an wenigen Kollektiv-Ausstellungen in Frederikstad und in Oslo, und die genannte Retrospektive im Dezember 1969 in Oslo war die erste ausschließlich ihm gewidmete Ausstellung.

Ich bin daran nicht unschuldig und vermerke dies mit Stolz. Wie überall in der Welt, so suchte ich auch in Norwegen nach Sonntagsmalern. Zunächst sagten mir die Kunstfreunde, ihnen sei noch nie ein ›Maler des Heiligen Herzens‹ – wie die Pariser Naiven von Wilhelm Uhde genannt worden sind – begegnet. Dann indessen erinnerte sich Per Rom, der Herausgeber der Zeitschrift ›Kunsten i dag‹, daran, daß Bilder von einem Mann, der mich vielleicht interessieren würde, im Privatbesitz des Osloer Druckereibesitzers Aage Wahl zu finden seien; er selber habe sie allerdings noch nie gesehen. Das Ehepaar Wahl empfing mich überaus freundlich. Glücklicherweise hatten Herr Wahl und ich gemeinsame Bekannte in Leipzig und Stuttgart. So waren wir uns keine Fremden, und Wahls erklärten sich bereit, mir Bilder von Bendik Riis zu zeigen, mit dem Frau Wahl verwandt und dessen Vormund sie ist.

Ich sah zwischen sechzig und siebzig Bilder von Bendik Riis und war bestürzt, daß dieser durchaus als genialisch zu bezeichnende Mann in Norwegen fast unbekannt ist. Ein Bild konnte ich für meine Sammlung von Naiven erwerben und damit nicht allein interessierte Persönlichkeiten in Oslo, sondern auch in Westdeutschland vertraut machen. Jetzt wurde mein Eindruck bestätigt, daß hier ein sehr bedeutender Künstler noch zu entdecken sei. Selbstverständlich regte ich eine Retrospektive an. Ich bin allen denen dankbar, die nicht mehr zögerten, sich für Bendik Riis einzusetzen und seine Bilder in der norwegischen Hauptstadt zu zeigen. Inzwischen fand auch eine Riis-Ausstellung in Fredrikstad, also am Heimatort des Künstlers, statt.

Das bildnerische Werk dieses Malers ist sehr ungleichwertig. Neben farblich, kompositorisch und thematisch äußerst eindrucksvollen Bildern gibt es solche, die kaum als Kunstwerke angesprochen werden können; sie erinnern an Panoptikum-Malerei. Ja, einige Bilder weisen in sich selbst einen verwirrenden Stilbruch auf. Da ist zum Beispiel von Bendik Riis ein hochformatiges großes Ölbild, das eine sehr üppige, beinahe tropisch wirkende Landschaft zeigt; im Hintergrund erblickt man ein etwas märchenartig anmutendes Landhaus, in dem sich irgendeine Phantasmagorie von Jean Cocteau abspielen könnte. Die Landschaft und das Gelände sind exzellent gemalt, das Bild hat jedoch einen Fehler. Ob es noch am selben Tage, da das Bild entstand – Riis malt sehr schnell und versucht, selbst ein großes Bild möglichst in einem einzigen Arbeitsgang (und mag er neunzehn Stunden dauern) fertigzustellen –, oder an einem anderen Tage geschah, konnte ich nicht feststellen: jedenfalls befinden sich jetzt nahe der unteren Bildkante dieses meisterlichen Gemäldes wieder einmal zwei kindisch naiv gemalte Entlein – jene Vögel also, denen die besondere Zuneigung Bendik Riis' gilt und derentwegen er an den König Olaf V. geschrieben hat.

Dann gibt es ein riesiges Ölbild, das erfreulicherweise inzwischen von der von Per Rom gegründeten und geleiteten Riksgalleriet (Reichsgalerie) angekauft worden ist. In der Mitte dieses

Bildes sieht man ein Stück Paris. Auf Wohnhäuser fallen aus Flugzeugen Bomben, die Häuser brennen. Im Zentrum der Paris-Szenerie befindet sich Notre Dame, aus deren Türmen senkrecht und mit gespreizten Armen Engel oder Heilige aufsteigen. All das ist sehr kühn gemalt, und ein Experte bemerkte mir gegenüber während der Ausstellung, diese Parisdarstellung ließe an Stadtansichten von Oskar Kokoschka denken (natürlich würde es Kokoschka nicht in den Sinn kommen, aus der Notre Dame engelähnliche Wesen aufsteigen zu lassen). Doch diese Parisansicht ist nur ein Teil des Bildes. Rechts und links davon sind nämlich zwei riesige Frauengestalten angeordnet, an der unteren Bildkante lagern Frauen und Kinder mit Blumen. Diese fast lebensgroße Menschengruppe läßt an den Jugendstil (und an Munch) denken.

Wer viele Bilder von Bendik Riis anschaut, wird überhaupt ständig an die verschiedenen Kunstrichtungen der letzten Dezennien erinnert. Er hat sich ausgiebig mit der Geschichte der modernen Kunst beschäftigt. Er hat Munch ebenso wie Dali oder Dufy in sich aufgenommen, aber auch einige Kunstwerke alter Meister. Bendik Riis hat eine ausgeprägt rezeptive Natur, besitzt indessen nicht stets das Vermögen, das Gesehene zu verarbeiten. 1967 schuf Pablo Picasso eine unvergleichbare Serie von Graphiken, die noch einmal den nun greisen Meister in seiner ganzen Größe zeigt. Auch der Spanier erzählt, was er im Laufe seines reichen Lebens durch die Kunstgeschichte gelernt hat. Picasso gibt Motive von Tintoretto, Rembrandt, Velasquez, Renoir usw. wieder, gestaltet dabei aber immer wieder unverwechselbare Picassos. Bendik Riis gelingt die Umsetzung nicht immer. Die Wiedergabe des bei anderen Gesehenen bleibt in den meisten Fällen naiv, und wohl deshalb hat man ihn (der durchaus auch in seinen Stilmitteln und Techniken sehr vielseitig ist) einen ›Picasso der Naiven‹ genannt. Von seinem naiven Weltbild zeugt ferner die Tatsache, daß es bei ihm kaum eine künstlerische Entwicklung gibt – was man auch häufig bei ›Naiven‹ beobachten kann. Bendik Riis ist zeitweise sehr mitteilsam. Manches Bild hat er, wenn nicht auf der Vorderseite, so doch auf der Rückseite betextet. Einige Male erweist er sich als ein Kalligraph von Rang. Mit Geschmack hat er Beschreibungen oder andere Erklärungen neben die Bilder gemalt. Auf einem Gemälde befinden sich sogar Melodien, Noten also, die zusätzlich musikalisch das zum Ausdruck bringen sollen, was der Maler mitzuteilen hat.

Einige Worte zu seinen Motiven. Es gibt eigentlich kein Thema, das Bendik Riis nicht gestaltet. Zum Besten innerhalb seines Gesamtwerkes gehören seine Landschaften. Gleichgültig, ob sie den Sommer oder den Winter in Norwegen zeigen: Sie sind vortrefflich und vermitteln das typisch Norwegische. Immer wieder hat Riis ein blondes, junges, in sich gekehrtes Mädchen gemalt. Es dürfte sich hier um eine Jugendliebe handeln, die ihn oder die er verlassen hat und welcher er jedenfalls heute noch nachtrauert. Auch auf diesen Porträts Jugendstilelemente. Allerdings stellt man fest, wenn man sich eingehender mit diesen Mädchenbildnissen befaßt (überhaupt mit den Frauenbildnissen von Riis), daß er sie aus einer gewissen Distanz porträtiert. Er verklärt sie, macht aus ihnen fast Heilige – als scheue er sich, ihre Feminität, ihre weibliche Menschlichkeit aufzudecken.

Da gelangen wir nun zu dem eigentlichen Thema dieses Künstlers. Es gibt einen über dreißig Jahre alten stehenden Frauenakt von ihm, zu dem ihm seine Schwester Modell gestanden hat. Man erzählte sich vor vier Jahrzehnten in Frederikstad, daß sich Bruder und Schwester über alle Maßen liebten. In dem norwegischen Städtchen nahm die Bevölkerung den beiden nicht allein diese Zärtlichkeit übel, sondern auch die Tatsache, daß der Maler seine Schwester nackt (allerdings mit einem Schlüpfer bekleidet) abbildete. Um den jungen Künstler von seiner zu sehr geliebten Schwester zu entfremden, brachte man ihn in ein Krankenhaus; er war damals etwa zwanzig Jahre alt. Was ärztlicherseits seinerzeit mit ihm geschah, konnte ich bislang nicht ermitteln. Bendik Riis selber behauptet, er wäre kastriert worden. Darüber darf gesprochen werden; denn der Künstler redet frei über dieses Thema und hat ihm selbst eine Reihe Ölbilder von größtem Realismus gewidmet.

Eines dieses Ölbilder ist etwa drei Meter breit und zwei Meter hoch. Es zeigt mit der Brutalität eines George Grosz einen Mann, der nackt auf einem Operationstisch liegt, elektrische Drähte führen zu seinem Kopf; offenbar soll er durch Stromstöße gequält werden. Dem Patienten nähert sich eine äußerst bösartige Krankenschwester mit grausamen Operationswerkzeugen, während die vier Ärzte, die neben dem Patienten stehen, Hammer, Meißel oder eine kleine Spitzhacke in den Händen halten. Es scheint mir dieses aufregend expressive Bild das Ungeheuerlichste zu sein, das der Künstler gestaltet hat, und es ist zu wünschen, daß die norwegische Nationalgalerie das Bild erwirbt; denn es gehört eben zum Aufregendsten, was in jüngster Zeit in Norwegen gemalt worden ist. Es gibt noch andere Ölbilder von Bendik Riis, die sich mit dem Thema Kastration oder Vivisektion beschäftigen. (Übrigens ist es nicht uninteressant, daß Riis schreibt: ›Wiwisextion‹; jeder Psychoanalytiker hätte an dieser Fehlleistung sein Pläsier.) Eine Reihe anderer Bilder machen uns ebenfalls mit dem Innenleben von Bendik Riis vertraut. Man sieht Gestalten, denen die Lenden aufgeschnitten worden sind. Nun sind sie zugenäht, dennoch sickert Blut heraus. Auf wieder anderen Bildern sieht man tiefe Schnitte in der Stirn der Dargestellten; auch hier Nähte und Blut. Mit den Schnitten in der Hüfte will er darstellen, daß man in das Sexualleben des Abgebildeten eingegriffen hat, mit den Schnitten im Kopf, daß man sein Geistesleben beeinflußt hat. Hätte der Künstler nicht seelischen und geistigen Schaden genommen, wäre er ein hervorragender Aktzeichner geworden; einige seiner Aktstudien verraten das. Seine Akte sind zuweilen sehr sinnlich, was ich als rühmenswert empfinde. Unübersehbar jedoch, daß die Genitalorgane von Männern und Frauen immer verdeckt sind, die Brüste dagegen nie. Mit den Sexualorganen der Menschen wird er seelisch-geistig nicht fertig. Auf einigen Bildern haben Männer weder ein Glied noch Hoden. Diese Männer sind nicht einmal Eunuchen, sondern reinweg geschlechtslose Wesen.

Bendik Riis trägt ziemlich lange Haare und einen Bart wie Männer im Orient. Auf verschiedenen Bildern hat sich der Künstler selber konterfeit. Doch diese Selbstporträts lassen gleichzeitig an die traditionellen Christus-Bildnisse denken. Es ist offenbar, daß sich der Künstler gelegentlich nicht nur als Nachfolger des Nazareners ansieht, sondern sich zeitweise mit ihm identifiziert. Bendik Riis gehört zum schizophrenen Typ unter den Künstlern. Es wäre dennoch irrig, seine Bilder unter diejenigen von Geisteskranken einzureihen. Er ist kein seelisch und geistig gestörter Laie, der zeichnet und malt, um sich von seiner Krankheit zu befreien, sondern er ist ein geborener, sehr begabter, wenngleich psychisch gestörter Künstler, der bewußt versucht, seine Krankheit auch manchmal zum Thema seiner Kunst zu machen. Riis hat erhebliche Schwierigkeiten, mit der Umwelt fertig zu werden, und versucht es dennoch immer wieder auf die ihm gegebene Weise.

Seitdem der italienische Mediziner und Anthropologe Cesare Lombroso 1864 sein berühmt gewordenes Buch ›Genie und Irrsinn‹ veröffentlicht hat, ist es quasi üblich geworden, den Genialen, den von der Norm Abweichenden, besonders zu rubrizieren. Es ist längst erwiesen, daß keineswegs alle Genies mehr oder weniger wahnsinnig waren; obwohl es fraglos Genies gegeben hat, die Geniales schufen aus einer Veranlagung heraus, welche nicht mit den sogenannten ›normalen Maßstäben‹ zu messen ist. Die Übergänge vollziehen sich nicht nach bestimmten Gesetzen, selbstverständlich auch bei Nicht-Genialen.

Das erste bedeutende Werk über ›Bildnerei der Geisteskranken‹ legte 1922 der Heidelberger Philologe und Nervenarzt Hans Prinzhorn vor. Ich erinnere mich noch gut daran, wie dieses Werk in den zwanziger und dreißiger Jahren von den Kunstfreunden beinahe leidenschaftlich diskutiert worden ist. Prinzhorn hatte den Mut (damals jedenfalls gehörte Mut dazu), zu erklären: »Die engste Verwandtschaft aber besteht zu der Kunst unserer Zeit und beruht darauf, daß diese in ihrem Drange nach Intuition und Inspiration seelische Einstellungen bewußt erstrebt und hervorzurufen sucht, die zwangsläufig in der Schizophrenie auftreten. Erleichtern uns solche Zeitströmungen, deren kulturelle und biologische Wertung hier außer Betracht blieb, den verstehenden Zugang zu dem schizophrenen Seelenleben, so gewinnen wir vielleicht rückläufig aus diesem Einblick Hilfsmittel zu einer Wertung der Zeitströmungen.« Prinzhorn fügte allerdings hinzu: »Dabei ist jedoch der Fehlschluß von äußerer Ähnlichkeit auf seelische Gleichheit zu vermeiden. Nur im Lichte einer biologisch begründeten Norm und bei tiefdringender Wesensschau aller Faktoren ist eine sachliche und fruchtbare Kritik beider Vergleichsgebiete möglich.«

Eine Ungarin, Dr. med. et phil. Irene Jakob von der neurologisch-psychiatrischen Klinik Pécs, hat diesen Gedanken in ihrem Buch ›Zeichnungen und Gemälde der Geisteskranken‹ im Verlag der Ungarischen Akademie der Wissenschaften, Budapest, aufgerissen. Diese Gelehrte schrieb: »Der Ausdruck durch abstrakte und symbolische Formen erlaubt den Vergleich der Zeichnungen der Schizophrenen mit denen der Surrealisten.«

Ich hatte in meiner Studentenzeit (Ende der zwanziger Jahre und Anfang der dreißiger Jahre) Gelegenheit, an der Leipziger Universität psychiatrische und neurologische Vorlesungen zu hören und die Aktivitäten in einer Nervenheilanstalt fast täglich zu beobachten – obwohl das nicht mein eigentliches Arbeitsgebiet war. Aber ich war doch von der Psychiatrie sehr fasziniert, eben weil mir schon damals klar war, daß ohne sie vielleicht mancher Vorgang in der Kunst, Literatur und Musik des 20. Jahrhunderts gar nicht zu verstehen ist. Falls man nun die junge und jüngste Kunst der Gegenwart betrachtet oder sie gar analysiert, so fällt es einem manchmal noch schwerer, zu unterscheiden, was gesund oder krank ist. Mancherlei, was heute als Kunst dargeboten wird, verdient kaum mehr das Prädikat Kunst, sondern ist ein pathologisches Produkt. Indessen ist unsere Ära dafür empfänglich, weil vieles in ihr an sich krank ist, verrückt, verschoben, verschroben; und weil heute häufig andere Wertmaßstäbe angelegt werden als früher. Daß es nicht immer so bleibe, ist zu hoffen; denn der Künstler sollte nicht nur seiner Zeit künstlerischen Ausdruck verleihen, sondern versuchen, seine Zeit zu korrigieren, wenn sie der Korrektur bedarf. Wer möchte dem widersprechen, daß unsere Gegenwart dringend manche erhebliche Korrektur nötig hat ...

Psychiater haben in ihrer Literatur häufig darauf hingewiesen, daß die Bilder und Skulpturen der geistig und seelisch Gestörten mit denen von Kindern sowie mit der archaischen Kunst und mit der Kunst der primitiven Völker zu vergleichen seien. Auf Grund der heutigen Forschung scheint es mir bedenklich, Kinderzeichnungen mit denen von archaischen und primitiven Künstlern in einem Atemzug zu nennen. Als Ethnologe muß ich diesen Vergleich ablehnen! In der Ethnologie sprechen wir auch nicht mehr von Primitiven; denn schließlich ist das nicht nur ein ungenauer, sondern auch ein diffamierender Begriff. Steht es uns denn mit unserer vielfach so fragwürdigen westlichen Zivilisation zu, Menschen anderer Kulturen und Zivilisationen herabzusetzen? Der Dichter J. G. Seume sprach von den Wilden, die doch bessere Menschen seien als die sogenannten Kultivierten. Gilt das Wort vielleicht heute noch mehr als im 18. Jahrhundert? Wenn Menschen des 20. Jahrhunderts Millionen vergasen oder durch Napalmgas und Bomben ausrotten und sogar immer neue Vernichtungsmittel ersinnen, so ist das u. a. der Ausdruck einer höchst primitiven Bewußtseinsstufe. Also sollten wir Analogien vermeiden, die nicht nur falsch, sondern sogar gefährlich sind. Die Bildwerke unserer bedauernswertesten Mitmenschen – also derjenigen, die schicksalmäßig anders sind als die Majorität – sind entsprechend anders als die Bildwerke von Gesunden und Normalen. Aber was ist denn gesund? Was ist normal? Fragen über Fragen tun sich da wieder einmal auf. Sie können hier keine Beantwortung finden, können es vielleicht sogar niemals; unsere besten Geister streiten sich seit langem darum, wie sie zu beantworten sind. Immerhin müssen wir uns auch dieser Fakten erinnern, wenn wir das künstlerische Werk des Norwegers Bendik Riis selbst nur einer kurzen Betrachtung unterziehen.

Da mir aus sprachlichen Gründen der Zugang zur norwegischen Fachliteratur leider verwehrt ist, kann ich mich nur auf Literatur beziehen, die mir zugänglich ist. Ein klinischer Psychologe an den Universitätskliniken Hamburg-Eppendorf, Herbert Maisch (der ursprünglich Schauspieler und Regisseur war, was seiner heutigen Tätigkeit sehr zugute kommt), hat in seinem Buch ›Inzest‹ eine vorzügliche, knappe Definition der Schizophrenie gegeben, die uns sehr nutzen kann, um den Künstler Bendik Riis besser zu begreifen. Bei Maisch heißt es also: »Die Schizophrenie gehört zu den endogenen Psychosen (die im Gegensatz zu den exogenen Psychosen, die durch körperliche Veränderungen – zum Beispiel Hirnschäden infolge Verletzungen, Entzündungen u. a. – hervorgerufen werden, als anlagebedingt gelten und für die akute körperliche Veränderungen nicht ursächlich sind). Den vielfältigen Erscheinungsformen ist gemeinsam, daß sie die Persönlichkeit irreversibel verändern. Die wichtigsten Symptome der Schizophrenie sind u. a. Denkstörungen (Zerfahrenheit, alogisches Denken), Wahnideen (Verfolgungs- oder Größenwahn), Wahrnehmungstäuschungen (Halluzinationen), emotionale Veränderungen (Erregungszustände, Gefühlsverödung), Kontaktverlust.« Wenn sich der Leser erinnert, was über Bendik Riis bereits im ersten Teil dieses Versuches ausgesagt worden ist, weiß er nun, daß einige dieser psychischen Merkmale auf Riis zutreffen. Allerdings sei es fern von mir, zu simplifizieren. Der niederländische Psychiater H. C. Rümke hat in seinen verschiedenen Veröffentlichungen hervorgehoben, daß die Schizophrenie die ›Sphinx der Psychiatrie‹ ist, und sein Kollege J. H. Plokker wies in seinem Buch ›Zerrbilder, schizophrene Gestalten‹ mit Nachdruck darauf hin, daß uns diese Sphinx ›viele Fragen stellt, auf welche die Antwort bis heute noch nicht gegeben wurde‹; die vielen Meinungsverschiedenheiten in der wissenschaftlichen Diskussion seien auch der Anlaß dafür, ›daß man fortwährend aneinander vorbeiredet, wird doch die Schizophrenie immer wieder anders umrissen‹.

Bei Bendik Riis sind zweifellos schizophrene Züge vorhanden.

Seine Bilder lassen das erkennen. Bedauerlicherweise sind die wenigsten datiert, und offenbar ist auch mancherlei verloren gegangen. Ziehen wir zur Erläuterung der ›Schübe‹ Landschaftsbilder von ihm zu Rate. Einige sind ›ganz normal‹. Ich denke an eine große Winterlandschaft von ihm, die prachtvoll ist und etwas an David Caspar Friedrich denken läßt. Die Bäume sind Bäume, wie sie auch ›einwandfrei normale‹ Künstler gemalt haben. Aber außerdem gibt es in Riis' Œuvre Bäume, Wälder, Landschaften, die unmißverständlich verraten, daß sie während eines schizophrenen Schubs gestaltet worden sind. Auf diesen Bildern wirken die Zweige der Bäume wie Arme, die um sich greifen, um etwas zu packen, oder es wirkt der Wald wie ein Gefängnis, das jede Hoffnung tötet. Wiederholt hat Riis hohe Berge gemalt, die ins Wasser reichen. Diese Landmassen sind bedrohend, die Landschaft insgesamt ist öde, läßt den Betrachter erschauern. Aber zwischen den Bergen ist meist eine Kluft, aus der Licht hervordringt. Unwillkürlich denkt man: Also selbst unter der Bedrohung von Naturgiganten gibt es noch Licht, Hoffnung, Rettung. Gelegentlich kommt also Riis' schizophrene Psychose zu einem Stillstand, ja vielleicht sogar zu einer Besserung, jedoch nie zu einer Restitutio ad integrum.

Erfreulicherweise hat schon Hans Prinzhorn vor falschen Schlüssen gewarnt: »Die Abgrenzung unserer Bildwerke (also jener der Geisteskranken) von bildender Kunst ist heute nur auf Grund einer überlebten Dogmatik möglich. Sonst sind die Übergänge fließend.« Genau das trifft auf Bendik Riis zu. Auch folgende Probleme seien im Auge zu behalten: »Die Beziehungen zwischen dem Weltgefühl des Schaffenden und des Geisteskranken, die freilich erst auf dem Boden einer Metaphysik der Gestaltung zum Austrag zu bringen sind, zu der in jüngster Zeit die ersten Bausteine zusammengetragen werden. Vielleicht daß bis dahin unser mattes ›Ignoramus‹, das keine festen Grenzen zu setzen sich getraute, von einer zukunftsfroheren, lebensvolleren Generation in ein instinktsicheres ›Sic volumus‹ gewandelt wird, das alle skeptische Erkenntnis übertönt.« André Malraux sieht übrigens die Kunst der Geisteskranken als ›die ausdrucksvollste aller nicht traditionsgebundenen Künste‹ an. Paul René Gauguin nannte die Retrospektive von Bendik Riis ›die interessanteste Ausstellung im letzten Jahrzehnt‹. Würde ein Bendik Riis nicht Schübe zeitweise psychotischer Erlebnisse haben, wäre sein schöpferisches Werk nicht derart reich an Motiven wie Stilen.

Auf seiner Unterlippe, genau unter der Nasenspitze, hat Bendik Riis, offenbar seit seiner Kindheit, einen unübersehbaren blauen Fleck. Es ist sehr seltsam, diesen Fleck zu sehen – gerade weil er ihn hat. Dieser Fleck auf der Unterlippe macht den Künstler auch rein äußerlich zu einem Gezeichneten. Riis lebt jetzt in einem Pflegeheim unter ärztlicher Betreuung; aber er kann in Begleitung reisen, wenn er will. Er ist keineswegs ein Häftling. Seine Kontaktlosigkeit zu seinen Mitmenschen äußert sich manchmal in größter Furcht vor den Menschen. Damit ihm nichts geschehe, kümmert man sich um ihn. Auch hat er kein ›normales‹ Verhältnis zum Geld. Es kann einem passieren, daß er auf die Frage, was ein bestimmtes Bild kostet, antwortet: »1 Million 562 Dollar und 78 Cents.« Soviel gibt man heute für die Bilder dieses ungewöhnlichen Mannes bestimmt nicht aus, aber es gehört keine prophetische Gabe dazu, festzustellen, daß die Werke dieses Norwegers eines Tages, in einer Auswahl zumindest, einen Ehrenplatz in manchem Museum einnehmen werden.

Paul Klee hat gelehrt: »Kunst gibt nicht das Sichtbare wieder, sondern macht sichtbar.« Bendik Riis macht vieles sichtbar, was uns bisher höchstens partiell zugänglich war. Was auch immer der Antrieb seines Schaffens sein mag – ›Gesundheit‹ oder ›schizophrener Schub‹ –: Wir haben ihm dankbar zu sein für all das, was er uns als Maler gibt. Auf jeden Fall verdient er unsere ungeteilte Sympathie, weil er – was unübersehbar ist, welches seiner Bilder wir auch betrachten – mehr leidet unter dem Menschsein als andere. Wer verdient unsere mitmenschliche Zuneigung, wenn nicht die Leidenden? Und daß gute Bilder, wichtige Bilder, meistens zugleich Dokumentationen eines bestimmten Schicksals sind, beweist aufs neue das Œuvre dieser eigenartigen Persönlichkeit des heutigen Norwegens. Wenn der junge Knut Hamsun ihn getroffen hätte, dann hätte er Bendik Riis als willkommene Gestalt in einen seiner Romane aufgenommen. Ich selbst sehe die Begegnung mit seinem Werk als schicksalhaft an, und ich stelle mich gern in den Dienst des bislang verkannten Meisters aus Frederikstad.

(1970)

Halikarnas Balikçisi, oder die Tragödie eines türkischen Schriftstellers

> *»Heute kommt es mir so vor, als wären alle erwachsenen Menschen meine Brüder und alle ihre Kinder meine Kinder. Dieses glückhafte und auch ein wenig traurige Gefühl, das ich ihnen gegenüber in meinem Innern verspüre, was kann es anders sein als das Gefühl des nahen Abschieds, das mit am Herzen nagt?«* H. B.

Die Ausgrabungen in Ephesos – ursprünglich eine ionische Kolonie neben einem uralten Heiligtum der kleinasiatischen Muttergöttin, dem Artemision – gehören zu den eindrucksvollsten im Mittelmeerraum. Im Laufe meiner Reisejahre habe ich fast alle bedeutenden archäologischen Stätten in Südeuropa, Kleinasien und Nordafrika aufsuchen können, doch nirgendwo war ich so gefesselt und konnte ich mich sogleich so sehr in die Umwelt der damaligen Bevölkerung einleben wie in Ephesos, das von Izmir (einst Smyrna genannt) im Auto bequem zu erreichen ist. Mit seinem Artemis-Tempel galt Ephesos als eines der Sieben Weltwunder, bis es 356 v. Chr. von Herostratos in Brand gesteckt wurde. Es gibt in Ephesos auf dem Bülbül Dash, dem Nachtigallenberg, außerdem das Haus der Jungfrau Maria, in dem sie gestorben sein soll. (Die Wegweiser für die amerikanischen Touristen, ›To the House of the virgin Mary‹, sind allerdings peinlich.) Ferner stehen hier die Ruinen der ersten christlichen Kirche, die je gebaut worden ist, und die sich nahe Ephesos in Selcuk auf einem Hügel befindet. Hier ist auch Johannes, einer der drei ›Säulenapostel‹ der Urgemeinde, begraben. Der Lieblingsjünger Jesu wurde der eigentliche Ruhm von Ephesos, und aus der Stadt der Artemis wurde die Stadt des Johannes.

Alles das hat mit meiner Erzählung nur bedingt zu tun. Jedoch muß ich es vorausschicken, um zu erklären, daß ich einen Reisetag wirklich einmaliger Eindrücke hinter mir hatte und geradezu aufgewühlt am Spätnachmittag nach Izmir zurückkehrte. Das elegante Hotel bedeutete mir an diesem Tage nichts mehr. Ich wäre am liebsten sogleich wieder nach Ephesos gefahren, um mich erneut in die mich bannende Welt der Antike zu vertiefen.

Da erhielt ich überraschenderweise für den Abend eine Einladung zu einem Dichter und Historiker. Zunächst hörte ich lediglich, der Gastgeber werde der ›Fischer von Halikarnas‹ genannt. Nur beiläufig wurde sein bürgerlicher Name Cevat Şâkir Kabaağaçl erwähnt. Als ich türkischen Bekannten sagte, daß ich diesen Schriftsteller am Abend besuchen solle, erklärten sie, daß gewiß ungewöhnliche Stunden meiner warteten. Man lobte den Autor als einen ungewöhnlich phantasievollen, mit der klassischen Mythologie besonders vertrauten Geschichtenerzähler, obendrein als einen Historiker von hohen Graden. Niemand wüßte über Westanatolien so gut Bescheid wie er. Die Bekannten zeigen mir Bücher von ihm mit ausdrucksvollen Illustrationen, die von ihm selber stammten. Die türkischen Titel wie ›Ege Kíyílaríndan‹ oder ›Uluç Ali Reis‹ sagten mir nichts. Ich erfuhr, daß sich seine Geschichten mit Vorliebe mit dem Meer, Fischern und Seeleuten befassen. Von seiner Vita berichtete man im übrigen nur wenige Details. Er sei 1886 in Kreta geboren, habe eine griechische Mutter und einen türkischen Vater. Vor dem Ersten Weltkrieg habe er vier Jahre lang in Oxford neuere Geschichte studiert, aber nie Examen gemacht. Einer der Bekannten fügte hinzu, Persönlichkeiten wie er brauchten auch keine Examen. »Ihr Examinator ist doch Gott. Der Herr gibt ihnen Wissen und Weisheit. Und das ist mehr, als die besten Universitäten zu geben vermögen. Wie beneiden wir Sie, daß Sie mit diesem Mann heute abend zusammen sein dürfen.«

Mit meiner Begleiterin fuhr ich ziemlich weit hinaus in einen Vorort von Izmir. Ich hatte den Eindruck – es war abends, und die Straßen waren nur spärlich erleuchtet –, in einem Viertel des Kleinbürgertums, der Arbeiter und Handwerker angelangt zu sein. Wir hielten vor einem zweistöckigen Haus der Gattung ›Sozialer Wohnungsbau‹. Das Treppenhaus war gerade gestrichen worden und Pappschilder besagten, daß man sich vor der frischen Farbe in acht nehmen solle. An der Wohnungstür der ersten Etage empfing uns unser dreiundachtzigjähriger Gastgeber und führte uns sogleich in einen Wohnraum, der mit vielen Sitzmöbeln ausgestattet war – wie man das auch früher in türkischen Häusern kannte. An Bilder erinnere ich mich nicht. Ich habe den Raum sogar als ziemlich kahl im Gedächtnis.

In einem geblümten Sessel nahm ich dem alten Herrn gegenüber Platz. Er trug helle Flanellhosen, ein großkariertes Hemd, eine Strickweste und ein seidenes Cachenez. Wir sprachen englisch miteinander. Sein Englisch war sehr gewählt, und sein Akzent erinnerte an seine Oxford-Zeit. Unser Gespräch kam zunächst nur schwerfällig in Gang. Er war nervös und sagte: »Wissen Sie, ich bin gegenwärtig in einem höchst desolaten Zustand. Irgendwer – ich weiß gar nicht, wer – hatte den verrückten Einfall, das ganze Haus zu streichen. Was sehe ich nun überall? Überall sehe ich neue Farbe! Ich bin dem Haus entfremdet, bin meiner Wohnung entfremdet. In meiner Bibliothek hat man Ordnung gemacht. Was soll das? Ich finde nichts mehr. Kein Buch, kein Manuskript. Wie Sie vielleicht wissen, male ich auch. Alle meine Bilder sind verschwunden. Von mir gibt es jetzt nur noch das, was Sie vor sich sehen. Alles andere ist dem Anstreichen zum Opfer gefallen. Warum nur mußte gestrichen werden? Warum Staub gewischt werden? Es ist, als habe man mit der verdammten neuen Farbe alles ausgelöscht, was schön ist, was mich anheimelte, mir Atmosphäre gab.«

Es schien mir, als sei er dem Weinen nahe. Dabei konnte ich ihn völlig begreifen; denn welcher Bücherfreund kennt nicht die Schwierigkeiten mit der Familie, die immer gern aufräumen möchte, weil sie nichts von der ›heiligen Unordnung‹ einer privaten Bibliothek weiß. Nachdem er seine Klage losgeworden war, wurde er allerdings etwas ruhiger, und wir konnten endlich über sein Wirken sprechen.

Halikarnas Balikçisi ist ein Historiker eigener Art. Er fährt im Lande umher, lebt mit den Einheimischen, redet mit den Einheimischen, läßt sich von Einheimischen erzählen, besonders von alten Leuten. Und auf diese Weise sammelt er Material über die Geschichte Westanatoliens. Gelegentlich studiert er wissenschaftliche Werke, aber eigentlich nur, um sich bestätigen zu lassen, was er, wie er es nannte, ›wie ein Hund erschnüffelt hat‹. Er sprach von Westanatolien in hymnischen Worten. »Dies ist weder Kleinasien noch Europa«, sagte er. »Das ist ein Kontinent für sich. Er hat sich gebildet aus asiatischen, europäischen und afrikanischen Kulturen, und auf diese Weise ist eine völlig neue Kultur entstanden, die in ihrer einmaligen Bedeutung noch längst nicht voll erkannt und gewürdigt wird. Aber vielleicht helfen meine Bücher, diese einzigartige Welt den Verständnisvollen zu erschließen. Es ist vielleicht die letzte Chance.«

»Warum?« fragte ich – obwohl ich seine Antwort ahnte.

»Auch wir hier in der Türkei modernisieren uns. Sie sehen es doch selbst: Alles wird überstrichen«, erwiderte er grimmig.

»Was ich jetzt hier im eigenen Hause erlebe, hat für mich Symbolwert. Das Alte verschwindet. Wir trinken Coca Cola statt Landwein, wir haben eine Tischdecke aus Plastik statt aus Leinen oder Wolle – wie bisher. Wir haben früher aus Wolle die besten Teppiche der Welt hergestellt und heute verwenden wir Kunstfaser. Und das soll dem Weltnamen Smyrna Ehre machen? Vielleicht muß die Amerikanisierung sein, in bestimmtem Grad. Die alte Welt wird jedoch dadurch völlig zerstört. Was mich am meisten kränkt, ist die tausendmal vermaledeite Tatsache, daß nun auch unsere eigenständige türkische Welt allen anderen Welten angepaßt wird. Als Historiker und Schriftsteller sehe ich es als eine unumgängliche Verpflichtung an, vor diesem Nivellierungsprozeß mit lauter Stimme zu warnen. Aber wer hört schon auf einen Idioten von Schriftsteller? Zumal, wenn er nur aus Anatolien stammt!«

Ich lenkte das Gespräch auf die Literatur. Er sagte, ein italienischer Dichter habe diesen Satz geprägt: ›M'illumino d'immenso‹, zu deutsch: ›Ich erleuchte mich durch Unermeßliches.‹ Ob ich dieses Bekenntnis nachempfinden könne? Ich lächelte und sagte stolz: »Sehr gut vermag ich das. Mir ist dieser Satz sehr vertraut; denn ich habe ihn erst kürzlich in einer eigenen Arbeit zitiert und ihn sogar vom Autor selber gehört, nämlich von Giuseppe Ungaretti.«

»Wie meinen Sie?« sagte da der Fischer von Halikarnas. »Das kann doch nicht wahr sein!«

»Doch«, meinte ich. »Wir waren vor einigen Monaten in Hamburg zusammen.«

Da sprang der alte Herr auf, umarmte mich und sagte: »Nun sind Sie mein Freund.« Er rückte seinen Sessel nahe an den meinen. Seine Stimme war jetzt wieder milde. Wir waren uns unverhofft sehr nahegekommen. Er sprach von jetzt an, als seien wir uns schon oft begegnet. Der alte Herr hat ein gutes, langes Gesicht, dunkle, lebhafte Augen und schüttere, weiße Haare, die seinen Kopf gewissermaßen umlodern. Seine Stimme ist melodisch, fast etwas feminin. Aber das glaube ich schon häufig beobachtet zu haben, daß alternde Künstler, überhaupt alte Männer, ein wenig wie alte Frauen sind.

Halikarnas Balikçisi erzählte voller Bewunderung von Ungaretti, den er in Italien wiederholt getroffen hatte. Er sprach überhaupt eindringlich von italienischer Literatur und war sehr bald bei seinem – wie er selber bekannte – Hauptthema, nämlich Dantes ›Divina Comedia‹. Eine Suada von Begeisterung über Dichtung und Leben ging auf mich hernieder, gewürzt mit Zitaten aus Dantes Werk.

»Wie Sie nur alle diese Verse Dantes behalten können!« sagte ich. Er wehrte ab, als sei das ganz selbstverständlich. »Ach, wissen Sie, die ›Divina Comedia‹ muß unsereiner doch auswendig können, von vorn nach hinten, von hinten nach vorn. Sonst kann man doch gar nicht von Bildung sprechen. Ich jedenfalls kann sie im Halbschlaf aufsagen.«

Ich hatte geglaubt, mein einziger Wunsch sei, so schnell wie möglich nach Ephesos zurückzukehren. Aber nun traten die Ruinen des Artemis-Tempels oder das Haus Kaiser Hadrians doch etwas in den Hintergrund. Dieser türkische Dichter schlug mich in Bann, riß mich in seine Welt des Geistes. Hier war ich darüber hinaus mit einem Weltbürger zusammen wie ich ihn mir als Gesprächspartner immer ersehne. Ich glaube, daß die Internationale der Schriftsteller die intensivste Internationale überhaupt ist. Und wir blieben nicht bei Dante und Ungaretti. Viel Treffendes hatte er zu Werken von Ezra Pound, T. S. Eliot und W. H. Auden anzumerken ...

Wir saßen uns gegenüber, ja. Wir waren in unsere geliebte Welt der Wissenschaft und Dichtung verstrickt, ja. Aber immer wieder waren um uns Kinder, Knaben und Mädchen, die Enkel des Fischers von Halikarnas. Sie hörten uns zu, streichelten den Großvater oder fragten ihn etwas. Er unterbrach unser Gespräch für einen kurzen Augenblick, gab den Kleinen Antwort auf ihre Fragen, küßte sie zärtlich, um alsdann sofort wieder zu sagen: »Und doch, so meine ich, hätte Dante an jener Stelle vielleicht besser ein anderes Wort verwenden sollen, um noch verständlicher zu sein.« Halikarnas Balikçisi ist nämlich außerordentlich an Problemen der Linguistik und Semantik interessiert. Er spricht außer Türkisch fließend Griechisch, Lateinisch, Italienisch, Englisch und benutzt häufig, wenn es ihm geboten scheint, Idiome verschiedener Sprachen, um sich korrekt auszudrücken. Und immer wieder hob er hervor: »Sie sehen, Rolf, in dieser Sprache läßt sich dies nicht so prägnant formulieren wie in jener.« Ich habe schon erwähnt, daß unser Gespräch sich mit Dichtung befaßte. Aber auch Philosophie, Religion, ja, selbst die Nationalökonomie bezog er in unsere Betrachtungen ein. Er ist ein blutvolles Lexikon, dieser alte Schriftsteller und Historiker in Izmir. Er hat die ganze Welt in seinen Kosmos aufgenommen und ist offenbar glücklich, wenn er mit einem anderen reden kann, der begierig ist, möglichst die ganze Welt zu erfassen.

Wiederholt kam er andeutungsweise auf Jahre zu sprechen, die er offenbar einsam auf der Insel Bodrum zugebracht hatte. Bodrum war das antike Halikarnassos. Nun wußte ich wenigstens, woher sein Beiname stammte. Er erwähnte eine Zelle. War das eine Mönchszelle? Oder eine Gefängniszelle? Verwendete er den Begriff Zelle etwa nur, um zum Ausdruck zu bringen, daß er damals gewissermaßen in Klausur gearbeitet hatte? Doch dafür war sein Gesicht immer viel zu ernst, wenn er von der Einsamkeit in Bodrum sprach. Nun, er war schließlich so wohlgelaunt an jenem Abend, daß mir selber seine augenscheinlich bedrückenden Erinnerungen an jene Insel nicht besonders wichtig zu sein schienen.

Es wurde spät, wir wurden hungrig und überlegten gerade, wo wir gemeinsam essen könnten. Unverhofft erschienen da zwei Pakistani, die den Gastgeber über den Islam und die islamische Kunst in der Türkei ausfragen wollten. Es waren liebenswürdige, gebildete Herren, die voller Komplimente für die heutige Türkei waren. Aber Halikarnas Balikçisi wischte ihre oberflächliche Begeisterung unwirsch beiseite und machte sehr kritische Bemerkungen zum Beispiel über die türkische Musik: »Durch sie wird die Jungfräulichkeit der Stille mißbraucht!«

Wir beschlossen schließlich, alle zusammen in ein Restaurant essen zu gehen. Wir waren fünf Personen bei Tisch. Es wurde jetzt allgemeine Konversation getrieben. Wir beide aber zwinkerten uns immer wieder zu und redeten erneut über Pablo Neruda oder Thomas Mann, über Kazantzakis oder Jewtuschenko. Als ein Pakistani ihn fragte, was er »generell über die heutige Situation denke«, sagte er apodiktisch: »Ich bin rebellisch gegen jede Situation.« Ich prostete ihm daraufhin zu, hatte er doch mit diesem Satz eigentlich den rechten Standort jedes Schriftstellers umrissen.

Um Mitternacht mußten wir die Tafel aufheben; das Restaurant wurde geschlossen. Halikarnas Balikçisi stand auf, umarmte mich und sagte: »Lieber Freund, ich danke Ihnen für den Besuch bei mir. Sie müssen bald wiederkommen. Sie wissen nicht, was mir das Gespräch mit Ihnen bedeutet hat. Sie haben viel von der Welt gesehen. Meine Welt ist seit Jahrzehnten nur das abgelegene Anatolien, obwohl ich noch einmal sagen muß, es ist ein großer, weiter Kosmos – vergessen Sie das nicht.«

Bei der Umarmung sah er mich lange an, und seine Augen waren plötzlich traurig. »Ich bin oft sehr einsam«, flüsterte er mir zu. »Sie wissen vielleicht noch nicht, was das bedeutet, sehr einsam zu sein und seine Einsamkeit, seine Trauer überall mit hinschleppen zu müssen.« Ich umarmte ihn erneut und küßte ihn. Er drückte mich an sich, riß sich dann los und stieg ins Auto. Ich winkte dem Fahrzeug lange nach . . .

Ein paar Tage später unterhielt ich mich über Halikarnas Balikçisi mit einem prominenten Schriftsteller in Istanbul. »Ja, er ist einer unserer größten Autoren«, sagte mir jener Kollege. »Er ist wirklich ein exzeptioneller Mann der Wissenschaft und zugleich ein bemerkenswerter Dichter. Wenn nur nicht diese entsetzliche Tragik in seinem Leben wäre! Was wäre aus ihm geworden, wenn das alles nicht geschehen wäre, was geschehen ist!«

»Was denn?« fragte ich. Ich hatte doch gespürt, daß da etwas sein müßte, was diesem Mann einmal eine schwere Wunde zugefügt hatte.

»Hat er nicht selber davon gesprochen? Manchmal tut er es – wie, um sich davon zumindest zeitweise zu befreien.«

Ich versuchte mich zu erinnern: »Ja, da war etwas mit einer Insel, mit einer Zelle, mit Einsamkeit, mit Trauer. Ich habe das alles nicht begriffen, wollte aber auch nicht fragen.«

»Es ist ein schauerliches Drama. Es liegt Dezennien zurück. Aber über so etwas kann natürlich niemand hinwegkommen . . . Er war damals jung verheiratet und mit seiner Frau sehr glücklich. Sein Vater wohnte in seinem Haus. Eines Abends kommt der Dichter von einer Reise zurück und findet seine Frau mit seinem Vater im Bett. Der Dichter ging in die Küche, holte ein Messer und erstach seinen Vater. Im Prozeß wurde er als unzurechnungsfähig im Augenblick der Tat bezeichnet und wurde deshalb zur Strafe auf die Insel Bodrum verbannt. Wir Türken sind Morde aus Leidenschaft allerdings gewohnt.«

Ich bedauerte, den greisen Dichter nicht noch inniger umarmt zu haben. Wer leidet, leidet für uns alle. Wer leidet, verdient unsere Liebe.

(1970)

Nachwort

Rolf Italiaander
Botschafter der Liebe und Praktiker der Vernunft
Von Peter Jokostra

In den letzten dreißig Jahren unseres Jahrhunderts wird die europäische Literatur, von den Erkenntnissen der Verhaltensforschung angetrieben, in einen Umbruch geraten, wie er niemals zuvor denkbar und realisierbar gewesen ist. Sie hat diese Entwicklung in ihren besten Vertretern und kühnsten Protagonisten bereits vorweggenommen. Sie wollen nicht länger am Rande des gesellschaftlichen Geschehens als »Dinosaurier des kybernetischen Zeitalters« leben, wie Dieter Lattmann die rudimentäre Situation der Autoren im Wirtschaftswunderstaat in Rolf Italiaanders kritischer Anthologie »Kultur ohne Wirtschaftswunder« treffend kennzeichnet. Sie wollen sich auch nicht länger mit der Funktion eines Beobachters der kulturpolitischen Szene begnügen. Was nun entsteht, sind Zeugnisse einer »pluralistischen Literatur der totalen Wirklichkeit«, Werke eines revolutionären Vorgangs, wie wir ihn jetzt erleben.

Es sind Worte aus einem Interview, das der 36jährige peruanische Romancier und Professor der Literatur Mario Vargas Llosa gab. Das »essayistische Zeitalter«, das die europäische literarische Situation so gründlich zu verändern beginnt, wurde von Autoren eingeleitet, die ihre großen Menschheitsepen z. B. auf dem lateinamerikanischen Subkontinent schufen, während sich die europäische Literatur in formaler Problematik erschöpfte und sich ihre besten Köpfe in Richtungskämpfe und in die Unterwerfung ihres künstlerischen Engagements unter politische Maximen verloren.

Man kann dieses Phänomen erst dann in seiner ganzen Komplexität erfassen, wenn man sich mit den großen Wegbereitern und unermüdlichen Vermittlern zwischen der jungen lateinamerikanischen Literatur der Zukunft und dem erstaunten, verwirrten, oft völlig ratlosen europäischen Publikum auseinandersetzt. Ich möchte behaupten, daß sich das Wunder einer Neugeburt, einer zweiten Menschwerdung in einem uns so lange verschlossenen Raum vollzieht, wie ihn die technisch-zivilisatorisch noch nicht unterworfene Landschaft Lateinamerikas darstellt. Wir können diesen geheimnisvollen und oft schwer verständlichen Prozeß nur dann in seiner ganzen Komplexität begreifen, wenn wir uns offenhalten für das Ereignis einer »essayistischen« oder, wie Vargas Llosa formuliert, einer »pluralistischen Literatur«.

Wir können uns als europäische Autoren *und* als empfangende Leser nur dann mit Gewinn dieser Problematik zuwenden, wenn wir uns den Vermittlern und Interpreten, den Übersetzern und brüderlichen Sachwaltern, den *Praktikern der Vernunft* anvertrauen. Ich bekenne gern und offen, daß ich in diesen vielleicht letzten großen Humanisten und Vertretern internationaler Brüderlichkeit die Korrektur einer historisch verfehlten Romantik wahrnehmen möchte, einer Romantik, für die die weltumspannende Liebe mehr als nur einen von vielen unerfüllbaren Menschheitsträumen darstellt, für die sie eine zur Verwirklichung drängende Vision geworden ist. Sie wird es bleiben, solange Vermittler wie Rolf Italiaander als Praktiker der Vernunft unter uns wirken.

Vielleicht hat mich bei der Lektüre und Durchsicht des Bände füllenden bio- und bibliographischen Materials über den Weltreisenden, den Weltbürger und ersten Bürger einer »essayistischen Gesellschaft« Rolf Italiaander nichts mehr bewegt, überrascht und von der Aktivität dieses Völker versöhnenden Mannes überzeugt als die Worte, die der französische Ethnologe und Maler Pierre Lods anläßlich eines Besuches Italiaanders in der ersten schwarzen Kunstakademie der Satellitenstadt Poto-Poto bei Brazzaville geschrieben hat. Es entstand dort ein Zentrum echter Zusammenarbeit zwischen Italiaander und seinen schwarzen Schülern, in der Vorbildliches geleistet wurde.

Lods schrieb: »Wir hier vergaßen seine Hautfarbe, er gehörte zu uns. Saint-John Perse hat den Dichter aufgefordert seinen Namen, seine Geburt und seine Rasse zu vergessen. Rolf Italiaander hat dieser Aufforderung längst Folge geleistet, er weiß, was unsere Zeit verlangt.«

Und so wurde er für die jungen schwarzen Künstler, die von der Dynamik und der humanistischen Gesinnung dieses Vermittlers mitgerissen wurden, zum »weißen Afrikaner«.

So wie Günter W. Lorenz zum Indio oder zum hungernden Bewohner der Favelas *wird,* wenn er mit seinen Freunden den südamerikanischen Kontinent und dessen reiche Literatur durchstreift, so gelingt Rolf Italiaander mühelos der Sprung über alle Grenzen ins Herz der Völker, in die Mitte ihrer Existenz und ihrer vielfältigen Kulturen, von denen wir ohne diesen mutigen Mittler weniger wüßten als ein Schulanfänger von der Zauberkraft und Magie der Sprache, der er sich anvertrauen muß, wenn er im geistigen Sinn ein Mensch seiner Zeit werden will.

Nachholbedarf und Vorgriff in die Zukunft der »essayistischen Gesellschaft«, die sich in den bevorstehenden Kämpfen festigen wird, wenn unsere Vision einer weltumfassenden Menschlichkeit nicht von der Homocidbombe ausgelöscht werden soll: hier in dem rastlosen Einsatz und den Zeugnissen der Liebe, wie sie der Autor mit jeder Zeile bekundet, wird ein Beispiel gegeben. Ich möchte behaupten, daß uns Rolf Italiaander mit seinem Gesamtwerk und nun auch mit den »Akzenten eines Lebens«, den lange erwarteten Erinnerungen an Begegnungen mit bedeutenden Zeitgenossen der Literatur, der bildenden Kunst, der Politik, der inneren und äußeren Emigration, die Chancen zeigt, die dem Menschen verblieben sind, der zur Brüderlichkeit bereit ist und der die Spur, die schon verloren schien, wiederfindet. Rolf Italiaanders Gedanken und Anregungen aufnehmen und ihnen folgen, bedeutet für den Lesenden, den Umkehrwilligen, aus der »terra dolorosa«, zu der alle Kontinente unter der Drohung des Homocids werden müssen, heraus einen Akt der Grenzüberschreitung vollziehen. Mit der leisen Stimme der Erinnerung macht der Autor seine Leser aufnahmebereit für das Gleichnishafte dieser Sammlung von Gesprächen, Tagebuchaufzeichnungen und zeitkritischen Essays. Indem er sich liebend und verstehend mit den Gestalten der Geschichte, die auch unser eigenes Schicksal einschließt, auseinandersetzt, gelingt ihm die Gleichsetzung von Leben und Historie. Darin liegt der parabolische und eminente Wert einer Erinnerung, die im Essay eine Literaturform schafft, die die längst überholte Trennung der Literatur in verschiedene Gattungen überflüssig macht.

Rolf Italiaander, den ich einen »Praktiker der Vernunft« genannt habe, führt sein Publikum, aber er verführt es nicht. Denn niemals zwingt er den Leser, ihm zu folgen. Nie bedroht er ihn mit beckmesserisch erhobenem Zeigefinger: »Schau her, ich bin der Klügere, auf mich mußt du hören!« Niemals meditiert er in eitler Besserwisserei. Er ist ein Liebender: und das ist das ganze Geheimnis seiner Niederschrift. Er doziert nicht, er hält seine Sprache frisch, beweglich, argumentiert mit schlüssigen, einfachen Bildern, vermittelt ohne pathetischen Aufwand erstaunliche Wahrheiten und Erkenntnisse. Scheinbar mühelos verschafft sich dieser Entdeckungsreisende in die verborgensten Reservate der menschlichen Existenz Zugang zu der geheimnisvollen Welt, die Rilke seinerzeit als »Weltinnenraum« poetisch verklärt hatte. Für diesen vitalen, im geistigen Sinn unruhigen Mann, den seine Energie, sein Spürsinn, diese »lust for life«, mit der er sich wie Hemingway in jedes noch so ferne Abenteuer stürzt, von Kontinent zu Kontinent treibt, gibt es keine Resignation, keine Bescheidung mit Halbwahrheiten. Er ist ein Jäger, der sein Ziel nicht in der Überwältigung der Beute, sondern in der Vereinigung mit ihr sieht. Ob die Türen nun von Marc Chagall oder Pablo Picasso verschlossen gehalten werden, Rolf Italiaander versteht sie zu öffnen. Aber niemals bricht er als sensationslüsterner Reporter oder gieriger Snob, als Autogrammsammler, der sich vom Namenszug des Bewunderten Zuwachs an eigenem Prestige erhofft, in die Werkstatt eines Künstlers ein. Der Besucher Italiaander wartet, bis der Impuls zu einer Begegnung von der anderen Seite aufgenommen und erwidert wird. Nach der Lektüre der »Akzente« möchte ich behaupten: der Autor besitzt die drei selten gewordenen Eigenschaften eines schöpferischen Menschen: Disziplin, Bereitschaft und Geduld. Und er ist einer der ganz wenigen Menschen, die *zuhören* können, die das Mitgeteilte, die Erzählung des Gesprächspartners in ihrer ganzen Tiefe und Vielfalt aufnehmen und sofort in Sprache umsetzen können.

Kaum ein Wort trifft das Wesentliche in der Persönlichkeit Rolf Italiaanders genauer als das Günther Weisenborns: »In all seinen Darstellungen klopft das Herz der Humanität.« Ich kann nur wiederholen, heute überzeugter denn je, was ich zu seinen amerikanischen Gedichten »Hallelujas« geschrieben habe:

Rolf Italiaander ist der Prototyp eines praktizierenden Weltbürgers, er ist der erste Bürger einer Zukunft in einer Welt der Brüderlichkeit, dessen Engagement ein ständiges Plädoyer für die Außenseiter und Verfemten, für die Minderheiten in der pluralistischen etablierten Gesellschaft ist. Es ist ein Engagement, für das ein Wort des toten französischen Dichters Paul Eluard gelten kann: »Ich sage, was ich sehe, was ich weiß, was wahr ist!«

Rolf Italiaander, der in den »Akzenten eines Lebens« sein »Zeitalter besichtigt« hat, wie einmal, zu spät, um dem Schrecken noch Einhalt gebieten zu können, Heinrich Mann, stellte seinem

Leben ein Motto voran, das gleichzeitig eine Erklärung für seine Rastlosigkeit und für seine Solidarität mit den Leidenden ist: »Wer schreibt, liebt. Ich liebe, also schreibe ich.« Und noch eindringlicher mahnt er sich – und er nimmt uns nicht aus –: »Ich werde nie aufhören zu lieben!« Er gehörte zum Freundeskreis des von Hitler liquidierten Botschafters Ulrich von Hassell, des »Diplomaten und Widerständler«, dem Italiaander einen menschlich und zeitgeschichtlich besonders eindrucksvollen Aufsatz gewidmet hat. So wird auch das Versprechen verständlich, das sich der Autor im Krieg gab, und an das sein neues Buch anknüpft und erinnert: »Falls ich durchkomme, werde ich ein kompromißloser Freiheitskämpfer werden: ein Kämpfer gegen völkische, rassische, religiöse und andere Vorurteile.« Er hat sein Wort gehalten, sein Versprechen eingelöst.

Anmerkungen und Quellenangaben

HANS HENNY JAHNN: Erschien zuerst unter dem Titel ›Freundschaft mit Hans Henny Jahnn‹ in ›Neue Deutsche Hefte‹, Hg. Joachim Günther und Rudolf Hartung, Verlag Sigbert Mohn, Gütersloh, Heft Nr. 80, Jg. 7 1960/61. Der Nachdruck erfolgte in dem Buch ›Hans Henny Jahnn‹, das R. I. zum ersten Todestag des Dichters (29. November 1960) im Verlag der Freien Akademie der Künste* in Hamburg herausgegeben hat. Es enthält Beiträge von H. E. Nossack, H. H. Biermann-Ratjen, H. Wolffheim, R. Maack, R. Lodders, E. Lüth, H. Leip, P. Schurek, P. M. Lampel, W. Lehmann, M. Beheim-Schwarzbach, P. Huchel, G. Weisenborn, W. Haas und R. Italiaander. – 1954, zum 60. Geburtstag von H. H. Jahnn, veröffentlichte R. I. im selben Verlag die erste Jahnn-Monographie, die überhaupt je erschienen ist: ›Hans Henny Jahnn, Buch der Freunde‹ mit vielen Abbildungen und Beiträgen von: H. H. Biermann-Ratjen, F. Thiess, H. Wolffheim, W. Muschg, G. Gründgens, H. Ihering, L. Benninghoff, Th. Mann, B. Brecht, H. E. Nossack, A. Döblin, E. Kreuder, H. Helwig, P. Jordan, R. Maack, G. Ramin, F. Weißenfels, P. Huchel und R. Italiaander. – Die in diesem Buch abgebildete Porträtplastik Jahnns gestaltete der Bildhauer Gerhard Marcks auf die Initiative von R. I., der außerdem folgende Künstler zu Jahnn-Porträts anregte: Karl Kluth (im Besitz der Kestner-Gesellschaft, Hannover), Ivo Hauptmann (im Besitz der Kunsthalle, Hamburg), Peter Martin Lampel (im Besitz der Erben Lampels). Auf Veranlassung R.I.'s zeichnete Alfred Mahlau den Dichter auf seinem Totenbett und der Bildhauer Karl-August Orth nahm die Totenmaske ab (Original im Besitz der Universitäts- und Staatsbibliothek, Hamburg). – In der List-Bücherei (Band 146) erschien: H. H. Jahnn: ›Aufzeichnungen eines Einzelgängers‹, eine Auswahl aus dem Werk, zusammengestellt von R.I., Paul List Verlag, 1959. Darin von R.I.: ›H. H. Jahnn – ein unerschrockener Mensch‹. – Vgl. weitere Arbeiten von R.I.: ›. . . nicht an den Besten schuldig werden‹, zum Tode von H. H. Jahnn, ›Blätter für deutsche internationale Politik‹, Heft 12, 25. Dezember 1959; Ihr erster literarischer Versuch: ›Ich las die Kinderfibel‹. Drei Fragen an neun Schriftsteller – Eine Umfrage von R.I., ›Die Welt‹, 13. Oktober 1951; ›Ist ein Dämon in dich gefahren?‹ 13 deutsche Schriftsteller erzählen von ihren ersten literarischen Erlebnissen, darunter H. H. Jahnn. Umfrage von R.I. in ›Neue Literarische Welt‹, Darmstadt, 25. April 1952 und 9./10. Mai 1952. Vgl. ferner: ›Rolf Italiaander sprach über Hans Henny Jahnn‹, Berlin, 19. November 1960, in dem Jahresband der ›Dramaturgischen Gesellschaft‹, Berlin 1960, Bd. 1.

* Künftig abgekürzt FAdK.

Willy Haas: Die Rede wurde aus Anlaß des 75. Geburtstags von Willy Haas auf einem ihm zu Ehren veranstalteten Bankett am 15. Juni 1966 im Hotel Atlantic, Hamburg, gehalten. Sie erschien zunächst im Jahrbuch der FAdK ›Parabeln‹, Hamburg 1966. Später wurde sie ergänzt und veröffentlicht als Einleitung zu der Willy-Haas-Bibliographie von Karin Sandfort-Osterwald in der Reihe ›Hamburger Bibliographien‹ (begründet von R.I., herausgegeben von der FAdK und der Universitäts- und Staatsbibliothek Hamburg) im Verlag Hans Christians. Hamburg 1969, Bd. 8. – Vgl. ferner ›Erlebte Literaturgeschichte‹, eine Ansprache zum 65. Geburtstag von W. Haas in ›Der Schriftsteller‹, Zeitschrift der Vereinigung Deutscher Schriftstellerverbände. 9. Jg., Heft 7/8, 15. Juli 1956. – R.I. gab im Verlag der FAdK folgende Werke von Willy Haas heraus: ›Herder-Blätter‹, Faksimileausgabe zum 70. Geburtstag von W. H. Mit Beiträgen von W. Haas, Max Brod, Adolf D. Klarmann, Eduard Goldstücker und R. I., Hamburg 1962; ›Über die Fremdlinge‹, vier weltliche Erbauungsreden, 1966; R. I. edierte den Briefwechsel zwischen Hugo von Hofmannsthal und W. H., erschienen mit einem Nachwort von Rudolf Hirsch im Propyläen Verlag, Berlin 1968. – W. H. berichtet über R. I. in seinen Lebenserinnerungen ›Die literarische Welt‹, Paul List Verlag, München 1960. Vgl. ferner: W. H.: ›Mein mißratener, wohlgeratener, gesegneter Sohn‹ in ›Unterwegs mit R. I.‹, Hg. H. L. Spegg, Vorwort: Prof. Dr. h. c. W. Hebebrand, FAdK, Hamburg 1963.

Hans-Hasso von Veltheim: Erstdruck Hamburg 1963. – In »Westermanns Monatshefte«, Nr. 82, 1937/38 veröffentlichte R. I.: »Die Windspiele von Ostrau«, Fotos von Hein Gorny.

Jack Londons Frau: Erstdruck. – Verschiedene frühere Aufsätze und Rundfunkvorträge über Jack London und seine Frau Charmian sind in dem ausgelagerten R. I.-Archiv in Bunzlau, Schlesien, bei Kriegsende verlorengegangen.

John Galsworthy: Erstdruck. – Der Text wurde von der BBC, London, sowohl in englischer wie in deutscher Sprache unter der Redaktion von Carl Brinitzer 1962 gesendet. Vgl. »Englische Perspektiven – Stimmen zum geistigen Leben Englands«, gesammelt und herausgegeben von R. I. Beiträge von: G. B. Shaw, E. Sander, C. St. Blofeld, K. Lindsay, E. D. M. Bishop, E. Philips, J. B. Priestley, J. Marein, M. Blac, V. Gollancz, K. H. Hansen, J. Corsilles, N. Nicolson, C. Dover, A. Dukes, L. Benninghoff, A. V. Coton, F. Thiess, St. Spender, M. Roberts, B. Russell. Beitrag R. I.: »Unter englischen Autoren«. Hermann Laatzen Verlag, Hamburg 1948.

T. E. Lawrence: Erschien zunächst als Zeitungsaufsatz in zahlreichen

Zeitungen des In- und Auslands und wurde gleichfalls von der BBC in englisch und deutsch gesendet. Auszugsweise wurde diese Episode in dem Buch »Im Namen des Herrn im Kongo« von R. I., Oncken Verlag, Kassel 1965, veröffentlicht.

ALBRECHT HAUSHOFER: Erschien in dem Erinnerungsbuch von R. I. »Besiegeltes Leben«, Volksbücherei Verlag, Goslar 1949. – Im Friedrich Oetinger Verlag, Hamburg 1948, gab R. I. jene Reden heraus, die auf der ersten Albrecht-Haushofer-Tagung in Göttingen am 9. Februar 1948 gehalten worden sind. Der Band enthält Beiträge von A. Haushofer, A. Grimme, C. F. von Weizsäcker, W. Stubbe. Vgl: auch: R. I.: »Die ganze Not vorausempfunden«, A. H. zum 20. Todestag, »Die Welt«, Hamburg, 23. April 1965.

ULRICH VON HASSELL: Der Erstdruck erfolgte in dem Erinnerungsbuch »Besiegeltes Leben« von R. I., Volksbücherei-Verlag, Goslar 1949.

PIUS XII.: Erstdruck gekürzt unter dem Titel ›Ich sprach mit dem Stellvertreter‹ in ›Welt am Sonntag‹, Hamburg, 29. November 1964. In den folgenden Nummern der ›WamS‹ folgten Diskussionsbeiträge als Leserzuschriften. Auszugsweise wurde der Beitrag vom ›Osservatore romano‹ und von anderen italienischen Blättern übernommen.

F. TOMASO MARINETTI: Erstdruck. – Wurde von Radio Roma im Herbst 1950 gesendet.

GERHART HAUPTMANN: Der Erstdruck erfolgte in dem Erinnerungsbuch ›Besiegeltes Leben‹ von R. I., Volksbücherei-Verlag, Goslar 1949. Nachdruck im ›Gerhart-Hauptmann-Jahrbuch‹, Jg. 1948. Hg.: Dr. Felix A. Voigt, Volksbücherei-Verlag, Goslar. Auszugsweiser Abdruck in verschiedenen Periodica. Die Erinnerungen an Gerhart Hauptmanns Schwester erschienen unter dem Titel ›Mein Bruder ist ein König‹, zu G. H.'s 90. Geburtstag (13. November 1952) am 15. November 1952 in der Hamburger Wochenzeitung ›Die Zeit‹. – Vgl. auch zu G. H.'s 100. Geburtstag, R. I.: ›Hunger und Liebe im Spiegel eines großen Dichters‹ in ›Frankfurter Illustrierte‹, 11. November 1962. – Zum 100. Geburtstag von G. H. gab R. I. eine Faksimileausgabe ›Früheste Dichtungen von Gerhart Hauptmann‹ heraus. Hierin von R. I. ›Marginalien‹, Verlag FAdK, Hamburg 1962. – Über den ältesten Sohn des Dichters veröffentlichte R. I. die Monographie ›Ivo Hauptmann‹ mit Texten von H. H. Jahnn, I. Hauptmann, G. Hauptmann, M. Hauptmann, H. Graf Kessler, P. Signac, R. M. Rilke, O. Mueller, L. v. Hofmann, R. Nesch, K. Tegtmeier, J. Arp, P. v. Zsolnay, W. Haas, H. van de Velde, G. Sello, H.-Th. Flemming, A. Hentzen. FAdK, Hamburg 1957. – Vgl. auch R. I.: ›Toast auf den achtzigjährigen Ivo Hauptmann‹ und ›Ansprache bei dem Begräbnis von Ivette Hauptmann‹ (17. Februar 1966) in ›Parabeln‹, Jb. d. FAdK, Hamburg 1966.

ALBERT H. RAUSCH: Erschien in erweiterter Form in der Monographie ›Albert H. Rausch / Henry Benrath in memoriam – Buch der Freunde‹, Deutsche Verlagsanstalt, Stuttgart 1954. Diese bisher einzige Albert-H.-Rausch-Monographie (samt Bibliographie von Wilhelm Hans Braun) enthält Texte von G. Hillard-Steinböhmer, A. R. Meyer, W. Bock, K. Edschmid, W. von Schnitzler, A. Vallentin, J. Breitbach, M. di Borgo-Pace, E. Sander, A. Schaeffer, M. Brod, H. Uhde-Bernays, Th. Haubach, K. Wolfskehl, G. R. Hocke, M. Schneider, E. R. Curtius, W. Lehmann, F. Usinger. – Vgl. ferner R. I.: ›Die Dichter-Tragödie‹ in ›Die Welt‹, Hamburg, 16. Oktober 1950.

WINSTON CHURCHILL: Erschien 1947 in zahlreichen europäischen und nordamerikanischen Zeitungen und wurde englisch und deutsch 1947 von der BBC gesendet. Über den Haager Europa-Kongreß und die Rolle, die Winston Churchill und sein Schwiegersohn Duncan Sandys dort spielten, berichtet R. I. in der Biographie ›Richard Coudenhove-Kalergi, Begründer der Paneuropa-Bewegung‹ in der Reihe ›Persönlichkeiten der Europäischen Integration‹, Eurobuch-Verlag August Lutzeyer, Freudenstadt 1969, Bd. 5.

SVEN HEDIN: Erstdruck. – Die Erinnerungen wurden 1950 von Radio Stockholm gesendet. Vgl. auch R. I.: ›Ohne Auftrag in Berlin‹, ›Die Welt‹, Hamburg, 19. Mai 1949. – In zahlreichen Vorträgen berichtete R. I. über das Lebenswerk des schwedischen Asienforschers. – Über ›Die deutsche Forschermutter‹ Thea Schneider-Lindemann erzählt R. I. in der Anthologie ›Herrliches Hamburg‹. Hg. R. I., Nachwort H. H. Jahnn, Broschek Verlag, Hamburg 1957. Vgl. auch ›Die Mutter der Forschungsreisenden. Sie vermittelte Entdeckern den Kontakt mit der Öffentlichkeit‹, ›Augsburger Allgemeine – Literaturbeilage‹, 7. Mai 1966.

KNUT HAMSUN: Im Jahre 1948 hielt R. I. auf Einladung des Senats der Hansestadt Lübeck eine Ansprache bei der ersten öffentlichen Knut-Hamsun-Feier, die nach dem Kriege in Deutschland veranstaltet wurde. Da er sich kritisch äußerte, löste die Veranstaltung im Stadttheater Anfragen im Lübecker Senat aus. – Der Erstdruck des Beitrags (damals unter dem Titel ›So lebt Hamsun heute‹) erfolgte in ›Die Welt‹, Hamburg, 28. Mai 1949. Nachdrucke in zahlreichen in- und ausländischen Tageszeitungen. 1968 erschien der verbesserte Text als Nachwort zu den Holzschnitten von Friedrich Karl Gotsch ›Hamsun Epilog‹, eingeleitet von J. P. Hodin, Verlag Hans Christians, Hamburg. Ein Nachdruck dieser Fassung erfolgte in dem Lübecker

Jahrbuch ›Der Wagen‹, hg. in Verbindung mit der ›Gesellschaft zur Beförderung gemeinnütziger Tätigkeit‹ von Rolf Salzwedel, Verlag Max Schmidt-Römhild, Lübeck 1970.

NELLY SACHS: Nach seinem Besuch bei Nelly Sachs in Stockholm 1948 schrieb R. I. seinen ersten Aufsatz über die Dichterin noch im selben Jahr, aber zunächst wollte keine deutsche Tageszeitung oder Zeitschrift den Beitrag über die damals noch unbekannte Autorin drucken. Schließlich erschien er unter dem Titel ›Besuch bei Nelly Sachs. Berlinerin fand neue Heimat in Schweden‹ in ›Die Welt‹, Hamburg, 30. November 1949. Es erfolgten mehrere Nachdrucke. Im Jahrbuch ›Spiralen‹ der FAdK, zu deren Mitglied R. I. die Dichterin vorgeschlagen hatte, erschien der Beitrag ›Nelly Sachs' Botschaft der Rettung‹, Hamburg 1965. Die Dichterin erhielt den Friedenspreis des Deutschen Buchhandels im selben Jahr. Im Auftrag des Börsenvereins des Deutschen Buchhandels schrieb R. I. eine Laudatio auf Nelly Sachs, die in zahlreichen in- und ausländischen Zeitungen nachgedruckt worden ist. – In der von ihm begründeten Reihe ›Hamburger Bibliographien‹ gab R. I. als Band Nr. 7 die von Paul Kersten verfaßte und eingeleitete Bibliographie von Nelly Sachs heraus, Hans Christians Verlag, Hamburg 1969.

DIE GAUGUINS: R. I. veranstaltete in der Galerie Dr. Ernst Hauswedell in Hamburg 1949 die erste Ausstellung von Paul René Gauguin außerhalb Skandinaviens. Er hielt hier einen einleitenden Vortrag, aus dem Teile in den vorliegenden Beitrag übernommen worden sind. Die Ausstellung wurde danach in anderen deutschen Städten sowie in Amsterdam gezeigt. Diejenigen Teile dieses Beitrags, die sich mit dem Schicksal der Manuskripte ›Noa Noa‹ und ›Avant et Après‹ von Paul Gauguin d. Ä. beschäftigen, wurden zunächst im Jahrbuch ›Imprimatur‹, Hg. Siegfried Buchenau, Verlag der Gesellschaft der Bibliophilen, München 1954/55, abgedruckt. Aufsätze von R. I. über die Gauguins in zahlreichen in- und ausländischen Periodica.

FRANS MASEREEL: Erstdruck. – R. I. veranlaßte die Aufnahme Frans Masereels in die FAdK. Vgl. R. I. ›Meister des Holzschnitts‹, ›Hamburger Abendblatt‹, 28. Juni 1960, Hamburg.

HENRI MATISSE: Erstdruck unter dem Titel ›Henri Matisse baut eine Kirche – Besuch bei dem einundachtzigjährigen Künstler in Vence‹ in der Wochenzeitung ›Die Zeit‹, Hamburg, 1. Juni 1950. Vgl. auch ›Das Kunstwerk‹, Woldemar Klein Verlag, Baden-Baden, H. 1, Jg. 5, 1951. – Unter dem Titel ›Vier Maler an der Côte d'Azur‹ hielt R. I. in Deutschland, in den Niederlanden und in Österreich zahlreiche Vorträge, und er veranstaltete mehrere Rundfunksendungen, in denen er über seine Besuche bei den Malern Matisse, Chagall, Masereel und Picasso, gemeinsam mit dem Ehepaar Gauguin, berichtete.

MARC CHAGALL: Erstdruck unter dem Titel ›Besuch bei Marc Chagall‹ in ›Neue Zeitung‹, München, 8. Juli 1950.

PABLO PICASSO: Vgl. u. a. ›Norddeutsche Zeitung‹, 4. November 1950. Vorabdrucke in zahlreichen Periodica; ›Algemeen Dagblad‹, Amsterdam, 11. November 1950; ›National Weeklies‹, Minnesota, 17. Dezember 1950; ›Montrealer Nachrichten‹, 1. Oktober 1956, ›Picasso zum 75. Geburtstag‹, ›Weser Kurier‹, Bremen, 24. Oktober 1956. Vgl. auch R. I. ›Bei Picasso in Vallauris‹ im Jahrbuch ›Begegnungen‹, FAdK, Hamburg 1953 sowie R. I. ›Picassos einziges Buch‹, ›Die Welt‹, Hamburg, 5. April 1951.

JOHN COWPER POWYS: Für die Neuausgabe des Romans ›Wolf Solent‹ im Paul Zsolnay Verlag, Wien 1958, schrieb R. I. das Nachwort, in dem er nach dem Kriege als erster auf die Bedeutung von John Cowper Powys hinwies. Das Werk erschien als Lizenzausgabe in ›Moderner Buch-Club‹, Darmstadt 1960. – Im Jahrbuch ›Elbe‹ der FAdK veröffentlichte R. I. den Aufsatz ›John Cowper Powys‹, Hamburg 1958. Vgl. auch ›John Cowper Powys‹ in Jahrbuch ›Profile‹ der FAdK, Hamburg 1967. Im Jahrbuch ›Zwanzig‹ der FAdK erschienen Briefe des Dichters an R. I., Hamburg 1968/69. – In englischer, deutscher und niederländischer Sprache berichtete R. I. über seine Begegnungen mit John Cowper Powys; vgl. u. a. ›The Bookseller‹, London, 1. November 1958; ›Englische Rundschau‹, Nr. 16, Bonn, 1. August 1958; ›Litterair Paspoort‹, Amsterdam, Mai 1959. In ›The Saturnian Quest‹ von G. Wilson Knight (›A Study of the prose work of J. C. Powys‹), London 1964, wurde durch Abbildung einer Fotografie John Cowper Powys bei der Verleihung der Plakette der FAdK durch R. I. hingewiesen. – J. C. Powys selber erzählte über seine Begegnung mit R. I. unter dem Titel ›Ein großer pazifistischer Kreuzfahrer‹ in dem Buch ›Unterwegs mit Rolf Italiaander‹, Verlag FAdK, Hamburg 1963.

SIMON VESTDIJK: Erstdruck. – Vgl. R. I.'s Nachwort in ›Der Arzt und das leichte Mädchen‹, Roman von Simon Vestdijk, übersetzt von R. I., Paul Zsolnay Verlag, Wien 1953.

MELLE: R. I. veranstaltete im Oktober 1950 in der Galerie Rudolf Hoffmann in Hamburg die bisher einzige Melle-Ausstellung in der Bundesrepublik Deutschland und schrieb den Katalogtext. Dem hier vorliegenden Beitrag liegt jene Ansprache zu Grunde, die er nach der Eröffnung der Ausstellung durch den niederländischen Generalkonsul Noest, Hamburg, gehalten hat.

James Ensor: Erschien in gekürzter Form unter dem Titel ›Bei James Ensor vor seinem Tode‹ im Jahrbuch ›Kontraste‹, FAdK, Hamburg, 1960.

Michel de Ghelderode: Vgl. auch R. I.'s Aufsätze ›Michel de Ghelderode‹ in ›Deutsche Rundschau‹, Heft 3, 77. Jg., Stuttgart, März 1951 sowie in ›Die Zeit‹, Hamburg, Nr. 44, Jg. 1951/52.

Madame Colette und Madame Rostand: R. I. schrieb das Nachwort für das Werk ›Gigi‹ von Colette, Paul Zsolnay Verlag, Wien 1953. Vgl. ferner R. I. ›Neue Literarische Welt‹, Nr. 3, Darmstadt, 10. Februar 1953; R. I.: ›Verliebt in Colette‹, ›Die Welt‹, Hamburg, 19. August 1952; ›Symbol und Stolz Frankreichs‹ (zum 80. Geburtstag), ›Die Zeit‹, Hamburg, 29. Januar 1953. – Der Beitrag über Madame Rostand erschien zunächst unter dem Titel ›Madame Rostand läßt bitten – Die Frau des Dichters und ihr Salon‹ in ›Die Zeit‹, Hamburg, 4. November 1948 sowie in verschiedenen Tageszeitungen. – R. I. übersetzte zusammen mit Ivette Hauptmann, der Frau des Malers Ivo Hauptmann, das Drama Maurice Rostands ›Der Prozeß Oscar Wilde‹, Buchausgabe: Odysseus Presse, Hamburg 1951. Hier berichtete er über Maurice Rostand und seine Mutter. R. I. übersetzte außerdem von Maurice Rostand die Komödie ›Madame Récamier‹, S. Fischer Verlag, Frankfurt a. M. 1951. Der vorliegende Beitrag über Madame Rostand erschien in der Anthologie ›Pariser Cocktail‹, Hg.: R. I., Einleitung von André Maurois, Paul Zsolnay Verlag, Wien 1963.

Jean Cocteau: Vgl. R. I. ›Bei Jean Cocteau zu Besuch‹, ›Essener Allgemeine Zeitung‹, Essen, 10. Januar 1954, s. a. R. I. ›Een ontmoeting met de 60-jarige Jean Cocteau‹ in ›Vriendschap‹, Amsterdam, Dezember 1950.

Jean Genet: Der erste größere Aufsatz, der in Deutschland über Jean Genet erschien, wurde von R. I. unter dem Titel ›Nie wieder Vagabund sein‹ in ›Die Welt‹, Hamburg, 11. September 1951, veröffentlicht. Dadurch wurde eine lebhafte Diskussion über den Dichter ausgelöst. In Aufsätzen und Rundfunk-Beiträgen mußte sich alsdann R. I. über Jean Genet äußern. In diesem Zusammenhang wurde er auch französischerseits beauftragt, Nachforschungen über den Schriftsteller Maurice Sachs zu veranstalten. Er schrieb über ihn u. a. in ›Die Welt‹, Hamburg, 18. September 1948 (›Kennen SIE Maurice Sachs?‹) und in der ›Hamburger Freie Presse‹, 18. November 1948 (›Starb Maurice Sachs in Hamburg?‹). Zahlreiche Leserzuschriften trugen etwas zur Aufklärung des Schicksals von Maurice Sachs bei und Parallelen zum Schicksal von Jean Genet wurden gezogen. Einen umfassenden Beitrag über Maurice Sachs von R. I. veröffentlichte die Pariser Zeitung

›Samedi-Soir‹, 11. Oktober 1952: ›Le mystère Maurice Sachs, Maurice Sachs n'est pas encore élucidé‹. – Die Veröffentlichung der Arbeiten von R. I. über Maurice Sachs sind für einen späteren Sammelband vorgesehen.

Im Auftrag des Rowohlt Verlages, Hamburg, übersetzte R. I. Auszüge aus dem Werk ›St. Genet – Martyr et Comédien‹ von Jean-Paul Sartre und schrieb ›Notizen über Jean Genet‹. Diese Texte erschienen unter dem Titel ›Jean-Paul Sartre über Jean Genet‹ als Beiheft zu der bibliophilen deutschen Erstausgabe des Romans ›Querelle de Brest‹ im Rowohlt Verlag, Hamburg 1955. Gegen die Veröffentlichung von ›Querelle‹ und der Beilage wurden Anklagen unter Berufung auf § 184 StGB erhoben in Hamburg, Berlin und Hannover, woraufhin der Verlag den Verkauf dieser Auflage einstellte und die Restauflage einstampfte. R. I. wandte sich um Hilfe an den damaligen Hamburger Oberstaatsanwalt (späteren Generalstaatsanwalt) Ernst Buchholz, der sich danach des Dichters Jean Genet und seines Werkes annahm. Am 31. Juli 1962 hielt Ernst Buchholz ein Plädoyer im Prozeß gegen Jean Genets ›Notre Dame des fleurs‹ und forderte die Freigabe aller Werke des französischen Dichters. Dieses Plädoyer wurde abgedruckt in dem Buch Ernst Buchholz': ›Kunst, Recht und Freiheit‹, Bechtle Verlag, München 1966 (dessen Herausgabe R. I. angeregt hat). Über Ernst Buchholz und den Genet-Prozeß vgl. auch den Nachruf von R. I. unter dem Titel ›Einige persönliche Erinnerungen an Ernst Buchholz‹ im Jahrbuch ›Profile‹, FAdK, Hamburg 1967.

KLAUS MANN: Nach dem Tode von Klaus Mann wurde R. I. von dessen Schwester, Erika Mann, aufgefordert, einen Beitrag für ein Erinnerungswerk zu schreiben. Es erschien unter dem Titel ›Klaus Mann zum Gedächtnis‹ mit einem Vorwort von Thomas Mann, Querido Verlag, Amsterdam 1950. Wie in dem Beitrag berichtet wird, hatte R. I. Klaus Mann überreden können, nach Westdeutschland zu kommen, um im Auditorium maximum der Hamburger Universität einen Vortrag zu halten. Die Finanzierung der Veranstaltung hatte der Verleger Ernst Rowohlt übernommen. Aber während sich R. I. auf einer Auslandsreise befand, schrieb Klaus Mann an R. I.'s Sekretärin: ›Waldorf Hotel Aldwych, W.C. 2, 14th November 1948, – Liebes Fräulein Käthe Mann, ich adressiere diese Zeilen an Sie, da Herr Italiaander wohl noch in der Schweiz ist. – Leider muß ich Sie darum bitten, ihm mitzuteilen, daß ich, sehr zu meinem Leidwesen, im Dezember nicht nach Hamburg kommen kann. Ziemlich wichtige Gründe persönlicher und geschäftlicher Art haben mich dazu bestimmt, meine Rückkehr nach Amerika zu beschleunigen. Ich fliege von hier schon am nächsten Mittwoch nach New York weiter. Es ist übrigens sehr wohl möglich, daß ich im Laufe des nächsten Jahres – sei es im Frühling, sei es im Herbst – wieder nach Europa kommen werde. Vielleicht, daß sich dann der jetzt versäumte Besuch in Hamburg nachholen ließe. – Sagen Sie bitte Herrn Italiaander, mit meinen besten Grüßen, wie sehr ich es bedaure, ihn im Stich lassen zu müssen. Ich schreibe ihm aus New York ... In etwa vierzehn Tagen werde ich nach Californien weiterreisen, wo ich c/o Thomas Mann, 1550 San Remo Drive, Pacific Palisades, Calif. zu erreichen bin. – Den Zeitungsausschnitt mit meinem Cocteau-Fragment und Italiaander's liebenswürdigem Interview habe ich noch kurz vor meiner Abreise in Amsterdam bekommen – was Sie Ihrem Boß bitte auch noch ausrichten wollen. Mit ergebenem Gruß: Klaus Mann.‹ – Mit dem Interview war gemeint R. I.: ›Erbe zweier Sprachen – Wiedersehen mit Klaus Mann‹ in ›Die Welt‹, Hamburg, 28. Oktober 1948. Zum Tode von Klaus Mann schrieb R. I.: ›Eine reich facettierte Persönlichkeit‹, ›Die Welt‹, Hamburg, 24. Mai 1949. Das von K. M. erwähnte ›Cocteau-Fragment‹ erschien in ›Die Welt‹, Hamburg, 28. Oktober 1948. ›Souvenirs, Fetische, Trophäen – Ist Jean Cocteau weise?‹ von Klaus Mann, Vorabdruck aus ›The Turning Point‹. Die Erstauflage der späteren deutschen Ausgabe ›Der Wendepunkt‹ erschien im Querido-Bermann-Fischer-Verlag, Amsterdam, 1949.

GUSTAF GRÜNDGENS: Erstdruck im Jahrbuch ›Antworten‹, FAdK, Hamburg 1963.

HELENE RITSCHER: Erschien im Jahrbuch ›Spiralen‹ unter dem Titel ›Ilonka, eine große Dame aus Ungarn‹, FAdK, Hamburg 1965. – R. I. schrieb die Einführung zum ersten Bildwerk von Edwin Scharff, das nach dem Kriege in Deutschland erschien: ›Pferde und Reiter‹, Parey Verlag, Hamburg 1947; vgl. auch R. I. ›Edwin Scharffs Pferde und Reiter‹ im Jahrbuch ›Umwege‹, FAdK, Hamburg 1955. – Die Kreidezeichnung wurde entnommen dem Werk Oskar Kokoschka ›Lithographien‹, Piper-Verlag, München 1956.

JAMINI ROY: Der Beitrag wurde im Auftrag der indischen Regierung von R. I. in Afrika auf englisch geschrieben und später von ihm ins Deutsche übertragen. Der englische Erstdruck erfolgte zunächst in der Zeitschrift ›World Window‹, Vol. II, No. 3, Calcutta, Jan. 1963, und wurde danach in mehreren indischen Zeitungen nachgedruckt.

BORIS PASTERNAKS WITWE: Erschien in ›Die Welt‹, Hamburg, 18. März 1966. Hierzu veröffentlichte der Moskau-Korrespondent der ›Welt‹, Heinz Schewe, folgenden Kommentar am 23. März 1966: »Zu dem Bericht von Rolf Italiaander ›Noch immer kein Geld für Pasternaks Erben – Ein Besuch bei der Witwe des russischen Dichters in Peredjel'kino‹... ist folgendes zu bemerken: Pasternaks Erbschaft ist komplizierter, als sie sich vielleicht einem gelegentlichen Besucher in Peredjel'kino darstellen mag. – 1. Der Dichter hat vor Zeugen ausdrücklich bestimmt, daß die Honorare aus seinem Roman ›Dr. Schiwago‹ seiner Mitarbeiterin, Frau Olga Wsewoledowna Iwinskaja, und deren Tochter, Irina Iwanowna Emeljanowa, zukommen sollten. – 2. Dieser letzte Wille Pasternaks ist nur mündlich ausgesprochen, nicht aber testamentarisch festgelegt worden. – 3. Der italienische Verleger, Giangiacomo Feltrinelli, muß als Treuhänder bemüht sein, das Pasternak-Erbe im Sinne des Dichters zu verwalten. – 4. Er beruft sich nicht auf die Berner Urheberrechtskonvention, der die Sowjetunion nicht angeschlossen ist. Die Schwierigkeiten, die einer Auszahlung der Pasternak-Honorare an die rechtmäßigen Erben zurzeit noch im Wege stehen, liegen auf anderen Gebieten. – 5. Frau Iwinskaja als ›Geliebte‹ zu bezeichnen, wird ihrer Rolle im Leben Pasternaks nicht gerecht. Die Freundschaft lag hauptsächlich auf geistig-literarischem Gebiet. Olga Iwinskaja, selber schriftstellerisch tätig, ist Vorbild für die weibliche Hauptfigur der Laura in Pasternaks Roman ›Dr. Schiwago‹ gewesen. Der Dichter hat vor seinen engsten Freunden immer wieder betont, wie viele Anregungen er von Frau Iwinskaja erhalten hat und wie sehr er sich ihr verpflichtet fühle. – 6. Nach Moskauer Informationen hat Frau Sinaida Pasternak, die Witwe des Dichters, aus dem Honorarfonds Pasternaks im westlichen Ausland schon Zuwendungen erhalten. – 7. Der Plan, in Peredjel'kino ein Pasternak-Museum oder eine Gedenkstätte zu errichten, ist ehrenvoll, steht aber leider mit den gegenwärtigen Gegebenheiten wenig in Einklang.« – Im Rahmen eines ›Moskauer Journals‹ veröffentlichte R. I. den Beitrag zusammen mit anderen Moskau-Erinnerungen im Jahrbuch ›Parabeln‹, FAdK, Hamburg 1966. – Über die Finanzangelegenheiten in Verbund mit der Dr.-Schiwago-Ausgabe schrieb R. I. den Aufsatz ›Noch immer kein Geld für Pasternaks Erben‹, ›Die Welt‹, Hamburg, 18. März 1966, und ›Boris Pasternak stand zwischen zwei Frauen‹, ›Die Welt‹, Hamburg, 2./3. Juli 1966. – Verschiedene Publizisten im In- und Ausland beschäftigten sich daraufhin mit den russischen Copyright-Fragen. Unter dem Titel ›Über die Notwendigkeit eines Urheberrechtsabkommens mit der UdSSR‹ sprach R. I. auf dem Kongreß der ›Fédération Internationale des Traducteurs‹ in Lahti, Finnland, im August 1966. Vgl.: ›Der Übersetzer‹, Sonderausgabe zum FIT-Kongreß in Finnland, Stuttgart, August 1966. Die Rede löste weltweite Diskussionen aus und wurde in verschiedene Sprachen übersetzt. Vgl. die Denkschrift ›About a Copyright agreement with the Sovjet Union‹, veröffentlicht vom Verband deutschsprachiger Übersetzer literarischer und wissenschaftlicher Werke, dessen Gründer und Ehrenpräsident R. I. ist; ›The Bookseller‹, Nr. 3163, London, 6. August 1966; sowie ›GEMA-Nachrichten‹, Nr. 7, Berlin 1967 (welche die Rede in deutsch, englisch und spanisch veröffentlichten); ›Börsenblatt für den Deutschen Buchhandel‹, Nr. 68, Frankfurt a. M., 26. August 1966, ›Die Welt‹,

Hamburg, 12. August 1966; Jahrbuch ›Parabeln‹, FAdK, Hamburg 1966. – Im Februar 1970 berichtete die italienische Nachrichtenagentur Ansa, daß der Mailänder Staatsanwalt Dr. L. M. Guicciardi Ermittlungen darüber aufgenommen habe, ob der Verleger Feltrinelli im Blick auf die Tantiemen für Boris Pasternak und seine Erben Unlauterkeit begangen hat. Die ›Schiwago‹-Untersuchung wurde ausgelöst durch die Anzeige einer ›Gruppe von Bürgern‹, deren Namen nicht mitgeteilt wurden. Sie machten geltend, Feltrinelli habe in Italien Hunderttausende von Exemplaren des Romans verkauft und große Gewinne aus der Weitergabe der Buch- und Filmrechte ins Ausland gezogen. Von den Tantiemen (die bislang auf 11,7 Millionen DM geschätzt werden), habe der Verleger nur einen Teil an Pasternak ausbezahlt, im übrigen aber die Anweisungen des 1960 verstorbenen Schriftstellers über die restlichen Zahlungen – an Dritte – nicht befolgt. Feltrinelli mache sich die besondere Lage der Pasternak-Erben in der UdSSR zunutze, denen von Staatswegen nichts von den Einkünften aus dem ›Schiwago‹ ausbezahlt werden dürfe. Am 3. März 1970 berichtete die ›Frankfurter Allgemeine Zeitung‹, das Verfahren gegen Feltrinelli sei eingestellt, nachdem sich das Mailänder Verlagshaus mit den Erben Pasternaks geeinigt hat: ›Die Devisengenehmigung für die Überweisung der vereinbarten Summen in die UdSSR soll umgehend beantragt werden. Feltrinelli, der die Weltrechte von ›Dr. Schiwago‹ und der Autobiographie Pasternaks besitzt, wurde beschuldigt, die den Erben zustehenden Tantiemen einbehalten zu haben.‹ Partner Feltrinellis in dem neuen Vertrag sind die Söhne des Autors, Jewgeni Borissowitsch und Leonid Borissowitsch Pasternak, sowie die Lebensgefährtin des Schriftstellers, Olga Wsewoledowna Iwinskaja.

Dag Hammarskjöld: Erschien in erweiterter Form in dem Sammelwerk ›Welt im Prisma – Texte und Bilder aus unserer Zeit‹ unter dem Titel ›Dag Hammarskjöld: ein wirklicher Weltbürger‹. Hg. R. Wernecke, Verlag Agentur des Rauhen Hauses, Hamburg 1962. – R. I. schlug in der Hamburger Öffentlichkeit die Benennung einer Hamburger Straße oder Brücke nach Hammarskjöld vor. Hamburger Publizisten unterstützten ihn dabei; der Hamburger Senat entsprach dem Vorschlag und der Platz vor dem Dammtor Bahnhof wurde Dag-Hammarskjöld-Platz genannt. Der Hamburger Senat folgte gleichfalls R. I.'s Vorschlägen, zwei Straßen nach den verstorbenen Präsidenten der Freien Akademie der Künste zu benennen. Im Ortsteil Uhlenhorst wurde ein Teil der Osterbekstraße in Hans-Henny-Jahnn-Weg umbenannt; im Stadtteil Hamburg-City-Nord erhielt eine Straße den Namen Werner Hebebrands.

Langston Hughes: R. I. hatte 1964 Langston Hughes für die Plakette der Hamburger Akademie vorgeschlagen. Sie wurde ihm zusammen mit dem israelischen Dichter Max Brod im Auditorium maximum der Hamburger Universität verliehen. (Für den in Israel unabkömmlichen Max Brod nahm die Plakette Willy Haas entgegen.) Nach Hughes' Tod (23. Mai 1967) veranstaltete die Akademie zu Ehren des Dichters ein Konzert des afro-amerikanischen Pianisten Charles Tinslay, USA, bei dem Rolf Nagel Verse des Dichters rezitierte. Die Erinnerungsworte sprach R. I., auf die vorstehender Text zurückgeht (Musikhalle, Hamburg, 15. Januar 1968). Gleich nach dem Erhalt der Todesnachricht schrieb R. I. in Buenos Aires ein Requiem auf Langston Hughes. Zunächst erschien es englisch in der Übersetzung von Eva Borneman in dem Langston-Hughes-Gedächtnisband der Zeitschrift ›Free Lance, A Magazine of Poetry and Prose‹, Hg. Casper LeRoy Jordan, Cleveland, Ohio 1967. Das deutsche Original wurde im Jahrbuch ›Profile‹, FAdK, Hamburg 1967, abgedruckt und später aufgenommen in den Gedichtband ›Hallelujahs‹ von R. I., mit Texten von Peter Jokostra und Günter W. Lorenz, Hans Christians Verlag, Hamburg 1970.

James Baldwin: Erstdruck. – In zahlreichen Vorträgen in den USA und in Europa hat R. I. zum Werk James Baldwins positiv Stellung genommen.

Jesús Reyes Ferreira: Erstdruck. – Vgl. die bisher einzige Publikation über den Künstler: ›El mundo de Jesús Reyes Ferreira‹, mit Texten von Paul Westheim, Carlos Pellicar, Ida Rodríguez, Alfonso Neuvillate, Hg. und Vorwort: Horacio Flores-Sánchez, Instituto Nacional de Bellas Artes, Museo Nacional de Arte Moderno, Juni 1962, Mexico-City 1962.

Tibor Déry: Erstdruck. – R. I. gab in der von ihm begründeten Reihe ›Hamburger Bibliographien‹ (Bd. Nr. 5) die erste Gesamtbibliographie des ungarischen Dichters heraus, eingeleitet von Georg Lukács und Tamás Ungvári. Hans Christians Verlag, Hamburg 1969.

Guiseppe Ungaretti: Erstdruck.

Dore Hoyer: Vorabdruck im Jahrbuch ›Zwanzig‹, FAdK, Hamburg 1968.

Bendik Riis: Der Beitrag wurde im Auftrag des Direktors der Norwegischen Reichsgalerie, Per Rom, Oslo, im Januar 1970 von R. I. für die von Rom edierte Zeitschrift ›Kunsten Idag‹ geschrieben. Gegen die Veröffentlichung in norwegischer Sprache erhob ein Psychiater, der zugleich Repräsentant des norwegischen Gesundheitsministeriums ist, Einspruch: Für den Fall, daß der Künstler den Text zu sehen bekäme, könnte er unter Umständen seelischen Schaden nehmen. Der Autor erklärte sich deshalb mit der Nichtveröffentlichung in Norwegen in norwegischer Sprache einverstanden.

HALIKARNAS BALIKÇISI: Erstdruck. – Der türkische Dichter ist mit der Erzählung ›Dschura‹ in dem Band ›Die Türkei‹, Hg. W. A. Oeley und H. W. Brands, der Sammlung ›Geistige Begegnung‹ (Bd. Nr. 5), Horst Erdmann Verlag, Tübingen/Basel, 1963, vertreten.

H. L. Spegg

Personen-Register

Abdul Hamid II. 168
Adenauer, Konrad 164
Ahlers-Hestermann, Friedrich 321
Aischylos 57
Alberts, Joh. C. P. 298
Alfieri, Dino 103
Almquist, Carl Jonas Love 339
Alvensleben, Udo von 39, 48, 53
Amerongen, Otto Wolf von 54
Ammers-Küller, Jo van 250
Amundsen, Roald 168
Andersen-Nexö, Martin 219
Annunzio, Gabriele d' 126, 136, 269, 275, 374
Anouilh, Jean 197, 214
Antonius, Heiliger 370
Apollinaire, Guillaume 218, 222
Aragon, Louis 254, 260
Arendt, Hannah 116
Arland, Marcel 293
Arp, Jean 408
Attolico 118
Auden, Wystan Hugh 302, 337 f., 398
Augé, Claude 291
Auriol, Vincent 288
Azikiwe, Nnamdi 349

Bab, Julius 57
Bach, Johann Sebastian 220, 245, 266, 336
Bachmann, Ingeborg 370
Bacon, Roger 239
Baeck, Leo 52
Balbo, Italo 116
Baldwin, James 346, 351–356, 417
Balikçisi, Halikarnas (Cevat Şâkir Kabaagaçl) 394–400, 418
Balzac, Honoré de 56, 140, 268
Bang, Herman 31

Barbusse, Henri 206
Barth, Heinrich 26 f., 171
Bassermann, Albert 162
Bastianini 116
Baudelaire, Charles 298
Beardsley, Aubrey 207, 238
Beaumont, Germaine 279
Beauvoir, Simone de 231, 297
Becher, Johannes R. 18
Becker, Carl Kline 70
Beethoven, Ludwig van 34
Beheim-Schwarzbach, Martin 34, 344, 406
Benjamin, Walter 35
Benn, Gottfried 12
Benninghoff, Ludwig 25, 406 f.
–, Volker 167, 170
Benrath, Henry (Albert H. Rausch) 52, 149–160, 409
Berard, Christian 292
Bergner, Elisabeth 318
Bernanos, Georges 272, 288, 298
Bernhardt, Sarah 274 f.
Bernus, Alexander von 49
Besant, Annie 47
Biermann-Ratjen, H. H. 21, 406
Bishop, E. D. M. 407
Bismarck, Otto von 43
Björnson, Björnsterne 168
Blac, M. 407
Block, Alexander 331
Blofeld, C. St. 407
Bloy, Léon 299
Blüher, Hans 52
Bock, M. 409
Bölsche, Wilhelm 130 ff.
Boer, Jo 249
Bokanowsky, Maître 204 f.
Borgo-Pace, Margherita di 158, 409
Borneman, Eva 417

Bosch, Hieronymus 254 f., 258, 261, 270
Bossuet, Jacques Bénigne 298
Bottai, Giuseppe 101, 116
Bouhélier 269
Braak, Menno ter 250
Brahm, Otto 317
Brands, H. W. 418
Brandt, Willy 196
Braques, Georges 261
Braun, Wilhelm Hans 409
Brecht, Bertolt 18, 25, 406
Bredel, Willi 18
Brehm, Bruno 250
Breitbach, Josef 409
Brentano, Heinrich von 164
Breton, André 254, 260
Breughel, Pieter 258 f., 261, 270
Briand, Aristide 52, 151
Brinitzer, Carl 407
Brod, Max 240 f., 344, 407, 409, 417
Brooke, Rupert 71 f.
Bruckner, Ferdinand 307
de Bruycker 267
Buber, Martin 188, 340, 343
Buchenau, Siegfried 410
Buchholz, Ernst 24, 300, 413
Büchner, Georg 207, 288, 317
Bunche, Ralph 335
Burckhardt, Carl J. 85, 87
Busch, Wilhelm M. 33
Bussek, Joachim von 44
–, Michaela von (Michaela von Veltheim) 44
–, Michael von 44
Byron, George Gordon Noel, Lord 71

Cagliostro, Alexander 302
Caillois, Roger 248
Calderón, C. de la Barca, Pedro 269
Caliban (Willy Haas) 29–37, 151, 307, 311, 344
Camus, Albert 107, 231, 340, 293

Cantens, Maurice 267
Carlyle, Thomas 239
Carmichael, Stokeley 62, 346
Caruso, Enrico 52
Cendrars, Blaise 218
Chagall, Marc 192, 212, 217 bis 222, 224 f., 229, 260 f., 263, 358, 404, 411
Chapiro, Joseph 143
Charrat, Jeannine 292
Chiang Kai-shek (Tschiangkai-schek) 168 f.
Chigi della Rovere-Albani 111
Chirico, Giorgio de 261
Chopras, Dr. 41
Christian X., König von Dänemark 112
Chruschtschow, Nikita 339
Churchill, Winston 41, 70, 72, 104, 113, 118, 161–165, 409
–, Diana (Diana Sandys) 164
Ciano, Galeazzo Graf 116
Claassen, Hilde 320
Claudel, Paul 298
Clevé, Evelyne 110
Cocteau, Jean 186, 214, 219, 246, 259, 263, 275 f., 280 bis 287, 288 ff., 299, 385, 412, 414
Colette 186, 274–279, 282, 297, 412
Conrad, Joseph 67
Cordan, Wolfgang 303
Corsari, Willy (= Ly) 250
Corsilles, J. 407
Coster, Charles de 206, 258 f., 267, 271
Coton, A. V. 407
Coudenhove-Kalergi, Richard 52, 164, 409
Couperus, Louis 249
Cowper, William 236
Cramer von Laue, Constantin 38, 53
Curtius, Ernst Robert 409
Curzon, Lord 168

Dahl, W. S. 384
Dali, Salvadore 261, 386
Dante Alighieri 304, 398
Danton, Georges 338
Darlan, François 140
Darwin, Charles 275
Daumier, Honoré 207, 217
Debussy, Claude 152
Decarnin, Jean 289
De la Fosse, Louis Remy 39
Déry, Tibor 362–368, 417
Diaghileff, Serge 218
Dickens, Charles 143 f., 235,
    239, 365
Dietrich, Marlene 310
Dirksen, Herbert von 76
Disney, Walt 201
Döblin, Alfred 25, 406
Döring, Kurt 120
Dollfuß, Engelbert 117
Donker, Anthonie 249
Donne, John 236
Doré, Gustave 172, 217
Dostojewsky, Feodor Michailo-
    witsch 174, 235 f., 239 f.
Doudou, Monsieur 286
Douwes-Dekker, Eduard
    (Multatuli) 249
Dover, C. 407
Doyle, Arthur Conan 250
Dreiser, Theodore 235
Dürer, Albrecht 270
Dufy, Raoul 386
Duhamel, Georges 206
Duinkerken, Anton van 249
Duisberg, Carl 44
–, Hildegard (Hildegard von
    Veltheim) 44
Dukes, A. 407

Ebermayer, Erich 138 f., 141
Ebert, Friedrich 107
Eckermann, Johann Peter 137,
    148
Edberg, Rolf 343
Edfelt, Johannes 184

Edschmid, Kasimir 206, 409
Eekhoud, George 269
Ehre, Ida 22
Ehrenstein, Albert 265
Eichmann, Adolf 116
Eipper, Paul 136
Eisenhower, Dwight D. 99
Eklöf, Gunnar 185
Eliot, T. S. 288, 339, 398
Eluard, Paul 254, 259, 293,
    404
Emeljanowa, Irina Iwanonwna
    415
Ensor, James 261–265, 267, 270,
    360, 412
Erasmus von Rotterdam 138
Ernst, Max 260 f.
Eugen, Prinz 185
Evert, Erich 83
–, Lutz 83

Fabre d'Eglantine, Philippe-
    Françoise-Nazaire 338
Fabricius, Johan 249
Fedin, Konstantin 328
Feininger, Lyonel 323
Feltrinelli, Giangiacomo 331 f.,
    415 f.
Feltin, Monsignore 272
Fernand-Laurent, franz. Konsul
    26
Ferreira, Jesús Reyes 357–361,
    417
Fichte, Hubert 352
Filchner, Wilhelm 172
Finne, Henrik 198
Flaubert, Gustave 207
Flechtheim, Alfred 218
Flemming, Hans Theodor 408
Flores-Sánchez, Horacio 417
Fontainas, André 202 f.
Ford, Franklin L. 105
Forster, Rudolf 317
Fouché, Joseph 108
France, Anatole 207
Francis, Jean 272

Franco y Bahamonde, Francisco
  195
François-Poncet, André 100, 117
Frank, Leonard 206
Frank, Walter 22
Franz von Assissi, Franziskus
  222, 288
Freisler, Roland 107
Friedrich II. von Preußen 39
Friedrich August, Kronprinz 245
Friedrich, Caspar David 392
Fritsche, Herbert 47
Frobenius, Leo 52
Frölichsthal, Baron 88
Furtwängler, Adolf 43

Gade, Mette 192
–, Niels 179
Galsworthy, John 32, 65–69, 239,
  407
Gandhi, Mahatma 51 f., 346
Garvens, Herbert von 261
Gauguin, Aline 192, 204
–, Clovis 192
–, Emil 192, 200, 202, 204, 215
–, Jean 192, 199 ff., 233
–, Martha 220, 229, 234
–, Paul 23, 192 f., 198, 200,
  202 ff., 410
–, Paul René 23 f., 192 ff., 202,
  206 ff., 215, 217, 220 f., 229,
  233 f., 392, 410
–, Pola 192 ff., 197, 201 ff.
Gaulle, Charles de 140
Gauthier-Villars, Henri (Willy)
  277
Gavarni, Paul 217, 220
Geissler (Johannes Popitz) 104
Geitel, Klaus 380
Genet, Gabrielle 289
–, Jean 24 f., 251, 288–301, 412 f.
George, Heinrich 144
–, Stefan 52, 136
Gérard, Rosamonde (Madame
  Rostand) 274 ff.
Germain, André 309

Ghelderode, Jeanne-Françoise de
  268
–, Michel de 266–273, 360, 412
Gibbs, Phillip 117
Gide, André 11, 31 f., 75, 224,
  246, 287, 295, 297 f., 300, 305
Gilot, Françoise 228
Giraud 140
Giraudoux, Jean 197
Glasenapp, Helmut von 52
Gyldendahl 179
Goebbels, Joseph Paul 143, 171
Goethe, Johann Wolfgang von
  14 f., 75, 134 f., 139, 145, 148,
  235, 246, 304, 328, 331 ff.,
  365
Goerdeler, Carl Friedrich 96,
  100, 104, 109
Göring, Hermann 302, 308
Gogh, Vincent van 205, 207, 229
  324
Gogol, Nicolai Wassiljewitsch
  218
Goldstücker, Eduard 407
Gollancz, Victor 188, 407
Gorki, Maxim 207, 328
Gorny, Hein 407
Gorski, Peter 309
Goßler, Graf 43
Gotsch, Friedrich Karl 409
Goudeket, Maurice 278
Goya y Lucientes, Francisco
  José de 270
Greene, Graham 211, 288
Gregor-Dellin, Martin 303
Gresshoff, Jan 249
Grimme, Adolf 97, 408
Grosz, George 387
Gründgens, Gustaf 25, 78, 307
  bis 312, 406, 414
Gsellius 11
Guardini, Romano 188
Günther, Joachim 406
Guevara, Ernesto Che 62
Guicciardi, L. M. 416
Gundolf, Friedrich 35

Gustav VI., König von Schweden
169
Haas, Hanna (Hanna Waldeck)
30 f.
–, Herta 30, 32
–, Georg-Michael 31
–, Willy (Caliban) 29–37, 151,
307, 311, 344, 406 ff., 417
Hadrian, Kaiser 398
Hagen, Frédéric 254
Halifax, Edward Frederick,
Lord 85
Halm, Alfred 143
Hammarskjöld, Hjalmar 338
–, Dag 335–343, 416
Hamsun, Arlid 176
–, Brit 175 ff.
–, Ellinor 177
–, Esben 176
–, Knut 174–182, 263, 393,
409
–, Marie 176
–, Tore 176, 182
–, Victoria 176
Hanley, James 242
Hansen, Kurt Heinrich 407
Harden, Maximilian 76
Hardonien di Gallese, Maria 136
Harms, Gottfried 28
Harris, Frank 299
Hartog, Jan de 249
Hartung, Rudolf 406
Hassell, Ulrich von 83, 85, 87 f.,
96, 99–115, 120, 405, 408
Haubach, Theodor 409
Hauptmann, Carl 130 ff.
–, Gerhart 52, 129–148, 154, 319,
408
–, Ivette 130, 409, 412
–, Ivo 129 f., 406, 408, 412
–, Johanna Charlotte 130 ff.
–, Margarete 129, 134, 143, 147,
408
–, Martha 130
Haushofer, Albrecht 75–98, 99
108, 110, 120, 408

–, Heinz 86, 96
–, Karl 75, 85 ff., 90
Hauswedell, Ernst 410
Hebebrand, Werner 315, 407, 416
Hebel, Johann Peter 65
Hedin, Alma 167
–, Sven 166–173
Heine, Heinrich 242
Hellens, Frans 271
Helwig, Werner 25
–, H. 406
Hemingway, Ernest 114, 197,
199, 404
Henderson, Neville M. 114, 117
Hentrich, Helmut 307
Hentschel 23
Hentzen, Alfred 408
Herbertz, Dr. 43
Hermlin, Stephan 18
Herostratos 394
Heß, Rudolf 84 ff.
Hesse, Hermann 188, 339
Heybrock, Charles 24
Hillard-Steinböhmer, G. 409
Hille, Peter 187
Hiller, Kurt 103 f.
Himmler, Heinrich 80, 110
Hindenburg, Paul von 47, 107
Hinz, Diana 344
Hirsch, Leo 184
–, Rudolf 407
Hirschfeld, Kurt 316, 322
–, Tety (Tety Scharff) 322
Hitler, Adolf 40, 83, 85 ff., 92,
94, 98 ff., 110 ff., 116 f., 119 f.,
125, 143, 171, 174, 382, 405
Hocke, G. R. 409
Hodin, J. P. 409
Hoffmann, Rudolf 259
Hofmann, Ludwig von 408
Hofmannsthal, Hugo von 32,
317, 407
Høgberg, Karl 384
Hölderlin, Friedrich 92
Holitscher, Arthur 206
Holmquist, Jenst 190

Homer 57, 72, 239 f.
Hoppe, Marianne 309
Horthy, Nikolaus 363
Hoyer, Dore 378–382, 417
Huchel, Peter 18, 25, 34, 406
Hudtwalcker 203
Hülsenbeck, Richard 127
Hughes, Langston 344–350, 351, 416 f.
Humboldt, Alexander von 78, 171
Huysmans, Joris-Karl 268

Ibsen, Henrik 168, 174
Ihering, Herbert 25, 307, 318, 406
Irving, Washington 56
Italiaander, Rolf 401–418
Iwanow, Wsewolod 328
Iwinskaja, Olga 332, 415 f.

Jacob, Max 218
Jacobsen, Georg 384
Jacobsohn, Siegfried 318
Jagenberg, Familie 45
Jahnn, Ellinor 21, 28
–, Hans Henny 11–28, 52, 240 f., 259, 271, 299, 307, 310 f., 406, 408 f., 416
–, Signe 20, 28
Jakob, Irene 389
Janáček, Leoš 34
Jaurès, Jean 194
Jeanne d'Arc 246
Jedlicka, Gotthard 227
Jesus Christus 253, 264, 299, 388, 394
Jewtuschenko, Jewgenij 399
Joaquine 11
Johannes, Apostel 394
Johnson, Ben 269
Johst, Hanns 309
Jokostra, Peter 401, 417
Jones, LeRoi 346
Jordaens, Jakob 270
Jordan, Pascual 25, 406

–, Caspar LeRoy 417
Jouhandeau, Marcel 300
Jouvenel, Bel-Gazou de 278
–, Henri de 278
Jouvet, Louis 292
Joyce, James 126
Jünger, Ernst 34, 223
Jung, Finanzminister Mussolinis 116

Kabaagaçl, Cevat Şâkir (Halikarnas Balikçisi) 395
Kafka, Franz 31, 202
Kainz, Josef 320
Kanters, Robert 294
Kasak, Hermann 52
Kaschnitz, Marie Louise 189
Kästner, Erich 139
Kayser, Hans 318
Kazantzakis, Nikos 399
Keedridge, Charmian (Charmian London) 55–64
Kenter, Heinz 97
Kerr, Alfred 187, 318
Kersten, Paul 410
Kessel, Joseph 199
Kessler, Harry Graf 204, 408
Kesten, Hermann 32
Keyserling, Hermann 52
Kierkegaard, Sören 31, 306
King Hendricks, Prof. 63
King, Martin Luther 10, 346
Kipling, Rudyard 56
Kippenberg, Anton 145
Kirchner, Ernst Ludwig 323
Kitchener, Horatio Herbert 168
Klarmann, Adolf D. 407
Klee, Paul 221, 229, 261, 323, 393
Kleist, Heinrich von 331
Klopstock, Friedrich Gottlieb 14
Kluth, Karl 406
Knight, G. Wilson 411
Kohlhaas, Michael 315
Kokoschka, Oskar 221, 315, 319, 386, 414

Kolb, Roberto 358
Kollwitz, Käthe 209, 257
Kotzebue, August von 139 f.
Kramer, Gerhard 369
Krenek, Ernst 34
Krenz, Hanns 261
Kreuder, Ernst 25
Kreuzberg, Harald 52, 381
Krogh, Per 384
Krolow, Karl 377
Kronenberg, Fritz 313
Krüger, Wolfgang 57
Kubin, Alfred 131, 258

La Bruyère, Jean de 298
Laclos, Pierre Choderlos de 298
La Fontaine, Jean de 218, 258
Lagerlöf, Selma 185, 190
Lampel, Peter Martin 12 f., 406
Landshoff, Fritz 303
Lang, Fritz 308
Langbehn, Dr. 113
Laotse 254
Last, Jef 303
Lasker-Schüler, Else 187
Lattmann, Dieter 401
Lawrence, David Herbert 126,
    217, 235
–, Thomas Edward 70–74, 154,
    407
Leber, Julius 113
Lebesque, Moran 291
Le Corbusier 208
Ledig-Rowohlt, Heinz 24, 351 f.
le Fort, Gertrud von 288
Lehmann, Wilhelm 406, 409
Lehndorff, Graf 45
Leip, Hans 406
Leipzig, Erich von 48
Leiris, Michel 231
Le Jeune-Jung 100
Lenbach 151
Lenclos, Ninon de 275
Lenin, Wladimir I. 105
Lessing, Gotthold Ephraim 14
Lie, Trygve 339

Liliencron, Detlef von 42
Lindegren, Erik 185
Lindsay, K. 407
Livingstone, David 171
Leuschner, Wilhelm 100
Ley, Robert 107
Lodders, Rudolf 307, 406
Lods, Pierre 402
Lombroso, Cesare 388
London, Charmian (Charmian
    Keedridge) 55–64, 407
–, Jack 55–64, 407
Lope de Vega 269
Lorenz, Günter W. 402, 417
Luckner, Felix Graf 58 f.
Lukács, Georg 363, 417
Lüth, Erich 406
Luther, Hans 52
–, Martin 138

Maack, Rudolf 25, 406
Mackensen, August von 100
–, Hans Georg von 100
Madeleine, Madame 284 ff.
Maeterlinck, Maurice 206, 269,
    271
Mahlau, Alfred 241, 406
Mahler-Werfel, Alma 32
Maillol, Aristide 214
Maisch, Herbert 391
Majakowski, Vladimir 331
Malraux, André 293, 392
Mann, Erika 303, 306 f., 309,
    413
–, Heinrich 31 f., 206, 302, 317,
    405
–, Käthe 413
–, Klaus 302–306, 307 ff., 378,
    413 f.
–, Thomas 15, 25, 32, 66, 129,
    138, 204, 303, 339, 399, 406,
    413 f.
Mao Tse-Tung 50, 62
Marais, Jean 285, 293
Marcel, Gabriel 188
Marchand, Léopold 278

Marcks, Gerhard 406
Marées, Hans von 210
Marein, I. 407
Marinetti, Filippo Tommaso
    117, 122–128, 408
Maritain, Jacques 219
Marlow, Louis (Louis Wilkin-
    son) 238 f.
Marlowe, Christopher 269
Marsh, Edward 72
Martin, Helen 352, 355
–, Paul 113
Masereel, Frans 192, 206–211,
    217, 410 f.
Matisse, Henri 192, 212–216,
    217, 220, 261, 410 f.
–, Pierre 220
Maupassant, Guy de 31
Mauriac, François 251, 291, 294,
    297
Maurois, André 166, 412
Maywald 226
McNeil, Claudia 352 f., 355
Meegeren, Han van 302
Mehnert, Gerhard 105
Melle (Johannes Oldeboer-
    righter) 254–260, 411
Memling, Hans 258
Menzel, Adolf von 232
Merle, Robert 297
Merry del Val, Kardinal 48
Merton, Thomas 356
Metzkow 139
Meyer, Alfred Richard 409
Millenaar, Jacques 110
Miller, Henry 368
Milton, John 239
Miró, Joan 323
Mistinguett 275
Mohamed Iqbal 50
Moissi, Alexander 151, 320
Molière 304
Molnar, Franz 317
Molo, Walter von 17
Moltesen, Dr. 112
Moltke, Helmuth von 151

Monfreid, Georges Daniel de
    203 ff.
Montaigne, Michel de 298
Montale, Eugenio 374
Montherlant, Henry de 10, 214,
    297
Montini, Giovanni Battista
    (Paul VI., Papst) 111, 118
Moore, Henry 323
Morihien, Paul 293
Muckermann, Pater 34
Müller, H. C. 320
Mueller, Otto 408
Müller-Celle, Helmut 132
Münchhausen, Börries von 136
Münsterberg, Hugo 239
Multatuli (Eduard Douwes-
    Dekker) 249
Mumm-Schwartzenstein, Her-
    bert von 88, 117
Munch, Edvard 198, 386
Muschg, Walter 25, 406
Mussolini, Benito 101, 111, 116,
    125, 164, 174

Nagel, Rolf 370, 417
Nansen, Fridtjof 168
Napoleon 11
Nasr-ed-Din (Schah von Persien)
    168
Nehru, Jawaharlal 333
Neruda, Pablo 399
Nesch, Rudolf 192, 408
Neurath, Konstantin von 102
Neuvillate, Alfonso 417
Nicolson, N. 407
Nielsen, Asta 179
Nietzsche, Friedrich 54, 61, 95,
    174, 238 f., 297, 337
Nijinski, Vaclav 218
Nikolaus II., Zar 168
Nin, Anaïs 368
Nkrumah, Kwame 349
Nobel, Alfred 168
Noest, niederl. Konsul 411
Nolde, Emil 321

Nordenskjöld, Nils Adolf Erik
167
Nossack, Hans Erich 22, 24 f.,
185, 406
Nurejew, Rudolf 380

O'Brien, Connor 338
O'Connor, Patricia 248
Oeley, W. A. 418
Oelke, Sigfrid 152
Oertzen, Augusta von 118
Olaf V., König von Norwegen
385
Oldeboerrighter, Johannes
(Melle) 254–260
Olivieri, Livio 372
O'Neill, Eugene 126
Oprecht, Dr. 209
Orozco, José Clemente 358
Ortega y Gasset, José 93
Orth, Karl-August 406

Pacelli, Eugenio (Pius XII.,
Papst) 116–121, 245, 286
Palestrina, Giovanni Pierluigi da
266
Pascal, Blaise 298
Pasternak, Boris 328–334, 414 ff.
–, Jewgeni 416
–, Leo 330
–, Sinaida 328–334, 414 f.
Patijn, J. A. N. 114
Patton, Georges 109
Paul VI., Papst (Giovanni Bat-
tista Montini) 111, 118
Paulhan, Jean 293
Paulus 253
Péguy, Charles 288
Pellicar, Carlos 417
Penzoldt, Ernst 17, 52
Perrault, Serge 292
Perse, Saint-John 338, 402
Pétain, Philippe 140
Petit, Roland 292
Pfemfert, Franz 221
Philipp, Duke of Edinburgh 245

Philips, E. 407
Picasso, Claude 226
–, Pablo 127, 192, 200, 211, 214,
217, 219, 223–234, 261, 289,
295, 386, 404, 411
Picon, Gaëton 299
Pilorge, Maurice 291
Pinthus, Kurt 184
Pinto, Fernando E.
Piscator, Erwin 23
Pius X., Papst 48
Pius XII., Papst (Eugenio Pacelli)
116–121, 245, 286, 408
Plato(n) 95, 238, 336
Playter, Phylis 243
Plokker, J. H. 391
Poe, Edgar Allan 250, 258
Pogodin, Nikolaj F. 328
Poliakoff, Serge 323
de Polignac, Prinzessin 277
Pollak, Anni 139
Pouey, Fernand 293
Popitz, Johannes (Geissler) 104
Pound, Ezra 174, 337, 398
Powys, Albert Reginald 237
–, Gertrude 237
–, John Cowper 235–247, 411
–, Llewellyn 237
–, Littleton Charles 237
–, Marion 237
–, Philippa 237
–, Theodore Francis 238
Preysing, Konrad von 88, 120
Priestley, J. B. 249, 407
Prinzhorn, Ernst 52
–, Hans 389, 392
Proust, Marcel 290, 294, 297 ff.,
366

Quasimodo, Salvatore 374
Queneau, Raymond 231, 293

Rabelais, François 239
Racine, Jean 298
Radek, Karl 30
Radhakrishnan, Sarvepalli 188

Ramadier, Paul 163
Ramié, Suzanne 228 ff.
–, Georges 228 ff.
Ramin, Günther 25, 406
Rausch, Albert H. (Henry Benrath) 52, 149–160, 409
Ravel, Maurice 34, 278, 381
Reckzeh, Dr. 113
Reinhardt, Max 23, 308, 318
Remarque, Erich Maria 81
Rembrandt 261, 324, 386
Rennert, Günther 381
Renoir, Auguste 386
Revold, Axel 384
Ribbentrop, Joachim von 81, 85, 100 ff., 171
Richthofen, Ferdinand von 168, 171
–, Sigrid, Gräfin 21
Riehl, Wilhelm-Heinrich 43
Riis, Bendik 383–393, 417
Rilke, Rainer Maria 52, 331, 404, 408
Rimbaud, Arthur 296, 298 f.
Rinieri, Jean-Jacques 298
Ritscher, Helene (Helene Scharff) 313–322, 414
Riveira, Diego 358
Roberts, Ralph Arthur 308
–, M. 407
Rodin, Auguste 178
Rodríguez, Ida 417
Roempler 317
Röpke, Wilhelm 114
Rolland, Romain 206, 211
Rom, Per 192, 384 f., 417
Romains, Jules 275
Roosevelt, Franklin D. 104, 118
Roothaert, A. J. 249
Rops, Félicien 267
Rose, Hans 11
Rostand, Edmond 274
–, Jean 274 f., 297
–, Madame (Rosamonde Gérard) 274 ff., 412
–, Maurice 275 f., 412

Rousseau, Jean-Jacques 235, 300
Rowohlt, Ernst 34, 413
Roy, Jamine 323–327, 414
Rubens, Peter Paul 262, 264 f.
Rubinstein, Ida 275
Rümke, H. C. 391
Rumann, Carl 113
Ruskin, John 239
Russell, Bertrand 239, 244, 286, 407

Sabartés, Jaime 230 f.
Sachs, Maurice 251, 412 f.
–, Nelly 183–191, 410
Sade, Donatien, Marquis de 298, 300
Saint-Exupéry, Antoine de 105
Saito, Yoshishige 372
Salzmann (Adam von Trott zu Solz) 104
Salzwedel, Rolf 410
Sandburg, Carl 286, 347
Sander, Ernst 407, 409
Sandfort-Osterwald, Karin 407
Sandys, Diana (Diana Churchill) 164
–, Duncan 164, 409
Sarré, F., Prof. 113
–, Puppi 113
Sartre, Jean-Paul 197, 231, 251, 288 f., 293 f., 297, 299, 302, 413
Sauerbruch, Ferdinand 139
Schaden-Antink 249
Schah von Persien (Nasr-ed-Din) 168
Scharff, Edwin 313 ff., 319 ff., 414
–, Helene (Helene Ritscher) 313–322
–, Peter 320, 322
–, Tety (Tety Hirschfeld) 322
Scheffer, Thassilo von 52
Schendel, Arthur van 249
Schewe, Heinz 414
Schiller, Friedrich von 332, 365
Schmidt-Rottluff, Karl 321

Schneider, M. 409
Schneider-Lindemann, Thea 172, 409
Schnitzler, W. von 409
Scholochow, Michael 17, 331
Schopenhauer, Arthur 61 f., 97, 238
Schuh, Oscar Fritz 380
Schulenburg, Friedrich Werner von der 83, 109
Schuler, Alfred 52
Schurek, Paul 406
Schuschnigg, Kurt von 88, 117, 119 f.
–, Vera von 119 f.
Schwarz, Hans 112
Schweitzer, Albert 10, 16, 71, 120 f., 188
Scott, Robert F. 168, 171
Sebastian, Heiliger 372
Seebohm, Christoph 45
Seghers, Herkules 261
Seidel, Ina 18
Sello, Gottfried 408
Selwinskij, Ilja 328
Sénémaud, Lucien 295
Senghor, Léopold Sédar 189
Seume, J. G. 390
Shaftesbury, Lord 244
Shakespeare, William 21, 143, 239, 269, 304, 331
Shaw, G. Bernard 34, 70, 235, 319, 407
Shelly, Coleridge 238
Shepard, Irving 59, 63 f.
Signac, Paul 408
Sierksma, Fokke 250
Sinclair, Upton 55
Sinsheimer, Hermann 318
Sintenis, Renée 178, 221
Siqueiros, David Alfaro 358
Skouratoff, Wladimir 292
Söderblom, Nathan 168
Soerensen, Henrik 178
Sonnemann, Ullrich 352
Sophokles 275

Soupault 254
Spegg, Hans-Ludwig 21, 206, 212, 217, 220, 357, 407
Spellman, Francis Joseph 111
Spender, St. 407
Spengler, Oswald 52, 75, 92, 238
Spinoza, Baruch de 238
Stalin, Josef W. 41, 104, 331
Stanley, Henry M. 168, 171
Steiner, Rudolf 48 f., 52
Steinlen, Théophile-Alexandre 257
Steinrück, Albert 317, 319
Stendhal 112, 197
Sternheim, Karl 207
Stevenson, R. L. 250
Stichnote, Eduard 205
Stobbaerts, Marcel 267
Stock, Erich 126
Strauß, Richard 52
Strawinsky, Igor 219
Stray, Sigrid 174 ff., 178
Stresemann, Gustav 52, 76
Strindberg, August 168, 180, 269, 318 f.
Stubbe, W. 408
Suhrkamp, Peter 142
Sutherland, Graham 323
Suttner, Bertha von 206
Sykes, Christopher 105

Tagore, Rabindranath 325
Tato 126
Tau, Max 188
Tegtmeier, K. 408
Tellier 270
Tennyson, Alfred 239
Terwin, Fräulein 318
Thackeray, William Makepeace 143
Thadden, Elisabeth von 113
Thiess, Frank 25, 93, 406 f.
–, Florence 40
Thomas von Aquin 343
Tillich, Paul 188
Tinslay, Charles 417

Tintoretto 386
Toller, Ernst 34
Tolstoj, Leo Nikolajewitsch 31,
  206 f., 235, 333
–, Vera 218
Torberg, Friedrich 184
Torelli, Giuseppe 245
Toskana, Luise von 244
Trede, Yngve 22 f., 28
von Trotha, Admiral 44
Trott zu Solz, Adam von (Salz-
  mann) 104 f.
–, Ulla 104
Tschiangkaischek (Chiang Kai-
  shek) 168 f.
Tschombé, Moïse 120
Tschukonski, Kornej 328
Tügel, Ludwig 250
Twain, Mark 232, 258
Tzara, Tristan 127

Uexküll, Jakob von 140
Uhde, Wilhelm 384
Uhde-Bernays, H. 409
Uhse, Bodo 18
Ulrich, Robert A. 108
Ungaretti, Giuseppe 369–377,
  397 f. 417
Ungvári, Tamás 417
Unseld, Siegfried 189
Untermann, Ernst 56
Usinger, Fritz 409
Utrillo, Maurice 217

Vallentin, A. 409
Varé, Daniele 112
Vargas Llosa, Mario 401 f.
Velazquez, Diego Rodriguez 386
Velde, Henry van de 207, 408
Veltheim, Hans-Hasso von 38–54,
  407
–, Hildegard (Hildegard Duis-
  berg) 44
–, Michaela von (Michaela von
  Bussek) 44
Verhaeren, Emile 206, 271

Verlaine, Paul 288, 292, 299,
  331
Vermeer van Delft, Jan 302
Vestdijk, Simon 248–253, 411
Vigeland, Gustaf 278
Villain, Jacques 194
Villon, François 288, 298
Vivaldi, Antonio 336
Voigt, Felix A. 408
Voll 43
Vollard, Ambroise 218
Voltaire 266
Vondel, Joost van der 249 f.,
  304

Wahl, Aage 384 f.
Waldeck, Hanna (Hanna Haas)
  30 f.
Walden, Herwarth 218, 221
Walsh, Edmund A. 87
Waugh, Evelyn 288
Webster, John 269
Wedekind, Frank 319 f.
–, Pamela 307
–, Tilly 319
Wegener, Georg 171
Wegner, Christian 15
Weill, Kurt 34
Weisenborn, Günther 404, 406
Weisenfels, Fritz 25, 406
Weiss, Emil Rudolf 221
Weiß, Gerhard 130
Weizsäcker, Carl Friedrich von
  97, 408
Werfel, Franz 32, 114, 202, 304
Wernecke, R. 416
Werrie, Paul 272
Westheim, Paul 358, 417
Westhoff, Helmuth 329, 340
Whistler, James McNeill 238
Whitman, Walt 57, 347
Wiegeler, Paul 250
Wigman, Mary 381
Wilde, Oscar 206, 238, 297, 299
Wildenvey, Hermann 184
Wilder, Thornton 127, 188

Wilhelm II., Kaiser 44, 52, 251,
  263
Wilhelm, Richard 52
Wilkinson, Louis (Louis Mar-
  low) 238 f.
Willy (Henri Gauthier-Villars)
  277
Winters, Lawrence 344
Wirmer, Rechtsanwalt 100
Witkowski, Georg 75
Wölfflin, Heinrich 43
Wolfe, Thomas 339

Wolff, Kurt 202 f., 209
Wolffheim, Hans 25, 406
Wolfskehl, K. 409
Wordsworth, William 239
Wüllner, Ludwig 370

Zarek, Otto 309
Zeeland, Paul van 161
Zeppelin, Ferdinand 44
Zsolnay, Paul 240, 408
Zuckmayer, Carl 30
Zweig, Stefan 108, 184, 206

Weitere Bücher von Rolf Italiaander

Verlag F. A. Brockhaus, Wiesbaden
Terra Dolorosa, Wandlungen in Lateinamerika
Im Sattel durch Nord- und Zentralafrika (Heinrich Barth)

Econ Verlag, Düsseldorf
Der ruhelose Kontinent
Die neuen Männer Asiens
Die neuen Männer Afrikas

Delp'sche Verlagsbuchhandlung, München
Kultur ohne Wirtschaftswunder
Albanien, Vorposten Chinas in Europa
Diktaturen im Nacken

Hans Christians Verlag, Hamburg
Hallelujahs

Pandion Verlag, Bad Kreuznach
Er schloß uns einen Weltteil auf (Heinrich Barth)
Kongo-Bilder und Verse
Deutsche Sonntagsmaler
Ade, Madame Muh!

Fink Verlag, Stuttgart
Lebensentscheidung für Israel
Frieden in der Welt – aber wie?

Oncken Verlag, Kassel
Die Gefährdung der Religionen
Im Namen des Herrn im Kongo
Friedensmacher

S. Fischer Verlag, Frankfurt am Main
Rassenkonflikte in der Welt

Freie Akademie der Künste, Hamburg
Unterwegs mit Rolf Italiaander (Monographie und
Bibliographie)